讲好中国企业故事

解读企业品牌宣传之道

靳永春 著

（修订版）

山西出版传媒集团

山西经济出版社

讲好中国故事

传播好中国声音

——习近平

要坚持党的全面领导，发展更高水平的社会主义市场经济，毫不动摇巩固和发展公有制经济，毫不动摇鼓励、支持和引导非公有制经济发展，加快建设一批产品卓越、品牌卓著、创新领先、治理现代的世界一流企业，在全面建设社会主义现代化国家、实现第二个百年奋斗目标进程中实现更大发展、发挥更大作用。

——2022年2月28日，习近平在中央全面深化改革委员会第二十四次会议上的讲话

序一

2019年底，我国已有市场主体1.23亿户，其中企业3858万户、个体工商户8261万户。这些市场主体是我国经济活动的主要参与者、就业机会的主要提供者、技术进步的主要推动者，在国家发展中发挥着十分重要的作用。

——2020年7月21日，习近平在主持企业家座谈会上的讲话

为什么要讲好中国企业故事？

经济基础决定上层建筑，企业组织是经济基础的重要构成部分，企业组织创造的财富承载着经济基础，没有这个承载，上层建筑就没有牢固的根基。

企业是社会架构的平衡者。在当下的社会架构体系中，如果要对各类组织机构按照其所对应的职能类别来划分的话，可以简单地划分为政府机构（包含类政府机构）和企业组织（包含类企业组织）两个种类。上层建筑的具体表象代表无疑就是政府机构，经济基础的具体表象代表无疑就是企业组织。企业组织作为经济基础的具体表现形式，是一种重要的创造财富的组织机构，在庞大复杂的社会体系中企业组织所占据的比例远超过各类政府机构，企业为社会创造了就业岗位、就业机会，吸纳了绝大多数的人口。在当今世界，无论采取什么样的国家体制，扩大企业组织在社会架构中的份额占比无疑都是为政者的首选。企业组织的活跃程度，对社会的影响是巨大的，甚至是颠覆性的。企业组织活跃经济就繁荣，反之经济就停滞或者衰退。企业组织对社会的影响渗透至社会的各个层面，它不仅能创造财富，还能创造文化、创造科技，影响时代进程，直至改变人类生存

发展方式。企业不但只是创造财富，还有政治作用，正如本书中所讲，企业有使命、立场、战略、理念、文化、责任、精神等，企业不但从浅层次上承载了一个庞大的社会群体的生存就业，更从深层次上聚合并展现了这个群体的精神、意志。这个群体要依附于企业生存，企业的兴衰与否就是社会平衡发展的稳定器。

每年世界500强企业排名，从企业营业额、行业类别、入选个数等都能有力地说明一个国家经济产业的综合实力。因此，企业无比重要！你不能忽视企业的存在，不论是国企、私企、股份制企业，也不论是一个夫妻店还是拥有几十万员工的庞然大物，都不能忽视企业的作用，所以要讲好企业的故事。

企业是社会财富的创造者。企业在为社会创造财富，也在为国家创造财富，是任何市场的主体，是经济活动的主要参与者。现实世界中所有的强国首先都是经济强国，都是名牌企业大国，日本是、德国是，未来要成为大国，率先要追求的就是鼓励发展更多的世界一流企业，创造更多的财富，造福自己也造福人类。以美国为代表的西方国家，在世界人民心目中形象的确立，无不是因为其强大的工业企业实力创造出的强大的军事力量。大家耳熟能详的有波音、GE、苹果、谷歌、福特汽车、杜邦、肯德基、麦当劳……听起来像神话故事，就是这些神话般的企业，奠定了美国称霸世界的物质基础。改革开放以来，中国成千上万的企业发展起来，至今，为中国人民创造了GDP稳居世界第二的财富。2021年GDP突破100万亿元，它不是一个冰冷的数字，代表着众多稳居世界第一的高铁、高速公路、家用电器、手机、家庭汽车等行业，代表着国家能源集团、中航、中粮、海尔、奇瑞、长城汽车、华为、百度、腾讯等各个行业的头部企业。它们为我们解决温饱建成小康社会创造了最直接的财富，以前大家问的是"我们什么产品位居第一"，现在经常问的是"我们还有什么不是第一"！中国企业创造的财富是现实世界的

"神话"，这里也有说不尽的故事！

企业是文化传播的先导者。当你处在一个相对封闭的环境里，接触一种新的文化时，最大的可能性是某个企业生产的物品，不论是食物、衣服还是其他什么产品，如果是一种文化产品，那么就更直接。20世纪80年代，当中国人第一次吃到方便面时，开始接触快餐文化，肯德基是一种快餐文化，耐克是一种体育文化，星巴克是一种休闲文化，苹果手机是一种阅读的方便与便捷，人机对话变得畅通快捷。美国强大的传媒企业、电影工业一波又一波地向世界传播着美国的声音，赞扬着美国的精神，讲述着美国的故事。日本文化在中国的传播，是大家通过松下、日立、丰田来认识的，是通过聪明的一休认识的。韩国是通过三星、LG、现代来认识的。这些都是由企业来完成的，是它们完成了本国文化对外的大规模的率先传播。改革开放40多年，这些外来文化的传播无不是通过它们完成的，不论是以法律制度健全而见长的制度文化，还是以崇尚个人发展的自我文化，都在影响着我们这个古老的国家。乐观的说法叫融合，悲观的说法叫侵略，无论如何，企业产品走到哪里，产品所蕴含的文化就要影响甚至改变那里的世界。当今天的华为手机、长城汽车、茅台、北京烤鸭走出国门的时候，它们带有中国风格的设计、色彩、味道等蕴含的各种文化元素一定会逐步影响世界。

企业是人类精神的承载者。企业不但有自己的精神，还是人类精神的承载者、传承者。在世界500强企业中，每一个企业都在自己的企业文化中对企业精神做出了清晰准确的诠释，有创新、务实、奉献、开拓、进取、诚实、守信……每个企业都会根据自身的特点选择自己要倡导的企业精神。全部企业精神的综合，就是对人类精神的承载。硅谷是创新精神，中关村是开拓精神，我们国家的企业不但创造了财富，更是先进思想文化的载体和源泉。在中国共产党的精神谱系中，就有我们的企业贡献创造的"大庆精神""铁人精神""'两弹一星'精神""载人航天精神""青藏铁路精神""科学家精神""企业家精神""探月精神""新时代北斗精神"
"丝路精神"等等。这种企业文化不仅能提高企业竞争力，而且成为中国
特色社会主义先进文化的重要内容和生动体现，给经济和社会发展提供了
强大的精神力量。中国企业文化所体现的主人翁、创新、拼搏、团结、民
主和科学精神，对全社会的文化需求、文化氛围和文化创造产生了巨大影
响。

企业是社会进步的推动者。社会的进步来源于科技的进步，企业是技
术进步的主要推动者。华为5G技术的开发应用，使信息的传输实现了近
似同步到达，视频看起来没有任何的卡顿，典型的应用就是异地手术的使
用，这在以往只能在童话里才能实现的今天变成现实。互联网彻底改变了
世界，互联网产业彻底改变了我们的生存方式，把地球真正变成了地球
村。互联网改变了传统的零售业态。互联网金融企业的诞生，最直接把人
类从现金使用中解放出来，直至改变金融的全部发展业态，甚至在未来改
变金融的本质，当金融变成数字，变化的将是整个世界。新能源企业的技
术进步会颠覆未来的能源结构，会颠覆建立在化石能源基础上的众多工业
体系。中国的空间站改变的不仅是人类在太空的停留，更是对未来星球的
无限延伸，这些都是企业在做。它们是推动社会进步、改变世界的创新
者，你无法预知企业的科技创新会把人类带到哪里，也许你不知道这篇文
章就是智能机器人撰写的。2022年冬奥会开、闭幕式的总导演张艺谋对航
天科技评价说："我负责精彩，航天负责成功。"航天集团把火箭发射技术
支持系统运用到舞台开合中，以尖端的技术支持鸟巢地面电子屏稳定移
动，为大家带来一场充满中国风格、中国特色、中国特点的视觉盛宴。

企业是国家品牌的体现者。在公众的心目中，国家的品牌形象不是抽
象的，而是要通过一个个具体、生动、现实的作品或物品来体现的。1978
年之前，西方人对中国的认识还处于唐人街阶段，只知道茶叶、丝绸、瓷
器，甚至还认为我们梳着大辫子。改革开放以来，世界对中国是通过成千

上万的小商品来认识的，中国的品牌形象是通过 MADE IN CHINA 展现出来的。改革开放后，从初期的山寨，到后来低端物美价廉产品的代名词，从海尔扎根美国，到今天的载人航天、C919、高铁、华为、比亚迪、长城等发展成具有国际竞争力的行业翘楚，是企业的产品在一步步改变着我们的形象，改变着别人对我们的看法。国家品牌形象的提升，众多企业功不可没，是大家一起干出来的、奋斗出来的。近两年，中央电视台拍摄的《大国重器》《超级工程》等纪录片，一改过去外界对中国产品山寨低端的形象认知，对外充分展示了这个古老东方大国今天强大的形象，再一次展现了中国人的自信与豪迈。

我们要善于全面塑造展示企业的崭新形象。在这方面，美、日等国家的企业的宣传手段和思路很值得我们借鉴。它们不仅仅是通过广告来宣传产品，更重要的是通过各种攻关来表达企业的诉求，要求改变待遇、改变环境、改变政策；它们把所有的广告宣传不仅仅看作是一种商业行为，而是把企业的广告宣传看成是一种政治宣传行为、一种文化塑造行为、一种潜移默化的思想工作，要通过广告和攻关软文的宣传改变消费者的价值取向，直至改变你的人生观、价值观、世界观。这不是骇人听闻，而是每天都在发生的事实，只不过深陷其中，自身不知罢了。还有更清楚直白的做法，就是通过新闻报道来讲自己的故事，借助媒体"第四权力"的公信力、影响力、传播力、权威性来塑造自身的良好形象，尽管有时候后面很龌龊，比如互联网上爆出的日本某钢铁、德国某汽车数据造假等。这些做法的核心就是占领企业话语权的制高点。因此，在现在媒体格局状态下，无论国企、私企、股份制企业、外企，企业一定要积极主动宣传成绩和贡献，切实维护自身形象。要丰富宣传形式，善用新媒体，创新舆论引导方式，综合运用报纸、杂志、印刷品等传统平面媒体和电视、网站、微信、微博、快手、抖音等融合在一起的电子媒体多种宣传形式；要创新活动方式，探索公益活动、新闻营销等全面创意策划；要关注重大事件，以透明促共识，注重与社会各界的融合和沟通，妥善处理突发舆情事件；要制定对外正面立体传播策略，做好议题设置、话语设计，积极把握传统媒体、网络媒体两个舆论场，使网上、网下的正面声音相互呼应，抢占制高点，讲好企业故事，为企业营造良好的发展环境。

序二

架起企业与媒介的桥梁

讲好中国故事是这个时代的伟大乐章。

习近平总书记说："我们有本事做好中国的事情，还没有本事讲好中国的故事？我们应该有这个信心！"作为企业的新闻宣传工作人员，让企业的品牌更响亮、让企业的影响力更强大、让企业的美誉度更广泛、让企业的市场更广阔是我们义不容辞的责任。这些理想的实现无不需要借助于讲好企业的故事这个手段，我们有讲好企业故事的信心。

这本书就是要告诉大家如何讲好企业的故事。

自大学毕业进入传媒行业，无论是记者编辑，还是经营管理，传媒行业里的岗位基本都干过了。在这些岗位上，既有成功的喜悦，也有不足的遗憾，更多的是感觉到自己知识的匮乏，尤其是从传媒行业管理岗位上转到实实在在的实体企业做新闻宣传工作，才知道在企业和媒介之间隔着一条多么大的鸿沟。做企业时，不知道如何借助媒体讲好故事；做媒体时，不知道如何为企业讲好故事。两份工作同样是新闻宣传工作,因为有了工作的跨界才有了今天这本书。

在报社工作的时候，和企业打交道主要是两件事，一件事是为企业报道新闻，一件事是向企业要广告。

为企业做新闻报道是企业乐见的，但新闻报道的形式比较单一，多数是今天这样一个活动，明天那样一个活动的动态消息，不能为媒介吸引更多的读者，而且还有软广告的嫌疑，记者不愿写，媒体也不太乐意发。况且，在媒体庞大信息量面前，企业的那点信息也为企业形象等带不来什么，企业往往对这些动态消息也不以为然，企业之所以还每次都邀请媒体来参加活动，更多的想法是与媒体建立一种联系，预防负面报道出现，而不是说通过报道一篇动态消息去获得多大的经济利益或者提升多少形象。

向企业要广告是企业非常不乐意的，尤其是一些非商业类的赞助，多数企业对此非常头痛，但又不敢得罪媒体，因为没有商业类的宣传，企业只能提出各种各样的新闻报道要求，要求媒体给做好深度报道服务，而这恰恰是媒体的软肋，不知道如何去为企业服务，企业也不知道要说什么，更多时候是凑合着刊发一些形象展示完事。

在报社工作十几年，不管是做记者、编辑，还是做经营管理，打交道的企业上百家，但没有对它们有一个更深入细致的了解，致使工作有好多的遗憾。尽管报社也要求记者、编辑、经营管理人员要做专家型记者、编辑和管理人员，但远不能成为企业里的行家里手。这不但是因为记者面临的企业行业众多，而且是因为企业以及所在行业的变化太快，记者知识结构的更新换代远赶不上企业行业发展变化的步伐。

2010年，自己有幸从报社经营管理的岗位上来到一家世界500强的综合能源企业做新闻宣传工作，行业身份一下子从媒体变成了企业，一方面要依靠媒体为企业做好对外新闻宣传工作，一方面要为企业做好内部新闻宣传工作。一内一外，工作性质发生了质的变化。

在这里，一方面要面对煤矿、电力、光伏、房地产、金融等众多的行业专业，彻底崩溃了，新闻专业知识学得再好，面对这些专业行业一旦涉及知识问题，连对错都分辨不了，更不用说各行各业的政策了。最重要的是企业庞大，各种各样的事情层出不穷，涉及企业党建、使命、责任、意识形态、战略、文化、机制、体制、理念等，若再将这些内容融入不同的行业，要写好这些故事，难度会更大。另一方面在企业内部，要建立一支新闻宣传队伍，恰恰是比较难的，首要的因素是在工业企业领域，很多人员对新闻不太了解，没有受过专业的训练，写出来的文章可想而知；其次是企业的通讯员对企业内部太熟悉了，好多事情都习以为常、司空见惯，缺乏新闻的敏感性，往往发现不了新闻，在给通讯员培训时，大家提得最多的问题是"如何找见新闻"就是明证；最后是企业通讯员自身多方面的原因导致对企业并不能够有深入的了解，也是写不出好稿件的一个重要原因。在这样一个新媒体时代，新闻表现形式也变得多样化，传播速度加快，一个微信号就能直播，抖音、快手通过手机实现瞬间转发，对文字内容和视频等表现形式的审核就更加重要，更不用说为外媒提供合格的适合媒体胃口的稿件了。

事实上，媒体也好，企业自身宣传机构也罢，增强双方的了解，促进工作的开展，是大家都愿意看到的。让媒体知道企业干什么、怎么干，让企业知道媒体想要什么，要大家共同讲好企业的故事是本书最重要的任务。

讲好企业的故事是大家的共同心愿，问题是讲什么、怎样讲、谁来讲、在哪讲、讲给谁，这是本书五个章节所要阐述的主要内容。

第一章二十个小节，将企业所能报道涵盖的内容做了粗略归纳。从企业使命的维度讲好党建、意识形态、使命、立场、精神的故事；从企业战略的维度讲好战略、理念、文化、产品、品牌故事；从企业管理的维度讲好模式、机制、法治、员工、市场的故事；从企业发展的维度讲好责任、政策、改革、创新、生态的故事。在企业的经营管理过程中，这些内容都可以作为企业故事的新闻线索，尽管企业管理的内容不限于这些，可能会有行业的差异，但内容一定存在，不管是国企、私企、外企，沿着这个主线就能够挖到企业的新鲜素材，就能够找见文章报道的角度。既为媒体的朋友们做一个报道角度参考，也为企业新闻宣传工作者做一个企业管理方面内容的梳理。

第二章七个小节，从新闻文体报道方式角度做出说明。作为新闻宣传报道，无论选择什么样的媒体，这些体裁是最常使用的，作为新闻专业知识，必须掌握的。在企业内部新闻宣传工作中，大多数新闻从业人员未必是新闻专业的。首先，企业新闻宣传有些要求可能比专业的媒体更严，主要是报道内容行业性更强，要求更严谨；其次，企业新闻宣传直接面对企业的广大干部职工，等于是贴身服务，印刷到纸上或是录音摄像，更容不得半点马虎；最后，企业新闻宣传最终要面向社会，赢得企业内外公众的关注是终极目的，新闻的语言更容易让公众接受才行。因此，在这里站在企业的角度必须给大家再讲一遍这些文体的要求和作用以及语言修辞知识，以便于更好地应用新闻专业知识。本书只是粗浅地将新闻写作作了简单归类描述，深入的研究还需要大家更多地借助专业书籍，以便更好地讲好企业故事。

第三章六个小节，是为企业选择一个讲好故事的平台。对企业来说，有些故事讲出去是要付费的，有些故事是媒体乐意免费刊发的。这里，就是要讲明白什么样的媒体有什么样的作用，将媒体的优劣点分析出来，便于企业新闻宣传工作者和营销工作者选择。当前，媒体变化飞快，报纸、杂志、电视、互联网、广播等传统媒体基本让位于集音频、视频、文字于一体的手机移动端。一部手机基本实现原来传统媒体的全部功能，是传统媒体的集大成者。新媒体的诞生，尤其是短视频的快速发展也带来了新闻写作手法、技术的变革。原来的技术发展适应新闻写作演变成新闻写作适应技术发展，技术改变新闻写作和展现形式成为现实的必然选择。

第四章五个小节，重点要说明企业的故事由谁来讲。在企业工作中，每一个人都有机会、都有可能来讲企业的故事，但因为工作角色的不同，面对的对象不同，讲的故事当然也不一样，并不是说所有人都能讲所有关于企业的故事。专门拿出一个章节来说明这个问题，本质是要强调讲好企业故事是要有责任的，讲好企业故事是企业管理的一项重要责任，有时候这个责任会关乎企业成败。

　　第五章二个小节，重点是说把故事讲给"谁"的问题，把"谁"统称为"倾听者"，把"倾听者"进行了性格分类和职业分类，实际就是媒体中的读者定位问题和消费产品定位问题。作为企业宣传工作者，对内要区别不同的员工，让大家看新闻稿也要投其所好、因人而异；对外更是要区别消费者，因为企业不同的产品要面对不同的消费者；消费者群体中还有一个特殊群体，就是企业的利益攸关者，这个群体对企业发展成长有着更多的话语权，必须要高度关注。如果不能对倾听者精心细分，就会对牛弹琴，浪费钱财和口舌，事倍功半。

　　但愿这本书能为大家带来一些有益的思考！

目录 CONTENTS

第一章 讲什么

第二章 怎样讲

第三章 在哪讲

第四章 谁来讲

第五章 讲给谁

第一章 讲什么

第一节　讲党建

　　坚持党对一切工作的领导。党政军民学，东西南北中，党是领导一切的。必须增强政治意识、大局意识、核心意识、看齐意识，自觉维护党中央权威和集中统一领导，自觉在思想上、政治上、行动上同党中央保持高度一致，完善坚持党的领导的体制机制，坚持稳中求进工作总基调，统筹推进"五位一体"总体布局，协调推进"四个全面"战略布局，提高党把方向、谋大局、定政策、促改革的能力和定力，确保党始终总揽全局、协调各方。

　　——2017年10月18日，习近平在中国共产党第十九次全国代表大会上的报告

一、讲党建是中国企业成长发展过程中的题中应有之意

　　进入新时代，踏上新征程，我们必须坚持党的全面领导。

　　2022年10月16日，习近平总书记在党的二十大报告中指出，要"坚定不移全面从严治党，深入推进新时代党的建设新的伟大工程"。 在十五部分第五项"增强党组织政治功能和组织功能"一节中是这样表述的："推进国有企业、金融企业在完善公司治理中加强党的领导，加强混合所有制企业、非公有制企业党建工作，理顺行业协会、学会、商会党建工作管理体制。加强新经济组织、新社会组织、新就业群体党的建设。"

　　2021年7月1日，在庆祝中国共产党成立100周年大会上，习近平总书记以深邃的历史眼光和高瞻远瞩的宏大视野，站在党和人民事业发展全

局的战略高度，把"坚持中国共产党坚强领导"作为"九个必须"之首提出来，深刻回答了中国共产党"为什么能够成功""未来怎样才能继续成功"这一重大问题，为坚持并不断完善党的全面领导提供了行动纲领和根本遵循。

"以史为鉴、开创未来，必须坚持中国共产党坚强领导。办好中国的事情，关键在党。中华民族近代以来180多年的历史、中国共产党成立以来100年的历史、中华人民共和国成立以来70多年的历史都充分证明，没有中国共产党，就没有新中国，就没有中华民族伟大复兴。历史和人民选择了中国共产党。中国共产党领导是中国特色社会主义最本质的特征，是中国特色社会主义制度的最大优势，是党和国家的根本所在、命脉所在，是全国各族人民的利益所系、命运所系。"

讲好企业的党建故事，就是要讲清楚、讲明白中国共产党成立以来，在党的领导下众多企业为中国革命、建设、发展所作出的巨大贡献，所奠定的巨大的经济基础。讲清楚在新民主主义革命时期、社会主义革命和建设时期、改革开放和社会主义现代化建设新时期、中国特色社会主义新时代，在党的领导下，企业是如何创新技术、改革管理模式、承担社会责任，爱国奉献敬业的精神故事，记录中国工人阶级革命、奋斗、奉献、创业的光辉历程。

《中国共产党章程》开篇在总纲中开宗明义，中国共产党是中国工人阶级的先锋队，同时是中国人民和中华民族的先锋队，是中国特色社会主义事业的领导核心，代表中国先进生产力的发展要求，代表中国先进文化的前进方向，代表中国最广大人民的根本利益。2022年新修订的《中国共产党章程》在总纲中规定："必须坚持和完善公有制为主体、多种所有制经济共同发展，按劳分配为主体、多种分配方式并存，社会主义市场经济体制等基本经济制度""中国共产党领导人民发展社会主义市场经济。毫不动摇巩固和发展公有制经济，毫不动摇地鼓励、支持、引导非公有制经济发展。发挥市场在资源配置中的决定性作用，更好发挥政府作用，建立完善的宏观调控体系。"

党章规定发展经济的两个毫不动摇，是中国共产党发展经济的立场宣言。讲好企业党建故事，就是要讲好党的宗旨、使命、责任，讲好党坚定不移发展社会主义市场经济的决心、信心、立场，把发展经济的制度立场写入党章，就是讲好中国企业发展方式、模式的宣言，讲好搞活企业发展经济就是为人民谋幸福的重要途径。

2022年10月22日，新修订的《中国共产党章程》第五章"党的基层组织"中，第三十条明确表述："企业、农村、机关、学校、医院、科研院所、街道社区、社会组织、人民解放军连队和其他基层单位，凡是有正式党员三人以上的，都应该成立党的基层组织。"这个表述中，把"企业"放到归类的第一位，足以证明企业党建工作的重要性，着重强调只要有正式党员三人以上的就要建立党的基层组织。与此对应的是，在党的二十大报告中，第十五部分第五项"增强党组织政治功能和组织功能"一节中是这样表述的："注重从青年和产业工人、农民、知识分子中发展党员，加强和改进党员特别是流动党员教育管理。"同样强调了要从"产业工人"中发展党员，并加强管理。两个重要的文件，对在企业等经济组织中建立基层党组织、发展党员给予高度的关注与重视，在类别归属上都放在了第一位。

《中华人民共和国宪法》第十一条规定，在法律规定范围内的个体经济、私营经济等非公有制经济，是社会主义市场经济的重要组成部分。国家保护个体经济、私营经济等非公有制经济的合法的权利和利益。国家鼓励、支持和引导非公有制经济的发展，并对非公有制经济依法实行监督和管理。

讲好企业故事，从法的角度去诠释。宪法中规定各类经济模式，都是社会主义市场经济的组成部分。在国家根本大法中做出规定，给各类经济体吃下"发展企业、创办企业"的定心丸，鼓励大家创业，发展经济多为国家作贡献。以此来表明党发展经济的决心，以此来表明党践行"为人民谋幸福、为中华谋复兴"的初心使命。

2022年2月28日，习近平总书记主持召开中央全面深化改革委员会第二十四次会议，审议通过了《关于加快建设世界一流企业的指导意见》等重要文件，习近平在主持会议时强调，要坚持党的全面领导，发展更高水平的社会主义市场经济，毫不动摇巩固和发展公有制经济，毫不动摇鼓励、支持和引导非公有制经济发展，加快建设一批产品卓越、品牌卓著、创新领先、治理现代的世界一流企业，在全面建设社会主义现代化国家、实现第二个百年奋斗目标进程中实现更大发展、发挥更大作用。

二、坚持党对国有企业的领导是重大政治原则，是国有企业的独特优势

2016年10月10日至11日，习近平总书记在全国国有企业党的建设工作会议讲话中强调，国有企业是中国特色社会主义的重要物质基础和政治基础，是我们党执政兴国的重要支柱和依靠力量。新中国成立以来，特别是改革开放以来，国有企业作为共和国的"长子"，企业发展取得巨大成就。习近平指出，坚持党的领导、加强党的建设，是我国国有企业的光荣传统，是国有企业的"根"和"魂"，是我国国有企业的独特优势。作为新闻工作者，讲好企业党建的故事是我们义不容辞的责任，要讲清楚独特优势，讲清楚"根"和"魂"的作用，讲好为什么是"根"和"魂"，讲清楚国企的使命和责任。

2019年12月30日，中共中央印发了《中国共产党国有企业基层组织工作条例（试行）》（以下简称《条例》）并发出通知，要求各级党委（党组）要从巩固党的执政基础的高度出发，把国有企业党的建设作为管党治党的重要任务抓紧抓好，采取有力措施，强化责任落实，推动《条

例》落到实处、见到实效。同时要求中央组织部要会同有关部门加强督促指导，确保《条例》各项规定得到贯彻执行。也就意味着以后中组部要对这项工作负责，要进行监督指导，并在通知中明确要求各地区各部门在执行《条例》中遇到重要情况或者有建议时，要及时报告党中央。

《条例》共有九章四十一条，九章内容分别为总则、组织设置、职责、党的领导和公司治理、党员队伍建设、党的政治建设、党内民主和监督、领导和保障、附则，全面系统细致地规定了国有企业基层组织工作的各项工作内容。尤其在组织设置这一章节内容上，有具体数字要求，可操作性非常强，大家遵照执行就可以了，同时明确混合所有制企业同步设置党的机构。第四章更是明确规定将党建写入企业章程，明确党组织研究讨论作为重大事项的前置程序，确立党组织在公司治理结构中的法定地位，这一条就是中国现代国有企业制度的最大特色。

坚持党对国有企业的领导是重大政治原则，必须一以贯之；建立现代企业制度是国有企业改革的方向，也必须一以贯之。

中国特色现代国有企业制度，"特"就特在把党的领导融入公司治理各环节，把企业党组织内嵌到公司治理结构之中，明确和落实党组织在公司法人治理结构中的法定地位，做到组织落实、干部到位、职责明确、监督严格。要讲好两个"一以贯之"和中国特色现代国有企业制度"特"的故事。要认真深入研究采访，把融入法人治理结构的党建工作的特殊优势讲出来，把中国特色现代国有企业制度下，企业发展壮大成为世界一流企业的成就、优势、影响讲出来，把促进社会发展进步作用，为世界提供企业持续健康独立发展的中国方案讲出来。

党对国有企业的领导是政治领导、思想领导、组织领导的有机统一。国有企业领导人员是党在经济领域的执政骨干，必须做到对党忠诚、坚定信念，牢记自己的第一职责是为党工作；党和人民把国有资产交给企业领导人员经营管理，是莫大的信任；要加强对国有企业领导人员的党性教育、宗旨教育、警示教育，严明政治纪律和政治规矩，引导他们不断提高思想政治素质、增强党性修养，从思想深处拧紧螺丝。坚持全心全意依靠工人阶级的方针，是坚持党对国有企业领导的内在要求。要坚持党管干部原则，保证党对干部人事工作的领导权和对重要干部的管理权，保证人选政治合格、作风过硬、廉洁不出问题。

对于企业党组织如何发挥作用，新修订的《中国共产党章程》中第三十三条是这样明确规定的："国有企业党委（党组）发挥领导作用，把方向、管大局、保落实，依照规定讨论和决定企业重大事项。国有企业和集体企业中党的基层组织，围绕企业生产经营开展工作。保证监督党和国家的方针、政策在本企业的贯彻执行；支持股东会、董事会、监事会和经理（厂长）依法行使职权；全心全意依靠职工群众，支持职工代表大会开展工作；参与企业重大问题的决策；加强党组织的自身建设，领导思想政治工作、精神文明建设、统一战线工作和工会、共青团、妇女组织等群团组织。"

要大力宣传优秀国有企业广大干部职工的先进事迹和突出贡献。

讲好企业领导人对党忠诚、信念坚定、廉洁奉公的故事；讲好企业政治、思想、组织领导的独特做法、经验、作用；讲好全心全意依靠工人阶级，全心全意为人民创造财富的优秀管理经验，营造尊重企业家价值、鼓励企业家创新、发挥企业家作用的浓厚社会氛围；讲好企业党组织"三会一课"和支部团结群众、教育党员、攻坚克难的故事；讲好各级党支部把思想政治工作作为企业党组织一项经常性、基础性工作来抓的好经验的故事；讲好既解决思想问题又解决实际问题的故事；讲好既讲道理、办实事，又得人心、暖人心、稳人心的鲜活实例的故事。

三、非公有制企业党的建设是党建工作的重要组成部分

近年来，非公企业发展迅速，在国民经济中占比越来越高，贡献越来

越大。

2018年11月1日，习近平总书记在民营企业座谈会上的讲话指出，截至2017年底，我国民营企业数量超过2700万家，个体工商户超过6500万户，注册资本超过165万亿元。概括起来说，民营经济具有"五六七八九"的特征，即贡献了50%以上的税收，60%以上的国内生产总值，70%以上的技术创新成果，80%以上的城镇劳动就业，90%以上的企业数量。2022年1月19日，胡润研究院发布"2021胡润中国500强"，2021年世界500强中国企业达到143家，民营企业达到39家。民营经济已经成为推动我国发展不可或缺的力量，成为创业就业的主要领域、技术创新的重要主体、国家税收的重要来源，为我国社会主义市场经济发展、政府职能转变、农村富余劳动力转移、国际市场开拓等发挥了重要作用。

随着进入新时代，庞大的企业户数和就业人口，也产生了一些这样那样的问题，经营矛盾、劳资矛盾、环保矛盾、安全效益矛盾层出不穷，原因复杂。究其根源，一方面在于政策和监管不到位，另一方面在于企业自身思想认识存在问题。要解决这两方面的问题，不外乎政策调整、加强监管和帮助企业提高思想认识，帮助企业提高思想认识的众多选项中莫过于党建工作了。对于这项工作我们党既有优良的传统，又有与时俱进的做法。

2012年5月24日，中共中央办公厅印发了《关于加强和改进非公有制企业党的建设工作的意见（试行）》（以下简称《意见》），并发出通知，要求各地区各部门结合实际认真贯彻执行。文件在前言中说明，非公有制企业是发展社会主义市场经济的重要力量。加强和改进非公有制企业党的建设工作，是坚持和完善我国基本经济制度、引导非公有制经济健康发展、推动经济社会发展的需要，是加强和创新社会管理、构建和谐劳动关系、促进社会和谐的需要，是增强党的阶级基础、扩大党的群众基础、夯实党的执政基础的需要，是以改革创新精神提高党的基层组织建设科学化水平、全面推进党的建设新的伟大工程的需要。

《意见》具体内容如下：根据党章和公司法等有关法律法规，提出了一是明确非公有制企业党组织的功能定位，二是建立健全领导体制和工作机制，三是努力推进党的组织和工作覆盖，四是探索党组织和党员发挥作用的有效途径，五是加强以党组织书记为重点的党务工作者队伍建设，六是加强对非公有制企业出资人的教育引导，七是强化非公有制企业党建工作保障等七个大的方面的要求。同时分解为"地位作用、主要职责、健全领导机构和管理体系、建立直接联系工作机制"等二十个具体详细的内容。尤其是在地位作用条目中，明确"非公有制企业党组织是党在企业中的战斗堡垒，在企业职工群众中发挥政治核心作用，在企业发展中发挥政治引领作用"。在主要职责方面，提出"宣传党的路线方针政策、团结凝聚职工群众、维护各方合法权益、建设先进企业文化、促进企业健康发展、加强自身建设"六个方面的内容。

《意见》内容比较详细具体，党建内容所涉及的具体工作都给出了具体意见。例如，文件第五条内容中规定："努力实现职工50人以上的非公有制企业有党员；具备建立党组织条件的企业，实现党的组织覆盖；因条件暂不具备尚未建立党组织的企业，实现党的工作覆盖。"第六条内容中规定："有3名以上正式党员、条件成熟的，要单独建立党组织。"文件第十二条内容规定："党组织书记一般从企业内部选举产生，注意从生产、经营、管理骨干中推荐人选，也可从党政机关干部、国有企事业单位经营管理人员、党务工作者和复转军人、大学生'村官'中推荐人选，或面向社会公开招聘党务工作人才，再通过党内选举程序任职。重视选派优秀专职党务工作者担任联合党组织书记。提倡机关优秀年轻党员干部到企业挂职从事党建工作。规模大、党员数量多的企业主要出资人担任党组织书记的，应配备专职副书记。提倡不是企业出资人的党组织书记、副书记通过法定程序兼任工会主席、副主席；也可以由党员工会主席通过法定程序担任党组织书记、副书记。"其他还有更详细的内容，大家可以检索查阅文件原文。

2016年，中央组织部在厦门召开全国园区非公企业党建工作座谈会，对以园区为龙头抓好非公企业党建做出部署。要求构建"园区党工委、非公企业综合党委、党建工作指导站、非公企业党组织"四级工作体系，实现园区非公企业50人以上有党员、100人以上有党组织，民营企业500强实现党组织全覆盖。2017年，中央组织部在上海召开全国城市基层党建工作经验交流座谈会，对楼宇、商圈党建做出部署。北京、上海、大连、南京、广州等地推广把"支部建在楼上"，依托街道或产权单位、骨干企业、物业公司建立区域性党组织，实现组织共建、活动共联、资源共享。

2018年9月21日，中央组织部、中央网信办在广东深圳召开全国互联网企业党建工作座谈会，深入学习贯彻习近平新时代中国特色社会主义思想，要落实党管互联网、党管新媒体的根本政治原则，建立健全统筹协调、齐抓共管的互联网企业党建工作领导体制。坚持互联网发展到哪里、党的工作就跟进到哪里，不断完善互联网企业党的组织体系。突出政治功能、强化政治引领，切实提升互联网企业党组织的组织力。在新闻信息类企业，突出构建清朗网络空间；在动漫游戏类企业，突出提供健康文化产品，开展"党建引领健康文化"活动。致力增强先进性、保持纯洁性，着力打造互联网企业党员先锋队伍。

对于非公有制经济组织党组织作用，新修订的《中国共产党章程》中第三十三条是这样明确规定的："非公有制经济组织中党的基层组织，贯彻党的方针政策，引导和监督企业遵守国家的法律法规，领导工会、共青团等群团组织，团结凝聚职工群众，维护各方的合法权益，促进企业健康发展。"非公企业党建是党建工作的重要组成部分。非公企业的党建工作，一是有利于在企业中发挥党组织的思想引领、组织凝聚等优势，对于企业的经营发展有着巨大的推动作用；二是有利于提高企业家的思想政治认识，增强其经营管理企业的使命感、责任感，增强企业员工的归属感、安全感；三是有利于政策宣传，让企业职工充分了解国家政策；四是有利于构建亲清政商关系，营造更好的政商联结运行机制，推动企业健康高质量发展；五是有利于信息沟通，了解企业困境并帮助其解决难题，及时化解政企关系沟通中的潜在障碍；六是有利于企业依法经营，在国家相关法律法规规定的范围内，健康有序发展；七是有利于生态文明进步；八是有利于党的先进性在企业中充分发挥，带动企业各方面向先进方向发展转变；九是有利于预防减少企业的腐败发生，企业党组织在政策引导、行为监督、工人维权、内部关系协调和企业文化建设等方面发挥引领作用，避免腐败思想的滋生蔓延，通过召开组织生活会、开展党性教育等方式，积极宣讲国家大政方针，在企业内部塑造风清气正的思想氛围。

四、党建工作的主要内容

新修订的《中国共产党章程》总纲中指出，"以改革创新精神全面推进党的建设新的伟大工程，以党的政治建设为统领，全面推进党的政治建设、思想建设、组织建设、作风建设、纪律建设，把制度建设贯穿其中，深入推进反腐败斗争，全面提高党的建设科学化水平，以伟大自我革命引领伟大社会革命"。这段文字，清晰表述了党的建设的六个方面的内容。

党的二十大报告中第十五部分把"坚定不移全面从严治党，深入推进新时代党的建设新的伟大工程"布局为七项工作，内容：一是坚持和加强党中央集中统一领导；二是坚持不懈用习近平新时代中国特色社会主义思想凝心铸魂；三是完善党的自我革命制度规范体系；四是建设堪当民族复兴重任的高素质干部队伍；五是增强党组织政治功能和组织功能；六是坚持以严的基调强化正风肃纪；七是坚决打赢反腐败斗争攻坚战持久战。二十大报告把干部队伍建设作为一项内容单独列出来，抓住了"人"这一至关重要的因素，其余六项工作的安排部署和党章的要求一一对应。

党的二十大报告和新修订的党章，这两个重要文件中关于党建工作的表述为今后党的建设工作指明了方向，规定了内容，给出了目标。

2022年6月30日，中共中央组织部发布数据，截至2021年6月5日，中国共产党党员总数为9514.8万名，党的基层组织总数为486.4万个。历经百年风雨，中国共产党由小到大、由弱到强，从建党时50多名党员，发展成为今天已经拥有9500多万名党员的世界第一大政党。

据统计，目前全国党员总量比1949年新中国成立时的448.8万名增长约20倍。党员队伍建设是党的组织建设的基础。党是由党员组成的，党员是党的基础，是执行党的路线的主体。加强党员队伍的建设，对于巩固党的组织，保持党的工人阶级先锋队性质，密切党同群众的关系，充分发挥党的领导作用，具有重要的意义。因此，在党的建设中，党员队伍建设具有十分重要的地位。

对于每一名党员干部来讲，政治建设就是要坚持中国共产党的领导，在习近平新时代中国特色社会主义思想指导下，增强"四个意识"，坚定"四个自信"，做到"两个维护"，坚决拥护捍卫"两个确立"，把好政治方向，打牢政治根基，涵养政治生态，防范政治风险，永葆政治本色，提高政治能力，践行入党誓言。思想建设就是要以马克思主义、毛泽东思想、邓小平理论、"三个代表"重要思想、科学发展观、习近平新时代中国特色社会主义思想作为自己的行动指南。在理论学习方面解决"学不学""学什么""知不知""辨不辨""懂不懂""信不信"的问题，做到真学、真知、真辨、真懂、真信，实实在在在工作中学习运用习近平新时代中国特色社会主义思想这个当代马克思主义、二十一世纪马克思主义指导工作，帮助有些人摒弃"不信马列信鬼神"的错误思想。组织建设就是发展党员、培养干部队伍、建立各级组织机构和运行机制；党的干部是党组织的骨干，党的组织是通过党的干部队伍来发挥作用的，是党的路线、方针、政策的主要贯彻执行者，是实现党的领导的决定性力量，通过民主集中制建设建立起党的完整而严密的组织系统，把全体党员和党的各个组织组成统一的整体，才能制定出正确的路线、方针，实现党的正确的领导。作风建设包含了思想作风、学习作风、工作作风、领导作风、生活作风、廉洁作风等方面，核心是要保持党同人民群众的血肉联系，站稳人民立场，从群众中来，到群众中去。纪律建设就是遵守党内组织纪律，重点是党风廉政建设，党风廉政建设作为党的建设的重要内容，要抓住"关键少数"以上率下，持续深化纠治"四风"，要与领导班子、领导干部目标管理，与各项具体业务工作紧密结合，一起部署，一起落实，一起检查，一起考核；坚决打赢反腐败斗争攻坚战、持久战，坚持不敢腐、不能腐、不想腐一体推进，同时、同向综合发力。制度建设，所有的管理都需要制度规范，我们党向来注重党内法律法规的制度建设工作，把制度建设融入政治、组织、思想等各项工作中去。2021年，中共中央办公厅法规局汇编出版了《中国共产党党内法规汇编》一书，收录了自1949年10月至2021年6月间发布实施的183部党内现行的法规，展现了党的制度建设的历史过程。

国有企业党组织发挥领导核心和政治核心作用，归结到一点，就是把方向、管大局、保落实。把方向就是要自觉在思想上、方向上、行动上同党中央保持一致，坚决贯彻党的理论和路线方针，确保国有企业坚持发展的正确方向。管大局就是要提高政治站位，站在党中央的高度、人民的立场、国家的大局去看待问题、分析问题、思考问题，去处理一些具有宏观的、战略性的、整体局面和全局形势的，带有根本性、决定性和方向性的特征的具体问题。保落实就是要保证每一项重要工作的每一个具体环节的逐项落实，具体要做到创造条件、做好准备、完善计划、控制实施过程、保证质量结果和考核评价。在实际操作过程中，做到党建与业务工作的高度融合，从战略、文化、立场、制度、架构、任职、议事、考核、监督、责任等多方面深度融合，防止出现党建业务工作"两张皮"。

2016年10月10日，在全国国有企业党建工作会议上，习近平总书记指出，国有企业要"把思想政治工作作为企业党组织一项经常性、基础性工作来抓，把解决思想问题同解决实际问题结合起来，既讲道理，又办实事，多做得人心、暖人心、稳人心的工作"。在实际工作中，面对广大的基层干部群众，我们要接地气，真正地将大家喜闻乐见的实事做好。笔者结合工作经验，将基层党建工作总结了十六个小短语。

具体如下：

组织"建"起来，队伍"齐"起来，

站位"高"起来，标准"立"起来，

党员"带"起来，活动"搞"起来，

思路"活"起来，典型"树"起来，

阵地"用"起来，学习"勤"起来，

慰问"诚"起来，帮扶"热"起来，

做事"实"起来，宣传"火"起来，

关系"和"起来，心情"好"起来。

最后老百姓满意拥护，心情舒畅幸福，是我们需要的结果。

企业党建工作的内容还有很多，可以说企业有多少事，就有多少党建工作的事，企业员工有多少事，党建工作就有多少事。事情无论大小，都可以作为我们报道的题材，讲好企业党建的故事就会更加鲜活、生动。

第二节　讲意识形态

经济建设是党的中心工作，意识形态工作是党的一项极端重要的工作。

——2013年8月19日，习近平在全国宣传思想工作会议上的讲话

意识形态工作是为国家立心、为民族立魂的工作。牢牢掌握党对意识形态工作的领导权，全面落实意识形态工作责任制，巩固壮大奋进新时代的主流思想舆论。

——2022年10月16日，习近平在中国共产党第二十次全国代表大会上的讲话

牢牢掌握意识形态工作领导权，不断巩固马克思主义在意识形态领域的指导地位，巩固全党全国人民团结奋斗的共同思想基础。

——摘自2022年10月22日，《中国共产党章程》总纲

在企业中要不要讲意识形态，这已经不是一个可以讨论的问题。经济基础决定上层建筑，而经济基础的主要组织表现形式就是企业，企业是市场的主体。习近平总书记指出："市场主体是我国经济活动的主要参与者、就业机会的主要提供者、技术进步的主要推动者，在国家发展中发挥着十分重要的作用。"本书序言一做了这样的归纳，"企业是社会架构的平衡者、社会财富的创造者、文化传播的先导者、人类精神的承载者、社会

进步的实践者、国家品牌的体现者"。在人类社会发展的长河中，企业（可以追溯到早期的手工业作坊）起到了举足轻重的作用，而且受意识形态影响，所以企业必须讲意识形态，换一个普通的说法，就是必须讲思想政治工作。中国企业必须坚持马克思主义在意识形态领域的主导地位，必须在习近平新时代中国特色社会主义思想指导下，按照习近平总书记关于意识形态的重要论述，构建适合中国情况、指导中国企业发展的话语体系和理论体系。

一、意识形态概念简析

当今世界有一个热词，就是"意识形态"。这项工作越来越重要，大家也越来越关注重视这项工作。由于长期从事新闻宣传工作，大家经常会问我一个问题，什么是意识形态，意识形态工作如何做？查阅了好多的资料，最后还是摸不着头脑，大概率是似是而非，不得要领。总体感觉是陷入了西方各种鱼龙混杂、似是而非的理论漩涡中。

在西方英语语言体系中，英语单词 ideology 可以译为汉语意识形态，也可译为观念学或者思想体系、理论体系。目前，"意识形态"这个词语概念不论它有多大的历史延续变化，总之是一个舶来品，是一个来自西方的词语，是西方各个时代的思想家和所谓的理论家学者们按照他们对世界的观察与思考，按照服从并符合某些特定群体意愿所构建起来的思想、理论体系。在学术层面，关于意识形态的专著、论著、论文很多，大都是从西方翻译过来的。但对于意识形态的定义却都很笼统，有的过于简单，有的过于牵强，有的干脆不讲，有的则和其他概念混淆在一起，有的比较繁琐庞杂，不容易理解记忆。好多文献资料把政治、经济、文化、建筑等等一股脑地混在一起，读者看半天，一知半解，最后的结论就是宗教是意识形态，政治、文化也是意识形态，等等。也就是说，关于意识形态到底是一个什么样的概念，连西方的学者们也没有完全搞明白，而是各抒己见，甚至有些学者机构为了所谓创新独占话语权，把别人的思想和观点包装、替换，制造各种新概念，故弄玄虚，把简单问题复杂化，逻辑问题制度化、程式化，学术问题利益化，制造所谓"理论原创"占领版权、知识产权道义制高点，借以忽悠全世界。中国学者们也有不少的专著，但大多数观点是从西方书籍资料中选来的，用的参考资料也大多是西方的文献。有点可悲的是，好多书中的观点，也都是用别人的观点材料去证明别人的观点正确，真正属于自己原创的少之又少。

在上海辞书出版社1999年版《辞海》中，检索"意识形态"一词，解释为"社会意识形态"。查阅"社会意识形态"，解释为：亦称"意识形态""观念形态""系统地、自觉地反映社会经济形态和政治制度的思想体系，是社会意识诸形式中构成思想上层建筑的部分，表现在政治、法律、道德、哲学、艺术、宗教等形式中。一定的社会意识形态是指一定的社会存在的反映，并随着社会存在的变化或迟或早地发生变化。社会意识形态具有相对独立性；它对社会的发展起巨大的能动作用；有自身的发展规律，具有历史继承性"。同时还解释"它的发展同经济发展并不总是平衡的，有时经济上比较落后的国家，在思想领域会超过当时经济上先进的国家。自从阶级产生以后，社会意识形态具有阶级性"。在这个定义中，社会意识形态等于意识形态等于观念形态等于思想体系，可以说四个词语视为同义词或者就是一个词语的另外一种表达方式。读者就要问了，我们以后碰到"意识形态"四个字是不是可以用"理论体系或者观念形态"代替呢？看来这个问题还是要思考一下的，大约是不应该也不能直接代替，在当今世界就更不能就"理论体系"和"意识形态"画等号。

在《现代汉语词典》中，意识形态词条的定义是这样的："在一定的经济基础上形成的，人对于世界和社会的有系统的看法和见解，哲学、政治、艺术、宗教、道德等是它的具体表现。意识形态是上层建筑的组成部分，在阶级社会里具有阶级性，也叫观念形态。" 在这里意识形态和观念形态是画等号的。在百度上搜索"意识形态",给的解释是这样的,"是一个哲学范畴词汇,是指一种观念的集合"。也可以理解为对事物的理解、认知,它是一种对事物的感观思想,它是观念、观点、概念、思想、价值观等要素的总和。《意识形态原理》一书中则是,"意识形态"不是人脑中固有的,而是源于社会存在。人的"意识形态"受思维能力、环境、信息(教育、宣传)、价值取向等因素影响。不同的"意识形态",对同一种事物的理解、认知也不同。在这个定义里面,"意识形态"有了一个"主体",就是"人",指的是人的"意识形态"或者是人的"观念形态"。在《辞海》的解释中,能够反映出"阶级"的特征,而这里则没有;阶级和人一个是个体,一个是群体,结合两个定义,"意识形态"从这里反映出来新的特征,即意识形态同时具有"个体性"特征。

当前,有学术界人士直接从国家或者政治的角度给意识形态下定义,有的说"意识形态是反映特定阶级意志和利益,对社会、政治做出根本性规定的思想体系和价值体系",直接把意识形态等同于思想体系和价值体系;有的说"意识形态表达特定阶级、政党的政治原则、社会理想,体现社会的价值导向,是政党和国家生存、发展的灵魂",直接把意识形态等同于原则、理想、价值导向。这两个定义的共性在于都指出意识形态是"特定群体"才具有的,无论这个"特定群体"被赋予"阶级""政党"的名称,或者是其他什么的名称,这两个定义都指出了特定群体对某思想价值体系的独占性或者——对应性。无论这个"特定群体"有多么特殊,其意识形态工作也必须从一个一个个体的态度选择开始。话语体系的构建是意识形态工作的开始,什么是话语体系呢?把理论、价值体系变成大家通俗易懂的话语的过程,就是该理论价值话语体系构建的过程。或者简单地讲,话语体系是由某种理论体系支撑,表达某种利益或意愿,具有特定内涵、导向、倾向、主张的词语,是特定个体、群体、组织、阶层、阶级、集团或政治实体理论与价值的外化与表达,话语体系是理论体系的表现形式或者表象。

综上所述，意识形态是思想、观念的理论体系，政治、法律、道德、哲学、艺术、宗教等是其表现形式，是对待这些理论体系和其表现形式的态度，具有"独立性、完整性、时代性、差异性、变化性、能动性、继承性、阶级性、匹配性、个体性"等特征。

二、构建中国特色、中国风格、中国气派的意识形态概念

2016年5月，习近平总书记在哲学社会科学工作座谈会上强调，要推动建设中国特色、中国风格、中国气派的社科研究体系，深入理解中华文明，从历史和现实、理论和实践相结合的角度深入阐释如何更好地坚持中国道路、弘扬中国精神、凝聚中国力量。

2022年10月16日，在中国共产党第二十次全国代表大会上，习近平总书记指出，要"继续推进实践基础上的理论创新，首先要把握好新时代中国特色社会主义思想的世界观和方法论，坚持好、运用好贯穿其中的立场观点方法"。

中国汉字博大精深，既表意又表音，每个字都深刻地包含着人类从古至今的行为事实。现在就从中国汉字构造含义演变入手，按照中国文化思维习惯研究我们关于意识形态的学术概念，探索研究到底什么是意识形态，从广义的角度确定意识形态的定义。帮助大家从含混晦涩的意识形态的概念中跳出来，尤其是帮助中国人从西方人构建的意识形态理论概念中跳出来，便于大家学习掌握开展工作。

在我们汉语言文化体系中，"意""识""形""态"这四个字更能概括反映意识形态的全部意义。"意"也就是在某一个历史阶段存在的思想观念理论体系或者话语体系；"识"是在某一个历史阶段对现存理论体系的识别与批判；"形"是某一历史阶段现存理论体系的外在表现形式，是现象表象；"态"是在某一历史阶段对现存思想观念理论体系或者话语体

系批判识别后所选取的立场。

为什么要这样说呢？大家可以看看我们中国人是如何创造"意、识、形、态"这四个字并赋予其含义的。本书中几个关键字的字义的本义引申义，从汉字构造演变、《说文解字》等资料中获取，重要的是对造字的思想解读判断。

在中国文字中，"意"是上下结构，上从"音"，下从"心"，什么意思呢？《辞海》解释为心愿、意向；心察言知其意也，放在心上的声音；音又是什么呢？"立曰"，什么意思呢？《说文解字》解释为声、信息、消息。发声就是立言，就是要表达思想，建立话语体系；简单地说，"意"所包含的内容就是内心要表达的话语，大而言之就是话语体系或者理论体系。古今中外有多少理论体系，政治、经济、文化、社会、哲学、自然科学等，而且好多都自成体系，一家之言，恐怕数也数不清。

在中国文字中，"识"字左右结构，从言从只。繁体为"識"，左右结构，右边整体为"戠"；左边为"言"，中从"音"，右从"戈"；右边整体"戠"，从"音"从"戈"。从"音"就是"立言"表达思想，思想和武器放在一起组合，要表达什么意思呢？思想有了冲突和分歧，言语不和、兵戈相见，道不同、不相为谋，言语之战，实为思想论战，理论论战。中国文字"識"所包含的深刻意义是中国历史上的某些思想观点理论所产生的冲突这一当时社会现实在语言发展演变过程中的反映。中国历史上"百家争鸣、独尊儒术""曹刿论战""舌战群儒"等事件就是繁体"識"字含义的最好注脚。所以说，认识一件事物，特别是一种理论、观点是不那么容易的，甚至是要兵戈相见的。

在中国文字中，"形"的意思是什么呢？现代汉语解释为形状、形态、形式。现实生活中，各种各样的理论体系除了以独立的体系存在之外，还会有各种各样的表现形式，幻化成各种各样的作品，变成新闻、文学、电影、短信、抖音段子、建筑等形式，通过图画、视频、音频以及其他的形式展现出来。对于这些表现形式我们又如何识别看待它们呢?

在中国文字中,"态"的繁体字是"態",上下结构,从心从能,解释为"心能於其事,然后有'态度'也","能"字的实际意义是能力、本事、才干,有才干的人、能人等意思,"度"字什么意思,推测、估计、图谋的意思,本意思考;简体字中,"态"从"太"从"心",太字表示为什么意思,百度百科解释为"非常、特别,极端、最、高"等,那么"态"的意思"姿态、体态","态度"就是对人和事物的看法在言行上的表现。引申意义就是在心中最高最特别的了。如果面对一种思想选择,就是立场。对理论体系的识别表态包含两层重要含义:一是选择什么样的指导思想去指导自己选择态度,即选择标准是什么;二是态度本身,即选择的是什么,选择什么样的思想观念理论作为自己的信仰。

按照中国文字演变释义,对上面的四个字都解释清楚了,现在可以给意识形态下个定义了:意识形态就是在某一个历史阶段内对现存思想观念理论体系以及其话语体系和外在表现形式所构成的整体进行识别后选取的立场态度信仰,包括对指导态度立场选择的指导思想的态度。对社会中的每个个体来讲,实质上是每天都做着这样的选择,并按照自己的选择去指导自己的行为。具有共性选择的群体态度上升为群体组织、机构乃至国家的选择,就是带有政治特征的国家意识形态。

有了上面的定义,一条清晰的意识形态认识路径就构成了,我们的意识形态工作就好做了。意识形态工作就变成了对一个个体主体或某个群体中的主体、整体,做思想政治工作的过程。首先是先学习理论,后判断理论,观察理论表现形式,再选择对待理论的态度,最终成为信仰,指导规范鞭策自身的行为行动。通过这个过程系统地解决人类社会中的个体、群体、组织、国家的"我是谁、为了谁、相信谁、跟谁干、干什么、怎么干"的人生观、价值观、世界观问题。至此,意识形态的工作就不再是单纯的理论概念,而是一个实实在在的动态工作过程,不再含混晦涩,不再难于理解认知，而是变得清晰、明朗，就会把身边的每一个小事、每一个行为看得透彻明白，直至看到本质。身边的每一个小事，只要是理论的、思想的、有价值取向的，都可以看作是意识形态的，它对人思想的改变与影响是潜移默化的，因为它都是为某个人、群体、阶级、国家服务的，这并不是意识形态泛化，而是实实在在的意识形态的具体表现形式，是意识形态工作的最佳的唯一的切入点，因为只有从这些小事开始才能一点一点改变人的思想。

三、简析当今世界的理论体系分类

在任何一个时代，这个时代的精英人物在代表一个组织、群体信仰一种思想、构建一个理论体系的时候，都有自己的立场，都存在一个终极的目标，都需要通过构建理论体系指导大家的行动来达到终极目标的实现。站在人类自身发展的立场去看待各种理论的终极目标这个问题，理论的终极目标不外乎这么几种形式，利他、利己，利他又利己，直至人类聚集成各类群体之后，理论的终极目标演变成为有利于某一个群体，或者是有利于全人类，那么这个理论就会是大家共同认可选择的理论。在历史的长河中，理论体系是宏大的、众多的、繁杂的、深奥的、深刻的，不管属于什么范畴，都有其自身的立场，都有其自身的主张，都有其自身终极目标。这个终极目标是什么呢？简单的回答就是让大家相信自身的理论是正确的、立场是正确的、终极目标是有益于大家或者就是大家心目中想象的，让大家按照理论的立场、主张去指导规范自身的行为，为实现目标服务。

当今理论领域的分类可以简单分为自然科学领域和非自然科学领域两个范畴。各种理论体系众多且繁杂，有时候很难给其做一个理论体系的归类。如果非得要找一个最权威最细致的分类方法来分类的话，莫过于图书馆图书分类方法，从宏观到微观一目了然，每一本现存的书都是一家之言,自成体系,所言无论谬误抑或完美,都可以找到思想观念理论的归类归属。反之,大家可以通过分类检索找到你所需要的书籍。2010年我国出版的第五版《中国图书分类法》,它将学科分5个大类部,22个基本大类;5个大类部的基本序列是:马列毛邓思想理论、哲学、社会科学、自然科学、综合性图书;22个基本大类是A马克思主义、列宁主义、毛泽东思想、邓小平理论,B哲学、宗教,C社会科学总论,D政治、法律,E军事,F经济,G文化、科学、教育、体育,H语言、文字,I文学,J艺术,K历史、地理,N自然科学总论,O数理科学和化学,P天文学、地球科学,Q生物科学,R医药、卫生,S农业科学,T工业技术,U交通运输,V航空、航天,X环境科学、安全科学,Z综合性图书。这些图书类别的分立,每一本书基本都可以构成独立的理论体系,理论和理论体系之间,有些互相独立、相互包容,有些互相交叉,既有共性观点也有个性观点,有些还有可能是完全对立的。

自然科学领域构建理论体系是要解释一个自然界存在的问题,不同的解决问题的角度构建成不同的自然科学理论体系,各位科学家们构建自然科学理论体系的目的也不外乎是传播他的自然科学思想,让大家相信他的自然科学理论是正确的,可以指导大家的工作和生活,可以为大家服务的。5个大类部中非自然科学领域的其他4个类部在构建理论体系时也要总结解释其所在领域的发展规律,用以解决其领域发展过程中出现的各种问题,解决问题的不同立场构建出不同的理论体系。各位理论家们构建其理论体系的目的是要大家相信他的理论是正确的,所揭示的规律是正确的,解决问题的思路方法也是正确的,是一种既利他又利己的理论,是为大家服务的。

非自然科学领域中包含马列毛邓思想理论、哲学、社会科学、综合性图书4个大类,其中内容广泛,很多互有交叉。大家比较常用的是政治和经济领域的理论体系类别。

在政治领域。政治理论是一个大类，它涉及的内容很多，又分为许多小类，无法一一例举。就国家选择发展路径而言，我们目前所知的被简单归结为资本主义国家和社会主义国家；就国家体制而言，涉及国体理论、政体理论等，比如美国三权分立，日本的天皇制度，英国的君主立宪，泰国的泰国国王，伊朗的宗教领袖，梵蒂冈的宗教国家，等等；就政党制度而言，存在着一党制、多党制、两党制、多党合作甚至教皇执政等形式。目前世界存在的国家共有200多个，每一个国家在政治上都有自身的特点，都有自身的实际情况，复杂多变，可谓包罗万象，这些现实存在的背后都有着复杂的理论支撑和历史渊源的延续。

在经济领域。广义分类为市场经济和计划经济两种思想理论体系。实际上在所有地球上的国家经济形态中，所谓市场经济和计划经济都是共存的，都是发展经济的手段，最大的区别在于政府对"政府有形之手和市场无形之手之间关系"的处理方式，这种处理方式的选择已经不是经济领域的概念，更多的会受意识形态的影响，这种手段的本质是一种阶级或阶层利益分配与均衡的方式。当前，经济学领域的学术理论主要是西方经济学理论和马克思政治经济学理论。20世纪80年代，中国进行改革开放，独立自主选择具有中国特色的社会主义市场经济，开始了世界上没有任何现成理论可供实践的独立探索，形成了中国发展的独特模式，为世界各个国家的发展贡献中国方案。邓小平同志明确讲，在经济发展过程中，不管是市场多一点，还是计划多一点，都是发展经济的手段。自由的市场经济主要观点认为只有市场经济才能发展经济，才能长久，不需要政府干预，核心观点是"看不见的手"来调节经济，市场会因为供求关系的变化达到自动平衡。计划经济则以1992年之前的苏联为模式，认为政府干预经济，计划调控才能发展经济，达到供需平衡。中国共产党带领中国人民则选择了符合中国国情的具有中国特色的社会主义市场经济，为世界经济发展提供"中国方案"。

四、 正确识别判断各类理论体系的标准选择

理论体系是众多的，产生于不同时代的理论还会存在时代的局限，现存的各种各样的理论体系，矛盾、冲突与斗争是客观存在的。至于谁是合理的，谁是不合理的，到底是正确的还是错误的，是既有正确的又有错误的，还是根本就是谬误的，要看这个理论是否客观科学，是为什么人服务的，是否得到大家的认可，表面来看是立场问题，终极来看则是世界观问题。因此就要选择一个正确的标准，选择一种正确的理论作为我们的指导标准。被选择作为标准的理论体系至关重要，因为这一个理论体系要作为鉴别其他理论体系是否正确的标准出现，就要看这个理论体系的内容所包含的人生观、世界观、价值观是什么，是否科学，是否站在全人类的角度看待每一个问题？

中国人民选择什么样的方法标准？选择马克思主义！马克思被推选为影响世界的十大历史人物之首，世界第一人，包括他构建的科学理论体系是当今世界最科学最伟大的哲学体系。马克思主义的立场、观点、方法是辩证唯物主义和历史唯物主义，物质决定意识，社会存在决定社会意识。科学的批判精神是马克思主义哲学从而也是马克思主义的基本精神。马克思主义的历史唯物主义观察问题的出发点是坚持人民群众的立场。

毛泽东思想的三大法宝"独立自主、实事求是、群众路线"是我们中国共产党人有力的思想武器。《实践论》和《矛盾论》是毛泽东思想中的经典，在这"两论"中，概括很多真理："实事求是""一切从实际出发"；认识过程的第一次飞跃——感性认识上升到理性认识，认识过程的第二次飞跃——由理性认识能动地飞跃到实践；实践是认识的源泉，实践是认识的动力，实践是认识的目的；对立统一规律是辩证法的实质和核心的思想；内因与外因，主观与客观，理论与实践相统一的思想；"对具体矛盾进行具体分析""分清主要矛盾和次要矛盾""做好矛盾转化工作"；

领导方法中"没有调查就没有发言权""一般号召与个别指导相结合""领导与群众相结合""一定要抓好典型""要透过现象看本质",等等。

如何用好这些理论武器?习近平总书记指出,就是要坚持把马克思主义基本原理同中国具体实际相结合、同中华优秀传统文化相结合,用马克思主义观察时代、把握时代、引领时代,继续发展当代中国马克思主义、21世纪马克思主义!

习近平总书记在党的二十大报告中指出:"马克思主义是我们立党立国、兴党兴国的根本指导思想。""推进马克思主义中国化时代化是一个追求真理、揭示真理、笃行真理的过程。""继续推进实践基础上的理论创新,首先要把握习近平新时代中国特色社会主义思想的世界观和方法论,坚持好、运用好贯穿其中的立场观点方法。""要坚持人民至上、自信自立、守正创新、问题导向、系统观念、胸怀天下";尤其是系统观念上,"要用普遍联系的、全面系统的、发展变化的观点观察事物,才能把握事物发展规律,要通过历史看现实、透过现象看本质,把握好全局和局部、当前和长远、宏观和微观、主要矛盾和次要矛盾、特殊和一般的关系,不断提高战略、历史、辩证、系统、创新、法治、底线思维能力,为前瞻性思考、全局性谋划、整体性推进党和国家各项事业提供科学思想方法。"

习近平新时代中国特色社会主义思想是当代中国马克思主义、21世纪马克思主义。新时代就是要运用习近平新时代中国特色社会主义思想去指导各项工作的开展,去分析判断世界百年未有之大变局。

五、 高度重视意识形态领域的斗争

习近平总书记在党的十九大报告中指出,我们就是要在意识形态领域中与一些干扰扰乱我们思想的理论进行斗争,对我们大多数党员干部来讲,就是要通过不断的理论学习,对各种各样的奇谈怪论进行批判识别,以此来增强政治意识、大局意识、核心意识、看齐意识,坚定理论自信、道路自信、制度自信、文化自信。坚持马克思主义在意识形态领域中的指导地位，就必须对诸多社会思潮展开有针对性的斗争。

习近平总书记在党的二十大报告中指出，要坚持发扬斗争精神。增强全党全国各族人民的志气、骨气、底气，不信邪、不怕鬼、不怕压，知难而进、迎难而上，统筹发展和安全，全力战胜前进道路上各种困难和挑战，依靠顽强斗争打开事业发展新天地。

意识形态领域的斗争本质是理论的斗争、思想的斗争，甚至可以延伸至军事斗争，直至战争发生。党的十八大报告指出，必须准备进行具有许多新的历史特点的伟大斗争。2019年9月3日，习近平总书记在中央党校中青年干部培训班上的讲话指出，凡是危害中国共产党的领导和我国社会主义制度的各种风险挑战，凡是危害我国主权、安全、发展利益的各种风险挑战，凡是危害我国核心利益和重大原则的各种风险挑战，凡是危害我国人民根本利益的各种风险挑战，凡是危害我国实现第二个百年奋斗目标、实现中华民族伟大复兴的各种风险挑战，都要进行斗争。习近平总书记关于"五个凡是"的斗争内容其实质都是思想理论体系领域斗争的直接反映，挑战的是我们的制度、重大原则和奋斗目标。

意识形态领域的斗争是复杂的、艰难的、隐蔽的，涉及众多的理论体系，这些复杂的理论又需要转化为各类话语体系。有时候一个不起眼的概念定义，甚至一个无人关注的小事件，都有可能是意识形态斗争的最前沿。好多领域的斗争本质是意识形态斗争的延伸。经济领域有人鼓吹新自由主义经济理论，鼓吹不要政府监管，把我们的经济发展模式向自由化方面误导。文化领域鼓吹小鲜肉，鼓吹物欲物质生活，鼓吹绝对自由，把男性特征向女性化方面引导，颠倒性别价值观，导致社会人性价值观错乱。习近平总书记指出："敢于斗争、敢于胜利，是中国共产党不可战胜的强大精神力量""既要打好防范和抵御风险的有准备之战，也要打好化险为夷、转危为机的战略主动战。"用习近平新时代中国特色社会主义思想这个当代中国马克思主义、21世纪马克思主义去分析识别西方国家用其政治、经济、文化、宗教等理论体系来构建的意识形态，表明我们的立场态度。驳斥揭露西方政治理论的话语体系中所谓宪政民主、普世价值、自由、民主、人权的政治理念和制度模式的虚伪；驳斥揭露其所谓主张公民社会、主张社会领域个人权利至上等虚假的脱离社会实际的，实为少数人权力的事实；揭露其向全世界推销 新自由主义，实为颜色革命的恶劣本质；揭露其推销民主社会主义等虚假社会主义，反对以马克思主义为指导思想，主张多党竞选、轮流执政，实为推销资本主义理论维护资本主义霸权的本质行径，借以颠覆歪曲共产主义理论。清醒认识西方新闻观，清醒认识其攻击马克思主义新闻观，否定我们党管媒体的原则的目的；清醒认识其通过随意剪裁拼凑史实、歪曲历史、混淆是非，误导人们随意解读历史，动摇既有价值判断，构建历史虚无主义话语体系的伎俩；清醒认识其推崇新自由主义经济理论，极端环保主义理论的真实目的。

六、牢牢把握意识形态的领导权、话语权

我们党历来是高度重视意识形态工作的。在这方面，马克思对此论述："如果从观念上来考察，那么，一定的意识形式的解体足以使整个时代覆灭。"毛泽东指出："凡是要推翻一个政权，总要先造成舆论，总要先做意识形态方面的工作。革命的阶级是这样的，反革命的阶级也是这样的。"习近平总书记强调："一个政权的瓦解往往是从思想领域开始的，政治动荡、政权更迭可能在一夜之间发生，但思想演化是个长期过程。思想防线被攻破，其他防线就很难守住。如果没有共同的核心价值观，一个民族一个国家就会魂无定所。现在社会出现的种种问题病根都在这里，这个问题不解决，改革开放和现代化建设就难以顺利推行。一个国家、一个民族不能没有灵魂。文化文艺工作、哲学社会科学工作就属于培根铸魂的工作，在党和国家全局工作中居于十分重要的地位，在新时代坚持和发

展中国特色社会主义中具有十分重要的作用"。习近平总书记强调必须坚持和发展中国特色社会主义。

中国需要构建什么样的意识形态?《中国共产党宣传工作条例》明确规定,就是要"高举中国特色社会主义伟大旗帜。巩固马克思主义在意识形态领域的指导地位,巩固全党全国人民团结奋斗的共同思想基础。建设具有强大凝聚力和引领力的社会主义意识形态,建设具有强大生命力和创造力的社会主义精神文明,建设具有强大感召力和影响力的中华文化软实力。"党的十九届四中全会发布的《中共中央关于坚持和完善中国特色社会主义制度推进国家治理体系和治理能力现代化若干重大问题的决定》中,明确把坚持马克思主义在意识形态领域的指导地位确立为国家的一项根本制度。习近平总书记在建党百年讲话中强调必须坚持继续推进马克思主义中国化,核心就是要坚持马克思主义在中国意识形态领域的主导地位。马克思主义是我们立党立国的根本指导思想,是我们党的灵魂和旗帜。党的十九届六中全会确立习近平同志党中央的核心、全党的核心地位,确立习近平新时代中国特色社会主义思想的指导地位,两个"确立"是中华民族伟大复兴的重要政治保障和思想保证,为党确立坚强的领导核心、科学的指导思想。这就是中国的选择。

2019年1月11日,习近平总书记在十九届中纪委三次全会上讲话强调,增强"四个意识"、坚定"四个自信"、做到"两个维护"是具体的而不是抽象的,领导干部必须特别是高级干部必须从"知行合一"的角度审视自己、要求自己、检查自己。知行合一是我们中国传统文化的精髓。

2019年5月31日,习近平总书记在不忘初心、牢记使命主题教育工作会议上的讲话指出,要思想建党、理论建党,坚持"学思用贯通,知信行统一"。尤其是习近平总书记在知行合一之间加了一个"信"字,一字质变,就是说的两面人的问题,对于我们党的理论,有些人是知道的,了解的,就是不信、不执行,知道的和行动的不一致,说白了,就是说一套做一套。

我们必须坚持党的基本理论、基本路线、基本方略，统筹推进"五位一体"总体布局、协调推进"四个全面"战略布局，全面深化改革开放，立足新发展阶段，完整、准确、全面贯彻新发展理念，构建新发展格局，推动高质量发展，推进科技自立自强，保证人民当家作主，坚持依法治国，坚持社会主义核心价值体系，坚持在发展中保障和改善民生，坚持人与自然和谐共生，协同推进人民富裕、国家强盛、中国美丽。我们用事实彰显我们的自信。就国际贸易来说，2019年11月5日，中国国际进口博览会在上海召开，习近平总书记作主旨演讲。三点倡议：共建开放合作，开放创新，开放共享的世界经济。五个承诺继续：继续扩大市场开放，继续完善开放格局，继续优化营商环境，继续深化多边合作，继续推进共建"一带一路"。两句经典：坚持"拉手"，而不是"松手"；坚持"拆墙"，而不是"筑墙"。中国老百姓有句话，"世界这么大，我想去看看"，中国这么大，欢迎大家来看看。

2021年8月26日，中宣部发布《中国共产党的历史使命与行动价值》，表述中国共产党作为世界第一大党的立场是，全心全意为人民服务，把人民放在心中最高位置，依靠人民不断取得胜利，实现人民当家作主，让人民过上好日子。习近平总书记在建党百年讲话中回答了"为了谁"，必须团结带领中国人民不断为美好生活而奋斗，必须不断推动构建人类命运共同体；强调必须加强中华儿女大团结，必须坚持大团结大联合，坚持一致性和多样性统一，加强思想政治引领，广泛凝聚共识，广聚天下英才，努力寻求最大公约数、画出最大同心圆，形成海内外全体中华儿女心往一处想、劲往一处使的生动局面，汇聚起实现民族复兴的磅礴力量！在全体中华儿女中形成我们共同的意识形态。

2022年10月16日，习近平总书记在中国共产党第二十次全国代表大会报告中指出，"我们确立和坚持马克思主义在意识形态领域指导地位的根本制度，社会主义核心价值观广泛传播，中华优秀传统文化得到创造性转化、创新性发展，文化事业日益繁荣，网络生态持续向好，意识形态领域形势发生全局性、根本性转变"。

坚持党对一切工作的领导。党政军民学，东西南北中，党是领导一切的。企业的意识形态工作是党的意识形态工作的重要组成部分，有其自身的特点，企业就是要根据自身的现实情况，实事求是，一切从实际出发，创新工作方式方法就一定能做好意识形态工作。只要牢牢把握坚持马克思主义在意识形态领域的主导地位，学习、选择、相信、应用马克思主义，在习近平新时代中国特色社会主义思想这个21世纪的马克思主义的指导下，在党的领导下牢牢把握意识形态工作的领导权、话语权，企业意识形态工作的故事一定讲得更加精彩。

第三节　讲使命

为中国人民谋幸福，为中华民族谋复兴，是中国共产党人的初心和使命，是激励一代代中国共产党人前赴后继、英勇奋斗的根本动力。

——2019年5月31日，习近平在"不忘初心、牢记使命"主题教育工作会议上的讲话

企业作为一个人为设定的组织，无论大小，对经营者来说都会有一个经营的主业，用大白话说就是干什么、如何干的问题，也可以称作企业的初心和使命。企业主业的选择决定了其经营的目标、方向、规模、模式、管理方式方法等一系列的问题，这些问题大家比较好理解。那么，对于企业使命这样的问题，可能就很难理解了。比如有人会问，我开个小卖部有什么使命吗，需要讲使命吗？开个小饭馆的使命是什么？小米公司的使命是什么？华为公司的使命是什么？国家能源集团的使命是什么？对于这些问题，好多管理者有不同的认知，有的人讲，我还不知道干几天呢，讲什么使命；还有人讲，生产好产品、做好服务就行了，不需要谈什么使命。事实并非如此，任何一个企业自诞生之日起，天然就有了它的使命，是题中应有之义。

关键是对"使命"一词的理解和认识。《辞海》给出的解释是任务。《现代汉语词典》给出的解释是派人办事的命令，多比喻为重大的责任。百度百科给出四种释义解释：一是指出使的人所领受应完成的任务；二是应尽的责任；三是指奉命办事的人；四是奉命出使的人。综上所述，在企业使命这个词语中，使命的意义就是责任和任务，从小处着眼来看就是任务，大处着眼来看叫作责任。开个小饭馆的使命从小处着眼的意义是完成赚钱养家的任务，从大处着眼的意义就是履行为人民的温饱健康而服务的责任。我们可以根据使命的解释给企业使命下一个定义，简言之，所谓企业使命就是指企业在社会经济发展中所应担当的任务和责任，是指企业的根本性质和存在的理由，用以拓展说明企业经营哲学、形象定位和发展方向。如果用语言表述出来，就是企业对内对外的承诺，用来回答"我们要做什么、为什么这样做"的现实问题。

企业使命作为企业文化中的一个重要组成部分，大致可以分为三个层面来解释：第一个层面表述为任务；第二个层面表述为责任；第三个层面表述为使命。在中国汉语言文化中，词语的感情色彩所要表达的感情深厚浓淡是不一样的。这三个层面的表述从词语的情感色彩来讲是逐层递增的，逐渐加深的，包含的价值观、经营观、哲学观、理念也是不一样的。内中表达的是一种格局，任务可能是微观的、局部的，使命则是宏观的、全局的，责任介于二者之间。企业使命作为企业的根本性质，最终还要作用于企业的内部员工和外部环境，可以从两个维度去考察分析：一个维度是从企业内部管理的角度考量对员工影响，可以成为内部管理学意义上的使命；另一个维度是从企业外部社会环境的角度考量对社会公众的影响，可以称之为社会学意义上的使命。二者是相辅相成、互相作用的，只是侧重点不一样，是统一的，不是对立的。

2022年2月28日，习近平总书记主持召开中央全面深化改革委员会第二十四次会议强调，"要坚持党的全面领导，建设中国特色社会主义，发展更高水平的社会主义市场经济，毫不动摇巩固和发展公有制经济，毫不动摇鼓励、支持和引导非公有制经济发展，加快建设一批产品卓越、品牌卓著、创新领先、治理现代的世界一流企业。"必然也必须要求我们的企业具有使命，或者说"产品卓越、品牌卓著、创新领先、治理现代"就是所有中国企业的使命，只有具有这个庄严的使命，才能在全面建设社会主义现代化国家、实现第二个百年奋斗目标进程中实现更大发展、发挥更大作用。一家企业无论大小、行业、存续时间长短都应该确定自己的使命，作为企业管理者为企业赋予更高尚、更庄严的使命是其义不容辞的责任。作为一名新闻工作者，讲好企业的故事，要站在更高的高度和站位去看待一个企业存在价值，才能做好企业的新闻报道，才能讲好企业的使命故事。

一、企业所在国家的性质会影响企业的使命

国家性质是指国体，本质是指国家的阶级本质，具体表述就是社会各阶级在国家中所处的地位。在国家中占统治地位的阶级的性质决定国家性质，国家性质决定国家经济体制。

企业作为社会存在的一种普遍的经济组织形式，本质是社会架构的重要组成部分，是社会存在的经济基础，国家性质和国家经济体制决定其发展变化。企业虽说是一种经营单位，但是它承担着重要的社会责任，统治阶级要通过企业创造财富来稳固其经济基础，所以企业不是随随便便就可以设立的，一般情况下，由所在国家设立的行政机关来负责企业设立与否的管理职能，这个行政机关就会根据国家的大政方针、价值取向、宗旨使命等情况制定相关政策，这些政策本身就是一种规范，一种前置条件，本质也就是限制。我们不考究这种经营单位的设立情况的历史脉络，就当今世界的现实情况来说，任何一个企业主体的设立都必须由所在国家的行政机关批准许可，无论是叫作审批核准制，还是叫作登记备案制，本质是需要国家行政机关知晓并许可。

大多数国家在企业的设立方面是有行业限制和条件限制的，这种行业限制一般来自国家行政机关或者行业协会。行业限制就是对有些行业的企业设置行业准入条件。条件限制指的是不管设立什么样的企业，都必须具备一定的条件，比如说必须有一定的资金，一定的从业人员，一个固定的经营场所，一定的技术储备，等等。同时由于设立企业的申请人的身份、国籍，申请组织的国别、股权不同，也会有限制，而且这种限制特别多，限制多寡和国家实行的经济政策有关。

大多数国家还会对有些行业实行禁入，比如带有公益性质的行业，有些国家是不允许私人资本进入的；带有军事性质的行业不允许外资资本进入等等规定。但是在不同的行业内部可能是自由的，可以称之为行业自由，就是在这个行业内你想设立就设立，国家不做任何的限制，即便这类可以随便注册登记备案成立企业，但其生存好坏却是由行业内部发展情况和竞争程度来决定的，在此情况下谈所谓的企业使命恐怕也只能是一厢情愿了。

二、企业的经营理念影响企业的使命

企业一旦注册许可开始运营，其使命就开始发挥作用，这种作用是隐蔽的不张扬的，隐含体现于每一个细节。企业使命是什么，一方面取决于管理者的经营理念，另一方面取决于经营参与者的职业认知和工作态度。从局部来看是经营管理者和所有者的事，从全局来看是每一个员工的事。

成立企业之初，一方面成立企业的主体即企业所有者对企业的使命、责任、任务是有一定期望值的，或者说对企业使命会有一个预设；另一方面作为实际的管理者又会对企业的使命预设产生影响。这个预设就是企业的经营理念，也就是为企业确立了一个经营的基本指导思想、原则、方向等，为企业发展做一个比较高的经营定位，然后将其上升为经营哲学，它不仅仅是企业宏大的战略目标，也是一个既具体又抽象的概念存在，同时又是对企业内外的一个承诺。它可以提炼成一个口号，表述为一段文字，用以指导影响经营者的决策，用以管理员工的行为，也可以用于宣传营销。

当"使命"作为企业所应担当的任务和责任成为一种具体表述，就是一种天然存在，只是是否宣传而已。有些企业做文化构建时又规定了企业愿景、企业目标、企业宗旨、企业战略等一系列的内容，这些内容的存在全部来自企业使命，依赖于企业使命的存在而存在，这些内容都是企业使命的延伸。那么企业愿景、企业使命、企业宗旨、企业目标、企业战略等它们之间又是什么关系呢？

首先，要从字面上区别愿景、使命、宗旨、战略、目标五个词语的含义。《辞海》中没有"愿景"这个词条，只有"愿"字的单字解释：愿望、希望；《现代汉语词典》（第7版）中"愿景"，意思是"所向往的前景"，（商务印书馆，2016年9月第7版P1616），组词为愿望、愿意、心愿；宗旨在《现代汉语词典》里的解释是目的和意图，《辞海》的解释是旨趣，主意、意图；目标的解释是想要达到的境地或标准；战略的解释则是策略和计划。综合分析五个词语的意思，既有区别又有同义，在这里宗旨大概只能选择意图一种解释了。愿景和宗旨词义较近，可以列为同义词，使命与其二者可以列为近义词。战略则是指的过程。做这个词义分析有助于我们构建企业文化体系，便于在企业文化体系中表述更加准确清晰。目标和战略意义相近，既有不同点也有相同点，二者一般情况下可以用经营指标来衡量，多数情况下表述为数字指标意义，如果从文字方面表述目标和战略的社会意义，未尝不可，但容易和使命、愿景等混淆、混用、概念边界不清晰，在推广使用时容易误解。五个词语所要表达的含义都有长期的概念，这对企业基业长青至关重要。按照逻辑关系讲，使命在前、目标居中、战略在后，宗旨和愿景是否引入企业文化构建的文字表述体系，因企而异。

其次，我们从词语的适用对象来分析。企业愿景和目标是内在的，其大概率情况下是给企业内部员工来使用的，是一种内在的愿望前景，是对企业所有者、经营者和员工所要表达的一种目标期待、一种激励，愿景概念表述上相对于使命要模糊，目标则是相对更清晰。使命既是内在的又是外在的，使命更多的是要说给外在的宣传对象听的，是一个社会性的概念，有时候可以作为一种政治口号而出现，带有一定的政治属性；有时候使命的存在和要求还可能来自外部的期待，在企业的经营管理过程中，来自企业的外部的利益相关者对企业有一种高度的、庄严的、信任的、急迫的期待，这种期待可以转化为企业的使命。这里需要特别注意的是，有些企业在设计规划、归纳总结编辑企业使命等内容表述时，会有由表及里、由浅入深等多个层面不同的表述，也就是说，使命内容有多层意思、多层对应。

再次，企业愿景和企业使命都是对一个企业未来的发展方向和目标的设想、展望和憧憬，也正是因为有共同点，所以经常有企业在归纳总结提炼构建企业文化时将企业文化里面的企业愿景、企业宗旨和企业使命通用、混用。通过对词义的分析对比，使命应该具有最高的情感境界，企业宗旨和企业愿景最好二选一，不要混用。从企业愿景和企业使命等理论概念的逻辑关系来讲，企业愿景是企业使命的延伸，先有企业使命再有企业愿景，企业愿景具体说明企业经济活动和行为的理念，如果要分开来表述企业愿景和企业使命，企业使命里就应不再表达企业经济行为领域里的目标，留给企业战略去表述，以免重复或矛盾，更多的应该从更广阔的社会学意义上去组织语言表述。

三、企业的性质、规模、行业影响企业的使命

企业作为一种经济组织，自身受国家性质和国家所采取的经济体制影响。从资本属性上来区分，目前大致可以分为国有企业、私营企业、股份制企业、外资独资企业、内外合资企业等，其在社会发展中所承担的责任和任务是不一样的，成立企业的初衷也是不一致的，所以其使命责任也是不一样的，使命责任任务固然有一定的自由度，但还是会受到国家的性质、政治、经济体制等影响，甚至会在某些特殊的情况下改变而背离原来的使命。

对国有企业来讲，无论什么国别，更多的会承担着国家的使命，带有更广泛的外在的社会学意义上的使命。很多国家的关于民生类、国防类、通讯类、金融类的企业大多数是国有企业，承担着国计民生、国家军事、通讯、金融等的安全，所以这类别的企业使命规划界定要受到国家相关职能部门的影响；再有一类国有企业虽说不归属于这一类，但为了国家的经济安全，国家的经济竞争力的提升，所要承担的使命也是不一样的。2021年冬季，山西众多能源企业为全国能源保供，不计成本为民生保煤、保电、保热等行为，本质在于践行为国计民生保驾护航的使命，而不单纯是企业经营管理行为层面的使命。

对私营企业来讲，做好产品和服务是企业固有的存在理由，其使命更多是企业内在管理学意义上的使命，是对内部员工的影响，对外部社会公众的影响较小。如果是生产食品的企业，就应该对自己生产的食品安全负责；如果生产汽车就要对汽车的质量安全性能负责；如果提供能源，就要提供安全清洁的能源。对外部公众来讲，企业一旦注册许可，等于国家赋予了企业一定的社会责任，因为你所生产的产品和提供的服务关乎的是外在的一个群体，不仅仅是企业本身，所以就要有社会学意义上的使命。但是在特殊的时期，对外部社会公众社会学意义上的使命要超过内在管理学意义上的使命。比如，2022年2月，俄乌战争爆发，美欧国家发动对俄罗斯制裁，众多美国企业、欧盟企业加入制裁行列，俄罗斯面临各类物资稀缺，此时此刻，俄罗斯的但凡还热爱祖国的私营企业就要担负起为国贡献的使命，想办法生产、提高供应。这个时候要对内管理做好产品的生产，又要对外做好企业使命的诠释。

不同行业的使命不一样。对一个小饭馆来讲，如果将小饭馆的"使命"定位于"赚钱养家"，对这个家庭来讲，当然正确，但企业定位的出发点只是为了满足家庭的经济需要，而不是为了满足客户的需要，显然是两个立场的问题；如果将小饭馆定位于履行"为大家奉献安全可口的饭菜""为人民的健康饮食而服务"的责任，定位的出发点在于满足他人的需要，满足一定区域或者一定消费者群体的需要，这个定位显然从道义上要比满足家庭需要高得多，范围也大得多，形象上也要高得多。在这个立场上的企业使命定位实际上已经暗含了"赚钱养家"，两个使命的预设是一个包含与被包含的关系。在对外宣传时我的使命是"赚钱养家"还是"为大家奉献安全可口的饭菜"或"为人民的健康饮食而服务"等，立场形象高下立判。在新冠疫情防控战役中，武汉封城，来自全国各地的几万医务人员支援武汉，大家的饮食问题如何解决，很多小饭馆承担了很大一部分供应工作，有个奶茶店为志愿者提供廉价奶茶，他们承担了后勤保障的功能，使命感爆棚，大家无怨无悔，夜以继日工作，这个时候企业存在的理由不仅仅是赚钱养家那么简单，更多是在履行一份责任、使命。如果再延伸到航天行业、计算机软件行业，大家在国家发展、安全方面承担的责任是不一样的，当然使命也就不一样了。

企业规模大小对企业使命存在一定影响。企业大了承担的责任就大些，企业小了承担的责任就小些。尤其是在同一个行业里面，企业大小所承担的使命大相径庭。企业使命不但具体表述了企业在社会中的经济身份或角色，而且更重要的是还要表述企业在全社会经济领域里经营活动的范围或层次，一般情况下，企业规模大小是企业使命的一个强有力的支撑。

四、企业使命的作用和意义

企业使命的作用和意义是什么呢？前文所述，企业的使命概括为企业存在的理由，担当的责任和任务。从管理的角度来讲，使命是企业的内核，处于圆心位置，责任是企业使命的外延，处于第二层，任务是企业使命中包含的职能职责，处于第三个圈层。就像我们常常讲的三个人砌墙的故事一样，完成任务的结果永远是任务本身——砌墙，履行责任的结果——诞生一名建筑工程师，践行使命的结果——成为一名城市建设的参与管理者。

　　企业使命的作用和意义可以归纳为以下六个方面：一是统一企业的核心业务和发展方向，企业使命一旦确认，要保证企业的核心业务不会有太大的变化，保证企业的拓展方向围绕核心业务的上下游产业链条展开，保证企业的发展方向稳定不出现偏差。二是统一企业配置资源的标准，企业内外部资源配置的时候，要考虑标准，2022年3·15晚会曝出的湖南某酸菜厂为出口产品和内销产品配置的调料包，看似是利润问题、成本问题，本质是责任问题、使命问题、立场问题。三是统一协调企业内外部的各种矛盾，在企业内部出现矛盾时，分析出现的原因，最后要将矛盾统一到企业使命上来，一切矛盾的利弊权衡的标准就是企业使命。四是统一企业的氛围和环境，企业的文化建设，需要从舆论上营造一个人人讲企业使命、践行企业使命的氛围，带动企业的良性发展。五是统一对外表明企业的价值观，引导用户对企业的价值判断，为企业树立良好的外部形象。六是统一凝聚企业内部发展前进的动力，提升员工的存在感、安全感、幸福感、归属感、责任感、成就感、使命感。

五、企业使命的制定

　　企业使命对于企业高质量发展、长久发展具有极大的重要性。但并不是所有的企业都能够把使命放到一个很高的站位上，并不是每个公司都真正理解并知行合一。那么如何总结归纳表述界定企业使命呢？这里给出一个简单的原则。

　　第一，确立企业使命需要面对适用的主体。企业在经营管理过程中需要面对两个大的主体，内部员工和外部社会公众，最好的使命语言表述是内外兼顾，做到内外的高度统一。如果不能做到这一点的，就要考虑分别表述，一个表述针对内部员工，一个表述针对外部社会公众。对内部员工可以具体一些，对外部公众最好模糊一些，但是二者的主旨应该一致。对员工内部也可以做出不同的表述，但是一般情况下，不建议这样做。

第二，确立使命所要表述的范围。使命所要表述的内容，一定要基于企业自身的行业本质，不能脱离行业本身，要紧紧围绕行业本身拔高提炼。如果过于高大上，就有了"做假"的感觉。如果脱离本行业去表述一个关联度不大的使命，企业使命就失去了合理性。

第三，匹配企业所在的自身发展阶段和时代。企业在不同的时期使命是不一样的，一般情况下会随着企业的规模、实力、影响力、行业地位、产业地位而发生变化。简单的例子，比如还是开小饭馆，等你的小饭馆开成"庆丰包子铺"全国几千家连锁的时候，企业使命自然要发生变化，但是也可以不变。变的原因在于你服务的对象已经不是周边一公里的老街坊了。时代变化时，也要发生变化，极端的例子是，时代变化可能要淘汰行业，不巧从事的是被淘汰的行业的话，原来的使命就不存在了。使命不是一成不变的，是一个历史的范畴、动态的概念，在不同时期应该有不同的内涵匹配。但是企业使命也不能朝令夕改，频繁变化，必须具有一定的稳定性、长久性。

第四，考量内部员工和外部社会公众对企业使命表述的接纳认可程度。使命感是个人和组织建功立业的强大动力，但是很多公司的使命都没有转化为公司的自觉行为，没有成为凝聚公司全体成员的感召和动力，关键在于公司的使命是否真诚，大家是否接受认可。

第五，企业使命与企业行为的知行合一。企业使命是发自企业内心的，是企业整体运营管理的一种自觉的意识。但是，现在有很多公司的使命只是写给客户、员工和社会看的，企业行为不遵守企业使命，甚至是背离的。最可怕的是内部员工对企业使命有最直接的感官认识，既是践行者又是体验者，如果企业行为和企业使命不一致，员工会率先反对或者不把它当回事，所谓的激励动力就成为空谈。企业使命发挥能动作用的实质是指企业所有者和高层管理者必须自觉地有意识地按照使命规范自身行为，企业使命才能起到应有的作用，才能得到由内及外的社会认可，才能真正树立企业的形象，完成企业使命作为企业生产经营的形象定位的使命。

例1：华为公司

  愿景与使命： 把数字世界带入每个人、每个家庭、每个组织，构建万物互联的智能世界。

  愿景： 把数字世界带入每个人、每个家庭、每个组织。

  使命： 构建万物互联的智能世界。

  资料来源：华为官网，2022-9-25

  网址链接：https://www.huawei.com/cn/about-huawei

例2：中国移动通信

  企业价值观： 正德厚生，臻于至善。

  企业使命： 创无限通信世界，做信息社会栋梁。

  企业愿景： 成为卓越品质的创造者。

  资料来源：中国移动官网，2022-9-25

  网址链接：http://www.10086.cn/aboutus/culture/culture1/

例3：华侨城集团

  企业使命： 通过独特的创想文化，致力提升中国人的生活品质。

  资料来源：华侨城集团官网，2022-9-25

  网址链接：https://www.chinaoct.com/hqc/djywh/ppwh/jyln/index.html

例4：中国建设科技集团

  企业愿景： 成为具有国际竞争力的世界一流企业。

  企业使命： 传承中华文化，打造中国设计，促进科技进步，引领行业发展。

  资料来源：《2017-2018中国建设科技集团有限公司可持续发展报告》

例5：中国铝业集团有限公司

企业精神：励精图治，创新求强。

企业愿景：建设具有全球竞争力的世界一流有色金属企业。

企业使命：报效国家，回报股东，成就员工，惠泽客户，造福社会，珍爱环境。

品牌形象：责任中铝，诚信中铝，生态中铝，平安中铝，法治中铝，和谐中铝。

资料来源：《2019中国铝业集团有限公司企业社会责任报告》

例6：中国兵器工业集团有限公司

企业使命：服务国家国防安全，服务国家经济发展。

释义：中国兵器工业集团有限公司作为国家应对危机与挑战的战略性团队，服务国家国防安全、服务国家经济发展，是我们生存发展的根本，也是我们不断发展壮大的关键。

服务国家国防安全，就是要坚定不移地履行好军品核心使命，倾力打造我军最忠诚、最可信赖装备供应商的品牌商誉，为部队提供优质的军事装备。

服务国家经济发展，就是要履行好企业政治责任、经济责任和社会责任，坚定不移地走军民融合式发展道路，打造我国重型装备、特种化工、光电信息的重要产业基地，为国民经济发展做贡献。

企业愿景：有抱负，负责任，受尊重。

建设与我国国际地位相适应的兵器工业，打造有抱负、负责任、受尊重国家战略团队，把集团公司建设成为国际一流防务集团和国家重型装备、特种化工、光电信息重要产业基地。

释义：有抱负，有梦才有未来。梦有多远我们才能走多远。兵器人心中应当永远有着远大的理想和抱负，应当时刻铭记战略性团队的责任和使命，既脚踏实地，又仰望星空，以全球视野、立足国家战、瞄准行业高端谋划兵器事业发展。

负责任，态度决定一切。有了负责任的态度才能有敬畏之心，才能见微知著、把好事做好。兵器人要以诚信赢得市场，以负责任的态度做好每一件事情、处理好每一个细节，履行好战略性团队承担的使命。

受尊重，有抱负、负责任才能受尊重。我们要以出色完成党和国家赋予的历史使命而受尊重，要以被市场和用户需要和信任而受尊重，要以集团公司的发展壮大、员工的生活更加体面而受尊重。

企业价值观：始终坚持国家利益高于一切，始终坚持以科技创新和管理创新为动力，始终坚持把人才作为事业发展的决定性因素。

释义：始终坚持国家利益高于一切是我们的核心价值观，是我们作为国家战略性团队最基本的行为准则。

始终坚持以科技创新和管理创新为动力，坚持技术地位决定市场地位、市场地位决定企业地位，以技术地位、管理能力的不断提升来实现市场地位、企业地位的持续提升。

始终坚持把人才作为事业发展的决定性因素，在创新人才队伍建设机制上胆子再大一些、思想再解放一些，通过聚集人才把事业做强做大。

资料来源：中国兵器工业集团公司官网 2022-10-3

网址链接：http://www.norincogroup.com.cn/col/col28/index.html

第四节　讲立场

人民立场是中国共产党的根本政治立场，是马克思主义政党区别于其他政党的显著标志。

——2016年7月1日，习近平在庆祝中国共产党成立95周年大会上的讲话

必须紧紧依靠人民创造历史，坚持全心全意为人民服务的根本宗旨，站稳人民立场，贯彻党的群众路线，尊重人民首创精神，践行以人民为中心的发展思想，发展全过程人民民主，维护社会公平正义，着力解决发展不平衡不充分问题和人民群众急难愁盼问题，推动人的全面发展，全体人民共同富裕取得更为明显的实质性进展！

——2021年7月1日，习近平在庆祝中国共产党成立100周年大会上的讲话

"立场"一词在《辞海》中有收录，"指立足点，泛指观察事物和处理问题时，所处的地位和由此而持的态度"（《辞海》，1999年，上海辞书出版社，P2152）。根据词语的解释，地位决定立场，并且，立场也不是时时表现的，而是在观察事物和认识处理问题时才适时表现出来，本质是观察者的一种态度。因此，可以分析判断出立场的存在必须具有以下几个特征：一是立场主体的存在，即某个个体、群体、组织、机构等；二是立场态度的存在，即要表明是褒贬与否、支持与否、不持立场或者保持沉默；

三是立场的存续，因为立场是对事物和问题认识处理的态度，不同的问题和事物是在变化的，所以立场也是变化的，有一个存续的时间。

企业本身是社会的一个组成部分，企业的社会属性、行业属性是不一样的，这些属性决定了企业立场的主体是谁，简单说，这是谁的企业，是干什么的企业，这些属性决定了企业在观察对待事物和问题时采取的立场的多样性和不确定性。在企业的社会属性中，按照所有制构成成分大致分为国有企业、私营企业、股份制企业三个类别，它们就是立场的主体，是所有者、观察者。国有企业就一定会有国有企业的外在立场和内在立场，由于主体的国有属性，它的立场一定是站在国有的角度上，一定服从国家的意志。私营企业的外在立场和内在立场一定是站在私营企业主的立场上的，服从私营企业主的意志，在某些问题上或者某一时间段，私营企业的立场和外在环境以及企业内在环境存在着矛盾冲突，这种矛盾冲突是一种对立的统一，这种矛盾冲突逼迫企业选择一种对自己有利的立场，否则企业便不会存在。至于所谓的现代股份制企业，其是否会服从国家意志，企业立场是否会和国家立场一致，要看股东之间的博弈以及国家立场能带来多大的利益。

企业作为一种社会组织机构，有着自己的立场，企业立场分为两个层面，一个是外在的，一个是内在的。

外在的立场是企业作为一个整体对其所面对的事物和问题所采取的认识和处理的态度。企业面对的问题和事物是很复杂的，既有国家层面的烦冗复杂的法律法规政策，又有千变万化的市场环境，这些都需要企业表明一个态度或者给出一个应对的解决思路和方法，这都是企业的立场。企业的外在立场内容是包罗万象的，很难给出一个准确的具体的答案。就本书所涉及的内容而言，有些内容企业是必须面对的。如本书第一章中，关于讲党建、使命、责任、意识形态、政策、生态、改革、市场、战略等基本可以归入外部层面，在这些方面企业是必须持有立场的。有些政策法规是要必须不折不扣地执行，比如《中华人民共和国环境保护法》，这个没有讨价还价的余地。对于某些产业政策则可以根据企业的实际情况做出取舍。对于市场立场，企业根据自身的情况做出判断，给出自己的决策，使企业自身处于有利的位置。我们要讲好企业的故事，无论是外部媒体平台传播，还是企业内部宣传，这些态度，企业都必须亮明，否则这个故事就讲不下去，写出来的文章就没有立场，就会导致外部对企业不能有一个清晰的判断，在企业内部也会造成思想的混乱。比如，关于国企改革，如果是国企就要很快对国家政策做出反应，亮明态度，改还是不改，如果改，改什么，否则就会在企业内部造成员工思想波动，在外部造成主管部门的疑惑和市场的观望，涉及上市企业还要进行相应的公告。如果是一家私营企业，也可以关注，也可以不去理会，因为你不是国企改革的主体，所以没有必要在应对国企改革这个外部政策去表明你的什么立场，如果存在市场竞争的需要，也可以去发声，表示支持或是反对。

内在的立场是企业作为一个组织机构在面对企业内部的事物和问题时所采取的认识和处理的态度。企业内部需要表明立场的内容很多，每一个小的类别都会派生出无穷的问题需要企业表明态度。例如在本书中，关于企业文化、战略、模式、机制、典型、创新、品牌、员工等内容以及企业各种各样的规章制度，诸如此类的内容很多，这些内容都是企业管理的主要构成部分，有些是刚性的，比如各类规章制度，规章制度本身就是企业对一些管理内容的明确表态，是企业全体人员必须遵守的，这个立场是必须旗帜鲜明地亮明的。有些是软性的，比如创新，企业文化、理念等，这些内容不同于规章制度，只是一种倡导号召，对企业全体人员并没有强制的约束力，企业在这方面的立场表明是支持。

企业面对内部立场和外部的立场有时候会交织在一起，因为问题很复杂，有些企业内部问题，看似是发生在内部实际是外部原因造成的，这时候企业的立场可能会内外不一致。例如，关于《中华人民共和国劳动法》

的执行，由于该法是国家的法律，带有强制性，是必须遵守的，是要让渡一部分权力和利益给职工的，这恰恰是企业主体不愿意的，某些具体问题的执行就会使企业陷入多重困难境地。比如带薪休假，如果执行，对内就要增加支出，还要减少劳动产值，影响利润，如果不执行，员工不同意，就会面临劳动仲裁和国家处罚，还会影响企业外在形象。类似情况下，企业的对内对外立场就会出现矛盾。

企业的国家立场表现为企业对国家法律法规是否认同与服从。企业作为一种组织，其所面对的最大矛盾的对立面是企业设立许可的主体，即国家，国家既是企业设立的许可者，又是企业各种经营行为约束法律的制定者、实施管理者。因此，企业必须服从许可设立的国家意志，企业的终极立场必须服从国家立场或者和国家立场保持一致。国有企业的属性决定国有企业的立场服从国家意志。私营企业必须有而且要服从于所在国家的立场，跨国公司也不例外。但这也只是理论层面或者法律层面的问题，事实上企业是否站在国家的立场上去处理一些问题，还要看企业的实际行为。讲好企业的故事，这一点很重要，如果搞不清企业的国家立场，那么企业的所作所为就会处于一种放任状态，其内部管理内容会失去存在的依据。

企业的市场立场或者叫做消费者立场，是企业外部立场中的重要组成部分，如何面对消费者，对待消费者的态度，是企业生存发展重要因素。我们平时讲"消费者是上帝"就是企业外部立场的最漂亮的表达。这表明企业在所有的生产经营管理中一切要以消费者为核心，把消费者利益放在第一位，很多企业在对外宣传活动中旗帜鲜明地亮明这一立场，尽管在实际的执行过程中存在这样那样的问题。但总体来说凡是能够生存下来的企业，它的产品一定是符合消费者需要的，是站在消费者的立场上生产的，否则，就会被市场淘汰或者被监管方取缔。国家设立或者许可企业成立存在的根本目的是要创造财富的，是要满足"人民对美好生活的向往"的，如果企业不能满足这个需要，那么就没有存在的必要。

除此之外，企业还要根据自己行业属性、社会属性来决定自己的员工立场、行业立场、市场立场等，这些都是企业必须要面对的，必要时可以将其像规章制度一样明确下来，便于和大家沟通交流。要讲好企业的故事，对企业的每一个事项都必须搞明白，要清楚企业是如何对待每一件事情的，搞清楚每一件事情的立场态度，稿件就有了明确的立场和倾向这一新闻最基本的要素。通过具体的事例，将企业的故事全方位展现给企业内外，为企业树立良好的形象。

企业对待内部外部管理的立场，更多的还要体现在社会责任方面，各种立场的选择还要看利益攸关者的态度。关于社会责任的分析可以参考本章中讲责任一节。

第五节　讲精神

实现中国梦必须弘扬中国精神。这就是以爱国主义为核心的民族精神，以改革创新为核心的时代精神。全国各族人民一定要弘扬伟大的民族精神和时代精神，不断增强团结一心的精神纽带、自强不息的精神动力，永远朝气蓬勃迈向未来。

——2013年3月17日，习近平在第十二届全国人民代表大会第一次会议上的讲话

在全社会弘扬劳动精神、奋斗精神、奉献精神、创造精神、勤俭节约精神。

——2022年10月16日，习近平在中国共产党第二十次全国代表大会上的报告

一、关于精神的概念和特征

精神，与物质相对。唯物主义常将其当作意识的同一概念。指人的内心世界现象，包括思维、意志、情感等有意识的方面，也包括其他心理活动和无意识的方面。《辞海》给予精神的定义是完全基于人的，而不是其他，是基于人自身的精神分类，和人的进化有关，是基于个体的。（《辞海》1999版，缩印本，上海辞书出版社，P2330）。现代社会又将

精神赋予了更多的群体，就有了群体的精神概念。

（一）关于个体精神的概念和表述。

精神在人的具体表现就是一种性格特质，一种性格特质的外在突出表现，是一种状态。在人的需求理论中，一些理论将其归结为五个层面，生理、安全、社交、尊重、自我实现。其中从安全开始都应该归入精神层面。有关精神状态大致可以表述为两种状态，积极的状态（独立、积极的）精神是一种理想、一种追求、一种视野、一种胸怀、一种自信、一种动力、一种信仰等；消极的状态（附庸、消极的）是颓废、消极、卑微、懦弱、迷信、盲从、胆怯、守旧等。以上的这些状态又和人的性格有关，性格无疑是精神层面的，目前有心理学理论将其归结为以下四种性格类型。多血质型：外向型性格。特点：活泼好动，善于交际，思维敏捷，容易接受新鲜事物，情绪情感容易产生也容易变化和消失，容易外露，体验不深刻。胆汁质型：外向型性格。特点：坦率热情，精力旺盛，容易冲动，脾气暴躁，思维敏捷，但准确性差，情感外露，但持续时间不长。黏液质型：内向。特点：稳重，考虑问题全面，安静，沉默，善于克制自己，善于忍耐，情绪不易外露，注意力稳定而不容易转移，外部动作少而缓慢，安静。抑郁质型：严重内向。特点：沉静，对问题感受和体验深刻、持久，情绪不容易表露，反应迟缓但是深刻、准确性高。另外一种表述就是关于九型人格的说法，即把人根据外在表现分为九种类型，比如完美主义者、浪漫者、观察者、给予者等。每一种人都有其相对固定的特征。

（二）关于群体的精神概念表述。

现代社会，精神被赋予更多的主体，不仅限于人，还有组织、群体、地域。在现代语言环境中,精神被更多地赋予客观存在的组织机构，不仅仅指人的内心世界，而且对精神给予了更多的细分和归类，这些分类是完全沿着社会的组织结构演化的，并且与之相对，这些组织机构的演化则完全建立在人的基础之上，具体说就是随着社会的发展，随着社会分工的变化，人类逐渐归入某一个群体，这个群体的人的精神集合的共性表现就会成为精神的另外一个层次的分类，并带有越来越多的集体意识，直至意识形态的形成与体系的建立，就表现为群体精神，现在关于群体精神分类的内容越来越多，越来越广。在国家层面有国家精神，例如，中国精神、美国精神、俄罗斯精神等；在族群方面又有民族精神；在企业层面有企业精神，例如，创新精神、开放精神、务实精神、团结精神等；在家庭层面有协作精神、关爱精神等。这些精神无论如何的分类，最终是人或者人的群体意识的外在表达，群体精神则表现为个体共性精神的集合，而且精神必须依附于个体或群体而存在，并反作用于个体或群体。正因为精神能够反作用于个体或者群体，所以我们才会倡导和宣扬精神的存在，使之为群体和个体服务。

精神具有时代感，是随着时代的发展而变化的。每一个时代的精神是不一样的，时代精神集中表现于社会的意识形态中，社会意识形态的分化造成时代精神的分化。因此，并不是任何意识形态中的现象都能表现时代精神，只有那些代表时代发展潮流、顺应时代发展，而不是逆时代潮流的现象，才能标志一个时代的精神存在，对社会生产的发展产生积极影响的思想才是时代精神的体现。时代的客观潮流是社会现象，是第一性的；时代精神是社会发展的抽象，是第二性的，时代精神的能动作用归根结底取决于它对时代潮流反映的程度。时代精神具有时代的、历史的特点，它随着时代的推移，而不断变化发展，推陈出新。

这决定了新闻报道工作具有时代性。讲好精神的故事一定是时代的故事，无论这个故事能否在历史中流传。例如：在新民主主义革命时期形成的井冈山精神、长征精神、延安精神、西柏坡精神和红岩精神等；新中国成立初期的东北大庆油田的建设，诞生大庆精神、铁人精神成为时代精神；社会主义建设时期的张思德精神、焦裕禄精神、雷锋精神、铁人精神等；改革开放后有创新精神、航天精神、孔繁森精神等；当今时代有

"两弹一星"精神、航天精神、抗疫精神等。

精神具有民族性，每一个民族的精神特质是不同的。由于民族居住的区域和文化发展历程不一样，每个民族的地域特点决定了这个民族的视野，形成的民族观念是不一样的，精神特质就打上了地域影响的烙印。不同的民族精神因为精神的本源是基于人类的，所以造就了各民族精神之间具有一定的共性，不可能有完全不同于其他民族精神的存在。

习近平总书记在党的十八大报告中指出："民族精神是一个民族赖以生存和发展的精神支撑。一个民族没有振奋的精神和高尚的品格，不可能自立于世界民族之林。"中国作为一个有着五千年文明史的国家，民族精神生生不息，世代延续，无论是在古代社会还是在现代社会，都有独特的精神传承。

在古代，中国传承的民族精神有"公而忘私、国而忘家"；以宋代范仲淹为代表人物倡导的"先天下之忧而忧，后天下之乐而乐"；清代大儒顾炎武所说"天下兴亡、匹夫有责"的爱国主义精神；"仁民爱物""厚德载物"的博爱精神；"富贵不能淫、贫贱不能移、威武不能屈"的坚毅精神；自力更生、发奋图强的自强不息精神；以和为贵的团结友善、热爱和平精神；勤劳勇敢、知难而进的奋斗精神；与时偕行、革故鼎新、日新又新的创新精神等，这些精神成为中华民族优秀传统文化的重要组成部分。

在现代，中国人民不断丰富和发展着中华民族精神。党的十八大后，社会主义核心价值观的提出，更是将民族精神提升到一个时代的高度，倡导"富强、民主、文明、和谐"，倡导"自由、平等、公正、法治"，倡导"爱国、敬业、诚信、友善"，积极培育和践行社会主义核心价值观。"富强、民主、文明、和谐"是国家层面的价值目标，"自由、平等、公正、法治"是社会层面的价值取向，"爱国、敬业、诚信、友善"是公民个人层面的价值准则，这些精神是我们建设社会主义现代化和实现全面小康社会的新的精神财富。

精神具有政治性，每一种精神都代表一个群体的政治诉求。无论是在古代社会还是现代社会，精神因为是一个群体意识的集中表达，那一定是具有政治属性的，无论这种政治属性是有意识的还是无意识的。在一个组织机构中，组织机构的建立与存在，一定代表自身的利益诉求，一定代表自身的主张，并且为自身的主张服务。因此关于精神的宣传活动一定是和政治相关的，这就要求新闻宣传报道要有立场，这个立场一定是符合精神所依附的主体的要求。具体到每一篇新闻稿件，每一个个体或者群体的故事，更是如此。

企业作为人类社会中一种创造财富的组织机构，本质是一个有共同目标的群体意识的集合，其精神表现一定是一致的，或者是为了目标的一致必须倡导一种意识，这个倡导的意识就是企业精神。企业精神受多方面的影响，一方面，企业精神可能就是老板精神，如果这个老板精神能够得到大家的认同，企业就会基业长青，发展延续。另一方面，企业精神又是所有员工的，就像华为一样，狼性精神的倡导一定是任正非，狼性精神的发扬一定是员工的遵守与认同，二者的高度结合才能成就一个组织的精神，成为一种传承，而这种精神要在企业继续传承，就必须是继任者继续倡导，而不能倡导其他什么精神，否则，企业精神就会断代。

精神的湮灭与再生。关于精神的湮灭与存在，还包含着一个哲学问题——物质和意识的关系。精神是依附于个体或者组织而存在的，因为它是一种性格特质。无论是对于一个人还是一个组织，如果对一种精神的客观存在视而不见，它可能会自动湮灭，但如果你给予高度的激励它反而会再生或者发扬光大。发扬光大的过程实际上是一个传承的过程，从另外一个层面解释了精神的继承性和传承性特征。因此，我们从这个角度去处理关于精神的宣传问题。精神本身不但会受到物质的激励而发扬光大，发挥能量，而且也会因为多次的反复语言、形态刺激而继续发挥作用。

正因为精神有以上的几个特征，所以关于精神的宣传塑造活动一定是和政治相关的，这就要求新闻宣传报道要有立场，这个立场一定是符合精神所依附的主体的要求。具体到每一篇新闻稿件，每一个个体或者群体的故事，更是如此。

二、 关于精神的词语表达

在汉语言的结构中，精神是一个名词，作名词单独表意的时候，指的是一种状态。例如：这个人很有精神，这里的精神含义是精气神，精力充沛有活力。如果组成一个偏正结构的词组，实干精神、奉献精神、吃苦精神等，表达的就是人的一种行为状态。

为了便于我们在工作中使用，解决问题，现将关于精神词组进行举例分类如下：

关于精神状态的常用词语组成

创新精神	实干精神	吃苦精神	奉献精神	工匠精神
务实精神	奋进精神	爱国精神	敬业精神	诚信精神
友善精神	担当精神	合作精神	团结精神	关爱精神
团队精神	协作精神	民主精神	文明精神	和谐精神
法治精神	刻苦精神	攻坚精神	斗争精神	战斗精神

见义勇为的精神
奋发图强的精神
奋发有为的精神
奋发向上的精神

敢于迎难而上的担当精神
甘于吃苦耐劳的奉献精神
勇于冲锋陷阵的战斗精神
善于突破陈规的创新精神
忠于大公无私的廉洁精神

（一）关于用地域名称命名的精神

以地域命名的精神，在于这个区域的群体中的全部参与者，在这个区域开创了其他区域所不具有的先进业绩，或者有了开天辟地的创举，在历史发展过程具有重要历史意义，在这个过程中凝聚形成的一种综合的精神内涵的高度概括。例如：

井冈山精神	延安精神	西柏坡精神	大寨精神
大庆精神	太行精神	右玉精神	塞罕坝精神
兰考精神	小岗精神	深圳精神	浦东精神
华西村精神	北大荒精神	红旗渠精神	特区精神等

（二）关于企业名称命名的精神

关于企业命名的精神基于企业在国家发展过程中在企业从事的某个领域某个行业做出引领性、突破性的重大贡献，在这个过程中提炼出的凝聚着全体人员精神特质内涵的高度文字概括。

在国家宣传贯彻层面，有以下几个关于企业名称命名的精神。

大庆精神："爱国、创业、求实、奉献"的大庆精神，取之不尽的精神宝藏。

鞍钢精神："创新、求实、拼争、奉献"精神。

首钢精神："敢为人先"的创新精神。"顶破天花板，才能见青天""回马坡前不怕鬼，强敌面前不服输"。

石圪节精神：中国煤矿的脊梁，"艰苦奋斗，勤俭办矿"的石圪节精神。

石圪节"八风"：干部与群众，同甘共苦成风；新老工人团结协作成风；技术人员向又红又专的道路上迈进成风；爱护国家财产，节约成风；自力更生，奋发图强，克服困难成风；见方便就让、见困难就上的共产主义风格成风；严格遵守制度，学习钻研技术成风；以矿为家、以矿为业成风。

航天精神：特别能吃苦，特别能战斗，特别能攻关。

这些精神基于国家层面来认同认可的，或者就是国家提出来的授予并表彰的。在企业文化管理方面，我们企业自身在面临这个问题时如何看待，如何给自己企业精神定义命名呢？举个极端的例子，是不是我们每一个企业都可以叫响自己企业命名的精神呢？这个还是商榷、探讨。或许在企业内部自己可以喊一喊，但是到了社会上，公众会不会认可，就是两回事了。

在企业内部宣传贯彻层面，各家企业根据自身管理的需要，通过归纳总结，提倡一些精神概念，用于内部员工激励、管理，助力企业发展是很有必要的。这个企业内部精神的宣传贯彻是个性化的，要符合企业的实际，也要符合本文所列的精神特征。例如：海尔的"创造资源、誉满全球"的开放精神；中国工商银行的"诚信、人本、稳健、创新、卓越"的"诚信"精神；同仁堂的"同修仁德、济世养生"的"人本"精神等。

（三）关于个人命名的精神

在我们关于精神层面，有好多先进人物值得我们学习，成为我们的典型和榜样。为弘扬他们的精神，激励大家，我们会把他们的精神总结归纳，并以个人名字命名。这类以人的名字命名的精神很多，举例如下：

雷锋精神：全心全意为人民服务；对于雷锋精神，周恩来总理说："爱憎分明的阶级立场，言行一致的革命精神，公而忘私的共产主义风格，奋不顾身的无产阶级斗志。"

刘胡兰精神：生的伟大、死的光荣。

张思德精神：为人民服务。

孔繁森精神：是七尺男儿生能舍己，作千秋鬼雄死不还乡。

铁人精神："宁可少活20年，拼命也要拿下大油田"的忘我拼搏精神；

"有条件要上，没有条件创造条件也要上"的艰苦奋斗精神；

"干工作要经得起子孙万代检查""为革命练一身硬功夫、真本事"的科学求实精神；

"甘愿为党和人民当一辈子老黄牛"，埋头苦干的奉献精神；

"干，才是马列主义；不干，半点马列主义也没有"的忠诚于党，忠诚于马列主义的忠诚精神。

（四）关于群体命名的精神

每一个以一个群体命名的精神，是这个群体在本职领域做出了超出常规单位的突出事迹，为国家人类发展做出突出贡献，为号召向他们学习而命名的精神。比如：航天精神、"两弹一星"精神、抗洪精神、女排精神、奥运精神。抗洪精神内涵：敢于牺牲，敢于担当，大局观念。奥运精神内涵：热爱祖国，拼搏，团结合作；更高、更强、更快。女排精神内涵：热爱祖国、拼搏。"两弹一星"精神内涵：热爱祖国，无私奉献，自力更生，艰苦奋斗，大力协同，勇于攀登。

三、关于企业精神的构建

（一）个体精神——基于群体管理的个体精神

我们在企业管理中，大致有两种模式，刚性的制度约束和软性的文化遵从，而且文化遵从的管理境界要高于刚性制度约束。在企业员工管理中，也有两种模式，利益驱动和精神激励。在现在这个市场经济的社会中，一定要有必要利益驱动，没有利益驱动，单纯搞什么精神激励，是行不通的。但是利益驱动的效应会随着时间的变化而衰减，大白话就是，给的钱多也不管用了，这个时候精神激励就会起到更多的作用。

如何使用精神激励，塑造员工个体精神的榜样，就是我们要探讨的问题。

基于个体的人类精神概念的表达是对一个个体在一个组织中或者说在社会中所表现出来的情感特征、思维特征，这种特征或者情感和思维相对于同样的个体是显性的。在关于企业精神概念和特征的部分中，对人的精神状态做了简单的区别，积极的和消极的，同时给出了一些词语的描述，作为内容的靶子，以下的文中，就围绕个体精神和群体精神如何构建做简要分析。精神构建的过程本质是一个赋予的过程、选择的过程、宣传的过程、引领的过程。

1.关于精神概念的赋予

关于精神内容的选择在于我们需要什么或者是发生什么。那么我们要选择什么？为什么要选择这个词语的精神表述？我们要达到什么样的目的？是内部激励，还是外部形象展示？如果因为需要，可以叫作树立，如果发生可以叫作发现弘扬。如果需要，可以赋予一个精神概念；如果有现成的，可以树立弘扬一个精神概念。

2.关于精神概念赋予的原则

首先要解决的是我们选择什么样的个体、团队、组织、机构、区域作为我们精神赋予的主体；说白了，就是这个精神概念是颁发给谁的，哪一种精神概念提炼作为我们的工作目标、工作对象或者是立场表达。其次是分析判断这个精神的表达是否符合我们这个社会的主流价值观和道德观。再次是选择这个精神表达的代表人物，并且人物的客观事实和倡导的精神表达要高度符合，是要一体的。最后通过什么样的表达方式来传播这种精神，让这种精神在更多的员工中得以认同、遵守、践行。

2013年6月28日至29日，习近平总书记在全国组织工作会议上面对组织干部讲话中，关于担当精神有这样的论述，这个担当精神赋予了组织干部这个群体，具体表述为"面对大是大非敢于亮剑，面对矛盾敢于迎难而上，面对危机敢于挺身而出，面对失误敢于承担责任，面对歪风邪气敢于坚决斗争"。新时代年轻干部必须具有一种精神——斗争精神。在2019年秋季学期中央党校（国家行政学院）中青年干部培训班开班式上，习近平总书记指出，"斗争精神不足，斗争本领不强，就不能胜利实现我们党确定的目标任务"。"广大干部特别是年轻干部要经受严格的思想淬炼、政治历练、实践锻炼，发扬斗争精神，增强斗争本领，为实现'两个一百年'奋斗目标、实现中华民族伟大复兴的中国梦而顽强奋斗。"

3.关于精神倡导项目的评估

做好精神倡导项目效果的评估主要是验证几个方面：一是倡导这个精神大家是否认同，社会舆论和现实有多大的负面抵触情绪；二是人物事迹的选择是否过硬，经得起考验；三是传播内容的切入点是否准确，是否符合大众的心理；四是传播的方式、方法，传播的深度、广度是否足够；五是传播的范围，还是对内员工激励，还是对外树企业形象。

举例如下：

问大家一个问题，在建筑行业最难管理的是什么？猜测是建筑工人，在这里没有贬低嘲讽建筑工人的意思，只是给大家分析一个例子。我们搞管理，使用各种管理手段的目的是什么，是让大家听话，干活，做成事，才能树立品牌。这就是要解决具体问题。解决这个问题不外乎两个手段，一个是刚性的制度约束，另一个就是软性的说服，就是思想政治工作。如果说强化考核逼迫干活是一种硬性手段，那么，倡导一种精神激励干活就是一种软性手段。在思想工作办法中树立一个典型赋予某种精神信仰是事倍功半的好思路。转移关注点，转移热点，创造一个关注点。基于这个目的，如果我们要在建筑工人中树立一个典型，这个建筑工人很优秀，各方面都不错，有好多典型故事，比如孝敬父母、关爱子女、乐于助人、技术精湛等。我们想表彰一下，把他树立成建筑工人队伍中的典型。倡导一种精神，那么我们到底要说他什么好呢，给个什么样的荣誉。简单地说就是为他赋予一个量身定做的精神概念。

给五个答案：奉献精神、工匠精神、创新精神、敬业精神、担当精神，你选择哪一个呢？

如果选择奉献精神，会出现什么情况呢？对照前面讲过的五个标准，发现基本符合。这时候其他的建筑工人会怎么看？社会公众会怎么看？

如果选择工匠精神，会出现什么情况呢？对照前面五个标准，条件基本符合，好像也没有什么问题。这时候其他的建筑工人会怎么看？社会公众会怎么看？

如果选择创新精神，会出现什么情况呢？对照前面五个标准，条件基本符合，好像也没有什么问题。这时候其他的建筑工人会怎么看？社会公众会怎么看？

到底要选哪一个呢？最佳答案是工匠精神。

现在我们把问题反过来。如果说我们企业建筑工人队伍比较难管，队伍混乱、人心散乱，而且还有别的单位出的工资更高，挖人。如果没有更多的钱砸出去的话，那么就用软性管理手段——精神激励。这个时候我们需要倡导几种精神，选定几个精神代表，一方面稳定队伍，一方面提振士气，还要再创佳绩。

我们应该选择一种什么样的精神才有助于解决这个问题呢？

给出以下几个答案：

担当精神、工匠精神、团结精神、协作精神、互助精神、奉献精神、创新精神。在有了这些关于精神的概念之后，我们所要做的就是选定精神的承载对象，就是要灵魂附体。简单地说是为灵魂找一个身体。再来分析一下下列选项：担当精神、工匠精神、团结精神、协作精神、奉献精神、创新精神、互助精神。

这个时候要给出一个树立什么精神概念的答案：担当精神、协作精神、互助精神是最优化的选项。

大家会问什么时间选择刚性制度，什么时间选择思想政治工作。我们的目的是稳定队伍、激励干劲。当员工在企业内部获取的短期或长期利益远大于外部时利益，刚性制度起作用；当二者内外部利益趋向均衡时，思想政治工作起作用；当外部诱惑利益远大于内部利益时，什么手段都不起作用，这只是一个基本的概率判断。在什么阶段选择什么精神赋予我们的员工是有一定的规律可循的。

这里还有一个重要的不能忽视的因素：企业性质。

如果我们的管理对象是国有企业。我们出于管理的角度要在国有企业里面选择一些典型，树立榜样，除去物质激励的方式之外，我们选择精神激励，那么我们会赋予其一个什么样的精神概念，我们会如何选择这个精神概念呢？要考虑这些因素，一是员工在想什么，从五种需求去分析；二是企业需要什么；三是国家在倡导什么。

如果我们管理的是一家民营企业，我们对待员工管理又要如何使用精神激励这个管理手段呢？一是要考虑员工在想什么；二是考虑员工立场和老板立场的矛盾性和一致性；三是尽可能消除员工与企业管理立场的矛盾性；四是尽可能建立员工行为立场与企业行为立场的一致性。

如果管理的是股份制企业、混合所有制企业，要重点考虑的因素是：员工在想什么，管理层在想什么，股东在想什么，行业特点是什么，国家在倡导什么。

（二）组织精神——基于个体精神的组织精神

组织精神的由来。随着社会的发展与人类的分工，各种各样的组织机构群体自然产生出来，人类逐渐归入某一个群体或者组织机构，这个群体的人的精神集合的共性表现就会成为精神的另外一个层次的分类，并带有越来越多的集体意识，直至意识形态的形成与体系的建立，就表现为群体精神。在现代语言环境中，精神不仅仅指人的内心世界，被更多地赋予客观存在的各种组织机构和特定群体，并且对精神给予了更多的细分和归类。这些分类是完全沿着社会的组织结构演化的，并且与之一一相对。作为精神的一种组织群体表达，同样具有时代性、政治性、动态性的特征。现在关于群体精神分类的内容越来越多、越来越广。在国家层面有国家精神。那么什么是国家精神？国家精神的表达是很难的，国家精神是一个很复杂的体系。在族群方面又有民族精神。民族精神的表达也是复杂的，在不同的历史时期会有不同的话语体系。在企业层面有企业精神。企业层面的精神也是一个复杂的系统，另外，企业精神和国家精神是相关联的，和民族精神是相融合的。这和企业的发端发源地有关。企业精神一定有个性的一面也有共性的一面，如创新精神、开放精神、务实精神、团结精神等。在家庭层面，有协作精神、关爱精神等。

企业作为社会架构中的重要组织形式，是人类社会中一种创造财富的组织机构，本质是一个有共同目标的群体意识的集合，其精神表现一定是一致的，或者是为了目标的一致必须倡导一种意识，这个倡导的意识就是企业精神。在企业发展壮大成长的过程中，除了产品的更新换代与延伸，因为员工的存在，企业精神也在慢慢地孕育与发展，并逐步和企业共成长，融合在一起。随着企业数量的发展变化，企业行业的变迁，企业类别的分化，企业的组织精神概念表述也逐渐丰富起来。

在世界经济发展史上，国有企业都是一个不可忽视的存在，国有企业都是有精神的，其精神的来源不外乎以下几个方面：来源于时代需要、初创者、企业管理者、企业员工、企业历史、国家的意识形态、国家历史、国家的文化等方面。国有企业精神是丰富的、深刻的，具有很强的时代烙印和历史渊源。当下国有企业精神面临着三个重要问题：一是国有企业的企业精神如何顺应时代性、政治性、动态性的发展？二是国有企业倡导什么样的企业家精神？三是国有企业企业家精神如何与时俱进？中国国有企业精神的源泉是中国精神和中国共产党精神谱系。四是要站在中国立场和全人类的立场上借鉴吸收其他国际先进企业的精神内涵。

民营企业的组织精神来源。民营企业的精神大概率来源于老板，如果企业不能做大做强，不能引入现代企业制度，在这里谈民营企业精神，大概只能谈老板精神，为什么？因为只有更多的决策者参与进来，才能在企业里面产生思想的碰撞与融合，才能与老板的意志融合，才能产生新的精神。老板才会吸收更多的为企业发展成长壮大有用的思想。才能产生新的企业精神，同时产生企业家精神。同样，当下时代民营企业精神也面临两个重要问题：一是民营企业的企业精神如何顺应时代性、政治性、动态性的发展？二是民营企业企业家精神如何与时俱进？今天的华为需要什么精神？利比亚开战前两天，任正非还在利比亚，他说，"我若贪生怕死，何来让你英勇奋斗！"这是企业家的担当精神。当贸易战开打，任正非讲，"除了胜利我已经无路可走"。贸易战打到现在，当一个正常经营的企业，成为一个国家的狩猎对象，除了斗争，别无选择。这个时候是什么精神？斗争精神。我们要有斗争精神！2019年1月23日，在省部级主要领导干部坚持底线思维着力防范化解重大风险专题研讨班开班式上，习近平总书记指出，"领导干部要敢于担当、敢于斗争，保持斗争精神、增强斗争本领"。

股份制企业的组织精神来源，一是来源于企业的章程；二是职业经理人团队；三是职业经理人团队的领头雁。章程是什么，简单一句话就是诞生企业的契约，股份制企业首要的就是要有契约精神、团队精神、合作精神。股份制企业同样面临四个重要问题：一是股份制企业的企业精神如何顺应时代性、政治性、动态性的发展？二是股份制企业的企业精神立场是什么？三是股份制企业的企业家精神如何与时俱进？四是股份制企业的企业家精神立场是什么？为什么有这个问题，当一家股份制企业外资占比控股时，企业家精神如何判断？

对于上述组织精神的构建，可以归结为这样一个逻辑关系：

（三）企业家精神——基于组织精神中的特殊个体精神

当今时代，国家之间的竞争在于经济实力的竞争，经济竞争归根结底是企业之间的竞争，而企业竞争关键又是企业家能力和企业家精神的竞争。当前，中国进入高质量发展阶段。中国经济高质量发展的重要前提和基础是中国企业高质量发展，而企业高质量发展的关键在于能否拥有一批具有优秀企业家精神的企业经营管理者这个特殊群体——企业家群体。

企业家精神泛指企业家群体的共性特征，是把严格意义上的企业家与一般民众区别开来的人格特质。精神作为一种人格特质，在个体身上反映，也不会脱离精神的定义和实质。问大家一个问题，我们不管一个多大的企业，小到街头的一个小饭馆，大到一个世界500强企业，那么这个企业的老板应该具备什么样的精神，应该具备什么样的能力，应该具备什么样的性格？这涉及很多问题，企业的立场和企业家的价值观、世界观、人生观，企业的使命、责任。企业家的立场，民营企业家和国有企业的企业家立场的区别是什么，有共性、有个性。民营企业先有企业家精神，后有企业精神；国有企业先有组织精神，后有企业家精神。如何判断这个问题？

关于企业家精神内涵，观点众多。

国外观点：一是主要强调的是创新精神；二是注重风险承担能力和冒险精神以及应付市场失衡的能力；三是重点关注对市场机会的识别能力。

国内观点：一是企业家精神就是冒险精神、创新精神、不满足精神和英雄主义精神；二是企业家精神包括进取精神、创新精神、契约精神、诚信精神、敬业精神、奉献精神和民族精神等精神特质；三是创业是形成企业家精神的基础，而创新则是企业家精神的核心。

综合观点：多方面的专家学者以及企业家本人的观点，企业家精神的内核大致可以归结为：创新精神、创业精神。在此基础上可以细化为实干精神、拼搏精神、担当精神、奋斗精神、冒险精神、开拓精神、进取精神等。这个没有给企业家精神赋予更多的涉及政治意识形态的意义。企业家精神广泛存在于各行各业，具体哪一种精神作为企业家精神显性出现还是隐性出现，在于行业、空间、时间的限制，或者在于我们的选择。企业家精神是一个动态的、具有鲜明时代特性的概念。企业家精神是企业精神的重要组成部分，企业精神是企业家精神的折射，二者有着密不可分的关系。企业家是经济活动的重要主体，企业家精神是经济发展的重要源泉。

在新时代，中国已经走在了世界的前列，但是在很多地方我们还有很大的差距。中国企业应该在习近平新时代中国特色社会主义思想指导下，在中华民族伟大复兴的宏图大业中，展现自己的企业家精神担当。

以习近平总书记为核心的党中央高度重视企业家队伍建设，对激发和保护企业家精神做出了一系列决策部署，激发和保护企业家精神，提高企业家创新创业活力。

党的十八大以来，习近平总书记多次在公开讲话中论及企业家和企业家精神。"企业家精神"成为治国理政的关键词，有关企业家精神的思想成为习近平新时代中国特色社会主义思想的重要组成部分。

2014年，习近平总书记在亚太经合组织工商领导人峰会上提出："市场活力来自于人，特别是来自于企业家，来自于企业家精神。"2016年，习近平总书记先后在不同场合提出广大非公有制经济人士要激发企业家精神，发挥企业家才能；要加快培养造就具有国际视野的企业家；保护企业家精神，支持企业家专心创新创业。中央关于为担当者担当，容错机制的建立等，都是在刺激释放企业家精神，为企业家松绑。典型的是山东省直接喊出来要用"李云龙式的干部"，从另外一个层面体现出大家对敢于担当精神的鼓励与渴求。

2017年4月，中央全面深化改革领导小组第三十四次会议通过了《关于进一步激发和保护企业家精神的意见》，对激发和保护企业家精神做出专门规定。

2017年9月，中共中央、国务院发布了《关于营造企业家健康成长环境 弘扬优秀企业家精神 更好发挥企业家作用的意见》，新中国成立以来，首次以专门文件明确企业家精神的地位和价值，并对企业家的环境、企业家的贡献、企业家的精神和作用进行了系统概括，引起较大社会反响。

2017年11月，党的十九大报告进一步明确提出："激发和保护企业家精神，鼓励更多社会主体投身创新创业。"

2018年11月1日，习近平总书记在民营经济大会上的讲话中讲到"要弘扬企业家精神，做爱国敬业、守法经营、创业创新、回报社会的典范。"这不但是给民营企业家讲的，也是给所有的企业家讲的。

四、中国共产党的精神谱系是中国企业精神的源泉

习近平总书记指出："实现中国梦必须弘扬中国精神，这就是以爱国主义为核心的民族精神，以改革创新为核心的时代精神。"

中国企业最大的精神特质是什么？是在党的领导下以爱国主义为核心的民族精神，以改革创新为核心的时代精神。中国企业只有在中国精神的激励下、引领下才能独立自主发展，才能成为行业翘楚。在中美贸易战中，具备不具备、倡导不倡导、践行不践行中国精神的企业处境状况一目了然，未来发展一目了然。中国企业精神是不能脱离中国精神而存在的，中国企业的精神一定是和中国精神高度融合在一起的。

党的十九大报告指出，东西南北中，党是管一切的。讲党建是中国企业发展过程中的重要内容，精神作为企业文化中的重要组成部分，其表述和内涵就不可能脱离中国共产党的精神谱系。我们党在百年奋斗历程中形成"坚持真理、坚守理想，践行初心、担当使命，不怕牺牲、英勇斗争，对党忠诚、不负人民"的建党精神。伟大建党精神是中国共产党精神谱系的源头，内涵丰富、思想深邃、意义重大、影响深远，来自于中华优秀传统文化的丰厚滋养和悠久的历史文化底蕴，穿越时空、历久弥新，根植于伟大民族精神，是中华优秀传统文化和伟大民族精神的时代彰显。伟大建党精神来源于建党实践，来自于中国共产党百年奋斗历程，充分彰显了中国共产党对国家、对民族所做出的伟大历史性贡献，必将成为中国乃至世界发展史上最浓重、最辉煌的精神篇章。伟大建党精神全面准确体现了马

克思主义世界观和方法论，体现了马克思主义的科学性、实践性、斗争性、人民性，是马克思主义基本原理与中国革命、建设和改革的具体实际相结合，推进马克思主义中国化的伟大成果，是激励新时代中国共产党人和全体中华儿女坚定理想信念、战胜一切风险考验的保证，是永葆党的先进性和纯洁性的要求。伟大建党精神催人砥砺前行，是中国共产党立党、兴党、强党的思想基点和精神支柱，是加强自身建设、指引持续自我革命的精神之源；是新时代推进伟大社会革命的精神动力，是实现中华民族伟大复兴的强大动力。

关于精神的描述和词语表达，最丰富、最精彩、最厚重、最感人、最激励、最深刻的莫过于中国共产党精神谱系的文字表述。2021年9月，中国共产党的精神谱系予以公布，第一批纳入中国共产党人精神谱系的伟大精神是：

建党精神

井冈山精神	苏区精神	长征精神
遵义会议精神	延安精神	抗战精神
红岩精神	西柏坡精神	照金精神
东北抗联精神	南泥湾精神	太行精神（吕梁精神）
大别山精神	沂蒙精神	老区精神
张思德精神		

抗美援朝精神	"两弹一星"精神	雷锋精神
焦裕禄精神	大庆精神（铁人精神）	红旗渠精神
北大荒精神	塞罕坝精神	"两路"精神
老西藏精神（孔繁森精神）		西迁精神
王杰精神		

改革开放精神	特区精神	抗洪精神
抗击"非典"精神	抗震救灾精神	载人航天精神
劳模精神（劳动精神、工匠精神）		青藏铁路精神
女排精神		

脱贫攻坚精神	抗疫精神	"三牛"精神
科学家精神	企业家精神	探月精神
新时代北斗精神	丝路精神	

这些精神集中彰显了中华民族和中国人民长期以来形成的伟大创造精神、伟大奋斗精神、伟大团结精神、伟大梦想精神，彰显了一代又一代中国共产党人"为有牺牲多壮志、敢教日月换新天"的奋斗精神。

2022年10月16日，中国共产党第二十次全国代表大会胜利召开。习近平总书记在报告中指出，我们要"广泛践行社会主义核心价值观，弘扬以伟大建党精神为源头的中国共产党人精神谱系，深入开展社会主义核心价值观宣传教育，深化爱国主义、集体主义、社会主义教育，着力培养担当民族复兴大任的时代新人。提高全社会文明程度，实施公民道德建设工程，弘扬中华传统美德，加强家庭家教家风建设，推动明大德、守公德、严私德，提高人民道德水准和文明素养，在全社会弘扬劳动精神、奋斗精神、奉献精神、创造精神、勤俭节约精神"。习近平总书记多次在讲话中强调要用"钉钉子精神"纠正"四风"，要发挥历史自觉和主动精神，发扬奋斗精神推进中华民族从此站起来、富起来、强起来，发扬斗争精神增强全党全国各族人民的志气、骨气、底气，发扬法治精神促进全面依法治国，发扬人民首创精神，一切为了人民，一切依靠人民，从群众中来，到群众中去。

自人类社会完成社会分工、开始社会化大生产、企业诞生那一天起，企业的发展就带上了其自身的精神烙印，而且这个精神一定是基于人本身的，并且和所在的国家和区域的经济发展共生共融。中国共产党建党100年以来，中华人民共和国成立70余年来，在各个领域创造出无与伦比的辉煌，最大的精神内核是在党的领导下沿着中国特色的道路进行的，虽受制于技术的限制，但一点一滴的突破，都包含着党领导下的独立自主的精神内涵。

讲好中国企业精神故事必定不能脱离中国精神。

在这里，从另外一个角度，分析解剖企业精神的形成、发展、作用，通过分析企业精神塑造与企业管理融合的过程，为大家提供一些解决现实问题的思路参考。要讲好企业的故事，为企业服务，无论是讲党建、意识形态、使命、责任、战略、文化、机制，还是讲政策、改革等，最终都必须回归到精神层面。讲好企业精神方面的故事，就是要把握住企业的核心，促进企业的正向发展，因此就必须了解掌握企业的精神是什么，就要把握住企业精神的时代感、政治性和民族性。讲好企业精神故事，就是要将精神赋予一个个身边鲜活的生命主体，将精神变化为一个个可以看见的文字主体，将精神变化成一个个可以看见的视频主体，将精神变化成一个个可以听得见的声音主体。恰到好处选择一个点，将其彻底放大，重要的事说三遍，或者说一百遍。制造热点，转移难点，选择共识，彰显个性。选择合适的突破口，持续造势，形成氛围，动用一切能够动用的内部平台宣传榜样，做成事实，坐实口碑。

讲好企业精神的故事，离不开企业家的故事，离不开企业家带领企业干部职工的所作所为，离不开企业家带领大家为企业发展所做的点点滴滴。企业的党建、意识形态、使命、责任、战略、文化、理念、机制等都离不开企业家的智慧和辛苦付出。正是他们的这些作为成为我们国家走向世界、提高自信的强力支撑，这些都是我们的素材，都是我们笔下的好故事。

本节讲了精神的概念，讲了个体的精神，讲了组织的精神，讲了基于组织精神之上的特殊个体精神——企业家精神。最终的目的是要干什么？就是要企业活得好，企业办的成功，企业的品牌基业长青，就是要按照2022年2月28日，习近平总书记在中央全面深化改革委员会第二十四次会议上的讲话精神指示，"加快建设一批产品卓越、品牌卓著、创新领先、治理现代的世界一流企业，在全面建设社会主义现代化国家、实现第二个百年奋斗目标进程中实现更大发展、发挥更大作用"。为中华民族谋复兴，为中国人民谋幸福！

资料一：中国兵器工业集团总公司企业精神

唯实　创新　开放

唯实　是按事情的本来面目做事。唯实成就事业。实事求是，一切从实际出发，才能把事情做正确，才能把正确的事情做好，才能有既简单又轻松的工作关系，才能创造快乐的工作氛围，才能享受工作。

创新　是事业持续发展的动力。创新推动发展。创新就在我们身边。我们既要关注各种革命性的创新，又要鼓励工作中一点一滴的创新和进步，以无数点滴创新汇集成兵器事业的创新洪流。

开放　是时代对我们的要求。开放催生变革。在全球化的今天，我们要建设有抱负、负责任、受尊重的兵器工业，必须进一步树立开放式发展的理念，面向全社会配置资源、谋划发展，打造出在国家战略层面有地位、在市场中有话语权的行业领先者。

资料来源：中国兵器工业集团公司官网　2022-10-3

网址链接：http://www.norincogroup.com.cn/col/col28/index.html

资料二：大唐企业精神

务实　奉献　创新　奋进

1. 务实

务实是集团公司的精神基石。

务实强调集团公司要在"价值思维、效益导向"核心理念指导下，求真务实，尊重规律，尊重实际，实事求是做决策、抓管理、定措施，用科学发展观去分析、研究、解决企业发展中的问题。

务实要求大唐员工真抓实干，谋实事、出实招，抓落实、求实绩，确保良好的工作效率与工作质量。

务实精神具体体现在以下几方面：

（1）建立良好的体制机制，保障决策科学、方向正确；

（2）尊重事实，通过深入调查研究，全面掌握企业发展的关键成功因素；

（3）坚持"价值思维、效益导向"，将思想和行动集中到集团公司整体的价值创造和效益提升上来；

（4）透彻理解企业存在的价值和意义，按客观规律办事，不浮夸冒进，摒弃形式主义、官僚主义；

（5）工作中要目标明确，计划周详，过程严谨，执行到位，质量可靠，务期必成；

（6）细心专注，精益求精，持续提升。

2.奉献

奉献是集团公司的精神品格。

奉献是集团公司与生俱来的使命和责任，强调集团公司要积极担当对党、对国家、对社会、对员工的责任，保障国家能源安全，满足社会发展对能源的需求，保护和推进生态文明。

奉献要求大唐员工具有以国为重、服务社会的爱国主义精神和以企为家、勇于担当的责任意识。要保持高度的使命感与责任感，顾大局、作贡献，讲执行不讲困难，讲奉献不讲条件。

奉献精神具体体现为：

（1）集团公司要对党和国家负责，发挥好中央企业在国家经济、社会、政治发展中的中流砥柱作用；

（2）成员单位要有担当，同心同德、同行同向，心往一处想，劲往一处使，急集团之所急、想集团之所想，与集团公司保持高度一致；

（3）企业以人为本，尊重员工、爱护员工、善待员工，以广阔舞台发展员工，以入微关怀凝聚员工，让广大员工共享企业发展的成果；

（4）员工要以高度的"主人翁"责任感，心系企业，忠于事业，珍视岗位，恪尽职守，遇到急难险重的工作，敢于冲锋在前；

（5）领导干部要牢记权从何来、权为谁用，做到吃苦在先、享乐在后，敢于负重、勇于担责，力戒享乐主义和奢靡之风；

（6）集团公司成员企业之间、员工之间要发扬"传帮带"的优良传统，发挥协同效应，追求共同进步。

3.创新

创新是集团公司的精神动力。

创新强调集团公司要主动应对内外部环境变化带来的挑战，在继承优良传统的基础上，冲破旧思维、打破旧格局、突破旧技术，持续推进管理创新、制度创新和技术创新。

创新要求大唐员工善于学习、勇于超越，主动接受新思想、探求新思路、发掘新方法，积极推进一切有利于集团公司发展进步的创新。

创新精神具体体现在：

（1）辩证看待历史经验与固有理论，既要继承和发扬好做法、好传统，又不拘泥于既定模式和既定方法，敢于打破常规，勇于否定旧模式、旧方法；

（2）倡导全员创新，强调企业各级负责人带头提升创新动力和创新能力，健全创新机制，做好创新的组织领导工作；

（3）创新源于学习、成于实践，要大胆将想法、看法与工作中的具体做法结合起来，让创新成为习惯；

（4）密切关注企业内外部环境的变化，始终保持危机感和敏锐度，保持创新动力；

（5）既鼓励整体经营模式和经营策略的创新创效，也不忽视任何微小的创新与改变，有时伟大的创新正是始于细微的变化；

（6）允许创新带来的失败，但要建立相应的风险防范机制，减少不必要的创新成本。

4.奋进

奋进是集团公司的精神追求。

奋进强调集团公司要坚持正确的发展方向，坚定理想信念，凝聚全体员工的智慧和力量，始终保持奋发有为的精神状态和艰苦奋斗的作风，心无旁骛、积极进取、奋发图强，力争早日达到"四强四优"，成为国际一流综合能源企业。

奋进要求大唐员工常怀忧患意识、危机意识，以只争朝夕、时不我待的紧迫感和责任感，以愚公移山的坚定信念，创业不息，奋斗不止，积小胜为大胜，积跬步以致千里。

奋进精神具体体现为：

（1）以国内领先和国际一流为企业目标，查找差距，持续改进；

（2）在集团公司总体战略目标引领下，不断追求更高的团队目标和个人目标，努力做最好的，做到最好；

（3）资源和时间有限，应发挥最大的能力和才智，抢抓机遇，勇担重任，自我加压，乘势而上；

（4）拥有挑战客观困难的勇气和永不退缩的执着，为实现目标不断努力；

（5）不断优化工作细节，提高工作质量，精益求精，做任何工作，都具有精品意识、成本意识、效益意识；

（6）敢于自我否定，重视矛盾分析，从问题中谋求更优方案,在奋进过程中坚持回顾总结和改进提高。

资料来源：中国大唐集团财务公司官网，2022-9-25

网址链接：http://www.cdt-cw.com/n7/n27/47490.html

资料三：中国航空工业集团有限公司的企业精神内涵

忠诚奉献　逐梦蓝天——为建设新时代航空强国而奋斗

航空报国精神内涵：

1.使命担当的忠诚精神：新中国航空工业从抗美援朝的硝烟中一路走

来，忠诚始终是航空人最鲜明的政治本色

　　2.敢于突破的创新精神：亦余心之所善兮，虽九死其犹未悔。在不断的超越中，创新始终是航空人最昂扬的奋进姿态

　　3.坚韧执着的奉献精神：在航空事业从无到有、从弱到强的伟大征程中，奉献始终是航空人最可贵的高尚情怀

　　4.接续奋斗的逐梦精神：敢于有梦、勇于追梦、勤于圆梦，就会汇聚起磅礴力量，逐梦蓝天始终是航空人最笃定的高远志向

　　资料来源：中国航空工业集团有限公司官网 2022-09-24

　　网址链接：2019年社会责任报告

　　https://www.avic.com.cn/upload/resources/file/2021/04/26/38151.pdf

第六节　讲战略

战略问题是一个政党、一个国家的根本性问题。战略上判断的准确，战略上谋划的科学，战略上赢得主动，党和人民事业就大有希望。一百年来，党总是能够在重大历史关头从战略上认识、分析、判断面临的重大历史课题，制定正确的政治战略策略，这是党战胜无数风险挑战、从不断胜利走向胜利的有利保证。

——2022年1月11日，习近平在省部级主要领导干部学习贯彻党的十九届六中全会精神专题研讨班开班式上的讲话

什么是战略，学术研究方面给出了很多答案，大家在不同时期，针对不同的事情给出了不同的定义，众多的定义都倾向某一方面，每一个定义都有其合理性，但也都存在局限性。《现代汉语词典》对"战略"一词的解释是："战略是指导战争全局的计划和策略。"《中国大百科全书》的解释是："战略是指导战争全局的方略。"这两个解释的核心词语有四个：指导、战争、全局、方略。以此断定"战略"一词的本质含义是带有军事性质的，由此推断出战略是具有以下特征的，如：全局性、长远性、指导性、现实性、竞争性、风险性、创新性、稳定性、计划性。

2022年1月11日，在省部级主要领导干部学习贯彻党的十九届六中全会精神专题研讨班上，习近平总书记在开班式上发表重要讲话指出，"战略是从全局、长远、大势上作出判断和决策。我们是一个大党，领导的是

一个大国，进行的是伟大的事业，要善于进行战略思维，善于从战略上看问题、想问题。正确的战略需要正确的策略来落实。策略是在战略指导下为战略服务的。战略和策略是辩证统一的关系，要把战略的坚定性和策略的灵活性结合起来。各地区各部门确定工作思路、工作部署、政策措施，要自觉同党的理论和路线方针政策对标对表、及时校准偏差，党中央作出的战略决策必须无条件执行，确保不偏向、不变通、不走样。"

在现代社会发展管理过程中，"战略"一词逐步随着社会的发展变化延伸至更广泛的领域，如政治、经济、文化、社会、企业等各个领域，出现诸如国家战略、经济战略、文化战略、企业战略等颇具现代感的词语，最新的还有近一两年比较热的词语如互联网战略、金融战略、海洋战略等。

要讲好企业的故事，首先要搞清楚企业的战略是什么，最重要的核心是讲清楚企业是如何实现战略的。战略实现是一个复杂的管理过程，只有对这个管理过程有了一个宏观的认知，对这个过程进行细致的分解才能找到我们讲故事的点、讲故事的角度，故事才能讲得精彩，才能讲好企业的战略故事。中央党校潘云良教授在《现代企业管理》一书中指出："战略管理是企业根据内部和外部环境制定、实施和评价组织目标，并使企业使命最终得以实现的动态过程。"（潘云良.现代企业管理.北京：中共中央党校出版社2008：256）。

战略形成是一个非常复杂的过程，不是写几个口号、弄两条标语、设计几个概念就完成了的，是要对组织机构发展变化过程中的各类要素进行细分，对每一个战略形成过程中的内外环境因素都必须分析清楚，否则战略形成过程中受外部影响会导致战略形成有偏颇，也就是说，战略有问题。因此，在制定战略时，要将战略形成看作一个分析的过程，要考虑历史的因素，要考虑企业发展的历史延续，要考虑企业所处的各类环境，政治的、经济的、文化的以及企业内外部的行业竞争情况等。

战略制定的可预见性。任何一种战略的设定，本质都是一种美好愿望的表达，是一种美好愿景的描绘，这种美好愿景的描绘实际上就是在预测未来，至于未来是否能够真正地按照预测发展，是一个未知数。因此，战略制定者必须将战略形成看作一个预测的过程，预测过程就因时、因地发生变化，这是符合科学规律的。从管理学角度来讲，战略形成的预测过程，实际是企业管理权变理论的延伸。

战略是组织机构的参与者对组织机构未来发展愿景的一种共识。对于一个组织机构来讲，这个机构未来到底能够发展成什么样子，实质是一个心理认同的过程，这种心理认同很可能是不一致的，只有经过一定时间大家对组织机构的各种具体做法实践认知之后，才能逐步达成共识，这个共识形成的过程就是战略形成的心理过程，这个过程其实也是一个逐步学习修正的过程，要对愿景进行不断的调整，也就是说战略是不断动态调整的，不是一成不变的。

战略形成过程是和企业文化以及当下的社会价值观念高度融合的，是集体的思维，是一种对外在市场竞争环境变化的应急反应，这种应急反应引发企业内部的结构变革，是对各种有利因素的集体整合过程；战略是一个市场支配权力博弈的过程，是指战略在应对外在变化的一种对大环境占有支配地位和话语权的计谋，是稳定秩序的思路与手段，是一个计划的实施。

企业为什么要制定战略呢？战略的制定是帮助企业实现业绩可持续增长，如果这一目标不能客观，那么制定战略也就毫无意义。因此，战略必定是开放式的，是每一个员工都了解的，可行的，并且是乐意执行的，尽管有时候战略说起来很遥远。战略是对聪明员工头脑的一种激励，满足员工的心理成长需求。

关于战略的理论观点很多，在企业战略管理过程中，各种理论观点说法是时时都在发生的，它们之间有时互相对立，有时互补，有时互相兼容而不是非此即彼。因此要讲好企业关于战略方面的故事，就要牢牢抓住这些关键的点，这些点的完成都离不开人的表达来支撑，每一个过程都是一个对立到统一的过程，也就是我们所说的统一意见的过程，故事就会有看点。我们要通过对战略概念、战略管理等相关理论知识的了解，顺藤摸瓜挖掘出更多的素材，来充实我们的写作，把这些素材变成新闻的语言，厘清过程的细节，搭好故事的框架，才能写好战略本身形成和实施管理过程的好故事。

在企业管理过程中，不同的企业对企业的战略设定是不一样的，不同行业的战略也是不一样的，这和企业的核心价值观有关系，并且会受到区域和政策的限制与影响。这种战略具有一定的阶段性，但还必须具有一定的稳定性，不能说变就变。

习近平总书记系列重要讲话中多次讲到国家战略问题。2015年10月26日至29日，他在中国共产党第十八届中央委员会第五次全体会议上谈及"四个全面"战略部署，全面建成小康社会，全面深化改革，全面依法治国，全面从严治党，这是国家战略目标。在国家"十三五"规划中，习近平总书记提出国家"十四大"战略："优进优出战略，区域发展总体战略，网络强国战略，国家大数据战略，创新驱动发展战略，藏粮于地，藏粮于技战略，军民融合发展战略，对外开放战略，自由贸易区战略，就业优先战略，食品安全战略，人口发展战略，人才优先战略、国家安全战略。"

在十九大报告中，习近平总书记指出，改革开放之后，我们党对我国社会主义现代化建设做出战略安排，提出"三步走"战略目标。解决人民温饱问题、人民生活总体上达到小康水平这两个目标已提前实现。在这个基础上，我们党提出，到建党一百年时建成经济更加发展、民主更加健全、科教更加进步、文化更加繁荣、社会更加和谐、人民生活更加殷实的小康社会，然后再奋斗三十年，到新中国成立一百年时，基本实现现代化，把我国建成社会主义现代化国家。

从十九大到二十大，是"两个一百年"奋斗目标的历史交汇期。我们既要全面建成小康社会、实现第一个百年奋斗目标，又要乘势而上开启全面建设社会主义现代化国家新征程，向第二个百年奋斗目标进军。

从 2020 年到 21 世纪中叶可以分两个阶段来安排:第一个阶段，从 2020 年到 2035 年，在全面建成小康社会的基础上，再奋斗十五年，基本实现社会主义现代化;第二个阶段，从 2035 年到 21 世纪中叶，在基本实现现代化的基础上，再奋斗十五年，把我国建成富强民主文明和谐美丽的社会主义现代化强国。

2022 年 10 月 16 日，在党的二十大报告中，习近平总书记指出:"全面建成社会主义现代化强国，总的战略安排是分两步走:从二〇二〇年到二〇三五年基本实现社会主义现代化;从二〇三五年到本世纪中叶把我国建成富强民主文明和谐美丽的社会主义现代化强国。"

这些国家战略的实现在国家安全战略保障体系下，完全需要有企业来支撑实现，通过具体的经济政策，帮助刺激企业创造更多的财富，来满足人民群众的需要。企业的发展就是要和国家战略相匹配、相吻合，企业的战略制定和国家战略息息相关。粮食生产企业的战略要和藏粮于地、藏粮于技战略相吻合，食品生产企业的战略要和食品安全战略相符合，互联网企业发展要和国家网络强国战略、国家大数据战略、创新驱动发展战略相吻合。每一项国家战略后面必须有一大批企业来做基础后盾，否则国家战略就会落空。因此，要讲好中国企业故事，首先要了解清楚国家战略和企业战略，做到二者高度统一与融合，国家才有希望，企业才能发展。

资料一：海尔战略（2017年官网）

从1984年创业至今，海尔集团经过了名牌战略发展阶段、多元化战略发展阶段、国际化战略发展阶段、全球化品牌战略发展阶段四个阶段，2012年12月，海尔集团进入第五个发展阶段——网络化战略阶段。创业三十多年来，海尔致力于成为"时代的企业"，每个阶段的战略主题都是随着时代变化而不断变化的，但贯穿海尔发展历程的，都离不开管理创新，重点关注的就是"人"的价值实现，使员工在为用户创造价值的同时实现自身的价值。海尔从2005年提出"人单合一"已经十多年，现在"人单合一双赢"模式因破解了互联网时代的管理难题而吸引了世界著名商学院、管理专家争相跟踪研究。

名牌战略阶段。海尔抓住改革开放的机遇，以过硬的质量奠定了在中国冰箱行业的第一品牌。1985年中国电冰箱市场"爆炸式增长"，市场供不应求，很多厂家大上产量，但不注重质量，别的企业年产量都已经百万台了，海尔才不到十万台，但海尔树立"要么不干，要干就要争第一"的名牌意识，不盲目上产量，扎扎实实做质量。

这时，海尔发生了"砸冰箱"事件，连海尔的上级主管部门都点名批评海尔，但正因为这一事件，唤醒了海尔人"零缺陷"的质量意识。后来，著名导演吴天明拍摄的电影《首席执行官》再现了"砸冰箱"的场景。1989年市场疲软，很多冰箱厂家降价销售，但海尔提价12%仍然受到用户抢购，当时一张海尔冰箱票的价格甚至被炒到上千元。海尔创业仅用四年时间，拿到了中国冰箱行业的第一枚质量金牌。

多元化战略阶段。借着邓小平同志南巡谈话的机遇，海尔兼并了18家亏损企业，从只做冰箱一种产品发展到多元化，包括洗衣机、空调、热水器等。

那时，舆论称"海尔走上了不规则之路"，行业也认为企业要做专业化，而不是"百货商场"，而海尔则认为"东方亮了再亮西方"，海尔冰箱已做到第一，在管理、企业文化方面有了可移植的模式。

海尔的兼并与众不同，并不去投入资金和技术，而是输入管理理念和企业文化，用无形资产盘活有形资产，以海尔文化激活"休克鱼"。海尔文化激活"休克鱼"这个案例在1998年被写入哈佛案例库，张瑞敏也成为第一个登上哈佛讲坛的中国企业家。这样，海尔在中国家电行业奠定了领导地位。

国际化战略阶段。20世纪90年代末，正值中国加入世界贸易组织（WTO），很多企业响应中央号召走出去，但出去之后非常困难，又退回来继续做定牌。海尔认为"国门之内无名牌"，"不是出口创汇，而是出口创牌"，并且提出"下棋找高手""先难后易"，首先进入发达国家创名牌，再以高屋建瓴之势进入发展中国家。1999年，海尔在美国建立第一个海外工业园。2001年，美国当地政府为感谢海尔为当地所做的贡献，无偿命名工厂附近一条道路为海尔路，这是美国唯一一条以中国品牌命名的道路。海尔打造国际化品牌就是按照"走出去、走进去、走上去"的"三步走"思路。"走出去"阶段，海尔以缝隙产品进入国外主流市场；"走进去"阶段，海尔以主流产品进入当地主流渠道；"走上去"阶段，海尔以高端产品成为当地主流品牌。这样，海尔逐渐在国际上树立品牌，成为中国品牌走向全球的代表者。

全球化品牌战略阶段。全球化和国际化的不同在于其核心是本土化，这和国内企业OEM（俗称"代工"）不同，也和日韩企业派驻本国员工到全球各地不同，海尔是创立自主品牌，在海外建立本土化设计、本土化制造、本土化营销的"三位一体"中心，员工都是当地人，更了解当地用户的个性化需求。

其实，海外创牌之路很难，一般在国外培育一个品牌的周期是8—9年，所以，作为一个创自主品牌的企业，需要付出，需要有耐力。从目前中国品牌海外市场的占比来看，虽然中国家电产量占到全球的49.1%，但中国品牌的品牌份额只有2.89%，而这2.89%里面有86.5%是海尔品牌，也就是说，每10台中国品牌的家电，有8台是海尔品牌。

2016年1月15日，海尔全球化进程又开启了历史性的一页——海尔与通用电气公司（GE）签署战略合作备忘录，整合通用电气家电业务，不仅树立了中美大企业合作的新典范，而且形成大企业之间超越价格交易的新联盟模式，《华尔街日报》形容海尔创造了"中国惊喜"。海尔在国际市场真正"走上去"，成为全球大型家用电器的第一品牌。

网络化战略阶段。海尔从传统制造家电产品的企业转型为面向全社会孵化创客的平台，致力于成为互联网企业，颠覆传统企业自成体系的封闭系统，而是变成网络互联中的节点，互联互通各种资源，打造共创共赢新平台，实现攸关各方的共赢增值。

为此，海尔在战略、组织、员工、用户、薪酬和管理六个方面进行了颠覆性探索，打造出一个动态循环体系，加速推进互联网转型。在战略上，建立以用户为中心的共创共赢生态圈，实现生态圈中各攸关方的共赢增值。在组织上，变传统的自我封闭到开放的互联网节点，颠覆科层制为网状组织。在这一过程中，员工从雇佣者、执行者转变为创业者、动态合伙人，目的是要构建社群最佳体验生态圈，满足用户的个性化需求。在薪酬机制上，将"企业付薪"变为"用户付薪"，驱动员工转型为真正的创业者，在为用户创造价值的同时实现自身价值。在管理创新上，通过对非线性管理的探索，最终实现引领目标的自演进。

2016年，海尔的战略方向是以诚信为核心竞争力，以社群为基本单元，建立后电商时代的共创共赢新平台。海尔将重点聚焦把"一薪一表一架构"融入转型的六个要素中。"一薪"即用户付薪，是互联网转型的驱动力；"一表"为共赢增值表，目的是促进边际效应递增；"一架构"是小微对赌契约，它可以引领目标的自演进。三者相互关联，形成闭合链条，共同推进互联网转型。

资料来源：海尔官网，2017-5-19

网址链接：http://www.haier.net/cn/about_haier/strategy/

海尔战略：

"人的价值最大化"贯穿海尔发展六个战略阶段

01 名牌战略 1984-1991	02 多元化战略 1991-1998	03 国际化战略 1998-2005	04 全球化品牌战略 2005-2012	05 网络化战略 2012-2019	06 生态品牌战略 2019-
"砸冰箱"，创出中国第一个冰箱名牌	以海尔文化激活"休克鱼"模式，创出中国家电第一品牌	成为中国品牌走向全球的代表，创出中国的世界名牌	整合三洋家电、斐雪派克、通用电气家电、Candy,创出全球最大的家电品牌集群	变成网络上的一个节点,实现从"制造产品"到"孵化创客"的转型	从传统时代的产品品牌,到互联网时代的平台品牌,再到物联网时代的生态品牌

资料来源：海尔官网，2022-12-12

https://www.haier.com/about-haier/?spm=net.31740_pc.header_128848_
20200630.1

资料二：中国航空工业集团有限公司的发展战略

"一心"使命：航空报国，航空强国。

"两融"模式：军民融合，产业融合。

"三力"目标：领先的创新力，先进的文化力，卓越的竞争力。

"五化"路径：集约化经营，精准化管理，市场化改革，体系化发展，国际化共赢。

资料来源：中国航空工业集团有限公司官网，2022-10-1《2021社会责任报告》

网址链接：https://www.avic.com.cn/upload/resources/file/2022/07/98984.pdf?PC=PC

资料三：晋能集团战略

讲好企业故事难，讲好企业战略故事更难！难度在于讲好企业战略故事不在于把战略表述"贴到墙上、挂在嘴上、用在文上"，而在于把战略分解为一件件、一桩桩围绕战略实现而展开的典型的、感人的、精彩的、严谨的、宏大的实践行动叙事，将整个战略实现过程在媒介上还原。

2019年，晋能集团贯彻落实党中央的精神，结合企业实际，尊重历史、延续文化，实事求是，与时俱进，展望未来，制定了"1366"发展战略。

"1"即"建设一流现代化清洁能源集团"一个目标；

"3"即"高质量发展、高效率运行、高品质生活"三大任务；

"6"即"人本、安全、绿色、诚信、创新、效益"六大理念；

"6"即"党的建设、改革转型、创新管理、处僵治困、风险防控、文化建设"六大举措。

集团党委宣传部、新闻中心按照集团党委安排部署要求，会同部门联动，按照"国家政策导向、企业管理规律、行业产业规律、新闻写作规律"，将"1366"发展战略实现过程变成一个个具体问题，提出"如何实现高质量发展，如何实现高效率运行等50问，要求集团下属各单位领导班子成员以及部分关键部门岗位的责任人接受采访，回答问题，必须有行动方案，不能泛泛而谈。同时宣传部要求各单位组织干部对年度工作报告深度学习，谈体会、出建议；在《晋能》报上为各单位提供集团"1366"发展战略具体详细内容解读，便于大家消化吸收理解相关内容。宣传采访活动开始后，历时半年，先后采写回各类稿件100余篇，随后在实施过程和成果展现方面又组织回各类稿件300余篇，同时外媒刊发90余篇，通过一年半的时间全面系统的对"1366"发展战略进行了全面跟踪、深入报道。2020年9月，组织十大转变系列报道，对"1366"发展战略实施一年半后所获得的成果以及战略目标的实现进行总结，推出10篇文章，引起集团广大干部职工以及外部媒体强烈反响，对集团干部职工提升凝聚力、向心力、自豪感，提升外部知名度、品牌影响力、品牌美誉度起到了至关重要的作用。

这10篇文章在中国企业报协会2021年度好新闻研讨会上获得众多好评。大家一致认为，这10篇稿件从选题、选材、标题设计、文章间架结构处理到语言风格，都有很强的借鉴意义，堪称系列通讯深度报道的典范。

附1：文章题目

由"虚"向"实"——内涵实现大转变

由"黑"转"绿"——产业实现大转变

由"散"转"聚"——产业结构实现大转变

由"繁"转"简"——管理体制实现大转变

由"乱"到"治"——基础管理实现大转变

由"弱"到"强"——管理力度实现大转变

由"旧"转"新"——经营理念实现大转变

由"有为"到"有位"——用人导向实现大转变

由"疲"到"兴"——发展环境实现大转变

由"衰"转"荣"——企业形象大转变

附2：

添金、增新、着绿，晋能集团"三量"齐升(节选)

传统能源清洁化，清洁能源效益化，正是集团高质量发展的写照。2019年初，集团新一届党委着眼长远，深入研究确定引领未来发展的"1366"发展战略并全面实施，集团全年营业收入完成1058亿元，同比增长2.1%；利润总额实现41.8亿元，同比增长17.9%。集团煤矿百万吨死亡率为零，煤矿和地面单位安全生产创历年来最好水平。同时，集团公司被评为中国"2019最具影响力绿色发展企业品牌"，获得"山西省优秀企业"荣誉称号和太原能源低碳发展论坛"优秀参展商"称号，在国资委企业经营业绩考核中被评为A级。集团发展质量稳中向好、持续向好，综合实力、核心竞争力和发展潜力同步提升，转型发展的"含金量""含新量""含绿量"不断提升，高质量发展迈出坚实步伐。

含金量：提质撑起改革转型重任

串焊、层压、测试装框、分选打包……在清洁能源科技股份公司组装车间里，一片片太阳能电池经过一系列现代化工序，最终变成一块块太阳能组件，漂洋过海销往"一带一路"沿线10多个国家和地区，出口率达到60%以上，成为全国国有光伏电池组件领军企业。

……

集团经济运行量质同升，综合实力、竞争力、影响力进一步增强。

含新量：创新注入发展强劲动能

创新决胜未来，科技创新是高质量发展的首要推动力量。一年来，集团持续加大科技投入力度，设立项目带头人机制，攻关重点技术课题，全年技术投入10亿元，开展科技创新重点项目33项。以技术创新工作室、院士工作站为依托，不断深化产学研合作，强化技术攻关，打造创新人才培育基地，科技创新成果为培育新产业新动能提供了有力支撑，增强了集团转型发展的内生动力。

……

省委经济工作会议强调，要把依靠创新增强产业核心竞争力、推动产业高质量转型发展作为经济工作的重中之重。集团正以科技创新带动全面创新，为高质量发展提供新动能，增添新活力。

含绿量：清洁低碳守护碧水蓝天

青山就是美丽，蓝天也是幸福。高质量发展的根本目标就是满足人民日益增长的美好生活需要。

"别看我们小区都是20多年的老房子，冬天暖气烧得热，家里可暖和了！"家住电建小区的居民高兴地告诉记者。作为省城太原南部重要热源，嘉节燃气热电公司今年通过技术改造，在用气量不变的情况下增加供热面积105.73万平方米，在整个隆冬时节为1500万平方米集中供热面积的居民送去融融暖意，同时也为太原市守护碧水蓝天贡献出一份力量。

……

"2020年，集团践行'建设一流现代化清洁能源集团'的奋斗目标，在实践中坚持并完善'1366'发展战略，扎实推进一流现代化清洁能源集团建设，续写再铸晋能辉煌的崭新篇章！"在年度工作会上，集团党委书记、董事长掷地有声。（文/郭建春）

原载：《晋能》报，2020.03.26，第663期

资料四：山西杏花村汾酒集团有限责任公司的阶段性战略发展目标

汾酒复兴总纲领——"123纲领"，具体内容包括：

"1"，就是全方位推动汾酒高质量发展的目标，又好又快地扎根中国酒业第一方阵。

"2"，是指在2030年之前，汾酒复兴可分为两个阶段。

第一个阶段，2022年—2024年，是汾酒复兴的发展转型期和管理升级期。

第二个阶段，2025年—2030年，是汾酒复兴的成果巩固期和要素调整期。

"3"是实现复兴的三大关键：管理、市场与人才。

管理是保障复兴质量与韧性的关键，市场是检验复兴成功与否的关键，人才既是复兴的引领者、推动者，同时也是受益者。

根据"123"汾酒复兴总纲领，把第一阶段的2022年确定为"管理现代化基础年"；2023年确定为"管理现代化提升年"；2024年确定为"管理现代化突破年"。

汾酒复兴第一阶段主要纲领分为八个部分，即"八大纲领"。

一是发展纲领，就是要聚焦三大品牌价值提升，发挥清香和露酒品类优势，坚持绿色低碳发展。

二是市场纲领，就是要与时俱进地创新营销管理体系，做强做深做实白酒和露酒市场。

三是品质纲领，就是要坚持"酿好酒、储老酒、售美酒"的品质路线，以"科技创新＋工匠精神"制造出精益求精的高品质产品。

四是文化纲领，就是要以文化为纽带，不仅要以文化为品牌赋能，也要以文化凝聚人心，最终构建消费者、员工、企业及各相关方共荣共赢的文化共同体。

五是改革纲领，就是要坚决破除一切制约高质量发展的体制机制障碍，聚焦重点难点，聚焦补齐短板，推进发展方式、运营机制向高质量迈进，不断激发发展活力和夯实发展后劲。

六是管理纲领，就是要实现汾酒管理体系和管理能力现代化，以管理求效率，向管理要效益。

七是人才纲领，就是要认真贯彻落实新时代组织工作路线，建设一支忠诚干净担当、充满活力的高素质专业化干部人才队伍。

八是民生纲领，就是要提升所有汾酒员工的获得感、幸福感、安全感，构建平安酒都、幸福酒都。

对于如何践行汾酒复兴纲领，集团党委在报告中提出"16字要求"：实事求是、少说多做、大局为重、以果为本。

资料来源：2022年5月19日，汾酒集团"践行汾酒复兴纲领，全方位推动汾酒高质量发展"大会报告。

第七节　讲理念

理念是行动的先导，一定的发展实践都是由一定的发展理念来引领的。

发展理念是否对头，从根本上决定着发展成效乃至成败。实践告诉我们，发展是一个不断变化的过程，发展环境不会一成不变，发展条件不会一成不变，发展理念自然也不会一成不变。

——2015年10月29日，习近平在十八届五中全会上的重要讲话

"知之愈明，则行之愈笃。"理念在人们头脑中确立需要一个过程。确立新发展理念，需要不断学、深入学、持久学，从灵魂深处确立对新发展理念的自觉和自信。

把握新发展理念，不仅是政治性要求，而且是知识性、专业性要求，因为新发展理念包含大量充满时代气息的新知识、新经验、新信息、新要求。"穷理者欲知事物之所以然与其所当然者而已。"如果只是泛泛知道其中一些概念和要求，而不注重构建与之相适应的知识体系，知其然不知其所以然，讲话做事就会缺乏专业水准。

——2016年1月18日，习近平在省部级领导干部学习贯彻十八届五中全会精神专题研讨班上的讲话

"理念"一词的意思是什么呢？《现代汉语词典》中对"理念"一词解释为"信念"和"思想、观念"（商务印书馆，2016年9月第7版，P799）.《辞海》对"理念"一词解释为"观念"。翻阅词条"观念"，有两个释义：一是看法、思想，思维活动的结果；二是翻译自希腊文idea，通常指思想，有时亦指表象或客观事物在人脑里留下的概括的形象，在西方哲学中有不同的含义。黑格尔认为观念是"自在而自为的真理——概念和客观性的绝对统一"，通常被归结为主体的感觉与印象。

"理念"一词，大致在20世纪90年代企业形象识别系统风靡开始，应用到现代企业中，伴随着我国建设现代化企业开始而出现企业理念这一说法，之前很少被提及应用。

根据《辞海》的解释，我们大致可以判断，理念对人类个体而言，也是多样化的，可以给出这样一个定义，人类以自己的语言形式来诠释社会现象——事与物时，所归纳或总结的思想、观念、概念与法则，称之为理念。如人生理念、哲学理念、学习理念、时空认知理念、成功理念、办学理念、推销理念、投资理念或教育理念等等。对现代企业来讲，也可以给出一个这样的定义，企业以组织的行为、语言来诠释企业现象，归纳总结企业倡导的思想、观念、概念与法则，称之为企业理念。如产品理念、设计理念、服务理念、营销理念、员工管理理念、人才理念、财务理念、培训理念等等。

理念作为思想看法的另外一种解释，是在一定的范畴内表达的，不适用超越其所限定的范围，所以任何理念都有自己的局限，也就是说，每一理念都存在着自己固有的适应范畴。在科学领域，不论是自然科学还是社会科学，都有其固定的事物边界，在这个边界里面的观点思想就是这个领域的理念。

理念的表达一定是高度概括的。理念的形成是我们对各类客观现象的规律已经有了一定的认知，且这种认知是清晰准确的，并对客观现象的本质或特征有整体性的诠释，随后对这种认知进行有广度和深度的概括，甚至是上升为一种抽象的理论。这种概括性越高，理论性就越强，其包含的所认知的信息内容就越丰富。

理念作为一种思想，具有阶段性、局限性，没有什么正确与错误之分，只有适合与否。因为理念的终极来源还是事物变化的规律，是随着事物不断变化而变化的，是一个相对动态的过程，所以理念也不是一成不变的，没有固定不变的理念。人们对理念的选择是一个扬弃的过程，理念也只有在这个过程中才能不断地进步与成熟，不管什么理念，都要经过实践不断完善，要不断地融合实际情况，融合周围的物质环境，与周围的事物相适应，延伸理念的范围和深刻理念的内涵，不断地磨砺和完善，从而在更高层次上把理念进化，把理念细分，增强理念的生命力。

理念作为一种思想，会深入社会的各个层面，无论是个人还是机构都会有自己的理念，有时候个人或者一些小型企业未必会总结归纳得很清晰，但是他们的所作所为一定是践行着的。

目前，好多的企业都归纳总结了自己的企业文化理念，在企业理念方面，有的规划了几十条，对每一项具体内容都做出了详细的解释，并且按照这个标准去执行。很多企业有专门的组织机构来制定企业的各种理念，对企业各种理念有的有明确的文字描述，有的则没有。这些文字描述，有的很准确具体，有的很宽泛，概念很大，好像什么东西都能涵盖，但有时又什么问题也解决不了，仅仅是一个口号，在企业运行管理的过程中根本起不到应有的指导作用。这些问题在一些中小企业比较突出，所以在报道企业理念相关方面的内容时，一定要好好选材甄别，否则就会违背新闻的真实性原则，产生负面影响。

根据对理念定义的分析，等于为写作提供了现成的角度，无论是写企业的人还是写企业本身，都有了写作的"靶子"，比如要写一个从事销售工作的人，他的服务理念是要"早"，要"勤"，认为"早起的鸟儿有虫吃"，要讲好企业里这个人的故事，就要围绕"早"和"勤"这两个字寻找有用的素材。

在本节讲好企业"理念"方面的故事，就要好好研究一下企业本身对自己的理念是如何描述的，一定要对企业的理念逐条逐句地分析，然后根据所占有的素材去归纳提炼与理念紧扣的文章主题，才能角度新、立意新，才能得到企业的支持和欢迎。

在神华集团官网中，神华集团在企业文化一栏中对企业理念归结为"安全、管理、经营、廉洁、人才"等五个方面，将这些方面一并归入企业文化这个大的范畴里面。

资料一：神华集团的理念

1.安全理念：煤矿能够做到不死人；生产时瓦斯不超限，超限就是事故

神华是一个以煤为基础的产业集团，各企业要结合实际，深刻理解和拓展"两个理念"的科学内涵与外延，提炼更具特色的安全理念，改变观念，提高认识，超前思维，关口前移，实现安全生产和建设本质安全型企业的目标。

2.管理理念：精准、严细、安全、高效

管理精细到位，决策果断准确。工作严谨细实，质量精益求精。建立长效机制，打造本质安全。勇于改革创新，做到精干高效。实现工作高起点、生产高技术、产品高质量、运行高效率、产出高效益。

3.经营理念：诚实守信、互利共赢。

牢固树立诚信可靠、履行合同、恪守承诺、合法经营、依法纳税负责任的大企业形象，履行社会责任，重视相关利益，带动地方经济，实现共同发展。

4.廉洁理念：淡名泊利、慎权守职

广大员工特别是党员领导干部，要坚定理想信念，加强道德修养，提高精神境界，树立正确的世界观、人生观、价值观，常想立身之本,常修职业之德,常思贪欲之害,常怀律己之心。坚持廉洁自律，清白为人，遵纪守法，始终保持神华人的蓬勃朝气、昂扬锐气、浩然正气。

5.人才理念：纳天下才、育神华人

牢固树立以人为本、人才兴企的观念，建立培养人才、广纳英才、人尽其才、才尽其用的用人机制，营造公开、公平、公正的用人氛围，为人才成长畅通渠道，为人才发展搭建平台，会聚更多的优秀人才投身神华事业，为神华发展提供人才保证。

资料来源：神华官网，2017-5-3

网址链接：http://www.shenhuagroup.com.cn/shjtww/1382682123245/qywh.shtml

资料二：山东能源集团的理念(分项理念)

1.发展理念

传统能源与新型能源并举

规模增长与价值增长并重

【释义】

山东能源深耕传统能源，进军新型能源，顺应低碳经济的发展趋势，绿色发展，创新发展，力争在传统能源领域确立领先优势，在新能源领域取得重要突破。

通过资源整合与产业扩张，推动产业升级，提升主业规模，促进企业跨越发展。积极推进结构优化和增长方式转变，加大资本运营力度，拓宽价值投资渠道，实现企业价值的持续增长。

【理念延伸】

明确发展方向——大能源，大资源，大合作，大协同，大运营

     ——传统能源稳扎稳打，新型能源积极开拓

     ——绿色，创新，内涵，安全，跨越，高效发展

     ——现代服务业调广，装备制造产业调高，煤化工产业调特

创造发展价值——深挖原始价值，发展投资价值，汲取社会价值

完善发展手段——资源整合，产业升级，结构优化，方式转变

2.资源理念

资源有限 创造无限

【释义】

没有资源，就没有能源企业的一切。积极进入国内外优质资源富集地，最大限度地获取优良资源；大胆推进技术创新、管理创新，最大限度地开发资源的价值。

树立大资源观，不断挖潜，持续创新，用足、用好各类有限资源，不

断为企业创造价值。深化素质提升工程，最大限度地开发和储备一流的人力资源；实施价值观管理，最大限度地激发企业的文化资源。

【理念延伸】

物理资源——能源潜物理，智慧启文明

人力资源——多元化，年轻化，国际化，高智商

    ——创新机制，眼睛向内，激发活力

    ——育全员，用骨干，引精英

    ——人人都是经营者，人人都是利润源

文化资源——文化力就是生产力

    ——文化力是最核心的竞争力

    ——影响力，凝聚力，向心力

    ——以人为本，关注民生

3.运营理念

优配精管 协同创效

【释义】

优化配置，精细管理，按战略定位和产业布局，对相关业务、资产、人员和技术等进行重组整合，实施统一的企业战略，提升管控力和运营效率。

构建一体化的人力资源开发、技术研发、资本运营、信息管理体系，按照专业化运作的需要，实现业务协同、部门协同，提升执行力和企业效益。

【理念延伸】

优化资源配置——优增大，强富美

    ——商者无域，经营无边

    ——效益是一切经营活动的显示终端

加大协同力度——同心同向，联动共赢

4.人才理念

聚天下才　塑山能人

【释义】

伟大的事业聚集优秀的人才，山东能源秉持开放、包容与尊重的用人原则，开门纳士，广招贤才，优化、提升人才结构，打造多层次、高素质的人才队伍。

优秀的人才成就辉煌的业绩，山东能源注重员工能力培养，鼓励员工学习、成长，塑造"能吃苦、能奉献、能打硬仗"的卓越团队，让"山能人"成为品牌。

【理念延伸】

尊重人才——人才是企业的最大本钱

　　　　——员工是财富之源

　　　　——念好人才经，企业万事兴

选用人才——人人是才，创建平台，人尽其才

　　　　——岗位是赛场，赛场识真才

　　　　——不求所有，但求所用

　　　　——企业兴盛人才为先，量才使用，人尽其才

培育人才——以干为用，开发所有人的潜能

激励人才——能者上，平者让，庸者下

5.安全理念

生命无价　安全为天

【释义】

生命高于一切。安全管理必须以人为本，关注员工生命与健康是安全工作的出发点，也是落脚点。加强安全文化建设，打造本质安全型企业，为员工创造安康生活。

安全是能源企业的头等大事，是最大的政治，更是全体员工劳动成果的根本保障。始终坚持"安全第一、生产第二"的原则，严格贯彻"安全

第一、预防为主、综合治理"的安全生产方针,以安全促效益,以安全求幸福。

【理念延伸】

严肃安全制度——一言一行,法规至尊

强化安全监督——以"三铁"反"三违"

提高技术水平——多上设备少上人

加强安全培训——天天讲,月月讲,年年讲

　　　　　　　——最大的教训是不接受教训

　　　　　　　——关爱生活,珍惜生命

　　　　　　　——安全是职工的最大幸福

　　　　　　　——生命是棵树,安全是沃土

6.环保理念

偕绿色同行　与和谐相伴

【释义】

山东能源主动承担环境责任,把绿色开采思想渗透到生产的每个环节,努力将生产对环境的影响降至最低。

山东能源积极与世界先进能源企业对标,采用更为严格的国际化环保标准,致力于创造能源、环境与人的和谐。

【理念延伸】

转变发展方式——由黑色变绿色,

从高碳到低碳——节能减排,绿色开采

承担社会责任——与环境相依,与社会同步

追求和谐境界——洁净秀美,和谐自然

7.责任理念

奉献社会　成就员工

【释义】

作为能源企业,山东能源主动承担社会责任,保障国家与地方能源安全，确保国有资产保值增值，为国家创造税收，为地方经济发展提供动力。

作为国有大型企业，山东能源有责任为社会提供就业岗位，同时也有义务为员工提供良好工作环境、福利条件和个人成长空间，帮助员工成就职业理想与幸福人生。

【理念延伸】

对自己负责——做最好的自己

对家庭负责——岗位有心人，家庭顶梁柱

对企业负责——我与企业共命运，企业与我同发展

对社会负责——成为优秀的社会公民

8.廉洁理念

修身正己　廉洁兴企

【释义】

人品好，个人才有发展。我们始终秉持"明德立新、包容超越"的核心价值观，清白做人、干净做事，保得住气节，不断增强免疫力；切实做到自尊、自爱、自警，筑牢思想道德防线，不断提升个人品质与品位。

风气正，企业才有希望。我们悉心创建廉洁环境，为企业权力高效运行提供制约和监督机制；让员工不碰"高压线"、不闯"警戒线"、不打"擦边球"、不尝"糖衣弹"，共同打造透明、和谐的"清洁"能源企业。

【理念延伸】

自律养廉——修炼品格，律心律行

　　　　——敬畏法度，干净干事

他律促廉——制度保廉，环境育廉，监督促廉

9.执行理念

雷厉风行　令行禁止

【释义】

对待决策，要无条件执行，决不拖拉。日常工作，今日事，今日毕；面对困难，只为成功想方法，不为失败留借口。

有令则行，有禁则止。执行上级指令，要行动迅速，不打折扣；执行公司制度，要严肃认真，按流程办事、按规程操作。

【理念延伸】

行动要快——说了算，定了干

　　　　　——只为成功想办法，不为失败找理由

标准要高——上标准岗，干标准活

结果要好——谋事在人，成事在干

　　　　　——做就做最好，干就干一流

10. 服务理念

至真至诚　致精致优

【释义】

用心，就会有感动，服务必须用心。要用真诚之心、热忱之心对待他人、服务他人。要推己及人、换位思考，用真诚赢得客户信任，用诚信获得客户认可。

我们永远把客户放在服务的首位，以精益求精、敬业负责的态度和专业的服务水平，为客户提供优质高效的服务，并力求超出客户的期望，树立良好的企业形象。

【理念延伸】

服务态度——笑意写在脸上，真诚刻在心中

　　　　　——时时想着用户，处处为了用户

服务方式——诚信，专业，规范

服务质量——真诚服务"零"距离，精益服务"零"差错

　　　　——始于用户需求，终于用户满意

11. 创新理念

善思求变　日新月创

【释义】

创新是企业发展的不竭动力，创新成就精彩人生。每一项工作、每一个环节皆有空间，鼓励员工标新立异，关注每一个细节，不放过任何可以改进的机会，不断刷新自己和同业的已有成果。

一时创新，小有进步；时时创新，才能持续发展。坚持每天改进一小点、每月前进一小步，积累点滴的进步让自己提升，集成细小的创新让自己飞跃。

【释义】

培养创新意识——人人创新，时时创新，事事创新

　　　　　　——每次改进都是创新

拓展创新范围——观念创新，体制创新，管理创新，技术创新

鼓励创新行动——宽容失败，允许试错

　　　　　　——激发活力，鼓励创新

12. 学习理念

学习工作化　工作学习化

【释义】

面对瞬息万变的市场、日新月异的技术，唯有快速学习、自我更新，企业才能获得持久竞争优势。山能人要树立终身学习的意识，把工作的难题作为学习的问题，通过学习提升素质和工作能力。

我们要创建学习型组织，营造学习氛围，把工作的过程看成学习、实践和创新的过程，从工作中学习新技能、新方法，并促进专业知识的增长，增强对工作规律性的认识，提高工作的效率和效果。

【理念延伸】

明确学习目的——学习决定命运，创新成就未来

端正学习态度——主动学习，持续更新

　　　　　　——成功的企业永远是学校，优秀的员工始终当学生

掌握学习方法——干中学，学中干

13. 成本理念

赢在节俭　胜在细算

【释义】

节俭是美德，建设节约型企业是企业文明的重要内容。节俭既是山能人不忘企业创业之苦，更是山能人的经营之道，投入精当、控制精细，节省的就是利润。

精打细算才能确保企业经营成功。要树成本意识，抓财务预算，严过程控制，巧生产安排，不多花一分钱，不多耗一度电，不多用一滴水，向细节要效益。

【理念延伸】

勤俭节约——省下的就是赚来的

　　　　——光生产不节约等于买了无底锅

　　　　——以最小的投入求最大的产出

挖潜增效——循环利用，变废为宝

　　　　——优化流程，提高效能

　　　　——资产优良，效率优先，人员优精

14. 营销理念

心赢客户　智赢市场

【释义】

以客户为中心，始终坚持诚信共赢原则，保证客户利益；科学评价客户等级，为客户提供精准服务。

以市场为导向，转方式，调结构，与物资供应紧密配合，建立起"资源—基地—物流—客户"全流程控制的现代物流供应链管理体系，把握未

来煤炭交易的主动权。

【理念延伸】

关注客户——诚实守信，互惠双赢

把握市场——统一订货，统一计划，统一定价，统一发运

　　　　——产业集中，资源集中，地域集中

　　　　——以质量求生存，以质量拓市场

资料来源：山东能源集团官网，2017-5-19

网址链接：http://www.snjt.com/qy/qy01.htm

资料三：浙江众泰集团的理念

一、经营理念——营造健康快乐汽车生活

　　对客户——为客户创想价值

　　对员工——为员工创享未来

　　对社会——为社会创响和谐

二、组织管理信念——人本和谐管理

三、造车理念——性能精准，工艺精湛，造型精美

四、集团座右铭——谦和诚信，创新务实，追求卓越，回报社会

五、集团核心价值观

　　人才观——人才是金字塔的基石

　　产品观——产品是企业的名片

　　环境观——小细节看出大品格

　　竞争观——有竞争才有未来

　　成本观——节约是一种美德，更是一种智慧

　　社会观——拥有一颗感恩的心

资料来源：浙江众泰官网 2016-7-29

网址链接：http://www.zotye.com/about/culture.htm

资料四：中国石油天然气公司的理念

人才发展理念：生才有道，聚才有力，理才有方，用才有效。

质量健康安全环保理念：以人为本，质量至上，安全第一，环保优先。

营销理念：市场导向，客户至上，以销定产，以产促销，一体协同，竞合共赢。

国际合作理念：互利共赢，合作发展。

依法合规理念：法律至上，合规为先，诚实守信，依法维权。

廉洁理念：秉公用权，廉洁从业。

资料来源：中国石油天然气集团公司官网，2022-10-1

网址链接：http://www.cnpc.com.cn/cnpc/whqyln/qywh_detailnotTitle.shtml

注：本节选择了四家企业的理念内容，神华集团、山东能源集团重点选择的是分项理念。现在的神华集团、山东能源集团官网、浙江众泰集团已经看不到这些内容，尤其是神华集团被整合进入国家能源集团，山东能源集团又整合了兖矿集团，成立新的山东能源集团，之所以保留这些，就是要大家对比分析，用历史的观点去分析看待企业文化发展变化，看时代变化对于企业理念变化的影响。

第八节 讲文化

中华民族创造了源远流长的中华文化，中华民族也一定能够创造出中华文化新的辉煌。独特的文化传统，独特的历史命运，独特的基本国情，注定了我们必然要走适合自己特点的发展道路。对我国传统文化，对国外的东西，要坚持古为今用、洋为中用，去粗取精、去伪存真，经过科学的扬弃后使之为我所用。

——2013年8月19日，习近平在全国宣传思想工作会议上的讲话

全面建设社会主义现代化国家，必须坚持中国特色社会主义文化发展道路，增强文化自信，围绕举旗帜、聚民心、育新人、兴文化、展形象建设社会主义文化强国，发展面向现代化、面向世界、面向未来的，民族的科学的大众的社会主义文化，激发全民族文化创新创造活力，增强实现中华民族伟大复兴的精神力量。

——2022年10月16日，习近平在中国共产党第二十次全国代表大会上的报告

文化是什么？

《现代汉语词典》："文化"给出的解释是："人类在社会历史发展过

程中所创造的物质财富和精神财富的总和，特指精神财富，如文学、艺术、教育、科学等。"（商务印书馆，2016年9月第7版，P1371）。

企业文化是什么？

如何给它一个准确的定义是一件非常困难的事情。文化是一个非常广泛的概念，在不同的历史阶段和历史时期，许多哲学家、社会学家、历史学家和语言学家一直努力，试图从各自学科的角度来界定文化的概念。在文化概念本身存在学术争议甚至众多流派存在的前提下，具体到讲企业文化就更难，不过值得庆幸的是，这种格局反而给我们讲好企业故事提供了更大的可发挥的空间。

《辞海》对"文化"给出了三个释义：一是广义的指人类社会实践过程中所获得的物质、精神的生产能力和创造的物质、精神财富的总和。狭义的指精神生产能力和精神产品，包括一切自然科学、技术科学、社会意识形态等。有时又专指教育、科学、文学、艺术、卫生、体育等方面的知识与设施。作为一种历史现象，文化的发展具有历史的继承性；在阶级社会中具有阶级性、民族性、地域性。不同民族、不同地域的文化又形成了人类文化的多样性。作为社会意识形态的文化，又是一定社会的政治和经济的反映，同时又反作用于社会的政治与经济，给予极大的影响。二是泛指一般知识。三是指中国古代封建王朝所施的文治和教化的总称。（辞海.上海：上海辞书出版社，1999：1858）。

根据《辞海》的定义，关于企业文化，给出如下的解释。

简言之，企业文化就是企业全体员工在对待企业所有行为内容并能够在求同存异的原则下，寻求最大共性的综合的共同遵守的企业行为活动习惯，这种习惯经过长期的渲染、渗透，固化成企业在制度和非制度层面的企业价值观，这种价值观就是企业的文化。反之，对这些企业行为活动习惯在价值观的范畴内详细分解与归类，分解成若干具体的行为准则和行为模式，这些行为准则和行为模式就构成以这种价值观为核心的一整套企业文化体系。

文化的本质是物质反映到精神层面的认识问题，在现实生活中就是人的行为方式的准则，针对某一企业来说，就是企业倡导的精神和行为的一致认同。这些称为"文化"的行为方式的准则又分为若干个方面，它包括宏观的集体准则和微观的个体准则，可以细分为企业精神、道德规范、行为准则、历史传统、企业制度、外在环境、产品风格、营销模式、决策模式、管理原则等，这些都是企业文化的具体体现，如果拘泥于某个企业来说，这些细分的内容能够最大限度地归纳为一个共性的概念，这个概念就是企业文化的价值观。

根据定义，可以看出文化具有多样性、地域性、民族性、时代性的特征，这些是关于企业文化共性的东西。对于企业文化来讲，还具有行业特性，互联网企业、装备制造企业、煤炭矿业开采业、金融领域的企业等，他们的企业文化一定有共性的，而个性的文化特征也一定是很鲜明的。

文化具有这样的作用：

一是整合共性。文化的整合共性功能是指它对于协调群体成员的行动所发挥的协调作用。社会群体中不同的成员都是独特的行动者，他们基于自己的需要，根据对情景的判断和理解采取行动。文化是他们之间沟通的中介，如果他们能够认同文化，那么他们就能够有效地沟通，消除隔阂、促成合作。

二是引导导向。文化的引导导向功能是指文化可以为人们的行动提供方向和可供选择的方式。通过共享文化，行动者可以知道自己的何种行为在对方看来是适宜的、可以引起积极回应的，并倾向于选择有效的行动，这就是文化对行为的导向作用。

三是规范行为。文化是人们以往共同生活经验的积累，是人们通过比较和选择认为是合理并被普遍接受的东西。某种文化的形成和确立，就意味着某种价值观和行为规范的被认可和被遵从，这也意味着某种秩序的形成。而且只要这种文化在起作用，那么由这种文化所确立的社会秩序就会被维持下去，这就是文化维持社会秩序的功能。

四是传承延续。从历史发展过程的角度看，如果文化能向新的时代流传，即下一代也认同、共享上一代的文化，那么，文化就有了传承延续功能。

要讲好企业文化故事，就是要从这些细节入手，从文化的概念分析中发掘细节，把这些细节放到整个企业或者整个社会大的背景中去看，这些细节就有了更深层面的意义。从这些细节中寻找典型的经验，用新闻报道的专业术语来讲，就是寻找报道的角度，从写作的角度来讲，就是要找好文章的立意。因此，在讲好企业故事之前，我们如果选择企业文化这个大角度，就要详细了解企业文化是什么，企业文化的内容是什么，体现在哪些方面，只有如此才能写好文章，讲好故事。

资料一：神华文化

神华集团在其官网中对神华集团的企业文化的描述，分为品牌形象和价值观念两大部分。对于这两大部分如何通过鲜活的事例展现，网站又开设了两个专栏，即文艺风采和文化动态，这是最直观的神华文化的体现。

1.企业使命：为社会发展提供绿色能源

要以高度的政治责任感和社会责任感，执行国家大政方针，实施国家能源战略，为社会提供绿色、经济能源。在发展中珍惜资源，保护环境，节能减排，注重生态文明建设。

2.企业愿景：坚持矿、路、港、电、化一体化发展，打造国际一流大型能源企业

发挥集团整体优势，坚持科学发展，走新型工业化道路，通过持之以恒的努力，逐步发展成为规模宏大、实力雄厚、效益良好、知名度高、具有国际竞争力的一流大型能源企业。

3.企业核心价值观：科学和谐、厚德思进

科学，就是坚持以人为本，协调、可持续、健康发展；和谐，就是营造企业内部、企业与社会、企业与自然和谐氛围，创造内有亲和力、外有影响力的稳定环境；厚德，就是处事为人忠诚厚道、公平公正、依法经营，守信践诺；思进，就是居安思危、求知谋进、勇于变革、敢于创新，建设"五型"企业，打造国际一流能源企业。

4.企业发展战略：科学发展，再造神华，五年实现经济总量翻番

科学发展，是神华发展的纲领，是方向和旗帜；再造神华，是神华科学发展的关键，是途径和手段；五年实现经济总量翻番，是神华科学发展的中长期目标，是阶段性成果。

5.企业精神：艰苦奋斗、开拓务实、追求卓越

艰苦奋斗，就是继承优良传统，勤俭办企业；开拓务实，就是解放思想，持续创新，扎扎实实，埋头苦干，说实话，鼓实劲，干实事；追求卓越，就是高标准、严要求，永不满足、永无止境地向更高目标的要求上奋进。

（价值理念的表述见第七节讲理念部分。）

资料来源：神华官网，2017-5-3

网址链接：http://www.shenhuagroup.com.cn/shjtww/1382682123245/qywh.shtml

资料二：国家能源集团的企业文化核心价值理念体系

国家能源集团文化核心价值理念包括公司目标、战略、宗旨、使命、核心价值观、企业精神以及品牌广告、标识，共同构成一个完整体系。

1.公司目标:创建具有全球竞争力的世界一流示范企业

释义：党的十九大提出，培育具有全球竞争力的世界一流企业，明确了新时代国有企业改革发展的目标方向。集团公司是国务院国资委明确的创建世界一流示范企业。

2.公司战略:一个目标、三型五化、七个一流

释义：建设具有全球竞争力的世界一流能源集团，打造创新型、引领型、价值型企业，推进清洁化、一体化、精细化、智慧化、国际化发展，实现安全一流、质量一流、效益一流、技术一流、人才一流、品牌一流、党建一流。

3.公司宗旨:为社会赋能，为经济助力

释义：从行业属性、公司特征、事业追求上体现公司宗旨，从为人民美好生活提供安全、经济、清洁、高效能源，为经济社会高质量发展提供坚实能源保障两个层次展现其内涵。

4.公司使命:能源供应压舱石，能源革命排头兵

释义：积极践行中央企业的政治责任、经济责任和社会责任，在贯彻落实习近平总书记"四个革命、一个合作"能源安全新战略中发挥示范引领作用，在保障国家能源安全稳定供应中发挥稳定器和压舱石作用，在促进经济社会持续健康发展中发挥国有经济战略支撑作用。

5.核心价值观:绿色发展，追求卓越

释义：绿色是能源发展的价值追求，卓越是追求一流的价值目标。

6.企业精神:实干、奉献、创新、争先

释义：实干与奉献是践行习近平总书记"社会主义是干出来的"伟大

号召的集中体现，创新与争先是推动企业发展的动力和导向。

附：国家能源投资集团有限责任公司（简称国家能源集团）于2017年11月28日正式挂牌成立，是经党中央、国务院批准，由中国国电集团公司和神华集团有限责任公司联合重组而成的中央骨干能源企业，是国有资本投资公司改革、创建世界一流示范企业的试点企业，拥有煤炭、电力、运输、化工等全产业链业务，产业分布在全国31个省区市以及美国、加拿大等10多个国家和地区，是全球规模最大的煤炭生产公司、火力发电公司、风力发电公司和煤制油煤化工公司。2021年在世界500强排名第101位。

作为国务院国资委确定的第一批十家创建世界一流示范企业之一，国家能源集团是国资委深入贯彻党中央关于培育具有全球竞争力世界一流企业战略部署选取的"产业排头兵"。公司以"一个目标、三型五化、七个一流"战略指引未来发展之路，体现了集团践行新发展理念、建设现代化经济体系、服务"四个革命、一个合作"能源安全新战略、保障国家能源安全的责任使命，引领集团向着成为行业优秀企业、标杆企业的目标不断前行。

资料来源：国家能源集团官网 2022-10-01

网址链接：https://www.ceic.com/gjnyjtww/chnqywh/202105/9992420879804a51b684c0def8386dbb.shtml

注：本书保留原神华集团企业文化资料，便于大家学习对比分析由中国国电集团公司和神华集团有限责任公司联合重组的国家能源集团成立后的企业文化核心价值理念体系有何变化，便于大家借鉴参考。

资料三：百度文化

使命："用科技让复杂的世界更简单"

核心价值观："简单可依赖"

百度文化论语

● 人一定要做自己喜欢且擅长的事情

● 认准了，就去做；不跟风，不动摇

● 专注如一

● 保持学习心态

● 公司离破产永远只有30天

● 每个人都要捡起地上的垃圾

● 百度不仅是李彦宏的，更是每一个百度人的

● 一定要找最优秀的人才

● 给最自由的空间

● 允许试错

● 证明自己，用结果说话

● 让优秀人才脱颖而出

● 愿意被挑战

● 说话不绕弯子

● 对事不对人

● 百度没有公司政治

● 遇到新事物，先看看别人是怎么干的

● 听多数人的意见，和少数人商量，自己做决定

● 一个人最重要的能力是判断力

● 用流程解决共性问题

● 创新求变

● 不唯上

● 问题驱动

● 让数据说话

● 高效率执行

● 少许诺，多兑现

● 把事情做到极致

● 用户需求决定一切

● 让产品简单，再简单

● 迅速迭代，越变越美

● 你不是孤军

● 打破部门藩篱

● 主动分享

● 帮助别人，成就自己

● 只把最好的成果传递给下一环节

● 从可信赖到可依赖

资料来源：百度官网，2022-10-01

网址链接：http://home.baidu.com/about/culture.html

资料四：山西文旅集团企业文化战略

企业文化体系建设遵循的维度：战略布局看发展、社会需求看产业、员工心声看风貌。

1.战略定位：综合性文化旅游运营商

释义：以综合性文化旅游产业为核心，涵盖产业链全品类，为文化和旅游融合发展奠定坚实的人财物以及产品渠道基础，立足在发展中做实存量、做强增量、做优变量，保持企业持续健康发展和行业稳定发展大局，

115

打造综合性文化旅游运营商新模式，成为国内一流的文旅综合运营商。

2. "13486" 的发展战略

释义：山西文旅集团立足 "建设国际知名文化旅游目的地" 的战略部署，快速、高效、精准地塑造山西文旅品牌形象，全力打造文旅产业融合标杆和文旅行业旗舰劲旅，实施 "13486" 的发展战略。

"1" 是坚定 "一个目标"，即将公司打造成为山西文旅产业发展的旗舰和国内外文化旅游市场的劲旅。确保 "十四五" 期间始终位列全国旅游集团20强前十位，真正成为具有创新力、引领力和竞争力的一流文化旅游企业集团。

"3" 是明确 "三个发展思路"，即围绕 "数智文旅、品牌文旅、创新文旅" 三个发展思路推进各项工作。

"4" 是打造 "四个平台"，即开发运营平台、投融资平台、智慧旅游平台、创意策划平台，这是企业核心竞争力的标志。

"8" 是建设 "八个板块"，形成以景区运营、康养板块为支柱产业，智慧旅游、产融、酒店板块为支撑产业，海外园区、综合服务、资产管理为战略业务的产业体系，在新一轮文旅产业提质升级中占领制高点。

"6" 是构建 "六大保障"，即完善包括政治保障、制度保障、人才保障、资金保障、法律保障和规划保障在内的六大保障体系。

3.发展理念：创新文旅融合，创造美好生活

释义：以市场为导向，创新商业模式和产品开发新方向，培育产业发展新动能，引领文旅融合新方向，树立地方文旅集团新标杆，积极承担行业领航社会责任，创造人民美好新生活，传播中国优秀文化，切实有效地推进文旅融合高质量发展。

保持精准定位。文化是旅游的灵魂，旅游是文化的载体。文化使旅游的品质得到提升，旅游使文化得以广泛传播。文化与旅游相辅相成，共生共荣。

明确创新标准。推动文化和旅游融合发展、创造美好生活，完成转型发展任务，聚焦文旅融合发展，建设富有特色和魅力的文化旅游强省，深化文旅融合发展，加快建设文化旅游强省。

建立创新模式。山西文旅集团顺应行业趋势、市场需求，着力创新文旅融合，在"文旅+""产业+""科技+""非遗+""文创+"上不断探索，发展数字文旅，构建智慧旅游、全域旅游，催生文旅融合新业态，开拓文旅发展新空间。

4.公司使命：战略领航，旗舰担当

释义：战略领航。山西文旅集团的组建是山西省委、省政府培育山西经济发展新动能的重大战略部署；发展文旅产业的核心举措是打造文旅龙头企业成为山西战略性支柱产业的战略引领。

旗舰担当。山西文旅集团围绕建设山西文旅产业发展"旗舰"和全国旅游企业"劲旅"的目标，以旗舰姿态服务战略、服务转型，当好山西文化旅游产业主力军，以高质量发展带动山西经济产业转型。

5.公司愿景：行业旗舰劲旅、游客快乐使者

释义：坚持"示范引领做旗舰，夯实基础炼劲旅"，快速、高效、精准地塑造山西优质文旅品牌形象，全力打造文旅产业融合标杆和文旅行业旗舰劲旅；以战略领航山西文旅融合发展新方向，以旗舰企业担当社会责任，为山西和全国文旅产业发展、为人民美好生活的建设贡献力量；尽心尽力服务好国内外旅游消费者，让游客快乐体验山西好风光，让游客爱上魅力山西。

6.核心价值观：行稳致远，尽善尽美

释义：行稳致远。山西文旅集团从成立就承担着推动山西由文化旅游资源大省向富有特色和魅力的文化旅游强省转变的发展重任，智慧处理主业发展、资金、资源、人才、历史遗留等困难问题。行稳，不是慢行，而

是快慢有度，驰徐适中，蹄疾步稳。只有这样，才能积蓄保持前行动力，开拓未来，驶向远方。

尽善尽美。山西文旅集团的追求就是通过对山西文化旅游资源的整合挖掘和开发运营，打造五彩缤纷、引人入胜的三晋风光。尽善尽美是集团追求精益思想和运行细节管理的最终目标，尽善尽美的企业价值观反映在每一位干部职工身上，便是不断自我完善，将每一项工作做到完美至极，进而凝聚成推动文旅集团高质量发展的蓬勃力量，最终实现旗舰、劲旅的宏伟目标。

7.公司精神：守正创新，勤奋专业

释义：守正是根基。守正即是要坚守正道，把握事物本质、遵循客观规律。文旅人不管企业如何变化，最终都要实现企业与社会、企业与人民共同发展，体现其社会价值。

创新是源泉。文旅人要努力实现旅游文化产品的创新性发展、创造性转化，始终坚持中国优秀传统文化和时代鲜明特色先进现代文化融合，既要一脉相承，又要与时俱进，充分展现文旅集团在转型发展路上"守正创新"的精神品格和价值追求。

勤奋是要求。干事创业的行为准则和职业规范。文旅人的行为、文旅人的品格、文旅人的风格、文旅人的精神，都要体现在勤于任事、勤于任劳、勤于任怨、勤于致远等诸多方面，下苦功夫、下大力气投身于文化旅游事业（产业）的发展。

专业是方向。干事创业的精准和靶向。专业的队伍、专业的知识、专业的人才、专业的方向是我们文旅人守正创新、创业创造的动力和源泉，我们必须专心工作、专注发展、专一研究、专攻目标，致力于文化旅游事业（产业）的创新创造。

资料来源：2022年12月，山西文旅集团党委宣传部供稿

资料五：山东能源集团文化（整合后）

2020年，山东能源集团和兖矿集团合并重组成立新的山东能源集团，现将合并后新成立的山东能源集团的新文化理念体系中关于使命、核心价值观、愿景的表述附上，供大家对比参考。

1.企业使命：创造绿色动能，引领能源变革

释义：作为全球领先的能源企业，致力于煤炭绿色低碳开采和清洁高效利用，致力于新能源的投资开发，致力于为世界创造绿色动能，并积极参与、实施、影响和引领能源变革，致力于让人与自然和谐共生，让世界发展更可持续。

2.核心价值观：安全，创新，绿色，担当，卓越

释义：坚持以人为本生命至上，防范安全隐患和经营管理风险；推进持续和全面创新，不断开拓进取，提高效率效能；坚持以绿色价值观为引领，推进绿色低碳发展；积极承担社会、行业、企业和工作责任，主动精益求精，超越优秀实现卓越。

3.企业愿景：建设清洁能源供应商和世界一流企业

释义：我们有着优越资源禀赋和强大创新能力，有着前瞻战略视野和丰富的全球化运营经验，将持续提升全球清洁能源和相关服务的供应能力，成为卓越的清洁能源供应商；我们以创新驱动发展、保持增长和塑造世界性品牌，积极承担社会责任，引领行业和社会可持续发展，努力将集团建设成为世界一流企业。

资料来源：山东能源集团官网，2023-03-01

http://www.shandong-energy.com/186011/

资料六（一）： 腾讯文化

1.企业愿景：最受尊敬的互联网企业

不断倾听和满足用户需求，引导并超越用户需求，赢得用户尊敬。通过提升企业地位与品牌形象，使员工具有高度的企业荣誉感和自豪感，赢得员工尊敬。

推动互联网行业的健康发展，与合作伙伴共同成长，赢得行业尊敬。

注重企业责任，关爱社会、回馈社会，赢得社会尊敬。

2.企业使命: 通过互联网服务提升人类生活品质

使产品和服务像水和电一样源源不断融入人们的生活，为人们带来便捷和愉悦。

关注不同地域、不同群体，并针对不同对象提供差异化的产品和服务。

打造开放共赢平台，与合作伙伴共同营造健康的互联网生态环境。

3.企业价值观: 正直，进取，合作，创新

正直:

遵守国家法律与公司制度，绝不触犯企业高压线。

做人德为先，坚持公正、诚实、守信等为人处事的重要原则。

用正直的力量对周围产生积极的影响。

进取:

尽职尽责，高效执行。

勇于承担责任，主动迎接新的任务和挑战。

保持好奇心，不断学习，追求卓越。

合作:

具有开放共赢心态，与合作伙伴共享行业成长。

具备大局观，能够与其他团队相互配合，共同达成目标。

乐于分享专业知识与工作经验，与同事共同成长。

创新:

创新的目的是为用户创造价值。

人人皆可创新，事事皆可创新。

敢于突破，勇于尝试，不惧失败，善于总结。

4.企业经营理念：一切以用户价值为依归

注重长远发展，不因商业利益伤害用户价值。

关注并深刻理解用户需求，不断以卓越的产品和服务满足用户需求。

重视与用户的情感沟通，尊重用户感受，与用户共成长。

5..企业管理理念：关心员工成长

为员工提供良好的工作环境和激励机制。

完善员工培养体系和职业发展通道，使员工获得与企业同步成长的快乐。

充分尊重和信任员工，不断引导和鼓励，使其获得成就的喜悦。

双通道的员工职业发展体系：

腾讯员工可以根据自己的特长和兴趣，选择走管理的发展通道，也可以选择技术、设计、产品、市场等专业发展通道，在专业通道上发展可以获得和管理通道发展相同的认可和回报。

公司针对不同专业类别员工在不同职业发展等级上，都设计有配套的能力要素，使员工清楚地知道自己应该努力和发展的方向；同时公司还根据能力要素标准，设计了一系列的职业培训，帮助员工尽快达到能力要求，实现发展目标。

6.企业战略目标：一站式在线生活服务

7.企业长远发展规划：面向未来，坚持自主创新，树立民族品牌

8.企业社会责任：秉承"致力公益慈善事业，关爱青少年成长，倡导企业公民责任，推动社会和谐进步"的宗旨，缔造"人人可公益，民众齐参与"的互联网公益新生态

资料来源：腾讯官网，2016-5-19

网址链接：http://www.tencent.com/zh-cn/at/abouttencent.shtml

资料六（二）：　腾讯文化

1.企业使命与愿景：用户为本，科技向善

一切以用户价值为依归，将社会责任融入产品及服务之中；

推动科技创新与文化传承，助力各行各业升级，促进社会的可持续发展。

2.价值观：正直，进取，协作，创造

正直：坚守底线，以德为先，坦诚公正不唯上。

进取：无功便是过，勇于突破有担当。

协作：开放协同，持续进化。

创造：超越创新，探索未来。

资料来源：腾讯官网，2022-10-01

网址链接：https://www.tencent.com/zh-cn/about.html#about-con-6

资料七（一）：　海尔文化（2017年官网版本部分内容）

海尔创业于1984年，成长在改革开放的时代浪潮中。30多年来，海尔始终以创造用户价值为目标，一路创业创新，历经名牌战略、多元化发展战略、国际化战略、全球化品牌战略四个发展阶段，2012年进入第五个发展阶段——网络化战略阶段，海尔目前已发展为全球白色家电第一品牌。

海尔的愿景和使命是致力于成为行业主导、用户首选的第一竞争力的美好住居生活解决方案服务商。海尔通过建立人单合一双赢的自主经营体模式，对内，打造节点闭环的动态网状组织，对外，构筑开放的平台，成为全球白电行业领先者和规则制定者，全流程用户体验驱动的虚实网融合领先者，创造互联网时代的世界级品牌。

1."海尔之道"即创新之道

其内涵是：打造产生一流人才的机制和平台，由此持续不断地为客户创造价值，进而形成人单合一的双赢文化。同时，海尔以"没有成功的企业，只有时代的企业"的观念，致力于打造基业长青的百年企业，一个企

122

业能走多远，取决于适合企业自己的价值观，这是企业战略落地、抵御诱惑的基石。

2.海尔的核心价值观

是非观——以用户为是，以自己为非

发展观——创业精神和创新精神

利益观——人单合一双赢

（1）"永远以用户为是，以自己为非"的是非观是海尔创造用户的动力。

海尔人永远以用户为是，不但要满足用户需求，还要创造用户需求；海尔人永远自以为非，只有自以为非才能不断否定自我，挑战自我，重塑自我——实现以变制变、变中求胜。

这两者形成海尔可持续发展的内在基因特征：不因世界改变而改变，顺应时代发展而发展。

这一基因加上每个海尔人的"两创"（创业和创新）精神，形成海尔在永远变化的市场上保持竞争优势的核心能力特征：世界变化愈烈，用户变化愈快，传承愈久。

（2）创业、创新的"两创"精神是海尔文化不变的基因。

海尔不变的观念基因既是对员工个人发展观的指引，也是对员工价值观的约束。"永远以用户为是，以自己为非"的观念基因要求员工个人具备"两创"精神。

创业精神即企业家精神，海尔鼓励每个员工都应具有企业家精神，从被经营变为自主经营，把不可能变为可能，成为自己的CEO。

创新精神的本质是创造差异化的价值。差异化价值的创造来源于创造新的用户资源。

"两创"精神的核心是强调锁定第一竞争力目标。目标坚持不变，但为实现目标应该以开放的视野，有效整合、运用各方资源。

（3）人单合一双赢的利益观是海尔永续经营的保障。

海尔是所有利益相关方的海尔，主要包括员工、用户、股东。网络化时代，海尔和分供方、合作方共同组成网络化的组织，形成一个个利益共同体，共赢、共享共创价值。只有所有利益相关方持续共赢，海尔才有可能实现永续经营。为实现这一目标，海尔不断进行商业模式创新，逐渐形成和完善具有海尔特色的人单合一双赢模式。"人"即具有"两创"精神的员工；"单"即用户价值。每个员工都在不同的自主经营体中为用户创造价值，从而实现自身价值，企业价值和股东价值自然得到体现。

每个员工通过加入自主经营体与用户建立契约，从被管理到自主管理，从被经营到自主经营，实现"自主、自治、自推动"，这是对人性的充分释放。

人单合一双赢模式为员工提供机会公平、结果公平的机制平台，为每个员工发挥两创精神提供资源和机制的保障，使每个员工都能以自组织的形式主动创新，以变制变，变中求胜。

资料来源：海尔官网网页，2017-5-19

网址链接：http://www.haier.net/cn/about_haier/culture/

资料七（二）：海尔文化（2022年10月官网版本）

第一代："海尔，中国造"（1984.12.26 — 2005.12.26）

海尔精神：　无私奉献、追求卓越

海尔作风：　迅速反应、马上行动

时代内涵辨析：第一代海尔精神的孕育和形成具有鲜明的时代特征。1984年，首席等创始人面对的现状是"整个车间没有一块玻璃是完整的，员工随地大小便，资不抵债亏空147万元，员工发不出工资，一年中连换三任厂长"。几乎是在一片废墟上，海尔人开始了创业的征程。没有资金、没有技术、没有人才，首席等创始人发扬无私奉献的忘我奋斗精神，夜以继日、焚膏继晷，抓住改革开放的大好机遇，高起点引进，差异化地确立名牌战略指导思想，由此开启了持续近二十年的高速增长模式。

与同时代的企业相比，海尔从一开始就确立了用户导向的企业战略和企业文化，把用户满意作为组织卓越绩效的关注焦点，企业内部建立高效一致的创造顾客价值的流程和"用户永远是对的"强执行力文化，在管理上融会贯通创造性地发明日清管理法，以日清管理法为基础逐步发展出OEC管理模式。

对外，海尔强调"用户永远是对的"，"用户的难题就是我们创新的课题"；

对内，海尔强调"优质的产品是优质的人创造出来的"，"人人是人才，赛马不相马"，最大限度地激发员工创造力和潜能。

首席等创业者身体力行的"无私奉献、追求卓越"的奋斗精神和"迅速反应、马上行动"的工作作风迅速内化为海尔的企业精神和作风，并在企业文化感召下，每一个员工用自己的实践和经历持续丰富这一精神和作风的内涵。

同时期，美国创建了一种世界级企业成功的管理模式，其核心是强化组织的顾客满意意识和创新活动，追求卓越的经营绩效。

在这一历史时期，海尔精神进行过一次微调。1997年，海尔在已经成为中国家电第一名牌的基础上即将开启国际化征程，为了更有效地凝聚员工士气，挑战更高的目标，集团将海尔精神中的"无私奉献"调整为"敬业报国"。

在这一历史时期，海尔经历名牌战略、多元化战略和国际化战略三个发展战略阶段，经历了从无到有、从小到大、从中国到世界的发展扩张历程，但无论从管理还是研发、运营，基本上是以母国为中心的决策实施过程，这一阶段，可以定义为"海尔中国造"时代。

对第一代海尔精神最生动、也是流传最广的诠释是"砸冰箱"的故事。"要么不干、要干就要争第一"的追求卓越的海尔精神至今仍激励着每一个海尔人不满足于现状，勇于挑战自我。

第二代："海尔，世界造"（2005.12.26 — 2016.12.26）

海尔精神：创造资源、美誉全球

海尔作风：人单合一、速决速胜

时代内涵辨析：在前三个发展阶段，海尔一直在攻城略地，到2005年，产业布局上，以家庭为中心的家电、家居、家装全产业线布局已经形成；在市场布局上，以本土创牌为目标的全球格局也已经落子成棋。

2005年12月26日，在海尔集团创业21周年之际，海尔开启了第四个发展战略阶段——"全球化品牌战略阶段"。全球化品牌战略阶段和之前三个阶段的区别是从"海尔的国际化"到"国际化的海尔"，海尔的世界品牌愿景是全世界的本土化的海尔扎根当地用户，整合全球资源，创出当地主流市场认可的本土化名牌，一个个本土化的名牌汇集成全球化的海尔世界名牌。

这一历史时期，两个变量深刻地影响着世界经济的格局——一个是中国加入世界贸易组织，一个是互联网科技的发展和应用把我们带入数字驱动的新经济。

全球化和互联网两股力量交织在一起，新的机遇和新的挑战一样巨大而不确定。海尔向全球化品牌战略的转型正是为了抓住这个机遇。互联网把全世界变成一张网，全球化的海尔连接成日不落的版图。

这是一个宏大的愿景——美誉全球。这也是中国企业在世界经济中要扮演的下一个角色。在全球市场上，中国市场本土的人口红利、成本红利以及改革红利失去比较优势，国际名牌维护既有格局的阻力越来越大，海尔人需要创造新的资源才能创造新的用户和市场。这一阶段，可以定义为"海尔世界造"的时代。

新时期的海尔精神跟上一时期相比是一次全新的版本迭代，相应的海尔作风也全面升级，人单合一、速决速胜，在保留快速敏捷风格的前提下，人单合一开启了新的管理纪元。对外是互联网带来的碎片化的用户需求，对内则倒逼组织结构和流程的颠覆。在这一时期，海尔的组织结构从以自主经营体为基本单元倒三角结构发展为扁平化，进一步又发展为以小微为基本单元的网状组织。海尔在重新定义管理的同时，正在一步步重新定义企业。企业变创业平台，员工变创客，海尔又一次走在时代的前列。

在这一历史时期，海尔的变革从理论和实践上都触动了经典管理理论的神经。国外顶级学者和研究机构从质疑到跟踪研究，从认可方向和趋势发展到认可方法和工具。海尔并购美国工业代表企业通用电气家电把海尔模式推向管理界关注的焦点，世界在期待，预言中的下一个世界级的管理模式和社会模式如何改变美国工业的活化石。

第三代："海尔，网络造" （2016.12.26 — 2019.12.26）

海尔精神： 诚信生态、共享平台

海尔作风： 人单合一、小微引爆

时代内涵辨析：上一个历史时期可以称为互联网时代，互联网科技从颠覆通信方式切入依次颠覆了传统的传媒产业、零售产业，创造了免费和共享为驱动的诸多新型商业模式，下一个要颠覆的，将是传统工业制造业。当互联网已经为基础设施的时候，物联网时代加快到来。互联网带来的零距离、去中心化和分布式三大特征还将发挥更大的威力。

未来已来。帝国正在崩塌，生态正在崛起。首席两年前预言的后电商时代正在变为现实。桌面互联网解决了信息不对称；移动互联网解决了速度；万物互联的场景商务要解决的则是诚信。

新时期的海尔精神和海尔作风将成为海尔从传统工业时代的追赶者到物联网时代的引领者蜕变的愿景使命和行动纲领。

这一历史时期，海尔人要抓住的机遇就是物联网为驱动的社群经济。

这一历史时期，海尔人站在这样的起点上：物联网从提出到现在已发展17年，但迟迟没有在用户体验方面实现引爆，究其原因，关键是没有从根本上解决产销分离的现状，海尔正在探索的从电器到网器，从网器到网站的社群经济正是解决用户全流程最佳体验的有效路径。

这一历史时期的海尔精神：诚信生态、共享平台，既是海尔创客的共同精神愿景，也是时代的殷殷召唤。

传统电商快速发展的同时更加凸显了诚信的重要性，诚信将成为下一个时代的核心竞争力。在创业初期，海尔就提出"真诚到永远"的宗旨，在当时的条件下，海尔只要自己坚守诚信就能做到，因为企业是封闭的，流程是线性的。今天则不可能，因为，每一个企业都必须从封闭的自成体系的组织变成开放的生态，只有整个生态具有诚信的能力，用户才能得到诚信的体验。诚信生态又构成共享平台的必要条件，在生态圈里，资源是开放的，只有生态中的攸关各方都做到诚信，大家才能实现共创共赢和共享。生态圈不一定能成为平台，而平台必须首先是诚信的生态。

这一历史时期的海尔作风：人单合一、小微引爆，既是对新海尔精神的呼应，又构成对新海尔精神的支持。

诚信生态和共享平台的价值追求离不开组织模式的变革。互联网预言家凯文·凯利说，公司终殁，城市永恒。管理大师德鲁克也预言过，企业终将消亡，但组织会永生。企业也是组织，但未来的组织却不是现在的科层制的封闭企业，它一定是自组织。很多企业发现了转型成为生态平台的重要性，但阻碍他们转型成功的却是组织本身。

人单合一是适应未来的管理模式，在这一理论指导下产生的自创业、自组织、自驱动的小微则是创造用户价值的基本单元。人单合一是用户驱动下的动态的平衡，小微并联成用户体验迭代的生态圈，持续实现用户体验的引爆。

人单合一、小微引爆概括了海尔生态创客的认知态度和行为风格，也必将在创客小微的持续引爆引领中强化我们共同的海尔精神，共同推动海尔人单合一模式成为工业革命以来第三次划时代管理变革的引领者。

第四代："海尔精神，海尔作风"（2019.12.26至今）

海尔精神：诚信生态、共赢进化

海尔作风：人单合一、链群合约

第四代海尔精神海尔作风与第三代海尔精神海尔作风区别在于，共享平台升级为共赢进化，小微引爆升级为链群合约。

共赢进化，就是和用户一起进化，这体现了区块链的一个很重要的特征——去中心化的用户自信任。去中心化之后，用户可以信任你，是因为他和你共赢进化，某种意义上说，用户也是一个创造者。

链群合约，体现了区块链的另一个很重要的特征——去中介化的价值自传递。因为在链群合约里，所有的价值，所有的节点，都是融合在一起的。

资料来源：海尔官网，2022-10-1

网址链接：https://www.haier.com/about-haier/intro/?to=3&spm=net.31734_pc.header_138939_20200630.3

资料八：山西杏花村汾酒集团有限责任公司的企业文化（部分内容）

企业精神：报国 诚信 创新 开放 坚韧 儒雅

企业愿景： 中国酒魂 清香世界

把汾酒打造成世界第一文化名酒、把竹叶青酒打造成中国第一养生名酒、把杏花村酒打造成最受大众喜爱的民酒，是中国酒魂信仰的终极目标。

"中国酒魂，清香世界"，是终极目标的愿景表达。

从历史考证及理论上讲，汾酒本来就是世界第一文化名酒。经过多年的文化努力，汾酒已经成为大部分消费者公认的中国第一文化名酒。但国际市场消费者对这一点还远远没有感知。未来汾酒发展的主要矛盾,是汾酒作为世界第一文化名酒与消费者认识不平衡不充分之间的矛盾。解决这一矛盾,需要全体汾酒人几十年甚至上百年为之艰苦奋斗。这就要求汾酒人不仅要把中国的消费者装在心里,更要把全世界的消费者装在心里。汾酒人,不仅应该是汾酒主义者、民族主义者、国家主义者,更应该是人类主义者。

企业使命:

诚信酒都　人文酒都　智慧酒都

开放酒都　绿色酒都　幸福酒都

汾酒生产基地由原粮产区、包装材料产区、汾酒传统产区、中国汾酒城、保健酒园区、汾酒老作坊产区、个性化产区七大部分组成,构成汾酒产业链,是中国最大规模的白酒制造基地之一。加上汾酒"国酒之源、清香之祖、文化之根"的崇高产业地位,汾酒集团是名副其实的"中国酒都"。

"中国酒都",必须是首善之都。"诚信、人文、智慧、开放、绿色、幸福",是"中国酒都"建设的六大使命。

诚信。首先是理念诚信,用心酿造,诚信天下。从思想上、观念上、意识上首先要诚信做人,诚信做事,诚信酿酒,诚信办企;其次是品质诚信,中国酒魂信仰是品质信仰,品质信仰的基石是品质诚信;再次是文化诚信,汾酒是最有文化的企业,汾酒的文化诚信不仅仅代表汾酒,而且代表了白酒产业。

人文。首先是以消费者为本,为消费者提供最健康、最安全、最干净、最纯正、最好的中国白酒,是中国酒魂信仰的核心;其次是以员工为本,既要有科学先进的人才培养机制、人才任用机制、人才发展机制,又要有底线思维,让每一位汾酒人都感受到温暖的人文关怀;再次是活态文化,把汾酒无比深厚的6000年文化资源转化为品牌影响力、产品竞争力、营销推动力。

智慧。首先是思想创新，智慧酒都，是建立在数据驱动基础上、整体呈现人工智能特点的、人机协同的新时代酒都；其次是先进信息技术、工业技术、生物技术和管理技术的深度融合和全面创新。要求站在企业整体的角度，强化物联网建设，深化大数据挖掘，推进管理变革创新，推进酿酒技术创新。

开放。首先是视野开放，汾酒人要把视野投向全球酒业、全球企业、全球经济、全球科技、全球消费者，建立"只有开放才能发展"的新思维；其次是学习开放，建立开放的学习型组织，不断吸收人类文明先进成果，使汾酒组织不断自我进化，才能让汾酒事业永远立于不败之地。

绿色。首先是天人合一，汾酒是传统的农业加工业，是传承古法、顺应自然、天人合一的生态产业，绿色、低碳、循环、可持续；其次是汾酒有自己专有的原粮种子、原粮基地，实现了从田间到餐桌的安全、绿色，实现了从餐桌到田间的质量可追溯；再次智能化酿造作为传统酿造的重要补充；最后是具有中国酒魂信仰的汾酒人，从我做起，带动家庭，推动社会，改变不恰当的生活方式与消费模式，创造一种有利于保护环境、节约资源的生活方式。

幸福。首先是构建中国酒魂信仰，有中国酒魂信仰的人，是个人目标与汾酒愿景高度一致的人，是为了汾酒事业甘愿奋斗、甘愿付出、甘愿艰苦的人；其次是安全感，汾酒的品牌高度、国有体制和福利制度，为汾酒人创造了全国一流的安全感，安全感是建立中国酒魂信仰的基石；再次是生活幸福，让汾酒人有越来越多的获得感。

幸福酒都，也不仅仅是当代汾酒人的幸福，更要为千秋万代汾酒人的幸福着想。汾酒是千秋万代的事业，也是千秋万代的幸福源泉。

企业哲学：汾酒信仰　世界标准

"汾酒信仰、世界标准"的经营哲学，是既坚持汾酒核心理念、又按照国际标准建设企业的发展哲学。继承、弘扬、创新6000年汾酒文化，必须建立统一的、广泛的中国酒魂信仰；面向消费者、面向未来、面向世界，必须以世界一流企业的标准来规范企业的管理机制、人力资源、市场营销等方方面面，以"世界标准"来建立中国酒魂信仰，中学为体，西学为用，贯通中西，与时俱进，真正实现老字号企业的现代化，形成老字号的全球竞争力。

企业核心价值观：以消费者为中心　品质与文化高于一切

汾酒有一个独一无二的"公式"：品质+文化=汾酒。

汾酒是弘扬中国文化、中国风格、中国气派的最彻底、最坚决、最勇敢的践行者。汾酒的文化，不是作秀，不是附属品，而是贯穿于整个企业的方方面面。从文化价值观、文化组织管理、文化整理、文化活动、文化推广、广告宣传、文化品牌、文化产品、文化营销，形成了一个完整的"文化产业链"。汾酒人现在乃至未来，必然会持续不断地证明，"文化是白酒产业的中心、白酒产业的中心在文化"这样一个重大的命题。

资料来源：《山西杏花村汾酒集团有限责任公司企业文化手册（2021版）》

第九节　讲产品

　　要坚持党的全面领导，发展更高水平的社会主义市场经济，毫不动摇巩固和发展公有制经济，毫不动摇鼓励、支持和引导非公有制经济发展，加快建设一批产品卓越、品牌卓著、创新领先、治理现代的世界一流企业，在全面建设社会主义现代化国家、实现第二个百年奋斗目标进程中实现更大发展、发挥更大作用。

　　——2022年2月28日，习近平在中央全面深化改革委员会第二十四次会议上的讲话

　　企业是要有产品的，不论是生产型企业还是服务型企业，都会有自己的产品规划，都会根据市场需求推出自身产品的系列。某种意义上讲，市场需求的多样性，决定了产品多样性。

　　企业产品的分类和设计决定于企业归属分类，企业归属又由产业分类决定。目前，我们国家对产业的分类为三大类，第一类农业，第二类工业，第三类是除农业与工业之外所有类目，叫作第三产业，可以笼统地称为服务业。第一产业农业，主要指以山水林田湖草为对象的种植业、林业、牧业、渔业、养殖业等为主，以食材生产以及其他一些生物材料的生产为主的产业；第二产业工业，主要指包括采掘业，电力、煤气、水等能源的生产和供应的产业，以及对自然界和第一产业提供的基本材料进行深度加工处理的加工制造产业；第三产业包括交通运输业、通信产业、商业、餐饮业、金融业、教育产业、公共服务等非生命生产部门。三者之间的关系可以简单概括为：第一产业和第二产业与第三产业最大的区别在于生产出具有实体实物性质的产品，第三产业则是对第一产业、第二产业中所生产的产品的消费和应用，是相互依赖、相互制约、互为上下产业链条的关系。例如，生产汽车、手机的产业归入第二产业，使用汽车运输的归入运输业，使用手机通信联络信息发布的归入第三产业。

目前，我国的国民经济分类标准是国家统计局2018年公布的《国民经济行业分类》（GB/T 4754—2017）三次产业划分范围为现行标准。依据《三次产业划分规定（2018）》，第一产业是指农、林、牧、渔业（不含农、林、牧、渔专业及辅助性活动）；第二产业是指采矿业（不含开采专业及辅助性活动），制造业（不含金属制品、机械和设备修理业），电力、热力、燃气及水生产和供应业，建筑业；第三产业即服务业，是指除第一产业、第二产业以外的其他行业。具体的归属划分，大家可以参考分类目录。

2022年6月14日，中共中央宣传部举行"中国这十年"系列主题新闻发布会，工业和信息化部发言人介绍，截至2021年末，全国企业的数量达到4842万户，增长1.7倍，其中99%以上都是中小企业。具体到工业领域，我国规模以上的工业中小企业户数达到40万户。从企业的数量上可以反映出产品的品种数量，由于行业不同，每个企业根据市场需求推出产品种类不同，尤其是个人用品方面，更是品种繁多、不胜其数。

出于营销工作的需要，各家企业都会对自身的产品从质量、功能、用途、价格、效果、体系等各个方面进行精心的设计、包装，包括但不限于产品历史、文化、故事的融合，更有可能的是运用超前的营销意识、制造新的概念为产品进行新的包装，为最终的销售服务。从决策生产产品到产品上市的整个过程就是讲故事的过程，整个过程中的每一个环节节点，都有可能成为产品销售火爆的引爆点。

做好产品规划，讲好产品故事，不是一件容易的事情。从政策层面来说，需求侧决定产品是否有市场，从供给侧来讲，决定产品是否能够生产开发出来。产品规划的过程就是一个讲故事的过程，故事讲的好坏，除去供需关系影响以外，很大程度上决定一个产品在其寿命周期内是一个普通产品，还是一个品牌产品。一个品牌产品成功的过程就是讲故事的过程。影响产品规划的因素很多，但也并非没有规律可循，对影响产品规划的因素进行归纳提炼总结，大致可以分为三个方面的因素，即行业、区域、人口。

一、 行业对产品规划的影响

不同行业的产品规划体系、规划理念差异很大，不同行业的产品生命周期不一样，这些因素直接影响产品故事的讲述。

对于生产型企业来说，比如汽车生产行业，产品品种多达上百种。比如在某一个时间点，要开发一款新车型，首先必须做一个规划，确定这个车型是一个什么样的车，卖给什么样的消费群体的车，要对设想的车型进行可行性分析，根据用户需求建立模型，分析市场情况、同类产品优劣点、竞争情况、市场占有率情况、消费者潜在的需求和认知情况等，从外部市场的角度分析可行性，预期效果；其次要从内部分析技术、工艺、成本等；再次是根据这些情况开发设计方案，确定各项技术、质量参数；然后是制造样车，进行各项技术参数和质量指标的测试，包括驾乘实验；最后是对前期所有过程归纳总结，选择和消费者关注点高度吻合的点制定营销方案，讲好产品的故事。比如说，类似加装儿童座椅设计，增加节油技术、助力系统、防滑系统等，这些都会成为一个很好的故事点。汽车行业是讲好汽车产品故事的高手，汽车产品定位有时候是非常清晰，比如家用车、商务车、越野车，到后来的跨界车，实际上每一款车型在设定它的理想销售群体之前，设计之初就做足了功课。

在服务行业的企业，难点在于大多数的服务业企业的产品不是生产一个有型的物为最终结果，而是一个以相互沟通交流为主导的过程，最终以某种凭证来证明服务结束。比如咨询业，对于最后形成的咨询报告，仅仅是咨询服务结束后的一个结果，真正的内容恰恰是服务过程中解决的各类问题。比如审计公司、财务公司，分析它们的产品是什么，很难给出一个确切的定义，财务报表、报告，审计报告是它们的产品吗？如果说是也只能说是一对一单一客户的产品。如果要讲它们的产品的故事，那要如何讲呢？最好的故事就是讲它们的服务过程，讲服务周到，讲服务严谨，讲服务客观，讲服务公正，讲服务守法，讲服务创新，讲服务价值创造，等等，对于大多数的第三产业来讲，这个相互交流沟通主导的过程至关重要，可以简单地归结为"服务"就是产品。

在服务行业中有一个比较特殊的行业就是餐饮业，消费者在餐厅就餐不仅仅是服务员热情周到的服务，更重要的是可口的饭菜。对餐饮业来说，饭菜就是企业的产品，大家经常有一句口头禅，"那家的饭菜好吃，我吃过"，就是说的产品本身，很少听到说"那家饭店服务不错，去那里订餐吧"，如果说双重意思，大概率就是这样表述，"饭菜不错，服务也好"，就是最高肯定了。餐饮业是一个比较特殊的行业，其中蕴涵着浓厚的文化色彩，某些具体的做法和习惯甚至要归入意识形态领域，之所以如此，关键的因素在于产品。中央电视台的经典节目《舌尖上的中国》体现了中国饮食文化中最大范围的菜品种类以及其所包含的深刻文化内涵。

讲好餐饮产品的故事，不仅在于讲好白菜萝卜的清爽、鱼虾的鲜美、辣椒花椒的酷爽，也不仅在于面食的乖巧善变，更在于一代又一代的中国人在天地间升起烟火，用至精至诚的心意烹制食物，淘洗历史，糅合时光，将精神追求和情感寄托融合于饮食之中的中华民族的鲜明个性。东坡肉是文人墨客的，粽子是纪念屈原的，珍珠白玉豆腐汤是帝王朱元璋的，满汉全席是皇家的，西湖醋鱼是大众的，中国饮食文化上各类经典食品数不胜数。就餐饮来讲，起源于地方特色的中国八大菜系，每一个菜系都有其独特的风格特点，都有其独特的味蕾触觉。饮食获得满足和快感，中国饮食因四季依时而变，因节日而发动，因情感而斟酌，智慧灵动，这其中深刻地蕴涵着天人合一的东方哲学、家国情怀。饮食为了生命得以延续，中医营养摄生学说创造了食材运用的新天地，儒家人伦道德则把心意和家的味道端上我们的餐桌。中国人在一餐一食之间，确认归属，构建文明，理解和把握着世界的奥妙，世界政党大会上一幅"共饮一泓水"的宣传海报，将中国饮茶会友的深刻内涵发挥得淋漓尽致，"美美与共 和而不同"更是将中国茶文化推向世界巅峰。对餐饮业来讲，每一道菜都是一个精致的产品，每一道菜都是一个精彩的故事，菜品就是产品、就是作品、就是人品，从原材料的生产选择到最后端上餐桌，实现光盘，每一个环节都可以大书特书。

二、 区域对产品规划的影响

从理论上讲，产品是没有销售区域限制的，只要有需求，就可以有销售。但是在有限的综合条件下，做理论上的最大市场是不现实的，因为区域发展的不均衡以及各自的特点特征，必然对产品规划产生影响。不同的产品，区域的影响是不一样的。

在做产品规划的时候，要综合考虑市场容量、销售渠道、消费习惯、营销团队、营销手段、利润成本、预期目标、竞争对手、营商环境等各类综合因素。考虑在一个销售周期内，这些因素中哪些是刚性的、固定的，哪些是动态的、可调控的。受区域影响比较大的产业行业还是比较多的，比如空调产业，有数据表明，南方对空调的消费量要远远大于北方，那么在进行空调设计的时候，是否就要考虑北方的气候特征，空调并不是单纯为了制冷。

还是以汽车行业为例，丰田有中东版的，主要针对中东高温炎热、沙漠多、路况较为恶劣而生产的；大众车型有欧洲版本、亚洲版本，甚至还有单独为中国大陆专门定制的。在餐饮行业，大家都知道川菜以辛辣为主，以重庆和成都两地为代表的各个品牌的连锁火锅店开遍大江南北，实际上开到北方的火锅店已经在产品配料上出现变化，当服务员介绍锅底料的时候，大家口头上经常表达的一句话就是"我要微辣的或者是我要不辣的"，商家在考虑到当地气候环境、地理人文文化习惯、饮食文化习惯的时候都考虑进去，既要有异地的风味特点，又要照顾本地特色。这是一个比较明显的因地域变化而变化产品规划的典型例子。最典型的莫过于麦当劳和肯德基，因为它们也开始卖豆浆油条。可见地域对产品规划开发的影响有多大。

区域对产品规划的影响的根本原因还在于区域内的特有的政治、经济、文化、习惯、交通等特征决定的。用中国古话讲，就是一方水土养一方人。如果做产品开发不考虑周全这些因素，生产的产品在销售时大概率是要遇到好多困难的。有些行业为了营销的方便，提高市场占有率，为了保证不窜货，专门对产品从技术层面进行了区隔。

三、 人口对产品规划的影响

在一个区域的市场容量中，个人消费品所占份额是巨大的，可以笼统地讲，企业生产的产品都是围绕着人类而展开的，一切人类的生产活动都是为了人类。

在个人消费品方面，做产品规划要考虑性别、年龄、学历、性格、职业、收入、消费习惯等因素。在产品设计规划中，由于人体自身的差异，市场需求千变万化，例如服装，涉及款式、大小、材料、颜色、纽扣、拉链等几十道工序。服装行业是一个大的产业链，好多学院还开设有服装设计专业，专司服装产品设计开发。

家庭消费品方面，除了重点考虑家庭收入、消费习惯等综合因素之外，还要考虑目前的人口结构状况，改革开放以来，由于计划生育政策的影响，中国家庭小型化，三口之家为主，对于一些实用的家电来讲，产品就要适合这一特点。此外，由于住房的改善，大多数人均住房面积都增加，变得宽敞舒适，加之生活节奏变化，最大的变化是冰箱变得越来越大，双开门的比单开门的变得好卖。

人口因素对产品开发设计的影响是最基本的考虑范畴，其他诸如时代变迁、技术进步等方面的影响往往会从更深层次方面改变产品的发展方向而推出更加适合人类需求的产品。比如手机取代传呼机，除了特殊行业使用对讲机之外，传呼机行业已经完全在市场上消失。

在工业用品方面，有些产品表面看起来和人口无关，比如装备制造业，好像生产一台挖掘机和一个区域的人口没什么关系，其实不是的，挖掘机的功能本质上还是为人类生活服务的，比如基础设施的建设要大量使用挖掘机，而基础设施建设规模大小取决于人口多少，所以挖掘机的产品规划设计也要考虑人口多寡问题。另外还有一个最重要的因素，挖掘机的操作性能、技术性能、驾乘操作的舒适性和安全性，这都和人有关。同样还有国家需要的盾构机、龙门吊、航天器、火箭、各类军舰等重型机械装备产品。有些产品已经脱离纯市场的需要，而是国家的战略发展需要。

四、讲好产品故事的具体内容

产品种类繁多，随着我国、工业的发展，新产品世界名牌产品越来越多，可讲的内容越来越多，素材越来越丰富。习近平总书记在中央全面深化改革委员会第二十四次会议上的讲话中强调："要坚持党的全面领导，发展更高水平的社会主义市场经济，毫不动摇巩固和发展公有制经济，毫不动摇鼓励、支持和引导非公有制经济发展，加快建设一批产品卓越、品牌卓著、创新领先、治理现代的世界一流企业，在全面建设社会主义现代化国家、实现第二个百年奋斗目标进程中实现更大发展、发挥更大作用。"把产品卓越放在第一位,企业只有过硬的产品才能在世界立足。

讲技术。先进的技术是生产卓越的前提。改革开放以来,西方对中国所有的产品输出都是从讲技术开始,改革开放初期,可以说我们在技术层面大多数都是落后的,很多技术都是买来的或者是拿市场换来的。在西方企业面前,一讲技术我们就卡壳,这方面我们的教训是刻骨铭心的,因为一些不太尖端的技术我们付出的代价太大了。当前我们好多技术有了长足的进步,其中有些已经从追赶到领先。我们国家制定了好多这方面的政策,尤其在创新方面,上升到国家战略,给以人财物的最大的产业政策的倾斜。

讲功能。现在的各类产品功能使用越来越人性化、电子化、智能化,带来的问题也是越来越复杂,就目前市场调研结果,有些功能,或者是大多数功能是小概率使用。讲好产品的功能使用作为企业对消费者的责任之一,应该系统地根据自身产品特点特征,讲好系列产品故事。就像餐厅服务员和各类商场的前台营销员一样对产品本身的特征烂熟于胸。

讲文化。产品是企业管理理念、文化、责任等方面的直接体现,在讲好产品固有的功能的同时,将企业理念、文化、责任、使命等高度融合在一起,会提升产品的知名度、可信度、权威性,拉近与消费者的距离,便于促进最终产品的销售与企业品牌的提升。尤其是产品有了一定品牌知名度、影响力、美誉度之后,开始逐步转向文化营销,产品本身已经不重要,重要的是消费某种产品成为一种文化时尚,在酒类、餐饮、服饰等消费品中,这种现象越来越普遍。所以营销人员在介绍产品时都是介绍的产品中植入的或者本身固有的文化内涵。

资料一：山西潞安太行润滑科技股份有限公司的产品

[概况]

山西潞安太行润滑科技股份有限公司于2015年6月挂牌成立，是以煤制油为原料（S-GTL）生产CTL、PAO、mPAO基础油，集基础油、润滑油研发、生产、销售和服务为一体的高新技术企业，国家级专精特新"小巨人"企业。

[研发]

太行润滑油与中科院上海高等研究院联合共建了"太行润滑油上海研究开发中心"，依托国家煤基合成工程研究中心，联合中科院兰州化学物理研究所、青岛研发中心共建煤基合成润滑材料（院士）联合研发平台，拥有煤基合成润滑材料山西省重点实验室，并具备CNAS实验室检测资质。

[认证]

通过了ISO 9001质量管理体系。

IATF 16949汽车行业质量管理体系。

GJB 9001C武器装备质量管理体系和ISO 14001环境管理体系；欧洲发动机润滑油质量管理体系认证。

ATF自动变速箱油获得通用公司DEXRON VI认证、JASO-1A认证。

柴油机油获得沃尔沃VDS-3认证、雷诺VI RLD-2认证、马克EO-N认证、康明斯车厂认证、奔驰MB 228.51、MAN3377、Scania LDF-4等认证。

液压油获得Parker Denison HF-0认证。

车辆齿轮油获得SAE J2360认证。

[产品]

太行润滑产品分为两大系列：全合成车用油系列、工业油系列，共计382种产品。

1.全合成车用油涵盖乘用车用油、商用车用油、传动系统用油、车辆附属品

车用油产品针对国内路况研发全合成养护配方，绿色环保。拥有持久优异的低温流动性及高温氧化性，更强的清净分散性，有效减少活塞积碳、漆膜及油泥的产生，更适合中国燃油及路况。产品适用于满足国五、国六排放标准，适用于市面上美、日、韩及国产汽车厂商制造的高、中、低端汽油发动机。

全合成重负荷柴油机油卓越的减磨耐磨性能，显著抑制发动机磨损、适用于国五、国六柴油发动机，超长换油周期，满足3万—12万公里换油周期车辆需求。

2.工业油产品种类主打液压油、工业齿轮油、螺杆空压机油、汽轮机油和其他工业油（如：液力传动油、全损耗系统用油、固定式燃气机油和汽缸油等）

液压油系列产品由深度精制基础油加入多种多功能添加剂采用先进的调合技术精细调制而成。具有优异的抗磨性能，良好的抗氧、抗乳化、抗泡、防锈等性能，与丁腈橡胶很其他常用的密封材料有良好的适应性。主要适用于工程机械、建筑机械、矿山机械、轧钢、塑料加工、远洋船舶等各种类型的中、高液压系统。

工业齿轮油产品由优质的润滑油基础油，加入多功能复合添加剂采用先进调合技术精细调制而成，具有优异的极压抗磨性能、良好的热氧化安定性、防锈抗乳化性等特点，适用于冶金轧钢、水泥厂、井下采掘等传动装置设备。

螺杆空压机油系列产品以合成烃与合成酯为基础油的高性能压缩机油。具有优良的高低温性能，结焦少，导热性能好，抗氧化性能优异，蒸发损失小，使用寿命长特点，主要推荐用于回转式螺杆和叶片压缩机。

汽轮机油产品采用深度精制的基础油，加入精选的抗氧剂、防锈剂、

金属钝化剂及抗泡剂等功能剂调制而成，具有良好的抗氧、抗乳化、抗泡、防锈等性能。

工业油行业前沿应用油品先进性能风电液压油及先进性能风电齿轮油，选用超高性能全合成基础油，加入多种添加剂调和而成。适用于环境温度范围变化大及野外恶劣气候条件，或工况苛刻的液压系统、传动系统。特别是高压工业和移动设备。

资料来源：山西潞安太行润滑科技股份有限公司提供。

资料二：潞安化工机械（集团）有限公司的产品

水煤浆水冷壁系列新型煤气化技术：晋华炉

【企业简介】晋华炉是潞安化工机械（集团）有限公司与清华大学历经20年联合攻关，研发成功的具有完全自主知识产权的国际领先的晋华炉1.0、2.0、3.0系列新型煤气化技术装备，产品实现了首次将"水煤浆+膜式壁+辐射式蒸汽发生器"进行组合并成功实现工业化推广应用；首次对原气化炉（水煤浆+耐火砖+激冷流程）的升级改造，开辟了新型煤气化技术改造的先河。

【工艺流程】晋华炉3.0气化炉分三部分，气化室、辐射室和激冷室。气化炉采用水煤浆进料，经高压煤浆泵加压通过工艺烧嘴进入水冷壁气化炉；通过工艺烧嘴分级给氧，在气化室内完成气化反应；反应后的粗合成气和熔渣出气化室后进入辐射废锅进行热量回收并产生高品位蒸汽，粗合成气经辐射废锅降温后与废锅底部的激冷水混合去洗气塔，经洗气塔洗涤降温除尘后送至下游。

【八大优势】热量回收好，与传统气化炉相比激冷水量减少了65%；煤种适应性宽，解决三高劣质煤气化难题；外壳温度低，比耐火砖气化炉炉壁温度低110℃左右，不会发生外壳超温、鼓包、爆炸事故；烧嘴运行周期长，连续运行周期达200天以上；点火系统安全，常压下完成点火、烘炉、投料全过程，不需切换烧嘴；占地面积小；运行成本低，不需设置备炉；环境友好，无粉尘污染，实现废水循环利用。

【知识产权】 获得授权专利160余项，并获得美国、日本、欧盟、澳大利亚、加拿大等国12个发明授权。

【市场推广】 产品已推广80余台套，近3年国内煤化工工程领域市场占有率达50%以上，已同德国、南非、韩国、加拿大、朝鲜等国家开展业务合作。

【社会效益】 每吨原料煤可副产1吨高品质蒸汽。一台日投煤1500吨的晋华炉3.0一年可增加经济效益9000万元（蒸汽每吨按200元计算），减排CO_2约18万吨。

【行业评价】 产品获2017年度中国氮肥、甲醇行业技术进步唯一特等奖，2018年中国煤炭工业协会科技奖唯一特等奖，2022年山西省科技进步一等奖，山西省科技工作者双创大赛特别奖，第47届日内瓦国际发明金奖，"第十届中国技术市场协会金桥奖"项目一等奖；第16届韩国首尔国际发明展金奖，中国氮肥工业协会专利奖特等奖。技术入选国家发改委《高耗能行业重点领域节能降碳改造升级实施指南（2022年版）》及《合成氨行业节能降碳改造升级实施指南（2022年版）》，工信部《国家工业节能技术应用指南与案例（2019）》《石化绿色低碳工艺名录（2021年版）》等。产品入选工信部2021年制造业单项冠军产品。"科创中国2021全球百佳技术转移案例—最佳产学研合作与区域科技经济融合案例"等先进适用技术推广目录。

资料来源：2022.12.25，潞安化工机械（集团）有限公司提供

第十节　讲品牌

推动中国制造向中国创造转变、中国速度向中国质量转变、中国产品向中国品牌转变。

——2014年5月9日至10日，习近平在河南考察时强调

品牌俗称"厂牌""牌子"，又叫"商标"。指企业对其所能够提供的货物、商品或劳务方式所定的名称、术语、记号、象征、设计图案或其组合。主要是提供消费者识别之用。品牌的组成可以分为两部分：一是品牌名称，是指可用语言称呼的部分；二是品牌标志，是指品牌中可以被识别的但不能用言语称呼的部分，如符号、设计等带有色别特征的图案。

目前，品牌已经上升到另外一个高度，不再是狭义的指产品和企业的名称商标，而具有了更广泛的含义。例如国家，个人或是一个社会组织，都可以有自己的品牌。因此，在社会学范畴中，品牌的概念可以归结为一句话，品牌是公众对某一个在一定时期内持续存在的组织或个人的名称、符号、标识等所产生的认知程度。

品牌作为一种商业领域的现象，具有以下几个特征。

1.品牌具有排他性

某一个领域的品牌都是独占的，是不能共用的。一方面是组织或个人本身通过努力后逐步形成的，从商业伦理学角度讲具有天然的归属性；另一方面是国家相关法律规定所赋予的，不容侵犯的。因此说品牌具有独占性、排他性。

2.品牌具有价值性

所有的品牌都具有一定的价值，无非是价值衡量的标准大小不同而已。在品牌发展的高级阶段，往往是品牌本身会脱离产品本身而存在。例如，一个原产地在中国的皮具，一旦贴上某一个意大利的品牌标识，即商标，价格就会按照意大利的标准来销售，这个时候品牌和产品是相互剥离的，消费者购买的是品牌体验，而没有去深究产品的本源。如果皮具上面没有品牌标识存在，消费者可能就不会问津，或者是出的价格较低，购买意愿也低。

3.品牌的延展性

有时候品牌不仅是一个甚至是多个，但一定是建立在一个大的品牌旗下的。例如大众汽车，当然大家对大众汽车的品牌标识认知度很高，一看就知道，说起桑塔纳、帕萨特、途观等大家也不陌生，实际上这些都起到了子品牌的作用，在大众旗下，针对不同消费者人群做了延展，让消费者更容易根据需求来选择。宝洁旗下的化妆品和日用品也是这样的，有时候大家对子品牌的了解认知甚至高于母品牌。

4.品牌的可塑性

品牌的可塑性在于给品牌赋予了一定的概念、价值观念、理念、属性。品牌的创建是一个系统工程，需要激情、智慧与信念。品牌塑造的行业特性，从事什么样的行业，一定要注重行业的本质和特征，注重产品的特征。要根据行业内消费者的感官体验来设定品牌的理念和价值观念，归结为一句话就是你要给消费者一个什么样的概念，什么样的形象，什么样的诉求，这些是否符合消费者的价值观，是否符合消费者的审美，是否符合消费者的需求等。这些都是为了品牌的传播来设定的，如果这些内容不清楚，那么就无法在市场中传播，无法形成好的产品行销的市场氛围，无法让消费者认知，也就无法快速地形成品牌。

商标和品牌的关系。商标与品牌是两个不同领域的概念，商标是指按法定程序向商标注册机构提出申请，经审查，予以核准，商标受法律保护，并授予商标专用权的品牌或品牌中的一部分，任何人未经商标注册人许可，皆不得仿效或使用。商标是品牌的一个组成部分，它只是品牌的标志和名称，便于消费者记忆识别，商标是一个法律名词，而品牌是一个经济名词。从归属上来说，商标掌握在注册人手中，而品牌植根于消费者心里。商标的所有权是掌握在注册人手中的，商标注册人可以转让、许可自己的商标，也可以通过法律手段打击别人侵权使用自己的商标。但品牌则植根于广大消费者心中，品牌巨大的价值及市场感召力是来源于消费者对品牌的信任、偏好和忠诚，如果一个品牌失去信誉，失去消费者的信任，品牌会一文不值。

企业如果将品牌的名称、标识、符号等在政府相关主管部门注册登记以后，这就好比起了一个法定的名称，这个法定的名称则成为企业商标，具有排他性、独占性。企业获得注册的品牌名称后，将紧紧围绕企业品牌做文章，逐步让市场中的消费者知晓认同，提高在市场中的知名度、美誉度，使其为产品在市场中占据更大的份额和在消费者中形成良好的形象服务。对于企业，品牌已经上升到文化的层面，成为公众对一个企业及其产品、售后服务、文化价值的一种评价和认知，是一种信任，这种信任来自消费者对企业产品的综合体验。这个层次的品牌认知是一个长期的过程，短期内只可能对品牌有一个基本的认识，而不是有很深的感知，这个感知还不能促进产品的销售。

中国是一个商标大国，但不是一个品牌大国。目前，在国内好多一线大的品牌都是国外的，在日用品方面有美国的宝洁、日本的资生堂，服饰类有美国的阿迪达斯、意大利的LV，小家电类如飞利浦剃须刀、吉列剃须刀等，还有很多的例子。这些东西中国都能制造，有些品牌的生产加工地都在中国，运回品牌属地只是贴了一个商标，价格就翻了好几倍。这是好多"三来一补"企业所苦恼的，当下进行的供给侧改革，就是要提升中国产品的质量，提升中国企业的品牌附加值，包括近期讲得比较多的"工匠精神"，不单单是要求我们的企业生产产品要精益求精，更要在品牌塑造上下功夫。这已经上升到国家层面，我们在华尔街做一些中国形象广告，也是基于让中国品牌走向世界，增加国家美誉度，提升国家品牌的考量。

讲好品牌故事的核心是了解品牌的真正内涵，去了解一个企业品牌的内在构成和外在展现，企业中有些品牌的内涵是显性的，有些是隐性的，这些都需要新闻记者到现场去发掘，去体验附着在品牌上的特定文化和个性。另外，品牌的宣传还需要广告的强力支撑，品牌的宣传不像企业的战略、理念、文化等需要新闻宣传报道一点一滴的去积累，而是要有阶段性地去加大投入宣传，以期在相对短的期限内促进销售和品牌的快速成长。

资料一：中国航空工业集团公司品牌标识

本司徽由地球和变体飞行器组成。飞行器指向右上方，象征着航空工业"航空报国、航空强国"的志向。蓝色环形表明航空工业有深厚的航空高科技基础，也象征着集团公司所属单位围绕航空工业，紧密团结，有着强大的凝聚力。飞行器下方"AVIC"，则代表了航空工业。通观整体构图，表现了航空工业在党中央、国务院、中央军委的领导和关怀下，实施"一心、两融、三力、五化"的战略，为建设新航空、大航空、强航空而不懈努力。

资料来源：中国航空工业集团公司官网，2022-10-01

网址链接：https://www.avic.com.cn/sycd/gywm/ppywh/ppxx/?PC=PC

资料二：中国石油天然气集团公司的品牌标识

公司徽图样为红黄两色构成的十等份花瓣图形，称谓"宝石花"。

标识色泽为红色和黄色，取中国国旗基本色并体现石油和天然气的行业特点。标识整体呈圆形，寓意中国石油全球化、国际化的发展方向。十等份的花瓣图形，象征中国石油多项主营业务的集合。红色基底凸显方形一角，不仅体现中国石油的基础深厚，而且寓意中国石油无限的凝聚力与创造力。外观呈花朵状，体现了中国石油注重环境，创造能源与环境协调发展的社会责任。标识的中心太阳初升，光芒四射，象征着中国石油朝气蓬勃、前程似锦。

资料来源：中国石油天然气集团公司官网，2022-10-01

网址链接：http://www.cnpc.com.cn/cnpc/qybs/qybs.shtml

资料三：山东能源集团标识

山东能源集团
SHANDONG ENERGY GROUP

（1）此标识由两个正圆形交叠而成，相交循环、融会贯通，形成一个无限符号"∞"，象征原兖矿集团、原山能集团两家企业重组整合，共同创造无限美好未来；

（2）两个正圆各取117°圆弧进行交叠，117°是济南地理中心的经度，象征企业立足山东、面向全球；两个正圆交叠的部分演化成为一个"S"形，即Shandong Energy的企业名称首字母，与企业名称形成强关联。

（3）将"S"上下两个弧形演化，既是演化成为闪电符号，贴合能源行业属性，也是加大两个正圆部分的衔接和互嵌，寓意两家企业全面融合；同时，也可以延伸拓展阐释为新老能源、新旧动能、国内国际、双碳战略、双轮驱动、新老产业传承融合、继承发展等。

（4）图形整体由于是两部分等大的正圆构成，因此具有更强的稳定性，象征企业的稳健发展，以及山东能源集团作为中国和世界的能源体系重要成员，担负稳定能源供给的重要使命；中间的"S"又极具动感，象征企业创新发展、面向未来，在不影响视觉稳健整体感受的基础上，增加活力与动感。

（5）图形采用三种颜色：橙红色、蓝色、绿色，分别寓意着无限的能源、国企使命（阳光橙红）；创新发展，科技领先，全球视野（深海蓝）；绿色能源，永续发展（自然绿），而且在色系上分别取自原兖矿集团和原山东能源集团的标志色系。

资料来源：山东能源集团官网，2022-10-01

网址链接：http://www.shandong-energy.com/186011/

资料四：国家能源集团标识

标识由字母C、E组合而成，C、E是集团公司英文简称CHN EN-ERGY的首写字母，表示国家能源集团。标识的总体含义是：国家能源集团认真贯彻党的十九大精神，积极响应习近平总书记"社会主义是干出来的"伟大号召，秉承"奉献清洁能源、建设美丽中国"光荣使命，建设具有全球竞争力的世界一流能源集团。

图案主色调为红色，内含金黄渐变色，是国旗和党徽的主体色，表示国家能源集团坚决贯彻习近平新时代中国特色社会主义思想，旗帜鲜明坚持党的领导、加强党的建设，坚持央企姓党、传承红色基因，高举旗帜、勇担使命。黑色文字与红色图形融为一体，寓意以煤为基础，聚焦煤炭、发电主业，相关产业协同发展。

图中渐变色曲线如地平线象征地球，寓意国家能源集团坚持全球化发展；又似旭日东升，寓意国家能源集团应运而生于中国特色社会主义进入新时代的伟大时刻，肩负新使命、开启新征程，生机蓬勃、前景广阔。

C、E紧密组合为一体，由四个粗犷线条组成，吸纳了原国电和原神华标识元素，寓意手拉手、心连心，紧密融合、浑然一体，彰显"联合、整合、融合、合作、合力、合心"。主线条指向右上方，体现昂扬向上的生机活力，又具动感和美感。

"CE组合"标识简洁明快，造型硬朗，庄重大气，象征国家能源集团勇担维护国家能源安全的稳定器和压舱石的重任。标识造型工业感强，彰显国家能源集团产业特征。

资料来源：国家能源集团官网，2022-10-01

网址链接：https://www.ceic.com/gjnyjtww/chnqywh/qywhnew.shtml

第十一节　讲模式

　　坚持创新驱动，打造富有活力的增长模式;坚持协同联动，打造开放共赢的合作模式;坚持与时俱进，打造公正合理的治理模式;坚持公平包容，打造平衡普惠的发展模式。

　　——2017年1月17日，习近平在达沃斯世界经济论坛年会开幕式上的主旨演讲

　　什么是模式?《辞海》的释义是："在社会学中，是研究自然现象或社会现象的理论图式和解释方案，同时也是一种思想体系和思维方式。在认知心理学中指信息的加工过程或者事物有组织的结构。"（辞海.上海：上海辞书出版社，1999:1596）。

　　在管理学界，"模式"是一个热词，无论在实务界还是在理论界都已经使用得相当广泛和普遍，各种机构无论大小，凡讲管理，必讲模式，对模式的膜拜已经促使社会各界对其作为研究问题的一种新思路、新方法而法定存在。管理本身就是一个大的概念，涉及社会的各个方面，与模式组成联合词组后，给其一个定义，管理模式就是指管理所采用的基本思想和方式，是指一种成型的、成熟的、规范的、能供人们直接参考运用的完整的管理体系，通过这套体系来发现和解决管理过程中的问题，来规范管理手段、机制、目标、思想、理论、原则等各项林林总总的内容。在分类方面，又可以按照管理的概念分为对公共事务进行管理采取的公共管理模式，特指政府管理；对企业进行管理所采取的模式为企业管理模式；再就是基于技术理论和实践所使用的技术模式。

企业管理的模式是什么？用一句话说就是企业组织架构的设计，是在既定战略和发展目标的前提下，根据企业的产业分类和布局选定的适合企业发展管理的具体的相对稳定的架构和组织形式，以及保证这些架构和组织形式运营的措施和规则。企业管理的内容很多，很庞杂，但是在一个企业内部，不同的内容必定有其运行的内在规律和方式，这种区别于其他企业的规律和方式如果是成功的或者是得到大家认可的，都可以作为我们的报道对象和报道角度，尽管这个规律和方式未必适合其他的企业，但终究能够给大家提供一个思路。

在现代管理学派中，关于管理模式说法很有争议，基本的认同是站在"人文文化"这一标准层面上，分为东方管理模式和西方管理模式，还有的学者提出C管理模式等。

西方管理模式倡导的是"个人本位"下的"制度管理"，也就是我们常说的用制度说话，制度是衡量优劣的标准，是以人性本恶为出发点的。在以欧美为代表的西方文化体系中，对个人的发展给出充分的褒扬，崇尚个人奋斗。在法律层面，西方大陆法系的核心理念也是以人为本，建立在保障人权为根本原则之上的，法律的确立与制定遵从保护个人权利的个人本位价值观。

以中国为代表的东方管理模式倡导的是"群体本位"下的"文化管理"，表现为管理为一种文化的认同而不是制度的遵从。对某一事物取舍是大家认同的心理上的适应和接受，只要符合群体的利益，就是可取的，这就是在中国经常出现"合情合理不合法"现象的本源。

这两种管理模式各有所长，有很强的共性，也有很强的个性，在关于社会意识形态的公共管理中体现得尤为明显。具体到企业管理，由于近年来改革开放力度的加大，东西方文化的融合促使企业管理发生了巨大的变化，企业管理中C管理模式理论的诞生就是东西方企业管理文化融合的明证。

北京大学政府管理与产业发展研究院执行院长、C管理模式理论创始人王汝平先生在《C管理模式》一书中这样定义C管理模式："所谓C管理模式，就是构建一个以人为核心，形神兼备，遵循宇宙和自然组织普遍法则，能够不断修正、自我调节、随机应变的智慧型组织，并将中国人文国学（为人处事之道）与西方现代管理学（做事高效高量之法）相互融合，进行企业人性化管理的一种新型企业组织管理运营模式。"（王汝平.C管理模式.成都：四川人民出版社，2001）

这种以人为运营核心的、具有更大的能动性和更强的应变能力的企业组织，简称为"智慧型组织"，由于它是继金字塔型机械式组织（A管理模式）、学习型扁平式组织（B管理模式）之后出现的第三种组织模式，并且是在西方先进的现代管理学的基础上，融入了中国国学之大智慧的组织类型，因而取"CHINA"的第一个字母"C"，为这个智慧型组织命名为"企业C管理模式"。"以人为核心"是构建智慧型组织的基本，是C管理模式的关键。"以人为本"运营智慧型组织，是C管理模式的原则。"道法自然"，遵循自然组织的普遍规律和基本法则，是C管理模式的特征。

在企业管理中，模式是经常使用的一个词，同时其本身还存在宏观广义的内容和微观狭义的内容。有时候这样的广义和狭义的区分也是很笼统的，比如东方和西方，市场经济和计划经济，都是有模式可循的，如果要做非常明确的区分，更多还要从微观层面上去分析判断，尤其做具体的企业新闻报道，更要关注微观层面的一个一个的点，否则的话，讲出来的模式大家也不够清楚明白，就会失去报道的意义。所以我们讲好企业的故事，更多的还是关注微观狭义的层面。例如对两家行业范畴边界比较清晰的世界500强企业的发展模式进行报道，关于模式的分析就可能大相径庭，或者说根本就不是一回事。例如，报道神华集团和报道宝洁公司，神华是能源企业，宝洁是日化企业，从宏观的战略管理层面可能有可比性，如面向全球市场，这一点他们是一致的。如营销模式，区别就很大，宝洁产品是快销品，要进超市，面对的是成千上万的个体消费者；神华是煤炭，要进煤场，面对的是电厂等企业用户，所以在报道他们的模式时，差距会很大。但在微观层面，他们又有共性，比如选拔人才和使用人才方面，都要面试、笔试、考试等，个性的方面是人才标准，煤炭技术人员和超市理货员的选择标准是不一样的，但过程一样。再如，报道中国动车和美国波音这样的企业，宏观模式是非常清晰明了的，大家都知道是怎么回事，但微观层面就会有很大的区别，所以微观层面的故事会更多更吸引人。

商业领域，关于模式方面的论述，李东先生在《商业模式构建》一书中给出了关于商业方面的解读，尤其是建立在"互联网+"的前提下的分析与判断。他将其归纳为四种模式：山头型商业模式，如收藏品交易平台、高端私人会所等；主导型商业模式，如淘宝、windows、iPhone、定制健康服务等；缝隙型商业模式，如普通餐饮业、传统标准件制造、传统家政服务等；撕咬型商业模式，如城市快递、普通服饰制作、滴滴打车等。区分的标准是顾客的不同的价值主张。（李东.商业模式构建.北京：北京联合出版公司，2016）

国家管理方面，2011年，中国一跃超越日本成为世界第二大经济体，引发了全球关于中国模式的大讨论，全球各路精英从政治的、经济的、文化的全方位深度剖析中国经济取得辉煌成就的原因。学者胡钧将"中国模式"的基本特征归纳为三个方面："中国共产党领导的核心地位和多党合作、民主协商的政治体制；国有经济的主导作用和多种所有制经济共同发展的所有制结构；依据科学发展观制定的国家经济规划的主导作用和充分发挥市场经济的基础性调节作用。"这一结论是非常准确的，得到国内外大多数专家的认可，如果不戴着有色眼镜看待问题的话。

习近平总书记讲中国要全面开放，就是要吸取西方管理的先进思想为我所用，要求我们要理论自信、制度自信、道路自信、文化自信。本源就是要求我们对自身的长处搞清楚、搞明白，对外不盲目、不崇拜。作为一名记者，就是要详细了解东西方在国家治理、社会治理、企业治理等各个方面的模式优劣，以求得互补借鉴，用魏源的话说，就是"师夷长技以制夷"。讲好中国企业的发展故事，就要对中国企业进行深入的了解和判断，把我们的长处发扬光大，补上我们的短板和劣势，在这方面，作为专家型的编辑记者是大有可为的。

关于企业的模式，若要从管理的角度进行细分，那是可以写几本书的。北京小米科技有限公司（简称：小米）是一个新兴的企业，从事的也是新兴产业，面对的也是新新人类，其格式有独特性，我们重点就管理模式和赢利模式分析。

企业的赢利模式

企业在经营管理过程中，有一个最大的问题是永远绕不过去的，就是靠什么赚钱，对实体企业来讲，大多数是靠卖产品赚钱，卖一件产品产生一定的利润，以此来进行企业生命的延续和扩大再生产。虚拟企业一般情况下靠卖服务来赚钱，这类企业又分为两类：一类是靠知识来赚钱，提供的服务有一定的知识含金量；另一类就是靠出卖体力来赚钱，提供以体力为主的服务。

第一类是只有一次销售过程的。有些企业的赢利模式是一成不变，只要产品有需求，生产成本有市场竞争力，企业就可以生存。有些企业的赢利模式会发生变化，比如汽车行业，最初汽车行业是靠卖汽车来赚钱的，卖一辆有一辆的利润，但当市场饱和的时候，汽车厂商会将汽车按照接近成本的价格来销售，后续靠汽车维护和附加服务来赚取利润，这就是赢利模式的变化，是由汽车行业的特殊性来决定的，汽车行业的后续服务带有很强的技术性，还要考虑安全。有些行业就不行，比如家电行业，大型家电企业不能靠维修来盈利养活企业，但可以作为很小的一个收入补充。

第二类是寄生的模式。互联网时代的各类软件企业，一方面要销售软件本身来赢利，另一方面则是靠软件的后期维护和升级服务来赢利。App类靠和手机的其他软件绑定来收取服务费用，甚至是绑定广告来盈利。比如一些在PC机上使用的各类诸如影音播放类、PDF类等免费软件就是靠绑定广告来实现收入的。

第三类是三次销售模式。在传媒领域，媒介的销售是一个三次销售过程，产生三次利润。第一次销售的是产品本身，产生很少的利润或者不产生利润；第二次销售是产品销售后对外界所形成的影响力的销售，即广告销售；第三次销售就是机构对品牌进行的资本运作。二次销售中的广告销售是媒介的内容所带来的影响力形成的，或者可以说是品牌影响力来形成的，具体体现为公信力、权威性、传播覆盖面等方面，大多数的媒介如电视、报纸、杂志、电台、互联网网站等都具备这个特征。商业化运营的媒介中，二次销售决定媒介的生存，由于行业竞争态势的特征，传媒媒介行业一般情况是一次销售底价开拓占领市场，打造影响力、公信力、权威性，二次销售获得广告销售，反哺一次销售。

一次直接产品的销售中，报纸的销售就是第一次销售，报纸卖得好不好直接体现为发行量数据大小，报纸内容直接决定发行量，另外还有受到营销手段的影响，这个销售的收入是不足以支撑报社运转的；杂志正好相反，销售收入主要由杂志的发行量来决定的，发行量大收入高，杂志单本销售所承担的综合成本就少，如果定价合理，杂志发行量达到一个临界值时，就可以实现盈利，是不需要广告补充的；电视同样是这种情况，电视台所拍摄的电视节目，采写的新闻，甚至电视剧等首先是通过有线收费的模式销售给观众，如果内容得不到观众的认可，或者吸引的观众不够多，收入就很少，观众的多寡体现为电视节目收视率数据的大小，二次销售完成的不是很好，电视台就会亏本。第三次销售是整体的资本运作，手段就是上市，传媒股就是媒体的三次销售形式。

互联网一次销售可以看作是网费和流量费，表面上互联网上的内容是免费的，其实不是，互联网的门户网站自己制作的节目部分是要通过销售来获利的，只不过份额比较小，移动互联状态下，某些大的移动互联品牌公司的内容是要通过流量来获取一部分利润，所有的流量费用并非全部交给通信运营商。

二次间接品牌公信力销售收入。二次销售的广告推介实际上是一个品牌销售过程，品牌优劣的指标重点体现在如下几个方面，笼统地讲就是公信力、影响力、权威性、覆盖人群规模。在媒介二次销售过程，媒介品牌优劣评级一般由第三方机构承担，我国比较权威的媒介评价机构主要有央视索福瑞调查机构、新生代调查机构、AC尼尔森、慧聪等，国外的CRT调查机构，媒介需要向其付费购买调查结果用以推介自己，同时这些机构更多的将这些相对比较公平客观的数据提供给广告客户，供广告客户在投放广告时做决策参考。这些数据内容庞杂，主要是读者结构、读者的价值取向、读者的区域分布、读者的收入状况、读者的消费倾向等对广告主有价值的数据，同时也监测报纸整体读者的阅读倾向，便于报社调整内容生产方向，以适应抢夺更多的市场份额，电视则主要是针对观众来分析相应的数据，内容与报纸大同小异。这些数据对媒介机构和广告主具有重要的参考价值。

互联网是一个很大的二次销售平台，赢利模式很复杂，门户新闻网站靠广告取得收入，淘宝类的网站则是靠出租空间店铺来取得收入，同时还要对于卖家所售产品利润分成，或者赚取资金沉淀所形成的金融利润。实际上互联网赢利模式成为所有赢利模式的综合体，所有能赚钱的模式它都具备条件来实现，只是比例大小的问题。

金融类企业的赢利模式非常有特殊性，银行的传统赢利模式就是收储贷出，收储付出的利息少，贷出收入的利息高，两者之间的利息差就是银行的利润。在金融创新的时代，这个本质没有变化，只是形式在发生变化，概念在发生变化。目前在企业的经营管理过程中，赢利模式大致如此，本质是两个方向，一个是利润来自产品端，一个来自服务端。选择哪一个方式决定于产品和市场竞争的程度。

第四种赢利模式就是金融领域的各种金融产品的创新，本质可归结为"买空卖空、套利投机"，是不创造任何社会财富价值的。随着社会的发展，金融创新套利最终要失去市场的。

小米模式

小米是一个非常有意思的企业。

有意思的是在于小米的产品研发模式和营销模式脱胎于传统的模式，但却把传统模式的某一点做到了极致。突破点在于用户模式参与到产品开发并做到极致，营销模式是把用户参与活动所形成的口碑传播做到极致。

宏观上讲，小米和其他企业是不一样的，这种不一样主要体现在发展速度快、品牌成长快，小米品牌的成长用5年的时间走过了其他企业用10年甚至更长时间才能达到的效果。总结小米成功的秘诀，用小米联合创始人黎万强先生的话说就是三个字——"参与感"（见图示）。

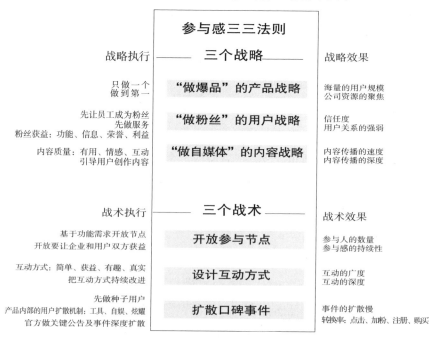

资料来源：黎万强.参与感.北京：中信出版社，2014：20。

在小米的发展过程中，始终都有"局外人"在"搀和"，从产品研发、设计、销售，这些局外人最终都是小米手机的消费者和口碑的传播者。这样一个愿意掺和到小米设计、研发、销售、使用各个环节的庞大的、愿意与小米工作人员一起分享体验的消费群体构成了小米发展的基石。实质上小米的所作所为就是把消费者真正的当成了上帝，尽可能满足消费者的需求，用户体验用专业的营销术语来讲就是体验营销，小米的高明之处在于借助互联网的思维，将体验交互至企业发展的每一个环节，这就是小米的模式。至今，恐怕没有一家企业敢说，消费者在企业发展中的参与度超过小米。小米的生产近乎"群体定制"，在消费者需求千变万化的今天，能做到这一点，不成功都不行。

小米发展用户的参与模式体现在以下几个方面。

第一，技术参与模式。小米手机设计方面有三个原则：一是用户模式大于一切工程模式；二是优先处理浮出水面的需求；三是用户体验的核心是为谁设计。这三条原则的核心内容就是将用户置于最高位置，而不是工程师和技术团队的方便。小米的具体做法是让工程师泡论坛接触用户，起初有些工程师还不理解，小米为了让用户深入参与到产品研发过程中，小米团队在论坛和用户互动，系统每周更新。在技术上"开放参与节点"，除了工程师代码编写部分，其他的产品需求、测试和发布都开放给用户参与。

第二，互动参与模式。在互动参与方面，小米是一步一步做起，小米公司设定从最初的100名粉丝开始，逐步将论坛放大，基于论坛来讨论收集需求，设计了"橙色星期五"的互联网开发模式，一年时间论坛用户达到50万名。

第三，口碑营销模式。口碑营销在营销界是大家常用的手法，但如何把它做成常规使用的手段，小米的做法是做自媒体，自媒体的核心是把自己的事情当作别人的新闻来处理。只有自己的事情成为别人的新闻时，社会媒体才会关注你，才会报道你，这样的情况下，社会媒体的报道就是最好的广告。例如，把米粉变成员工，就是很好的事例。

《华为哲学》的作者周留征先生在书中写道："无论是卖汽车的特斯拉还是卖手机的小米，它们的颠覆更多地体现在对商业模式的创新上。首先是营销模式的创新。特斯拉绕过4S店后采用体验店和网络销售。小米也是如此，只通过网络销售。后来随着销量的变化，小米才进入卖场。互联网思维的最大特点就是用户体验做到极致，在提高了用户满意度的同时还节省了大量的中间成本。其次是运营模式的创新。小米和特斯拉采用的都是网上预定式购买。最后是宣传模式的创新。二者虽然行业不同、消费对象不同，但宣传手段一致，都是口碑宣传传播。"（周留征.华为哲学.北京：机械工业出版，2015）尤其是在口碑传播方面，两家企业都很善于制造新闻，引起更多的讨论和争议，包括负面的、吐槽的，在这些情况出现之后，两家企业都做了很好的公关和引导，直至走向对企业更有利的方向。

华为的管理模式

华为的管理模式是什么呢？至少在目前，还没有一个确切的答案。华为自成立始，至今三十余年，在中国活过三十年而不倒的企业也不是很多的，任正非之所以能够将华为带到今天，一定有他的独到之处。周留征博士在他的《华为哲学》一书中给出了华为成功的答案——哲学。任正非的哲学思想主导了整个华为的发展历程——尽管具体的事项有好多团队在做，但毋庸置疑的是在华为没有一项重要的管理或决策脱离任正非对企业的哲学思考和理念灌输。这或许是对华为模式的最好注解。这里有生存哲学、文化哲学、发展哲学、经营哲学、管理哲学……每一项都有其固定的思考模式。文化哲学倡导的是狼性文化，同甘共苦，快速响应，在企业文化中植入狼性基因，灵敏的嗅觉、奋不顾身的进攻、精诚协作的群体意识等狼性精神在华为发挥得淋漓尽致，用以征服世界；创新哲学倡导拿来主义、成果导向、领先半步、流程再造，要求管理、技术人员不能盲目地创新，一定要有成效地创新，化解创新的风险，站在巨人的肩膀上创新，有目标的创新；用人哲学倡导任人唯贤，没有学历地位的对比，要求必须自律、师徒传帮带、入职教育认同华为的价值观，没有资历的推崇，能上能下，最典型的是轮值CEO制度。这些原则在华为得到坚决执行。沈方楠在其《华为的28条军规》一书中所列28条具体内容，每一条都是一条哲学的原则，这些原则都在华为被当作严厉的规则，其基本上涵盖了企业管理的方方面面，正是这些哲学原则的有力贯彻执行，成就了华为的今天，强有力的执行力的狼性精神或许就是华为成功管理模式的核心。因为至今华为所有的经验、原则、规章、制度、文化等企业的各个方面的内容，都能在其他企业找到影子，他们唯一的区别是，华为坚持了、贯彻了、到位了。

华为成功的模式首先在于其选择了一个顺应时代发展的行业，把准了时代的脉搏；其次就是其他兄弟企业用过的对其有利的发展思路和模式都拿来使用，而且做到了行必果，其他死掉的企业或是没有成功的企业如果和华为相比，如果不是没有想到，那一定是没有做到。

阿米巴管理模式

"阿米巴"又称变形虫，是一种单细胞动物，具有细胞分裂繁殖、灵活易变等特性。

阿米巴经营模式是稻盛和夫所独创的管理模式。在企业经营过程中，将"阿米巴"作为一个核算单位，引申为企业中最小的基层组织，即最小的经营单元，它可以是一个部门、一条生产线、一个班组，甚至可以是一名员工。阿米巴经营是指通过小集体的独立核算，每个小型组织都作为一个独立的利润中心，按照小企业、小商店的方式进行独立经营，是实现全员参与经营、凝聚全体员工力量的经营管理模式。

比如说制造部门的每道工序都可以成为一个阿米巴，销售部门也可以按照地区或者产品分割成若干个阿米巴。

海尔的内部管理市场链就是这种形式，亦即每一个相对固定的生产环节成为一个独立的核算单元，上下关联的环节之间互为客户，以此控制成本产生综合利润。如今，海尔将自己重新定位为解决方案提供商，不仅销售家用电器（主要产品线包括冰箱、洗衣机、烘干机、娱乐电子、空调、净水器），还提供包括水安全信息和其他帮助中国和其他发展中国家消费者改善生活质量的服务。为了实现这个定位，张瑞敏稳健地发起了公司结构的转型，不断地转向参与式管理、去中心化决策、自主但自我问责的工作团队和平台。随着海尔转变为一个平台企业，组织的每个部分都自负盈亏，能自主做出决定（包括决定与海尔的哪些其他部分合作），且能独立地与用户、潜在员工和合作方接触。研发项目现在常常跨出了海尔内部，涉及外部学者、独立设计师，甚至竞争对手。张瑞敏将这些看作所有大公司的自然变革，尤其对那些专注于互联网时代下企业创新的公司。他决心让海尔变为第一家能够让这类管理方式有所成绩的公司，即使是公司内外还有人不确定如何每天将这样的管理想法付诸执行。

阿米巴经营不仅仅是进行现场改善的工具，而是一套极其合理的、完整的管理体系。

阿米巴经营成功的关键在于通过这种经营模式明确企业发展方向，并把它传递给每位员工。因此，必须让每位员工深刻理解阿米巴经营的具体模式，包括组织构造、运行方式及其背后的思维方式。

阿米巴经营核心价值在于划小单元核算，自主经营，与现在海尔的组织管理模式有相似之处。阿米巴经营模式就是以阿米巴领导为核心，让其自行定制各自的计划，并依靠全体员工的智慧和努力来完成目标。通过分权达到了整体有序的管理，让每个员工都能成为主角，主动参与，调动积极性，进而实现全面参与。阿米巴的经营权下放给阿米巴领导，从而培养有领导者意识的人才。事实上，阿米巴经营分权的最终目的是为了更好地集权，使得企业员工与经营者的意志统一。

阿米巴经营模式充分发挥了企业管理的两种力量：无形力量——企业文化；有形力量——自主经营。实现员工群策群力，上下同欲，并发挥每个员工的积极性和创造性，通过这个经营体的积极性和创造性，实现企业规模越来越大、经营载体越来越小。

弊端是如果员工对于阿米巴经营没有一个正确的理解，其结果就会流于形式，出现以自我为中心，为了自己阿米巴的利益而损害其他部门利益的情况，也有可能会因为达成目标的压力过大，而导致员工心理疲劳。

资料：海尔创新模式

●人单合一

互联网时代放大了用户话语权，企业必须从以产品为导向转为以用户为导向，一切以用户为中心。

管理大师彼得·德鲁克说过：企业唯一目的就是创造顾客。海尔认为，互联网时代顾客不等于用户，顾客是消费者，先有产品后有顾客；而用户是能够与企业实时交互的群体，先有用户后有产品。

进入互联网时代，海尔积极把握时代变革探索新模式，2005年9月正式提出"人单合一双赢"模式。"人"即员工；"单"不是狭义的订单，而是用户资源；"双赢"，就是把每一个员工和用户结合到一起，让员工在为用户创造价值的同时实现自身价值。

有自己的用户并不是目的，最终目的是要为用户创造颠覆性的产品。"人单合一双赢模式"使每个人都是自己的CEO，它把员工从传统的科层制中解放出来，组成一个一个直面市场和用户的小微企业。这些小微企业把全球资源都组合起来，对产品不断迭代升级，自发现市场需求。

●理论背景：没有成功的企业，只有时代的企业

互联网的发展带来了全球经济一体化，加速着企业的全球化进程。互联网的三个特征——零距离、去中心化、分布式，分别颠覆了古典管理理论三位先驱泰勒、马克斯·韦伯和法约尔的理论，新的时代规则要求企业管理模式的重塑。

第一，零距离颠覆了泰勒的"科学管理理论"。科学管理理论以动作时间研究著称，动作时间研究的结果形成了今天的流水线，在流水线上，人是没有创造力的，完全变成机器的附庸。而在互联网时代，用户和企业之间必须零距离，只有零距离才能满足用户的个性化需求，大规模制造注定被大规模定制所代替。

第二，去中心化颠覆了马克斯·韦伯的"科层制理论"。科层制理论的组织架构是金字塔式的，这种"正三角"形的组织里充满了各种层级，从决策层、管理层到操作层，逐层增大，基层人员的自主空间很小。而在互联网时代，所谓去中心化就是每个人都是中心，对内部而言每个员工都是中心，对外部而言每个用户都是中心，金字塔式的组织架构要变得扁平化。

第三，分布式颠覆了法约尔的"一般管理理论"。一般管理理论强调的是企业内部职能的再平衡，但无论怎样平衡都是内部封闭起来做一件事。根据乔伊法则，最聪明的人永远在企业外部。互联网为企业利用这些分布式的资源创造了条件，企业要从封闭变得开放，世界就是我的研发部，世界就是我的人力资源部。

具体到企业经营实践层面，用户被互联网"激活"后，传统企业的"生产—库存—销售"模式不能满足用户碎片化、个性化的需求，为解决这个问题，更好地为用户创造价值，海尔积极探索互联网时代创造用户的新型商业模式，即"人单合一双赢"模式。

"人单合一双赢"模式把员工和用户连在一起，"激活"每个员工，让员工在为用户创造价值的同时实现自身价值，让每个人成为自己的

CEO。另外，海尔内部员工全部变为接口人，接入全世界一流资源，将世界变成海尔的研发部和人力资源部。

●组织创新

互联网时代，用户与企业的关系正在发生着改变：第一，企业和用户之间实现了信息零距离，原来企业的大规模制造注定要被大规模定制所代替；第二，去中心化，每个人都是中心，金字塔式的组织架构变得扁平化；第三，分布式管理，全球的资源企业都可以为我所用，全球就是企业的研发部和人力资源部。

传统企业的组织是串联式的，从企划研发、制造、营销、服务一直到最后的用户，企划与用户之间有很多传动轮，但这些传动轮并不知道用户在哪里，这是企业里的中间层。还有一些社会上的中间层，比如供应商、销售商。总而言之，这些中间层拉远了企业和用户之间的距离。

海尔"外去中间商，内去隔热墙"，把架设在企业和用户之间的引发效率迟延和信息失真的传动轮彻底去除，让企业和用户直接连在一块，从传统串联流程转型为可实现各方利益最大化的利益共同体。在这个利益共同体里面，各种资源可以无障碍进入，同时能够实现各方的利益最大化。

要建成并联的生态圈，组织结构一定要变。现在的海尔，没有层级，只有三种人——平台主、小微主、创客，都围着用户转。平台主从管控者变为服务者，员工从听从上级指挥到为用户创造价值，必须要变成创业者、创客，这些创客组成小微创业企业，创客和小微主共同创造用户、市场。小微主不是由企业任命的，而是创客共同选举的。创客和小微主之间可以互选，如果小微主做了一段时间被小微成员的创客认为不称职，可以选掉。如果企业内部的人都不行，还可以引进外部的资源。这些小微加上社会的资源，就变成了一个生态圈，共同去创造不同的市场。这就会形成有很多并联平台的生态圈，对着不同的市场，对着不同的用户。

截至目前，海尔集团已支持内部创业人员成立200余家小微公司。创业项目涉及家电、智能可穿戴设备等产品类别，以及物流、商务、文化等服务领域。另外，在海尔创业平台，已经诞生470个项目，汇聚1328家风险投资机构，吸引4000多家生态资源，孵化和孕育着2000多家创客小微公司。越来越多的社会人员选择海尔平台进行创业，海尔创建的创业生态系统已为全社会提供超过100万个就业机会。

● **驱动机制**

海尔抓住第三次工业革命的机遇，加快探索实践"人单合一双赢"模式，搭建"人人创客、引爆引领"的创业生态系统，不断推动员工、组织和企业实现转型。

为保障员工、组织、企业三个转型的顺利展开，2015年，海尔聚焦两大平台的建设——投资驱动平台和用户付薪平台。其中，投资驱动平台就是将企业从管控组织颠覆为生生不息的创业生态圈，为创业者在不同创业阶段提供资金支持。用户付薪平台是指创客的薪酬由用户说了算，从企业付薪到用户付薪，促使创业小微公司不断自演进和迭代升级。投资驱动平台和用户付薪平台是海尔模式创新的驱动力量。

资料来源：海尔官网，2016-5-19

网址链接：http://www.haier.net/cn/about_haier/one_person_alone/

第十二节　讲机制

注重从体制机制创新上推进供给侧结构性改革，着力解决制约经济社会发展的体制机制问题。

——2016年4月18日，习近平在中央全面深化改革领导小组第二十三次会议上强调

缩小收入差距，坚持居民收入增长和经济增长同步、劳动报酬提高和劳动生产率提高同步，健全科学的工资水平决定机制、正常增长机制、支付保障机制，完善最低工资增长机制，完善市场评价要素贡献并按贡献分配的机制。

——2015年10月29日，习近平在第十八届中央委员会第五次全体会议上的讲话

"机制"一词，《辞海》给出的解释是"机器的构造和动作原理，生物学和医学在研究一种生物的功能时，常指内在的工作方式，包括有关生物结构组成部分的相互关系及其间发生的各种变化过程的物理、化学性质和相互联系。阐明一种生物功能的机制，意味着对它的认识已经从现象的描述进到本质的说明"。

根据《辞海》给出的解释，"机制"一词本意来源于对生命过程的描

述。词语使用发展演变到现在，词语的本义没有变化，只是已经外延到各种各样的学科中去了，更多的是描述各种各样的组织机构，给各种组织机构赋予了生命的意义。机制在社会学中的内涵可以表述为"在正视事物各个部分存在的前提下，协调各个部分之间关系以更好地发挥作用的具体运行方式"。（百度百科 http://baike.baidu.com）

根据这些解释，在现代社会，机制的延伸与扩展已经远远大于本来生物学的解释。在不同领域就有了不同的概念，比如管理机制、运行机制，更专业细致一点到金融机制、货币机制、考核机制、工资机制、用人机制、财务机制、决策机制等。这些关于企业管理的表述，经常挂在大家的口头上，但如何就某一方面的机制给出准确的概念，还需根据上面的定义概念认真分析归纳总结。如果再深究，例如企业的考核机制是什么？就要更具体到工作分析，岗位说明。不同的岗位和考核体系，是针对不同需求层次的，是有差异的。这也是企业故事丰富多彩的魅力所在。

这些机制都是后天人们根据需要而建立起来的，不是生物本身先天具备的，因此，现在的很多机制被赋予了人的思想和理念，包含了更多的复杂关系。机制在企业管理中占据着核心地位，企业能否良好运行建立在各种机制是否能够协作运行的基础之上，并且这种机制还包含了人与人之间的关系、制度与人之间的关系、机械设备与人之间的关系，各种关系的协调就是各种机制的磨合，所以我们在做企业的新闻报道时就有了选择性，就会根据建立者的意图来分析判断，表达这种机制本身在企业组织结构中的作用，不是去发现先天事物的本质，而是要发掘发现"机制"的发明者的意图，并对其传播发扬光大，这是我们讲好企业故事要讲机制的终极原因。

对一家企业来说，其所包含的机制一定是五花八门，很烦琐，很庞杂。一方面，所有的企业管理都会为企业良性运转建立各种机制，而且每个机制都有其自身的运行规律，这个规律运行的是否与其他部门或内容相匹配协调，直接决定企业运行好坏。如价格机制、制约机制、效能机制、人才机制、财务机制、品牌机制、创新机制、资源配置机制、客户管理机制等。另一方面，企业本身不能脱离社会而独立存在，其运行机制也必然要受到社会方方面面的制约，其运行管理机制也要和社会接轨，所以我们分析报道企业的机制好坏，不但要放在企业内部本身去比较，也要在同行业以及整个社会大环境下分析对比，只有这样，对一个机制是否优劣，是否适合于某一个组织，机构才会有准确的判断，才会有强有力的说服力，才会有新闻的权威性。

要做好企业的新闻报道，讲好企业各个层面的故事，就要解剖企业的各个方面，看看企业为了其发展，到底建立了多少个、多少层级的机制。分析企业党、政、工、团等各个口的运行管理，只有在这个层面了解清楚之后，再按照我们每一个小节所讲述的内容去分类，才会寻找到更多的新闻点，更多的新闻角度。

所有企业的机制，都是围绕企业文化和企业战略展开的，具体都是企业管理的内容，就此罗列一些机制，供大家了解，通过这些机制内容作为新闻的线索去发掘新闻，使我们的新闻更加专业化、有深度、有广度。

1.管理机制

管理机制是指在已经完善建立起来的组织架构体系上，内部组织架构体系良性运转、互相协调的内在联系的规律或者制度约定的办法。管理机制是企业管理中最庞杂的、最难以梳理的，涉及企业的品牌、文化、资源配置、客户管理、技术管理、效能等。

讲好企业管理的故事，必须讲清楚企业的组织架构体系是如何运转的，并且必须讲得通俗易懂。因此组织架构的肢解以及之间的相互关系必须说清楚、讲明白，最好讲其中的某一个方面，最忌泛泛而谈，假大空，面面俱到，等于什么也没说。在管理机制这个问题上，更多的是选择一个点，做深入的剖析，才能写出深度文章。

2.质量机制

质量就是生命，企业的产品和服务质量决定了企业的生存发展。企业通过什么样的手段和办法控制质量，这个手段和办法成体系的存在，形成一个运转协调、扎实有效的保障体系，就是企业的质量机制。质量体系分为两个层面，一个层面是产品本身的标准以及对标准的控制体系，另一个层面是对产品标准的使用保障体系，也就是常说的售后服务体系，这两个体系形成产品质量机制的闭环。

讲好企业的故事这些环节很重要，因为质量好坏直接决定消费者的体验感觉，甚至生命安全。在企业宣传活动中，宣扬传播企业质量优异特点是企业故事的重要组成部分。例如中央电视台在纪录片《超级工程》中，介绍中国桥梁工程技术的质量时，用了大篇幅的文字和图像来说明质量保障，如对LNG运输船的焊接技术介绍，对海上钻井平台的防锈处理，港珠澳大桥的使用寿命的设计等，这些从操作规程到材料使用都有严格的规范，正是讲好企业故事的良好素材。

3.市场机制

市场机制是企业在生产出产品后建立起来的如何将产品销售出去、到达消费终端的一套运行体系。在企业，市场销售属于企业生存发展的核心部门之一，市场机制不单纯是为销售产品而存在的，更重要的是市场机制灵活的前提下，可以反馈市场对产品的体验后反作用于产品生产部门，促进产品的更新换代，以适应市场的变化。市场机制相对于管理机制和质量机制来说，是更加开放的、外在的，受市场中价格机制、竞争机制、风险机制、供求机制的影响。市场机制中主要面对的市场容量、市场竞争、产品定位等。

要讲好企业市场的故事，一方面要了解企业本身的市场运营机制和规律，另一方面还要了解市场外在的影响，内外方面结合，才能清晰表达，写出具有专业水准的企业市场表现的好文章。

4.人才机制

企业的人才机制是企业对员工选择、使用、考核等建立起来的一套体系。企业人才机制中选拔至关重要，是人才的入口。对于专业性较强的岗位来说，除必备的专业知识之外，还必须有性格、外貌、价值取向等方面的考虑；企业的用人机制是第二个重要的环节，一般情况下，企业用人喜欢赛马机制，注重人才的能力，通俗的说法就是能者上、平者让、庸者下。这个道理很简单，但在某些单位具体执行起来却困难得多，会受到多方面的原因限制，有时是客观原因，有时是主观原因。企业如果能够做到这一点，那么这个企业一定会是成功的企业。

要讲好企业用人故事，一定要根据企业的具体情况和特点来分析。每个企业的选人标准是不一样的，但在用人标准上可能会有更多共性。讲好人才机制，就是要将企业人才机制全面分解，找准新闻点，才能写出好看的文章。

在员工的选择方面，要讲好这个故事，还要掌握好企业的特质，人力资源管理专家彭剑锋对海尔、小米、阿里、华为四家公司的人力资本策略做了一番分析，讲述了四家企业的用人选人故事。

例文：

小米：寻找最聪明的人

你要把产品做到极致、要超越客户需求，人才必须是超一流的，只有超一流人才能做出超一流产品，那么，要找到超一流的人才，你就不能靠自己培养，而是要不惜代价去市场上挖。小米团队从14人发展到400人，整个团队平均年龄33岁，几乎每个员工都来自最优秀的公司，如谷歌、微软、金山、摩托罗拉。雷军的一半时间都用在招人上了，前100名员工，每位员工雷军都要亲自见面并沟通。所以小米认为管理者和人力资源最重要的任务就是得找到最聪明的人，人力资源80%的时间要用在找人上。这种理念不一定对，但不管怎么样它满足了一个公司在高速成长时候对优秀人才的迫切需要，而且那些优秀人才把别的公司的经验都带了过来。

海尔：员工创客化

海尔现有专门的创业基金和合作的投资公司，员工只要有好主意、好点子，公司就可以给你资金成立项目组，鼓励你组建队伍去创业，而且让你持股。这样的话，企业内部就能变成一个个创业中心。在互联网时代，员工的创造力需要发掘和发挥，你只要给他资源，他可能就能做成功一个项目，或者一个企业。海尔倡导员工创客化，将来有可能在内部创造出几百个公司来，海尔就会变成一个创业的集合体，这时候企业的利益就不再简单地来自于做家电了，围绕它的整个价值链，什么都可以做。值得注意的是，现在海尔很多新型的公司都是员工创业的成果。

华为：小单位作战

华为最近所做的一个大的改革，就是提出"班长的战争"。华为将从中央集权变成小单位作战，"通过现代化的小单位作战部队，在前方去发现战略机会，再迅速向后方请求强大火力，用现代化手段实施精准打击"，这就是所谓"班长的战争"。要实现这种改革，就是要建立子公司的董事会。过去华为为什么要中央集权呢？就是要组织集团冲锋，因为我们火力不够，即企业的资源不够，所以得把整个企业的资源集聚在一起形成强大火力去冲锋。现在不一样了，现在企业的品牌资源、资金资源、客户资源都有了，这时候就需要变阵，要把集中的权力下放，企业的一些重大经营决策下放到子公司董事会，而不再是集中到集团的董事会上来。

阿里巴巴：寻找合伙人

阿里巴巴的人力资本合伙人主要来自两方面，一方面是马云自己培养的合伙人，还有一方面是空降的技术人才。就财富来讲，马云虽然只有8.9%的股份，但市值130多亿美元。有人说阿里巴巴上市后，杭州一下子多了成百上千位千万级、亿万级富翁。所以大家可以看到，在互联网时代不一定要控股，只要你通过知识、能力，通过人力资源的付出，把企业做大、把企业价值做大，同样可以获得极大的财富和价值。

（节选自《中外企业文化》杂志2015年第2期，原文标题《互联网时代战略转型的四个案例——小米、海尔、华为与阿里巴巴》，作者：彭剑锋）

第十三节　讲法治

全面依法治国是国家治理的一场深刻革命，关系党执政兴国，关系人民幸福安康，关系党和国家长治久安。必须更好发挥法治固根本、稳预期、利长远的保障作用，在法治轨道上全面建设社会主义现代化国家。

——2022年10月16日，习近平在中国共产党第二十次全国代表大会上的报告

法治，在1999年版《辞海》中的词条是这样解释的，"按照法律治理国家的政治主张"。在先秦时期就有法家的政治哲学思想，诸子百家中法家就主张"法治"，强调法律制度在国家治理中的权威地位。

一、中国古代法治思想代表

中国古代思想家、哲学家和散文家、法家学派代表人物韩非是法家思想之集大成者，又称韩非子。韩非集商鞅的"法"、申不害的"术"和慎到的"势"于一身，慎到的重"势"就是重视法、法律，认为"治国无其法则乱"。韩非将辩证法、朴素唯物主义与法融为一体，把"法治"和"术治""势治"相结合，形成系统的法治理论。商鞅在《商君书·君臣》中说，"明主之治天下也，缘法而治"。管仲也是法家的主要代表人物，主张"治国使众莫如法，禁淫止暴莫如刑"。

韩非提出"依法治国""以法为本""治强生于法"等思想观点，并通过著述各类故事用以说明。尤其是其提出的"刑过不避大臣，赏善不遗匹夫"观点，就是现在大家耳熟能详的"法律面前、人人平等"。

二、习近平关于依法治国的论述

党的十八大以来，习近平总书记关于全面依法治国的一系列重要论述，涉及立法、执法等各个方面，内容丰富，观点鲜明，理论深厚，立意高远，思想深刻，逐步形成了全面系统的依法治国的思想体系，成为习近平新时代中国特色社会主义思想的重要组成部分。这些论述，对于我们深刻理解全面依法治国的重大意义，系统把握全面依法治国的指导思想、总目标、基本原则和总体要求，协调推进四个全面战略布局，具有十分重要的政治意义、理论意义和实践指导意义。习近平总书记关于依法治国的论述众多，这里选择一些重要会议上的讲话内容，用以阐明习近平新时代中国特色社会主义思想中的法治思想。

（一）重要会议上的讲话

2022年10月16日，中国共产党第二十次全国代表大会在北京隆重开幕，习近平总书记代表第十九届中央委员会作题为《高举中国特色社会主义伟大旗帜　为全面建设社会主义现代化国家而团结奋斗》的报告。报告第七部分小标题为"坚持全面依法治国，推进法治中国建设"。习近平总书记在报告中指出："我们要坚持走中国特色社会主义法治道路，建设中国特色社会主义法治体系，建设社会主义法治国家，围绕保障和促进社会公平正义，坚持依法治国、依法执政、依法行政共同推进，坚持法治国家、法治政府、法治社会一体建设，全面推进科学立法、严格执法、公正司法、全民守法，全面推进国家各方面工作法治化。"

在报告中，习近平总书记进一步阐明中国特色社会主义法律体系建设要以宪法为核心，加强宪法实施和监督；在立法上，要加强重点领域、新兴领域、涉外领域立法，推进科学立法、民主立法、依法立法；在依法行政方面，要扎实推进依法行政，转变政府职能，优化政府职责体系和组织结构，提高行政效率和公信力，全面推进严格规范公正文明执法；在公正司法方面，要严格公正司法，深化司法体制综合配套改革，全面准确落实司法责任制，加快建设公正高效权威的社会主义司法制度，努力让人民群众在每一个司法案件中感受到公平正义；在法治社会建设方面，要加快建设法治社会，弘扬社会主义法治精神，传承中华优秀传统法律文化，引导全体人民做社会主义法治的忠实崇尚者、自觉遵守者、坚定捍卫者，努力使尊法、学法、守法、用法在全社会蔚然成风。

2017年，在党的十九大上，习近平总书记在报告中阐述法治理论、法治理念和法治思想，对法治建设高度重视，其中多次提及"法治"和"依法治国"。报告中阐述"明确全面推进依法治国总目标是建设中国特色社会主义法治体系、建设社会主义法治国家"，"坚持全面依法治国。全面依法治国是中国特色社会主义的本质要求和重要保障"。 报告中给出两个阶段的目标，2035年："基本实现社会主义现代化，法治国家、法治政府、法治社会基本建成"；2050年："全面建成社会主义现代化强国，实现国家治理体系和治理能力现代化"。

2019年，习近平总书记在《求是》杂志第4期发表题为《加强党对全面依法治国的领导》的文章，文章阐明"党的十八大以来，我们提出一系列全面依法治国新理念新思想新战略，明确了全面依法治国的指导思想、发展道路、工作布局、重点任务。概括起来，主要有以下十方面。"

坚持加强党对依法治国的领导；

坚持人民主体地位；

坚持中国特色社会主义法治道路；

坚持建设中国特色社会主义法治体系；

坚持依法治国、依法执政、依法行政共同推进，法治国家、法治政

府、法治社会一体建设;

坚持依宪治国、依宪执政;

坚持全面推进科学立法、严格执法、公正司法、全民守法;

坚持处理好全面依法治国的辩证关系;

坚持建设德才兼备的高素质法治工作队伍;

坚持抓住领导干部这个"关键少数"。

尤其是第十个方面,阐明要坚持抓住领导干部这个"关键少数"。更是直击全面依法治国过程中的要害问题,就是要解决执法过程中的关键岗位上人的问题,解决履职者、执法者的思想观念问题。

早在2012年12月4日,习近平总书记在首都各界纪念现行宪法公布施行30周年会上的讲话中指出,要"提高领导干部运用法治思维和法治方式深化改革、推动发展、化解矛盾、维护稳定能力,努力推动形成办事依法、遇事找法、解决问题用法、化解矛盾靠法的良好法治环境,在法治轨道上推动各项工作"。

2014年1月7日,在中央政法工作会议上讲话中,习近平总书记强调"各级领导干部要带头依法办事,带头遵守法律,牢固确立法律红线不能触碰、法律底线不能逾越的观念,不要去行使依法不该由自己行使的权力,更不能以言代法、以权压法、徇私枉法"。

2015年2月2日,在省部级主要领导干部学习贯彻党的十八届四中全会精神专题研讨班上,习近平总书记语重心长,强调"各级领导干部在推进依法治国方面肩负着重要责任,全面依法治国必须抓住领导干部这个'关键少数'"。

2014年10月23日,中国共产党第十八届四中全会在北京召开,大会通过《中共中央关于全面推进依法治国若干重大问题的决定》,拟建立宪法宣誓制度,凡经人大及其常委会选举或者决定任命的国家工作人员正式就职时须公开向宪法宣誓,培养领导干部对宪法的忠诚。2018年2月24,

全国人大常委会对宪法宣誓制度相关规定做出适当修改，修订后75个字的誓词是："我宣誓：忠于中华人民共和国宪法，维护宪法权威，履行法定职责，忠于祖国、忠于人民，恪尽职守、廉洁奉公，接受人民监督，为建设富强民主文明和谐美丽的社会主义现代化强国努力奋斗！"

（二）关于法治经济的重要论述

党的第十八届四中全会通过的《中共中央关于全面推进依法治国若干重大问题的决定》指出，社会主义市场经济本质上是法治经济。实现法治经济的途径就是制定完备的、公平的、系统的社会主义市场经济的法律体系，以法律来保护市场竞争，就是市场主体的行为受法律约束和保护。市场是无形之手，政府是有形之手，政府的作用就是制定健全配套客观公正、透明、公开的法律规范，做到有法可依，执法必严，市场经济体制才能建立起来，才能维护市场经济运行，激发市场主体活力。市场配置出现失灵时，就要发挥政府干预作用，运用有形之手，在法律框架内实施宏观调控行为。建立社会主义市场经济体制，就是要让市场在资源配置中起决定性作用，相应地要求制定与此相适应的社会主义市场经济的法律体系。

1.法治是中国特色社会主义市场经济的保障

2006年5月12日，习近平在《之江新语》发表文章题为《市场经济必然是法治经济》文章，指出"市场经济的高效率就在于价值规律、竞争规律、供求规律的作用，但发挥市场经济固有规律的作用和维护公平竞争、等价交换、诚实守信的市场经济基本法则，需要法治上的保障"。

首先，要把握经济发展与法治的关系，加快建设法治经济和法治社会，把经济社会发展纳入法治轨道。要认识到，"法治"与"经济"是相辅相成、相得益彰的、互相促进的。法治是新时代推动经济高质量发展的重要保障。要实现市场经济的良好运行，必须以良法善治为基础。

其次，充分认识法治思维和法治方式的重大价值。法治思维就是依据规则至上、职权法定、尊重人权、正当程序等法治思想原则要求，分析事物、判断是非、作出决策。法治方式就是运用法治思维处理和解决问题的行为方式和手段。要以法治思维、方式确认和保护产权，规范公平竞争的市场环境，进行有效的市场监管。

再次，用法治保障经济发展的成果。法治经济重要的作用就是保障经济在合理合规的框架内发展，保障的是一个合法的过程，同时也要保障经济发展的成果，通过法治保证合法的经济发展成果不受非法的侵害。

2.法治是中国特色社会主义市场经济的有效秩序

市场经济的有效秩序建立依赖法治建设。习近平在《之江新语》发表文章题为《市场经济必然是法治经济》中指出："如果不从法律上确认经济实体的法人资格，企业就不能成为真正的市场竞争主体。如果缺乏维护市场秩序的法治保障，市场行为就会失当，市场信息就会失真，公平竞争就会失序。如果缺乏对不正当市场行为进行惩防的法治体系，守信者利益得不到保护，违法行为得不到惩治，市场经济就不能建立起来。"从这一意义上说，市场经济就是法治经济。

3.法治是发展中国特色社会主义先进生产力的要求

"法治"建设本身就是社会进步的体现，经济"自由无序"发展到"道德诚信的有序规范"再到"法治经济"是社会治理能力的进步。习近平在《之江新语》发表文章题为《市场经济必然是法治经济》中指出，"推进法治建设的一个重要动因，就是要反映和坚持社会主义先进生产力的发展要求，坚持为社会主义市场经济服务，坚持平等、自由、正义、效率等社会主义市场经济内在价值的追求。"

三、关于公司治理方面的法律法规制度

企业是社会的重要组织架构形式之一，有公司化的企业，有非公司化的企业，种类复杂，类型众多，但凡是一个有点规模的企业就是一个小社

会，各种利益主体错综复杂。在企业内部有股东、董事、高管、职工等；在外部则有供应商、消费者、债权人、债务人、政府监管机构等。在民主、权利、权力意识越来越强的今天，各方利益表达呈现出多元化，各方利益主体分分合合，常常纠缠在一起。有长远利益和短期利益，有股东利益和高管利益、股东利益与债权人利益、企业利益与职工利益、企业利益与消费者利益、企业与企业合作开利益、共赢利益等多种组合形式。在经营管理和企业运营过程中，这些利益主体的互动与博弈，排列与组合，难免产生摩擦与纠纷，于是就产生了类型丰富、数量众多的企业纠纷形式。

为了调和这些利益主体，作为监管主体的政府就要对各方利益进行协调，促进公平竞争和企业的良性发展。因此就要通过立法的手段去调和各方利益处于一个相对合理公平的状态，以此促进企业发展和社会和谐。

2022年，我国企业存在数量创下新高。2022年10月11日，《人民日报》刊发消息，称从国家市场监督管理总局获悉，截至2022年8月底，登记在册市场主体达1.63亿户，相比2012年底的5500万户，净增超1亿户，年平均增幅12%。其中，个体工商户从4060万户增加至1.09亿户。这样一个庞大的企业数量群体，光说企业和企业之间的因为不同的利益诉求所发生的纠纷就会是一个庞大的数量，如果没有完备的法律体系规范支撑，就会造成很大的社会问题。因此，必须在全面依法治国的思想指导下，建立起能够适应当前社会经济发展的法律体系，才能促进经济良性发展。

我国关于企业公司治理方面的法律众多，尤其是改革开放以来，随着中国特色社会主义市场经济体制的确立，法律法规体系逐步完善，形成公司法律制度、非公司企业法律制度、企业破产法律制度、合同法律制度、物权法律制度等几十个种类，笔者参考相关资料，对这些法律制度进行简单分类，列举20项类别，由于笔者知识缺陷，不是专业的法律工作者，这个归类不一定完善，可能会有一些疏漏；也不一定准确，可能会有一些重叠，尽最大努力整理罗列涉及企业管理的法律，而且有些法律还在逐步的修订完善，有些还需要最高法院做出解释性的通知。作为新闻工作者和企业管理者要高度关注这些内容，尤其是具体条款的实施以及修订变化，这里面蕴含着深刻的依法治国的思想内涵，我们要挖掘出来更多的亮点，对照习近平总书记关于全面依法治国的思想，做好新闻报道，讲好法治经济故事。

具体如下：供大家参考

1. 公司法律制度

2. 非公司企业法律制度

3. 企业破产法律制度

4. 合同法律制度

5. 物权法律制度

6. 招标投标法律制度

7. 反不正当竞争法律制度

8. 消费者权益保护法律制度

9. 知识产权法律制度

10. 企业财务会计法律制度

11. 劳动法律制度

12. 安全生产法律制度

13. 税收法律制度

14. 商业银行法律制度

15. 保险法律制度

16. 环境保护法律制度

17. 资源和能源管理法律制度

18. 企业纠纷处理法律制度

19. 企业法律顾问制度

20. 国际贸易法律制度

附录：中华人民共和国制定的和企业经营管理相关的部分法律举例

《中华人民共和国民法典》

《中华人民共和国公司法》

《中华人民共和国市场主体登记管理条例》

《最高人民法院关于适用〈中华人民共和国公司法〉若干问题的规定（一）（二）（三）（四）（五）》

《中华人民共和国全民所有制工业企业法》

《中华人民共和国乡村集体所有制企业条例》

《中华人民共和国城镇集体所有制企业条例》

《中华人民共和国外商投资法》

《中华人民共和国合伙企业法》

《中华人民共和国个人独资企业法》

《中华人民共和国乡镇企业法》

《中华人民共和国企业破产法》

《中华人民共和国招标投标法》

《中华人民共和国反不正当竞争法》

《中华人民共和国价格法》

《中华人民共和国广告法》

《中华人民共和国产品质量法》

《中华人民共和国食品卫生法》

《中华人民共和国药品管理法》

《中华人民共和国进出口商品检验法》

《中华人民共和国商品质量监督管理办法》

《中华人民共和国标准化法》

《中华人民共和国计量法及其实施细则》

《企业标准化管理办法》

《中华人民共和国著作权法》

《中华人民共和国著作权法实施条例》

《中华人民共和国专利法》

《中华人民共和国专利法实施细则》

《中华人民共和国商标法》

《保护工业产权巴黎公约》

《伯尔尼保护文学和艺术品作品公约》

《与贸易有关的知识产权协定》

《中华人民共和国会计法》

《中华人民共和国注册会计师法》

《会计人员职权条例》

《企业会计准则》

《企业财务通则》

《中华人民共和国劳动法》

《中华人民共和国工会法》

《中华人民共和国劳动合同法》

《中华人民共和国劳动合同法实施条例》

《中华人民共和国社会保险法》

《工伤保险条例》

《中华人民共和国劳动争议调解仲裁法》

《中华人民共和国安全生产法》

《安全生产许可条例》

《生产安全事故报告和调查处理条例》

《生产安全事故信息报告和处置办法》

《安全生产违法行为行政处罚办法》

《中华人民共和国增值税暂行条例》

《中华人民共和国消费税暂行条例》

《中华人民共和国个人所得税法》

《中华人民共和国个人所得税法实施条例》

《中华人民共和国企业所得税法》

《中华人民共和国企业所得税法实施条例》

《中华人民共和国税收征收管理法》

《中华人民共和国车船税法》

《中华人民共和国土地增值税暂行条例》

《中华人民共和国商业银行法》

《中华人民共和国外资银行管理条例》

《贷款通则》

《个人贷款管理暂行办法》

《固定资产贷款管理暂行办法》

《流动资金贷款管理暂行办法》

《电子银行业务管理办法》

《中华人民共和国保险法》

《机动车交通事故责任强制保险条例》

《中华人民共和国环境保护法》

《中华人民共和国海洋环境保护法》

《中华人民共和国大气污染防治法》

《中华人民共和国水污染防治法》

《中华人民共和国环境噪声污染防治法》

《中华人民共和国固体废物污染环境防治法》

《中华人民共和国放射性污染防治法》

《中华人民共和国清洁生产促进法》

《中华人民共和国循环经济促进法》

《中华人民共和国土地管理法》

《中华人民共和国海域使用管理法》

《中华人民共和国水法》

《中华人民共和国水土保持法》

《中华人民共和国农业法》

《中华人民共和国森林法》

《中华人民共和国草原法》

《中华人民共和国渔业法》

《中华人民共和国野生动物保护法》

《中华人民共和国矿产资源法》

《中华人民共和国煤炭法》

《中华人民共和国防沙治沙法》

《中华人民共和国文物保护法》

《中华人民共和国海岛保护法》

《中华人民共和国节约能源法》

《中华人民共和国可再生能源法》

《中华人民共和国票据法》

《中华人民共和国证券法》

《中华人民共和国民事诉讼法》

《中华人民共和国仲裁法》

《中国国际经济贸易仲裁委员会仲裁规则》

《企业法律顾问管理办法》

《国有企业法律顾问管理办法》

第十四节　讲员工

全面建设社会主义现代化国家，必须充分发挥亿万人民的创造伟力。全党要坚持全心全意为人民服务的根本宗旨，树牢群众观点，贯彻群众路线，尊重人民首创精神，坚持一切为了人民、一切依靠人民，从群众中来、到群众中去，始终保持同人民群众的血肉联系，始终接受人民批评和监督，始终同人民同呼吸、共命运、心连心，不断巩固全国各族人民大团结，加强海内外中华儿女大团结，形成同心共圆中国梦的强大合力。

——2022年10月16日，习近平在中国共产党第二十次全国代表大会上的报告

（一）

在企业里，人不仅是劳动者，而且是劳动果实的分享者，无论是在公有企业，还是在私营企业，企业管理者都希望员工努力工作，服从管理，对待企业就像对待自己的孩子一样，实质上一句话就说明了——希望员工有主人翁精神，这也是我们讲好企业员工故事的最高境界。

企业的"企"字，上面是一个"人"字，下面是一个"止"字，解释为企业有人则企业就存在，事业就能发达，没有人企业就不在了，事业就完了。字典里面不是这样解释的，"企"字是踮起脚跟与赶上两层意思。

但有一点可以肯定，企业里面如果没有人，就不成为企业是对的，所以讲好企业的故事必然离不开要讲好人的故事。

企业用人有多有少，大的企业几十万人，小的企业几个人。每一个人是不一样的，千差万别。从管理学的角度来讲，每一个人，都是经济人、社会人、复杂人、文化人、自我实现人；从人的需求来讲，目前学界给出五种层次的需求，即生理需求、安全需求、社会交往需求、尊重需求、自我实现的需求。

面对这样一个超级复杂而且千变万化的人的世界，要讲好企业员工的故事是难上加难的，有没有选择的途径呢？有。在企业里面，企业用什么样的人，如何选人，标准是根据企业的需要由企业的人力资源部来制定的，这个标准主要是符合企业自身的要求。另外还有很多个性化要求是各个企业都会做出的，这是企业用人共性的一面。比如忠诚，好多企业要求员工必须忠诚，这样一条标准，不管是世界500强的超级企业，还是几个人的小饭馆，都要求员工必须具备。这是从道德方面来要求的，还有从专业知识方面来要求的，比如平面设计师、厨师、医生等，这些标准就是按专业区分了。那么要讲好企业员工的故事，就一定要结合专业特点，来分析描述一个人在道德层面的所有表现，选取符合企业文化所倡导的内容来报道。这是讲好企业员工故事的通用手段。

对员工的报道，无论什么样的形式，核心主旨是对员工这个人本身在企业组织里面的表现所给出的道德评价。这个道德评价的标准首先是符合企业利益的，其次是符合社会大众认可的，最后才是符合员工自身利益的。这个标准的存在是由报道的媒体自身的立场和企业的立场所决定的。

企业所有的管理规章制度、机制、文化等内容都和员工发生关系，都是围绕员工展开的，所以关于员工的报道是最复杂的，它不仅涉及社会的道德评价标准，还涉及企业所有的管理内容是否合理或者员工是否认同，这种多种因素和评价标准编织成的错综复杂的关系决定了讲好企业员工故事的难度。这也是媒体在做企业员工报道时慎之又慎的原因。

现代企业发展中，员工的作用不仅是企业价值创造的主导要素，还要获得报酬和利益分享，更重要的是要参与企业的经营管理，很多员工更多地考虑的是自我实现的需求。当下，企业用工模式多种多样，不同用工模式下的员工对自己的价值取向是有很大影响的。管理学将人分为五种类型，如果用工模式发生变化，员工在管理学中所界定的身份类型是会发生变化的，甚至大相径庭。再者，在生理学中对人做出五种层次的需求，这种需求也会受到用工模式的影响，同时受到职位的影响。

要讲好企业员工的故事，除了用好新闻的手段之外，更多的要分析员工与周边各种各样的关系，这样才能找好报道的角度，符合多方的价值评判。还有就是负面的报道，也要抓住典型，有警示意义。

在新闻报道中，关于员工报道一般情况下多报道一线的，职务不是很高的，很多员工的事情未必是惊天动地的，更多的是大家日常见惯了的诸多小事。新闻的作用就是用这些小事来体现映射大的道理、理念、文化等。所谓一滴水见精神，以小见大，窥一斑而见全豹，讲的就是这个道理。要讲好企业新闻故事，来自基层一线员工的报道是最具感染力和说服力的。

讲员工，从新闻写作的角度来说，本质就是人物报道，关于人物的写作方式、方法、手段有很多，如果能够抓住人物的个性特征，就一定能够写出好的文章，写出感人的员工故事。

企业员工的故事是很难讲的，在企业中"典型"往往都是有各自的作用，更多的是时代的金曲，是时代的声音。员工则不一样，员工是时代金曲的一个"音符"，正是这些时代金曲中小小的音符汇聚成为时代的金曲，所以对于一个员工的报道往往要比金曲更难，难的是你要把"音符"

安置在合适的位置，要与时代适宜合拍。我们要更多地挖掘他们的优秀品质，这种优秀品质是我们提倡的、弘扬的，归结为符合我们的文化、理念。通过这些优秀品质的展现，进一步在企业内外树立起企业的良好形象，这样的员工越多，说明企业越优秀。

每一个优秀的员工都会有自己的特质，这个特质就是我们要发掘的一个方面，有时候这个优秀的员工可能具有很多个特质，是综合性的，各方面表现都很好，那么我们在做这个报道的时候，就要根据时代和企业的需要选择性地去组合他的特质，来作为报道的重点。对一个人做出优劣的判断，最重要的就是"听其言、观其行"，讲好员工的故事也离不开这些。文章就是要写出人的"言"是什么，"行"是什么，言为心声，体现一个人的思想的内在表现，是价值观、世界观、人生观的外在表露。行动是人的特质的具体表现，是文章写作的实例。关于人的特质表现是很多的，在这里列举一些特质，便于我们报道员工时去选择一个角度或多个角度。

1.勤勉的员工

写一个人是否勤勉，一定要抓住勤勉这个核心，寻找关于能够证明其勤勉的实例，例如，嘴勤、手勤、腿勤、脑勤等。

2.责任的员工

写一个员工是否有责任，一定要抓住责任这个核心，寻找能够证明其有责任的事例，要深挖这方面的事实材料，并对材料深加工。例如，从不迟到早退，自己分内的事绝不推脱，办事情做到有始有终等都是有责任的表现。

3.创新的员工

写创新的员工，要把握"创新"二字，寻找员工创新的事例故事，找到各种事例对比，或者足够的权威证明其创新，例如，获得大奖，获得称号等。挖掘这些材料背后所蕴含的创新过程。在企业里面重点围绕管理创新、技术创新全面整理发掘材料。

4.奉献的员工

要写好奉献的员工，一定要对"奉献"这个词有一个深度的了解。不是怎么做事情都是奉献，不能把正常的履职活动当作奉献，员工做的事情一定要获得大家的认同，尤其是奉献精神这种口径的宣传，一定要有很强说服力的事例，否则会引起大家的反感，而导致新闻报道失真。

5.担当的员工

写好担当的员工，重点说履职和承担责任，敢于担当和正常履职是有区别的，担当的事例一定是经得起检验的。担当的事例写出来后，往往还会有些争议，一旦敢于担当的事例触及某些利益，还会引来非议。所以材料的选取、事件的甄别难度极大，写类似的文章一定要谨慎，有时候担当和独断可能是一步之遥。

6.忠孝的员工

关于忠孝的员工这个相对清晰些，孝主要是针对自己家庭的老人，有时候也泛指对老人和其他的长者。事件的选取相对容易。忠的含义多数情况下是对国家的忠诚、民族的忠诚、企业的忠诚、家庭的忠诚，围绕这些概念选取材料和事件。

7.忠诚的员工

忠诚的员工更多的是表现为对企业负责，以企业为家，把企业当作安身立命之所的信念。重点围绕企业的忠诚、国家的忠诚、民族的忠诚这些概念选取材料和事件。

8.善良的员工

善良既是一种性格，又是一种人格品格。在选取这些材料时重点放在品格上，更多的是价值观的体现，表现为做善事、有同情心，这个品格在员工中表现为与人为善，而企业领导者表现就可能是制定善政，以人为本地开展工作，发展企业。

9.自律的员工

自律的员工重点是对企业规章制度的遵循，对企业价值的认同，同时也是自身价值观的选择。在报道这样的人物时，重点注意在关键岗位上的员工，尤其是利益诱惑比较多的岗位。

10.感恩的员工

感恩是一种品格，这样的员工一般都是比较优秀的，懂得感恩的员工一定是一个有责任的员工，选材时要把握感恩的事例，这个事例要把责任等事例区别开来，最好从典型事例中寻找。

上面罗列的关于如何讲好员工故事的选题方向，仅仅是很少的一些角度，可以写的很多。需要注意的是有的材料既能证明一个人感恩，又能说明一个人担当，还能说明一个人有责任。对于这样的材料一定要在文章中通过写作手法的变化，或者语言的变化，将观点、立意引导到所想表达的意图上来，使读者读完稿件后在感情上倾向所想表达的意图，文章就成功了，就起到了舆论引导的作用。

如果要从这些角度去描写一个领导者，一定要注意事例的选择和人物语言的表达，关键是要符合一个人的身份。相同的道理在不同的人身上一定要有不同的表达方式，这是作为一名记者很重要的工作，区别界定，需要很强的文字功力。

（二）

在员工中，有一个特殊的群体，就是在企业发展过程中涌现出来的各类各行业的先进典型人物，他们的事迹值得我们大书特书。榜样的力量是无穷的，讲好企业的故事，重要的一个环节就是树立好榜样！

2015年10月13日，习近平总书记给第五届全国道德模范座谈会做出的重要批示中指出："道德模范是道德实践的榜样。要深入开展宣传学习活动，创新形式、注重实效，把道德模范的榜样力量转化为亿万群众的生动实践，在全社会形成崇德向善、见贤思齐、德行天下的浓厚氛围。要持续深化社会主义思想道德建设，弘扬中华传统美德，弘扬时代新风，用社会主义核心价值观凝魂聚力，更好构筑中国精神、中国价值、中国力量，为中国特色社会主义事业提供源源不断的精神动力和道德滋养。"

什么是典型，《辞海》中有两个解释。①《说文·土部》："型，铸器之法也。"段玉裁注："以木为之曰模，以竹曰范，以土曰型，引申之为典型。"原指模型或模范，现指同类中最具代表性的人或者事物。②即"典型人物""典型形象"或"典型性格"。作家、艺术家用典型化方法创造出来的既具有个别性、具体性又蕴含着社会、人生的本质性、普遍性内容的艺术形象。创造典型是文艺创作的中心问题之一。典型的产生与发展，受到特定的历史条件、文化背景与现实环境的制约，取决于作家、艺术家掌握的艺术方法、艺术技巧等。同时在不同类型或样式的作品中，典型创造又各具特色，抒情性作品主要创造典型的意境，叙述性作品则致力于典型人物（典型性格）的创造。不同的创作方法对典型的要求也有所不同，如现实主义重视典型环境和典型性格的描写。典型形象来自实际生活，又比普通的实际生活更高、更强烈，更有集中性，更带有普遍性。典型具有丰富的社会意义，能给人留下难忘的印象，产生深刻的社会认识作用和强烈的艺术感染力。

另外，《辞海》中还给出了典型化、典型性两个词语的解释。

典型化：艺术创作中通过独特的人物个性、事件和环境，揭示一定历史时期社会生活、人们心理感受的某些本质方面，从而塑造典型形象、构造典型环境的方法和过程。包括个性化和概括化两个方面，其目的是通过偶然显现必然，通过现象透视本质，通过具体人物的个别行为，表现一定时代社会群体的心理、思想、情绪，从而使文艺作品源于生活又高于生活。

194

典型性：个别的特殊的艺术形象所具有的体现出生活中某些普遍意义的特性。是个性化和概括化统一的结果。艺术形象的个性特征愈生动、鲜明，艺术概括力愈强，典型性就愈高。有时也指不属于文艺性质的讲话、论著中对事物所做的既有高度概括力又有鲜明个性特征的描述。

《辞海》给出的"典型"有两点核心内容，其中一个是关于文学创作的，另一个是本义"最具代表性的"人或事物。我们做好企业的新闻报道，最重要的恰恰就是这一点，选取企业中"最具代表性的"人或事物来报道，采取的手段和办法也就是《辞海》里面关于"典型"的第二个释义，它从本质上给出了"典型"这个词语具有以下的几个特征：

真实性。无论典型的人或者事物都是真实存在的，不是虚构的，所有的典型都来自社会本身所发生的真实事件。

普遍性。典型所包含的意义具有普遍性的归纳和总结，是所有非典型性事物的综合，但并不是所有的普遍的具体事情都必须发生。

历史性。典型是具有时代特征的，不同时期发生的事情典型意义是不一样的，所包含的价值信息、传导的思想观念意识也是不一样的，所以所有的典型只能放在一定的时代或者一定的时间段里面去分析判断。

意识形态性。在阶级社会里，典型因为意识形态的不同而不同，对典型具体理解和认同就会带有阶级意识，或者带有阶层意识。

企业里面关于典型的新闻报道终极目的是为企业服务的，所以在选择企业中的"典型"时必须从以上四个特征去衡量，还要考虑企业的战略意图，企业文化等多方面的因素，企业的典型报道是很困难的，一方面是选择典型，一方面是包装树立典型。这些具体的内容会收到来自多方面的因素制约。

目的性。树立典型都具有一定的目的性。无论什么样的企业，树立一个典型的目的就是为企业品牌服务，为企业管理服务，终极目的是为了企业更好地生存发展。我们国内好多外资企业的宣传手段和办法很好，很会树立典型。

在新闻写作要素中，第一要素就是要真实，典型必须是真实的，或者具有真实的原型而不能虚构。所有的典型都是为政治服务的，我们要求要政治家办报，就是要强调典型的意识形态的属性，这种属性在不同的企业、机构的表述是不一样的，因此，要讲好企业的典型故事，就必须全面了解企业、机构的意图，并且分析这些典型故事和社会主流意识是否一致。

分析了典型的概念之后，回归新闻采访，我们面对的更多的、更具体的是人物典型和事件典型，这样的典型往往又具有两面性，正面典型和反面典型。例如太钢的李双良、煤矿的白国周工作法、大庆精神铁人王进喜、大寨精神等，都是正面人物典型；张子善、刘青山等是反面典型。典型事件呢？例如中国航天嫦娥奔月、载人上天、太空行走等是正面典型事件；美国航天飞机失事事件为反面事件。企业中这样的实例很多，我们要抓住这个根本，来分析其中的规律，报道出典型，为企业服务。

另外需要注意的是企业典型的树立要和社会相融合一致，不能背离社会的主流价值观。

典型人物

1.为人民利益而死，他的死是比泰山还重的——张思德

要成为一个时代的典型，是非常不容易的。张思德为什么能够成为我们的典型，是因为他为人民利益而死的。毛泽东在纪念张思德同志的追悼会上发表了一篇演讲，这个演讲证明为什么张思德同志是我们那个时代的典型，现在把毛泽东的演讲《为人民服务》节选，让大家重温时代的典型具备什么样的特征和条件。这篇节选的文章对于我们今天这个时代具有现实的意义，仍是我们学习的榜样，是我们的楷模。

为人民服务（节选）

我们的共产党和共产党所领导的八路军、新四军，是革命的队伍。我们这个队伍完全是为着解放人民的，是彻底地为人民的利益工作的。张思德同志就是我们这个队伍中的一个同志。

人总是要死的，但死的意义有不同。中国古时候有个文学家叫作司马迁的说过，人固有一死，或重于泰山，或轻于鸿毛。为人民利益而死，就比泰山还重；替法西斯卖力，替剥削人民和压迫人民的人去死，就比鸿毛还轻。张思德同志是为人民利益而死的，他的死是比泰山还要重的。

因为我们是为人民服务的，所以，我们只要有缺点，就不怕别人批评指出。不管是什么人，谁向我们指出都行。只要你说得对，我们就改正。你说的办法对人民有好处，我们就照你的办。"精兵简政"这一条意见，就是党外人士李鼎铭先生提出来的；他提得好，对人民有好处，我们就采用了。只要我们为人民的利益坚持好的，为人民的利益改正错的，我们这个队伍就一定会兴旺起来。

2.老百姓的亲闺女——李素丽

李素丽是北京公交窗口行业的优秀代表，全国"三八"红旗手。在公交平凡的工作中，她始终把全心全意为人民服务作为自己的人生追求，时刻牢记自己是首都公交战线的一名普通员工，坚持岗位做奉献，真情为他人，以强烈的首都意识、服务意识和公交窗口意识，诠释着公交"一心为乘客、服务最光荣"的行业精神，赢得了广大乘客的尊重和爱戴。她认真学习英语、哑语，并努力钻研心理学、语言学，利用业余时间走访、熟悉不同地理环境，潜心研究各种乘客心理和要求，有针对性地为不同乘客提供满意周到的服务。

李素丽始终如一地遵守职业道德，钻研业务，爱岗敬业，全心全意、真诚热情地为乘客服务，被誉为"老人的拐杖，盲人的眼睛，外地人的向导，病人的护士，老百姓的亲闺女"。

3.当代愚公——李双良

1983年，年近花甲的李双良主动请战，不要国家一分钱投资，带领渣场职工发扬愚公移山的精神，把沉睡了半个多世纪的高23米、占地2.3平方千米、总量达1000万立方米的渣山搬掉，累计回收废钢铁130.9万吨，还自创设备，生产各种废渣延伸产品，创造经济价值3.3亿元。此后，他又带领职工在原地建成了绿树成荫、环境优美、景色宜人的大花园。他的贡献，不仅从根本上解决了太钢的倒渣难题，更走出了一条"以渣养渣、以渣治渣、自我积累、自我发展、综合治理、变废为宝"的治渣新路子，为治理污染、改善环境、循环经济、科学发展做出了贡献，被誉为"当代愚公"。1988年，联合国环境规划署把他列入《保护及改善环境卓越成果全球500佳名录》，并颁发了"全球500佳"金质奖章。

4.铁人——王进喜

王进喜——中国石油工人的代表，中国工人阶级的先锋战士，中国共产党党员的优秀楷模，中华民族的英雄。他为祖国石油工业的发展和社会主义建设立下了功勋，在创造了巨大物质财富的同时，还给我们留下了精神财富——"铁人精神"。

"铁人精神"是"爱国、创业、求实、奉献"大庆精神的典型化体现和人格化浓缩，是中华民族精神的重要组成部分，得到历届中央领导的充分肯定，深受社会各界的广泛承认和高度评价。

新中国成立40周年之际，他与雷锋、焦裕禄、史来贺、钱学森一起被中共中央组织部命名为"新中国成立以来在群众中享有崇高威望的共产党员优秀代表"。

"铁人精神"内涵丰富，主要包括：

● "宁可少活20年，拼命也要拿下大油田"的忘我拼搏精神。

● "有条件要上，没有条件创造条件也要上"的艰苦奋斗精神。

● "干工作要经得起子孙万代检查"，"为革命练一身硬功夫、真本事"的科学求实精神。

● "甘愿为党和人民当一辈子老黄牛"，埋头苦干的奉献精神。

● "干，才是马列主义；不干，半点马列主义也没有"的忠诚于党、忠诚于马列主义的忠诚精神。

● "我们不能一有成绩，就像皮球一样，别人拍不得，轻轻一拍，就跳得老高。成绩越大，越要谦虚谨慎"的不自高自大谦虚谨慎的精神。

● "石油工人一声吼，地球也要抖三抖。石油工人干劲大，天大困难也不怕"的乐观主义精神。

● "讲成绩不要忘了党，讲荣誉不要忘了群众，讲职工不要忘了大多数，讲缺点不要忘了自己，讲现在不要割断历史"的感恩精神。

"铁人精神"无论在过去、现在和将来都有着不朽的价值和永恒的生命力。"铁人精神"是一面旗帜，凝聚着工人阶级的朴素情感。"铁人精神"是一种力量，凸显了一种坚韧不拔创业的勇气。"铁人精神"是一种标志，凝缩着一个民族不畏困难的民族气概。

5.煤炭行业技能大师——白国周

全国煤炭行业技能大师，全国五一劳动奖章获得者，2010年获"全国劳动模范"称号，2012年当选中共十八大代表。"白国周班组管理法"创造者。中国煤炭行业班组管理办法的领军创造者。

白国周同志1987年来到煤矿当一名矿工。在长期的工作实践中，他不断探索煤矿安全生产的经验和班组管理方法，创造出了可学可用的"白国周班组管理法"，不仅保证了白国周班组22年的生产安全，而且为煤矿班组建设和煤矿安全生产积累了宝贵经验。白国周本人也因此成为煤矿安全的典范和基层班组长学习的楷模。他把学习技术当作最痴迷的事，把实现安全生产当作最执着的事，把培育本质安全型班组长当作最快乐的事，把打造和谐团队当作最幸福的事。他书写了能源化工行业班组安全管理的传奇，打破了危险岗位与安全事故必然相连的"神话"。二十多年来，白国周通过自学，钻技术、摸门道、找诀窍，系统地掌握了井下十余个工种的工作原理和操作规程，成为井下安全生产无可挑剔的多面手。

目前，他领衔的工作室被命名为"全国煤炭行业技能大师工作室"，"白国周班组管理法"被广为推广，他本人也被中国煤炭工业协会聘为首席讲师，参与到全煤班组长"乌金蓝领"素质提升工程中，成为一名煤矿安全生产的典范和向基层班组长"传经送宝"的专家。

6.全心全意为人民服务的同志——雷锋

克己奉公，助人为乐，为集体、人民做了大量的好事。他是全心全意为人民服务的同志、中国人民解放军战士、伟大的共产主义战士。作为一名普通的中国人民解放军战士，雷锋在短暂的一生中帮助了无数人。他利用空闲时间写的一部可歌可泣的《雷锋日记》令无数读者为之动容。"雷锋精神"激励着一代又一代人学习。

1962年8月15日，伟大的共产主义战士雷锋同志因公殉职，年仅22岁。因雷锋乐于助人事，所以"雷锋"二字在中国成为"好人好事"的代名词。毛泽东于1963年3月5日亲笔题词"向雷锋同志学习"，并把3月5日定为学雷锋纪念日。

雷锋精神，是以雷锋的名字命名的、以雷锋的精神为基本内涵的、在实践中不断丰富和发展着的革命精神，其实质和核心是全心全意为人民服务，为了人民的事业无私奉献，它已经成为我们这个时代精神文明的同义语、先进文化的表征。周总理把雷锋精神全面而精辟地概括为"爱憎分明的阶级立场、言行一致的革命精神、公而忘私的共产主义风格、奋不顾身的无产阶级斗志"。

2014年3月11日，习近平总书记出席十二届全国人大二次会议解放军代表团全体会议，接见部分基层代表，他对某工兵团"雷锋连"指导员谢正谊说："雷锋精神是永恒的，是社会主义核心价值观的生动体现。你们要做雷锋精神的种子，把雷锋精神广播在祖国大地上。"习近平总书记指出，雷锋身上所具有的"信念的能量、大爱的胸怀、忘我的精神、进取的锐气"，正是我们民族精神的最好写照。

第十五节　讲市场

必须完整、准确、全面贯彻新发展理念，坚持社会主义市场经济改革方向，坚持高水平对外改革开放，加快构建以国内大循环为主体、国内国际双循环相互促进的新发展格局。

——2022年10月16日，习近平在中国共产党第二十次全国代表大会上的报告

《辞海》中关于"市场"一词给出了两种解释，一是商品买卖的场所，另外一个解释是一定地区内商品或劳务等的供给和有支付能力需求间的关系。按地区划分，有国内市场、国际市场；按行业划分，有汽车市场、家电市场、房地产市场、煤炭市场、电力市场、劳务市场、产权市场等。市场是社会分工的产物，与商品经济密切联系，具有交换的重要职能。

市场所包含的内容是很广泛的，主要有市场机会、市场环境、市场类型、市场目标、市场容量（需求）、市场调查等内容。企业在创办之初，主观上都是好的，都认为自己能够赚钱，但能不能有机会赚钱，很大程度上是一个机会问题，有没有机会是市场的外在问题，有了机会不能赚钱则是内在问题，和市场无关，这个机会的选择判断是需要企业进行市场调查分析得出的结论来支撑的。市场机会是市场环境和市场类型来决定的。企

业发展的市场环境很复杂，一般情况下有人口、经济、政治、行业竞争、消费等众多因素影响，如细分又包括人口结构、性别、年龄、收入、消费习惯等具体因素影响；市场类型有完全竞争市场、不完全竞争市场、垄断市场三种情况，在完全竞争市场中机会是存在的，但市场容量已经饱和，竞争是很残酷的，不完全市场竞争中机会存在，垄断市场没有机会存在。关于市场容量，不同的产品有不同的容量，低值易耗品市场容量比较大，因为消费是持续不断的、连续的，消费者的需求支持企业连续生产，而大型专业化装备容量在一个产品生命周期内是相对固定的。做好企业的宣传报道，这些是必然要面对的，这里面可以发现好多故事。

　　每一个企业设立之初就确立了其所要面对的消费者群体，这个消费者群体对企业生产的产品的现实需求和潜在需求就是企业未来的产品生产的总量。这就是市场概念的另外一个层面，是一个容量的概念，营销学上大家常说的"蛋糕"有多大，所指就是这个概念。在现实中市场要受到时间和空间的限制，比如说，你在北京开了一个不知名的小饭馆，你就不能说你的市场在千里之外的东京，尽管东京城里面有人喜欢吃你的饭，但因时间和空间产生的成本阻碍了那里的消费者到你的饭馆消费。因此，就不能说东京的消费者也在你的市场容量之内。

　　讲好企业市场的故事，要从两个方面来分析，首先是区域的概念，你生产的产品会不会因时间和空间的成本阻断销售。如果阻断，那么就要寻找产品所能覆盖的最大区域，或者考虑如何克服这种阻断；如果没有，好了，好好干吧，全球市场都是你的，理论上可以覆盖。其次是产品消费对象，这是最复杂的，区域确定以后，就要考虑区域内理论上有多少个消费者会使用你的产品，要建立消费者整体的数学模型，分析消费者喜好，选择好你需要的群体，再分析同行竞争者。最后才是各种各样的市场营销理论登场，制定针对消费者的购买行为、心理分析，产品定位、价格策略，市场管理中分销、直销、促销等手段出台。这些手段内容逐步进入我们的视野，成为报道一个企业开拓市场、占领市场、巩固市场的精彩素材，通过新闻语言和编辑手段的加工，变成漂亮的商战故事。

目前中国是世界上最大的市场之一，有着庞大的需求。人口位居世界第一，国土面积全球第三。在民生领域，我国还处于较低的层次，民生领域的各类产品都需要更新换代，要从品质上有一个大的提升；基础设施方面虽然有了很大的改善，但在西部广大地区和发达省份的偏远地带，基础设施还比较差，尤其是交通、教育、医疗、居住条件等只是处于温饱水平。对广大中国企业来说，还是大有可为的，中国市场表现为从东向西呈阶梯状下降，东部发达，中西部欠发达落后，市场需求层次表现明显，空间巨大。

2022年10月11日，《人民日报》刊发消息，称从国家市场监督管理总局获悉：截至2022年8月底，登记在册市场主体达1.63亿户，相比2012年底的5500万户，净增超1亿户，年平均增幅12%。其中，个体工商户从4060万户增加至1.09亿户。

现在经济快速发展，人们的各种各样的需求层出不穷，相应的行业也就应运而生，行业充分细分，越来越专业化，带动市场也越来越细分，甚至某些个性化的极度细分到某一个人的市场也开始出现，用一个时髦的词语来表达，叫作个性化定制。关于个性化定制在普通消费品领域还有一定的过程，在汽车消费领域已经成为现实，对不同的消费者来说，有不同的汽车配置需求和使用观念，因此个性化定制汽车应运而生。随着互联网的发展，个性化需求的群体日益庞大，这些都反过来作用于企业，迫使企业做出新的适合市场变化的产品，否则就会落后被淘汰，市场需求的变化促进生产企业的专业化水准提高，个性化产品生产会越来越多。从这个角度分析，讲好企业市场方面的故事其实很难，更多的产品开发要依赖市场的需求，所以讲好市场故事就要对消费者充分了解，甚至超前于它，只有这样，企业市场故事才有更强的更利于企业超前发展的激励意义。

讲好企业的市场故事，不外乎以下两个方面，在企业内部管理中，一方面是企业的销售渠道建设，只有通过有效的销售渠道才能占领一个区域，才能在有效的渠道支持下，使每一个销售产品最近距离地接近用户，从而达到销售产品的目的。另一方面是企业的销售队伍建设，销售队伍有两种状态，一种是面对零售终端，一种是直接面对消费者。不同的产品，面对的消费者是不同的，不同的消费者决定了企业的销售公关对象不同，比如你是生产牛奶的，你不可能组建一个十万人的销售队伍，每天上街去卖牛奶，从成本核算考虑划不来，更多的要借助各种各样的零售终端，这一类产品多属于低值易耗的快销品，与人类个体生活密切相关，产品要进入商场超市的特有渠道。电子产品进入综合类商场和专业电子市场。一般情况下，快销品营销人员面对零售终端，高价值产品的销售团队人员面对客户，如汽车、房产和大宗商品，再有一方面就是机构采购，比如航空公司的飞机采购，大型厂房设备的采购，建筑工程类的业务承揽等，每个企业面对的客户群体是不一样的，要讲好他们的市场故事，一定对行业有足够的了解，直至成为这方面的专家。

在互联网的语境下，市场的区域概念发生了巨大的变化，由于物流的汇聚效应，使单个商品所分担的成本在下降，下降到单个产品在合理的定价范围之内还有利润，物流成本的分担导致你的产品市场空间扩大，这个变化导致原来市场区域变化。产品面对的消费者趋向于无限多，只要在互联网上看到，就有可能买到，物流和互联网展示平台使影响生产者和消费者之间的距离问题不再存在，剩下的就是产品定位和品质了。

要讲好企业的市场故事，一定要关注政策环境、经济环境、竞争环境、物流环境、人文环境、价值观念等几个方面。

第十六节　讲责任

一个企业，既有经济责任、法律责任，也有社会责任、道德责任。企业做得越大，社会责任、道德责任就越大，公众对企业这方面的要求也就越高。

——2016年4月19日，习近平在网络安全和信息化工作座谈会上的讲话

企业既有经济责任、法律责任，也有社会责任、道德责任。任何企业存在于社会之中，都是社会的企业。社会是企业家施展才华的舞台。只有真诚回馈社会，切实履行社会责任的企业家才能真正得到社会认可，才是符合时代要求的企业家。

——2020年7月21日，习近平在企业家座谈会上的讲话

企业的责任是一个庞大的课题，它不仅仅是一个企业内部管理的问题，实际上是一个社会管理问题。关于企业社会责任的理论很多，随着社会的发展，科技的进步，企业的生产经营活动对社会的影响越来越大，企业社会责任逐步被社会关注，成为企业发展方面的一个重要课题。1953年，国际上就有了社会责任的讨论与研究，并且有了相对成熟反映那个时

代特征的成果。2010年，国际标准化组织发布《社会责任指南》国际标准ISO2600,在全球范围内统一了社会责任的定义。

关于企业的责任问题，目前我们国内有一些机构在做专门的研究，这些机构存在于高校、企业、协会和一些专门的商业化咨询机构等。大家的研究方向、范围、成果、结论各有不同。2015年6月，国家市场监督管理局颁布了《社会责任指南》《社会责任报告编写指南》和《社会责任绩效分类指引》三个国家标准。在《社会责任指南》中对企业的社会责任给出如下的定义，"组织通过透明和合乎道德的行为为其决策和活动对社会和环境的影响而担当的责任。这些行为指'致力于可持续发展，包括社会成员的健康和社会的福祉'；考虑了利益相关者的期望；符合适用的法律，并与国际行为规范相一致；被融入整个组织并在组织关系中实施"。这个定义理解起来有点难，其中有几个关键的词语，要界定其含义，比如，对组织含义的界定，合乎道德行为的界定，环境的界定，可持续发展的界定，利益相关者和国际行为规范的界定。其内容广泛，涉及众多的法律规范，甚至不同国别的道德文化习惯等。

关于企业责任理论有很多，为了便于大家的理解和认知，我根据自己的思考，把好多语言变成了我们日常生活用语，便于大家理解。有些可能不完善不准确，大家可以借鉴一下国家颁布的相关资料。

企业的责任是多方面的，各种责任既有独立性又有交叉性，有些责任从不同的角度立场判断，具有多重特征，不容易明确切割。根据企业行为影响的范围、企业管理内容的范畴做一个粗浅的分割，就像民间所言，围墙外的给政府，围墙内的归企业，可以分为内部责任和外部责任，话虽粗糙、不准确，但也在理。内部责任属于企业的本职责任，即在生产服务过程中对生产的产品和服务的内容以及实施这些行为过程的主体和客体负有的责任；外部责任即企业的社会责任，即企业在生产服务过程中对生产的产品和服务内容以及实施这些行为的过程中对企业外部所产生的影响所负有的责任。

作为一名企业的宣传、文化、新闻工作者，要对企业的社会责任有一个清晰的、准确的、专业化的理解和认识，要成为有独到理解和认识的专家，尤其是结合企业行业特点构建企业的社会责任管理体系和管理内容时，要做到全面和规范。什么是全面和规范呢？这里有一个比较重要但也是似是而非的问题，就是社会责任和企业责任能不能画等号？是不是一个概念？企业讲责任是大家不再争议的一个话题，关键是企业的责任涵盖的范围到底有多大，哪些内容要归入企业责任的内容，哪些不要归入，这个估计要和政府管理企业的法律体系以及社会公众的社会道德认同有关。所以，作为这方面的工作者，要讲好企业的责任故事，我们就要对企业责任有一个全面的了解，分清细枝末节，才能找好我们的选题，找好文章的开口，撰写出优秀的企业责任故事。

一、企业内部责任

企业的内部责任即企业的本职责任。企业内部责任中最核心的责任是产品责任。

企业的本职责任包含很多具体的内容，可分为以下几个层面：一是生产符合国家各类标准的合格产品；二是提供符合国家法律法规和双方约定标准的服务；三是在实施企业行为过程中，对实施行为的主体和客体保证符合相关的国家政策法规；四是要为企业设置专门的企业责任管理机构，对企业所担负的责任进行管理，包括组织机构、规章制度、人员配置、经费支持等。具体到每一个问题，本职责任就有很多的内容，基本上可以归结为责任管理、本职责任、产品责任、客户责任、安全责任、经济责任、股东责任。这个归类方法基于企业管理的内部范畴，实际上很多问题既有内部因素，又有外部因素，比如给员工发工资，发多少，既是一个外部问题，又是一个内部问题。

1.责任管理

一个企业要建立自己的责任管理体系，把企业应尽的责任进行规范化管理。这里所指的责任管理是一个全面责任管理的概念，包含本职责任和社会责任。由于企业情况不同，企业责任管理的粗细不一，但是应该基本包括成立相应组织机构、建立规章制度、保障经费、制定责任目标等；国家层面则出台《社会责任指南》等系列文件，为企业责任管理提出系统的规范，供大家执行参考。对于一些小微企业，企业责任管理同样具有很强的现实意义，最起码的也要做到产品合格、质量可靠、消费者信任、服务周到。

2.本职责任

（1）产品责任，确保产品货真价实，保障消费安全。2017年10月1日，我国新的国民经济行业分类（GB/T 4754—2017）颁布实施，新版行业分类共有20个门类、97个大类、473个中类、1380个小类。按照分类标准，也就意味着有这么多类别的产品。每一个类别的产品都应该有自己的合格标准，在此标准下生产的合格产品，保护消费者的消费安全是最基本的权利，企业只有加强内部质量管控，确保消费者的消费安全，才能稳定消费者的消费信心，营造整个社会安全的消费环境。例如2022年5月，山西省公布《山西省市场监督局食品小摊点食品安全监督管理办法（试行）》对小食品产品质量标准做了明确规定。企业最大的责任就是为社会提供符合国家各类标准的产品，最大的不负责任就是提供不合格的产品。在这方面我们有血的教训，某生物疫苗事件和某奶粉事件。2018年7月15日，国家药品监督管理局发布通告指出长春某生物科技有限公司冻干人用狂犬病疫苗生产存在记录造假，再曝疫苗质量问题。这个事件中，中央第十一巡视组向市场监管总局党组反馈了巡视意见，深圳证券交易所拟给予公开谴责，2018年8月16日，中央高层批示，随后吉林检察机关依法批捕相关人员。某奶粉三聚氰胺严重超标问题，最后相关责任人被判刑，企业被注销停业。

（2）客户责任，可以称之为消费者责任，之所以将其归入企业内部责任，在于客户和消费者都要直接消费产品。在这方面，企业生产的，核心内容在于客户有对产品的知情权、受教育权、保护隐私权、售后服务权。知情权，就是要求企业要诚实守信，为客户提供准确真实的产品信息，而不能是虚假的信息；要提供正确的商品信息，而不是错误的信息；提供便于客户了解的关于产品完整的信息说明，而不是只说好不说差的信息说明，比如进入中国市场的有些外国产品，不提供中文说明，就是对客户的不负责，或者就是歧视。受教育权，由于客户使用的产品很多，有些产品专业技术性很强，或者使用时有严格的程序，用一句老百姓讲的话，就是不会用或者是不知道如何吃，这种情况下，企业必须认真的对客户给予培训教育，传授相应的知识，或者是在客户有求于企业时，企业要提供免费的服务。保护隐私权，现代企业的电子产品越来越多，所有的电子产品基本上都能获取关于客户的相关资料，企业有责任保证客户的资料不能泄露给第三方。售后服务权，企业生产的产品对于客户来说，不同的产品技术含量不一，有些产品有很强的专业技术性，一旦出现问题，一些普通消费者很难解决，企业必须提供完善的售后服务，及时为消费者排忧解难。汽车召回就是针对汽车产品的某些地方质量不合格或者设计有缺陷，可能引起在使用过程中出现安全问题，这些问题的本质是消费者不知情，甚至一些专业技术人员也未必能搞清楚，企业为了销售造假数据或者隐瞒真实数据。例如，2018年爆出的德国某国际知名品牌汽车排放数据造假问题，日本某钢铁材料数据造假问题，都属于企业明知故犯，为了利润不惜造假，这是典型的不负责任。这方面的例子很多，大家可以参看中央电视台的每周质量报告和每年的3·15晚会，在当下世界存在的各个行业中或多或少都存在这样那样的质量问题，产品不合格问题。之所以说产品不合格是企业最大的不负责任，是因为企业的产品一旦进入市场，消费者消费后，轻者影响生活质量，重者危及消费者生命安全，类似于某生物疫苗这种特殊医药类产品和食品类奶粉，对人类生命健康危害极大，消费者一旦消费产品，会造成终生损害，大面积发生后会产生很大的社会问题。

（3）经济责任，企业必须赚钱，要追求尽可能多的利润，保持利润最大化，尽可能地控制成本，尽可能地保持企业的资金流动处于一个正常的合理范围之内。如果需要，可以借助于银行贷款。要保持较高的运作效率，保持竞争优势，保持正常合理的现金流，为员工足额、定时发放工资和约定的奖金，缴纳国家规定的各类税费都是企业的经济责任。

（4）安全责任，在企业责任内容中，企业的安全责任是最受重视的。企业的安全责任既是外部责任也是内部责任，尤其是生产类型的企业，一旦发生安全类事故，不仅会对企业本身造成重大损失，而且会对社会造成极大的危害，有时候对社会产生的危害远远大于对企业自身的危害。例如，百度百科"8·12天津滨海新区爆炸事故"显示，"该事故是一起发生在天津市滨海新区的特别重大安全事故。2015年8月12日22时51分46秒，位于天津市滨海新区天津港的瑞海公司危险品仓库发生火灾爆炸事故，本次事故中爆炸总能量约为450吨TNT当量。造成165人遇难，798人受伤，304幢建筑物、12428辆商品汽车、7533个集装箱受损。截至2015年12月10日，依据《企业职工伤亡事故经济损失统计标准》等标准和规定统计，事故已核定的直接经济损失68.66亿元。经国务院调查组认定，8·12天津滨海新区爆炸事故是一起特别重大生产安全责任事故。"估计最后的赔付超过100亿元。

（5）员工责任，企业员工责任即企业对员工承担的责任。在一个企业中企业对员工承担的责任是多方面的。具体有如下几个方面：一是形成事实上的就业和雇佣关系，按时足额发放劳动报酬；二是工作条件和社会保护，提供安全的健康的工作环境，积极预防职业病；三是人的发展，实施职业教育和培训制度；四是国家宪法等其他法律法规赋予员工的权利。关于对企业员工责任方面，国家出台了很多的法律法规，比如《中华人民共和国劳动法》，对双方的权利责任义务都做了明确的规定。在新闻报道中，关于双方责任问题引发的各类事件非常多，类似事件的新闻报道，既要厘清各方立场，又要遵守法律法规，还要考量社会公众道德规范，这也是新闻报道中的难点。

（6）股东责任，定期召开股东大会、董事会，严格执行股东大会、董事会的决议，按照国家法律、法规和公司章程的规定，对股东履行应尽的责任和义务。对上市公司而言，要真实、准确、完整、及时、持续地披露公司信息,这是证券法规定的上市公司应尽责任,同时也是公司对债权人承担社会责任的最高表现。

二、企业的外部责任

外部责任即企业的社会责任，即企业在生产服务过程中对生产的产品和服务内容以及实施这些行为的过程中对企业外部所产生的影响所负有的责任。企业的社会责任内容很广泛，重点包括环境责任、政府责任、供应链责任、公益责任、法律责任等，从企业运营过程中对外部影响大小情况来综合评价，企业社会责任中最重要的责任是环保责任，因为环保对社会的影响最大。

1.环境责任

近年来，环境问题越来越受到国际、国内社会的关注，大家对于社会经济发展过程中关于环境保护的呼声越来越高，比如温室气体的排放导致海平面上升，很可能会在未来的某一天导致太平洋上的某些岛国灭国。国际社会对此采取了各种各样的行动，最重要的就是签署各类国际公约、制定国际标准、制定法律法规。对环境问题设置了相应的议题，重点体现在减少污染、资源利用效率、减缓并适应气候变化和环境保护、生物多样性和自然栖息地保护四个方面，这四个方面的内容是站在全球的视野归纳的。例如《联合国气候变化框架公约》《京都议定书》《巴黎协定》等。

对于企业的环境责任，随着我们国家法律法规的健全，企业生产经营过程中所产生的好多问题已经能够在相关法律内容中涵盖，类似这一类问题，我们可以将其归类为环境法律责任；其余法律没有规范，企业一些行为对环境产生影响，只能受到道德谴责，我们可以将其归类为环境道德责任。关于环境法律责任的内容，比较广泛，就中国企业而言，我们要面对的环境法律责任又分为两个方面，一是国外的法律法规，如果企业对外输出产品，一般情况下，产品自进入进口国口岸，各种各样的法律就会生效，包括相应的环境方面的法律；还有一种可能就是产品生产的过程在生产国但消费在进口国，有些国家的法律甚至可以对生产过程产生约束，比如美国有些国内法却当作国际法使用。另一方面是国内的法律，在环境保护方面，我们国内法律法规从无到有，逐步完善起来。一方面是法律体系的完善，一方面是内容的完善，企业在经营管理过程中逐渐做到环境保护有法可依，这也是我们国家四个全面发展战略中全面依法治国的重要组成部分。

2.政府责任

政府对企业的要求是多方面的。就我们国家而言，国家对企业的基本要求是对企业经营内容范围的要求，在国家工商等职能部门的许可范围内，企业要在现有的法律和道德框架内履行主体责任。也就是说企业必须对政府对你的许可负责。这是一种企业和政府的契约关系，这种契约关系包含了政府对企业的各类合法的监管，企业要依法合规运营。具体内容可以是企业必须遵守国家法律法规，诚信经营，依法足额纳税，保护员工安全等具体内容。还有一方面就是要遵守国家政策的指导，符合国家产业规划，服务于国家战略。

3.供应链责任

供应链责任指的是企业上下游合作伙伴责任，无论什么企业都存在或紧密或松散的供应链条。目前企业的产品越来越复杂，集成化、模块化、标准化，产业链条越来越长，一家企业已经不可能独立完成所有的零配件的生产，只有分工协作才能生产出一件完整的产品。在这个链条上的企业分工不同，但是有主次关系，最重要的是供应链上的每一个合作伙伴都要合法经营，都必须承担相应的责任，才能保证生产的公平性。比如生产一部手机，既要有软件，又要有硬件，软件里面又包含了各种各样的系统，这些都由不同的企业来完成，例如硬件方面，有壳子、耳机、充电器、螺丝等。再比如汽车产业，大家比较容易理解的发动机厂家、轮胎厂家、外壳冲压、内饰、电子系统厂家等。供应链条无论长短、大小，实际是一种共生关系。对有些供应链链条上的企业来讲，由于其生产的产品具有一定的独特性、专属性，简单描述就是只有唯一的一个用户，离开这个链条无法生存。所以供应链责任重大，大家是一条绳子上的蚂蚱，谁也跑不了，一荣俱荣，一损俱损。供应链上的企业必须在同等的法律框架下依法合规生产经营。

4.公益责任

参与或主导某些公益活动是企业履行社会责任最重要的形式之一，包括参与扶贫、资助社会活动、慈善捐助、支持所在地政府机构举办各类活动、鼓励企业员工代表企业参与科教文卫等各类活动等，这些可以概括称之为公益责任。公益责任是企业对外实实在在的经济上的、人力上的付出，获得的是企业品牌知名度、美誉度的提升，社会公众以及政府等权威机构的认可、赞同，核心主旨是为企业营造良好的社会舆论环境。在国际层面，企业履行公益责任有相关的倡议活动，比如，2000年的联合国大会上，一致通过的《联合国千年宣言》，2015年9月的《2030年可持续发展议程》等。2016年，我国颁布《中华人民共和国慈善法》，对企业公益慈善行为列出具体内容，涉及扶贫、济困；扶老、救孤、恤病、助残、优抚；救助自然灾害、事故灾难和公共卫生事件等突发事件造成的损害；促进教育、科学、文化、卫生、体育等事业的发展；防治污染和其他公害，保护和改善生态环境等。

5.法律责任

随着社会的发展进步，法治社会越来越成为公众共识。无论在国内还是国外，企业作为社会的一个重要组成部分，依法合规运营管理成为企业健康发展的不二选择。法律责任对内包含公司治理、股东利益，对外涉及企业所在地全部法律。（见第十三节，《讲法治》附：我国部分企业管理方面的法律）

三、梳理企业责任　讲好责任故事

2022年2月28日，习近平总书记在主持召开中央全面深化改革委员会第二十四次会议强调，"要坚持党的全面领导，建设中国特色社会主义，发展更高水平的社会主义市场经济，毫不动摇巩固和发展公有制经济，毫不动摇鼓励、支持和引导非公有制经济发展，加快建设一批产品卓越、品牌卓著、创新领先、治理现代的世界一流企业的要求。"习近平总书记的重要讲话精神，给我们指出了讲好中国企业故事、传播中国声音的方向。更高水平的社会主义市场经济必然要求更高水平的企业主体，更高水平的企业主体必然要求更高水平的企业责任。企业责任众多，烦冗复杂，我们就是要在这个复杂的环境中全面系统的厘清企业社会责任，做出更高水平的企业社会责任报道。在这个讲话中，强调了两个毫不动摇，就是要求无论什么企业，都要按照这个标准去做。

对于如何做好企业的社会责任工作，习近平在浙江工作时，撰文《推进企业社会责任建设》指出："企业社会责任建设需要各方面合力推进。政府要进一步强化企业约束机制，健全相关法律法规，完善诚信体系，落实监管职责，充分发挥税收调节作用，使价格形成机制，真正反映资源稀缺程度和付出的环境代价，引导企业切实承担起社会责任。社会各界要做好企业社会责任的监督员，努力形成全方位的监督企业承担社会责任的舆论环境。广大企业要自律自重，树立科学经营理念，理顺内部外部关系，争做负责任的'企业公民'，使企业的发展壮大真正走向和谐健康的轨道"。

2016年3月，习近平总书记在全国政协十二届四次会议民建、工商联界别委员会联组会上指出，"许多民营企业家都是创业成功人士，是社会公众人物，用一句土话讲，大家都是有头有脸的人物。你们的举手投足、一言一行对社会有很强的示范效应。要十分珍视和维护好社会自身形象。广大民营企业要积极投身光彩事业和公益慈善事业，致富思源，义利兼顾，自觉履行社会责任"。

作为一名新闻工作者，梳理企业责任，寻找鲜活实例，运用各类媒体讲好企业责任故事，传播中国声音，提升话语权，为企业树立形象，创造良好的外在舆论环境，是义不容辞的责任。

第十七节　讲政策

出台政策措施要深入调查研究，摸清底数，广泛听取意见，兼顾各方利益。政策实施后要跟踪反馈，发现问题及时调整完善。要加大政策公开力度，让群众知晓政策、理解政策、配合执行好政策。

——2016年5月23日至25日，习近平在黑龙江考察调研时强调

对中央工作部署，要准确领会政策要点和要领，不能随意解读，想怎么干就怎么干。

——2013年11月，习近平在山东农科院召开座谈会时强调

"政策"一词，《辞海》收录，释义为"国家、政党为实现一定历史时期的路线和任务而规定的行动准则"，政策需要在实践中检验其正确与否，并在实践中得到丰富和发展。

企业的发展变化和国家政策息息相关，任何一个政策有可能让企业遭到灭顶之灾，也可能让企业赚个盆满钵满。企业发展要重点关注国家的宏观政策和微观政策，这是企业外在政策影响。企业内部政策是企业发展的法律保障，内部政策是否适合企业基本情况决定企业发展是否顺利，决定企业是否具备市场竞争力，并且内部政策能否和外部政策实现良好对接，对企业发展也是至关重要。

宏观政策方面更多的是指国家为指导国家经济、引导企业发展制定的方向性政策，是指保持经济总量的基本平衡，促进经济结构的优化，引导国民经济持续、迅速、健康发展，推动社会全面进步的经济措施，是政府调节市场的主要手段。宏观政策根据行业范畴不同分为好多种类，主要是指国家层面出台的针对各行业的政策。如自2015年为应对经济持续下滑的情况，国务院推出的"去产能、去库存、去杠杆、降成本、补短板"政策，对所有存在这些问题的企业来说就是最大的宏观政策。

微观政策指的是某一个方面的政策，具有适用范围小、适用对象明确具体、要求事项明确清楚等特征，这类型的微观政策对适用对象来说没有可操作的空间，一般情况下，拿来具体执行就可以了，还有一种情况就是区域政策，比如省、市、县域制定的各类规定要求等。

普惠政策，一般情况下是指所有在行政管辖范围内的主体都能享受到的政策。这类政策不区分大小，不区分行业范围，可以称之为一刀切式的政策。例如，我国2016年开始的税收"营改增"，对所有企业一样，这是一种税制改革，大家都受益，就是普惠政策。还有国家关于工商企业注册条件的放宽，最典型的就是注册资本额度的减少等。另外，国家对各项宏观政策权力的下放，对各种各样条文条款的废止，都带有普惠性质。

产业政策，是国家对某一行业给予的特殊的限制或者支持的政策。产业政策出台的目的是对行业的规范限制或者支持，或者就是对幼稚产业的保护。产业政策很多，很烦琐，不同行业不一样，制定政策的背景也不一样。企业更多的要关注产业政策，如果一个产业政策出台是对行业的限制规范，那么好多处于行业竞争低端的企业就要小心了；如果是对行业加大扶持支持，大家就会欢欣鼓舞。例如，光伏发电电价的补贴政策，新能源汽车购置补贴政策，煤炭、钢铁、水泥去产能等，就属于这类产业政策。

出口政策，企业在一个区域市场之间竞争，当市场趋于饱和的时候，如果有外部需求，就会对外出口产品，各个国家为保持自身的发展壮大，一般情况下，对国内过剩的具有比较优势的产品鼓励出口，以创造更多的外汇。出口政策带有极强的导向性，对不同的行业，出口方向都会有不同描述。要讲好企业的出口故事，就要多角度了解和出口有关的政策信息、行业信息，这样才能全面掌握素材，讲好企业故事。

我们国家的经济发展模式一直是出口导向性的政策，好多产品是低端制造，除了物美价廉竞争力强之外，没有太多的技术优势，常常受到反倾销等调查。例如，2018年3月，特朗普政府对中国价值600亿美元商品提高关税。另外，随着我国产业经济结构的调整，我国高端出口产品逐渐增多，在世界市场上话语权越来越强，里面的故事也越来越多，这也是一座新闻的富矿。在详细了解出口政策的前提下，可以更多地发现新闻，讲好企业出口故事。

2013年，习近平总书记在东南亚首次提出共建"丝绸之路经济带"和"21世纪海上丝绸之路"，得到域外国家的认同与支持。"一带一路"充分依靠中国与有关国家既有的双多边机制，借助既有的、行之有效的区域合作，使之成为拉动周边经济发展的重要战略平台。

2015年3月，国家发改委、外交部、商务部联合发布《推动共建丝绸之路经济带和21世纪海上丝绸之路的愿景与行动》。这些政策的设计与提出，根本就是为了发展经济，是为企业走出去服务的，是为企业寻求更为广阔的市场服务的。"一带一路"倡议既有历史背景，又有现实背景，国际背景是当前国际金融危机深层次影响世界经济，复苏缓慢、发展分化，国际投资贸易格局和多边投资贸易规则酝酿深刻调整，各国面临的发展问题依然严峻。中国国内背景则是产能过剩、外汇资产过剩；中国油气资源、矿产资源对国外的依存度高；中国的工业和基础设施集中于沿海，如果遇到外部打击，容易失去核心设施；中国边境地区整体状况处于历史最好时期，邻国与中国加强合作的意愿普遍上升。"一带一路"为企业发展指明方向和思路，提供了国家层面的政策支持和安全保障。因此，要讲好企业如何利用好国家政策，一定要了解政策，讲好企业如何融入，如何沟通，如何制定自身政策……才能将中国企业参与"一带一路"建设的故事讲好，才能讲得精彩。

对于党的二十大以后的五年内的宏观经济战略政策，习近平总书记指出，就是要"加快构建新发展格局，着力推动高质量发展"。

在经济发展战略模式上，"把实施扩大内需战略同深化供给侧结构性改革有机结合起来，增强国内大循环内生动力和可靠性，提升国际循环质量和水平，加快建设现代化经济体系，着力提高全要素生产率，着力提升产业链供应链韧性和安全水平，着力推进城乡融合和区域协调发展，推动经济实现质的有效提升和量的合理增长"。

在经济发展制度上，"要构建高水平社会主义市场经济体制，坚持和完善社会主义基本经济制度，毫不动摇巩固和发展公有制经济，毫不动摇鼓励、支持、引导非公有制经济发展，充分发挥市场在资源配置中的决定性作用，更好发挥政府作用"。

在产业体系建设上，"建设现代化产业体系，坚持把发展经济的着力点放在实体经济上，推进新型工业化，加快建设制造强国、质量强国、航天强国、交通强国、网络强国、数字中国"。

在乡村建设上，"全面推进乡村振兴，坚持农业农村优先发展，巩固拓展脱贫攻坚成果，加快建设农业强国，扎实推动乡村产业、人才、文化、生态、组织振兴，全方位夯实粮食安全根基，牢牢守住十八亿亩耕地红线，确保中国人的饭碗牢牢端在自己手中"。

在区域协调发展上，"促进区域协调发展，深入实施区域协调发展战略、区域重大战略、主体功能区战略、新型城镇化战略，优化重大生产力布局，构建优势互补、高质量发展的区域经济布局和国土空间体系"。

在对外开放上，"推进高水平对外开放，稳步扩大规则、规制、管理、标准等制度型开放，加快建设贸易强国，推动共建"一带一路"高质量发展，维护多元稳定的国际经济格局和经贸关系"。

企业内部政策方面，重点要搞清企业的机制，在与国家大的方针政策吻合的前提下，制定好战略，摸清市场，抓好管理，用好人才，搞活机制，企业才能良性发展。讲好企业内部政策，要摸清内部政策是否适应适合企业发展，企业内部政策一定是企业内部的一部"良法"，一定是正能量的，否则就会限制影响企业发展。在对这些政策对比之后，会发现更多的新闻线索，按照新闻线索就会发掘出更多新闻故事。

资料一：国家战略政策

关于国家战略政策。2014年10月，习近平总书记在江苏调研时首提"四个全面"的战略思想，即："全面建成小康社会、全面深化改革、全面推进依法治国，全面从严治党"，这些战略思想直接影响企业的决策发展。

在治国理政方面，在党的十九大报告中，坚持党对一切工作的领导，坚持以人民为中心，坚持全面深化改革，坚持新发展理念，坚持人民当家做主，坚持全面依法治国，坚持社会主义核心价值体系，坚持在发展中保障和改善民生，坚持人与自然和谐共生，坚持总体国家安全观，坚持党对人民军队的绝对领导，坚持"一国两制"和推进祖国统一，坚持推动构建人类命运共同体，坚持全面从严治党等十四条内容构成新时代坚持和发展中国特色社会主义的基本方略。

（资料来源：党的十九大报告）

2022年10月16日，在党的二十大报告中，习近平总书记指出："从现在起，中国共产党的中心任务就是团结带领全国各族人民全面建成社会主义现代化强国、实现第二个百年奋斗目标，以中国式现代化全面推进中华民族伟大复兴。中国式现代化，是中国共产党领导的社会主义现代化，既有各国现代化的共同特征，更有基于自己国情的中国特色。中国式现代化是人口规模巨大的现代化，是全体人民共同富裕的现代化，是物质文明和精神文明相协调的现代化，是人与自然和谐共生的现代化，是走和平发展道路的现代化。中国式现代化的本质要求是：坚持中国共产党领导，坚持中国特色社会主义，实现高质量发展，发展全过程人民民主，丰富人民精神世界，实现全体人民共同富裕，促进人与自然和谐共生，推动构建人类命运共同体，创造人类文明新形态。全面建成社会主义现代化强国，总的战略安排是分两步走：从二〇二〇年到二〇三五年基本实现社会主义现代化；从二〇三五年到本世纪中叶把我国建成富强民主文明和谐美丽的社会主义现代化强国"。

（资料来源：党的二十大报告）

　　国家战略政策很多，不同的行业产业等都有不同的要求和描述，作为一个新闻记者，要对国家战略政策有一个全面系统的了解，对跑口的记者来说，更要精通烂熟于胸，讲起来一定要头头是道，要准确，不能曲解，更不能断章取义。实际上讲政策是讲好企业故事的灵魂，尤其是重点特稿、重大活动事项等，都和政策密切关联，文章的立意、立场一定不能跑偏。讨论研讨性的文章也一定要客观准确地反映各种观点，不能模糊，有相应的事实材料支撑。

资料二：国家宏观政策

　　国家宏观政策很大，涉及政治、经济、文化、社会、生态等方方面面。企业关注的更多是宏观经济政策，国家每年召开经济工作会议，一般情况下总结上一年的经济情况，安排部署下一年度的经济工作。如果是在五年规划的时间节点上，还会做出更长远的发展规划，指出基本的发展思路方向，以适应国际、国内的经济形势。

中央经济工作会议精神（摘要）

（2022年12月15日至16日中央经济工作会议在北京举行）

　　做好明年经济工作，要以习近平新时代中国特色社会主义思想为指导，全面贯彻落实党的二十大精神，扎实推进中国式现代化，坚持稳中求进工作总基调，完整、准确、全面贯彻新发展理念，加快构建新发展格局，着力推动高质量发展。

1.做好明年经济工作，做到六个坚持

　　（1）坚持党的全面领导特别是党中央集中统一领导；

　　（2）坚持发展是党执政兴国的第一要务，发展必须是高质量发展，完整、准确、全面贯彻新发展理念；

　　（3）坚持稳中求进工作总基调，坚持实事求是、尊重规律、系统观念、底线思维，把实践作为检验各项政策和工作成效的标准；

（4）坚持社会主义市场经济改革方向，坚持"两个毫不动摇"；

（5）坚持推进高水平对外开放，稳步扩大规则、规制、管理、标准等制度型开放；

（6）坚持推动经济发展在法治轨道上运行，依法保护产权和知识产权，恪守契约精神，营造市场化、法治化、国际化一流营商环境。

2.做好明年经济工作，要坚持稳字当头、稳中求进，继续实施积极的财政政策和稳健的货币政策，加大宏观政策调控力度，加强各类政策协调配合，形成共促高质量发展合力

（1）积极的财政政策要加力提效。保持必要的财政支出强度，优化组合赤字、专项债、贴息等工具，在有效支持高质量发展中保障财政可持续和地方政府债务风险可控。要加大中央对地方的转移支付力度，推动财力下沉，做好基层"三保"工作。

（2）稳健的货币政策要精准有力。要保持流动性合理充裕，保持广义货币供应量和社会融资规模增速同名义经济增速基本匹配，引导金融机构加大对小微企业、科技创新、绿色发展等领域支持力度。保持人民币汇率在合理均衡水平上的基本稳定，强化金融稳定保障体系。

（3）产业政策要发展和安全并举。优化产业政策实施方式，狠抓传统产业改造升级和战略性新兴产业培育壮大，着力补强产业链薄弱环节，在落实碳达峰碳中和目标任务过程中锻造新的产业竞争优势。推动"科技－产业－金融"良性循环。

（4）科技政策要聚焦自立自强。要有力统筹教育、科技、人才工作。布局实施一批国家重大科技项目，完善新型举国体制，发挥好政府在关键核心技术攻关中的组织作用，突出企业科技创新主体地位。提高人才自主培养质量和能力，加快引进高端人才。

（5）社会政策要兜牢民生底线。落实落细就业优先政策，把促进青年特别是高校毕业生就业工作摆在更加突出的位置。及时有效缓解结构性物价上涨给部分困难群众带来的影响。加强新就业形态劳动者权益保障，稳妥推进养老保险全国统筹。推动优质医疗资源扩容下沉和区域均衡布局。完善生育支持政策体系,适时实施渐进式延迟法定退休年龄政策,积极应对人口老龄化少子化。

3.做好明年经济工作,要坚持系统观念、守正创新

(1)要更好统筹疫情防控和经济社会发展,因时因势优化疫情防控措施,认真落实新阶段疫情防控各项举措,保障好群众的就医用药,重点抓好老年人和患基础性疾病群体的防控,着力保健康、防重症。

(2)要更好统筹经济质的有效提升和量的合理增长,坚持以质取胜,以量变的积累实现质变。

(3)要更好统筹供给侧结构性改革和扩大内需,通过高质量供给创造有效需求,支持以多种方式和渠道扩大内需。

(4)要更好统筹经济政策和其他政策,增强全局观,加强与宏观政策取向一致性评估。

(5)要更好统筹国内循环和国际循环,围绕构建新发展格局,增强国内大循环内生动力和可靠性,提升国际循环质量和水平。

(6)要更好统筹当前和长远,既要做好当前工作,又要为今后发展做好衔接。

4.做好明年经济工作,明年经济工作千头万绪,要从战略全局出发,从改善社会心理预期、提振发展信心入手,纲举目张做好工作

(1)着力扩大国内需求。

(2)加快建设现代化产业体系。

(3)切实落实"两个毫不动摇"。

(4)更大力度吸引和利用外资。

(5)有效防范化解重大经济金融风险。

5.做好明年经济工作,对于我们这么大的经济体而言,保持经济平稳运行至关重要

(1)要着力稳增长稳就业稳物价,保持经济运行在合理区间。注重围绕市场主体需求施策，完善政策实施方式，增强时效性和精准性。

（2）要坚定不移深化改革，更大激发市场活力和社会创造力。尊重市场规律，深化简政放权、放管结合、优化服务改革，对各类所有制企业一视同仁。

（3）要着力发展实体经济，依靠创新培育壮大发展新动能。推动传统产业改造升级，支持战略性新兴产业和现代服务业发展，促进大众创业万众创新纵深发展，最大限度释放全社会的创新创造潜能。

（4）要充分挖掘国内市场潜力，提升内需对经济增长的拉动作用。围绕经济发展和民生急需，推动补短板重大项目建设，着力消除制约居民消费的不利因素。加强金融、地方债务风险防控，守住不发生系统性风险的底线。

（5）要更大力度推动外贸稳规模、优结构，更大力度促进外资稳存量、扩增量，培育国际经贸合作新增长点。

（6）要强化基本公共服务，兜牢基本民生底线，支持引导社会力量增加多元供给，持续增进民生福祉。

资料来源：2022年12月16日，新华社通稿（本文摘要，有删节）。

资料三：国家标准政策

2014年4月24日，第十二届全国人大常委会第八次会议修订的《中华人民共和国环境保护法》（以下简称《环境保护法》）将于2015年1月1日起施行，新《环境保护法》一共七章七十条，7000余字。从立法的角度来看，有好多的新理念提出，这部法律的修订社会关注、公众期待、高层重视，修订通过的法律被称为"史上最严环保法"。

新修订的《环境保护法》第一次将环境保护置于优先位置，是环保理念上的一次重大突破。

在宏观层面。

一是树立环境保护和经济发展可以协调的理念。环境的改善有助于经济的发展，而经济的发展则能为环境保护提供资金和技术。新的表述是"经济社会发展与环境保护相协调"（第四条）。并增加规定："环境保护坚持保护优先、预防为主、综合治理、公众参与、损害担责的原则"(第五条)。这些变化，说明环境保护已经从以往的适应经济发展、与经济发展相协调的从属地位，上升到国家战略层面，反过来要求经济社会发展要与环境保护相协调。

二是明确了《环境保护法》的定位，恰当地处理了《环境保护法》与其他法律的关系。这次修法明确了《环境保护法》是环境领域的基础性法律，规定的是基本的环境制度。其他法律的规定与《环境保护法》不一致的，要适用《环境保护法》的规定。

三是确立了环境保护目标责任制和考核评价制度，进一步强化政府在平衡经济发展和环境保护中的重要作用。新修订的《环境保护法》立足于推进生态文明和美丽中国建设，在明确社会各方在治理环境和保护环境的义务和责任基础上，突出强化了政府在环境保护领域中的责任。

在微观层面。

第一，监管手段硬处罚更严厉。第六章中，新法增设了按日计罚、治安拘留等措施，规定了环境公益诉讼，赋予环保部门查封扣押权，明确了环境监察机构的法律地位。

第二，公众参与度加大。第五章中依法公开环境信息、完善公众参与程序，为公民、法人和其他组织参与和监督环境保护提供便利，引导老百姓参与环境保护，监督环境保护工作，赋予了民众的环保知情权、参与权和监督的权利，构建全民参与环境保护的社会行动体系。同时明确规定，政府接受人大监督，每年一到两次需向人大或常委会汇报环境保护工作，环境保护民主参与和民主监督比重加大。

第三，技术手段评价更科学规范。1989年的《环境保护法》在科技、教育培训方面比重很小，而新法更加重视提高环境保护的技术手段，更加重视环境风险调查和环境信息建设，提到了生态保护红线、环境健康风险评估、生态补偿等新的制度建设，也对旧法中环评、区域限批等进行了调整完善，新法有利于新的环境标准和配套出台，推动提高环保领域的信息技术。

第四，细化了违法的具体行为。一是建设项目未依法进行环境影响评价,被责令停止建设,拒不执行的;二是违反法律规定,未取得排污许可证排放污染物,被责令停止排污,拒不执行的;三是通过暗管、渗井、渗坑、灌注或者篡改、伪造监测数据,或者不正常运行防治污染设施等逃避监管的方式排放污染物的;四是生产、使用国家明令禁止生产、使用的农药,被责令改正,拒不改正的。(第六十三条)

资料来源:2014年4月24日,国务院印发《中华人民共和国环境保护法》自2015年1月1日起施行。

资料四:国家质量强国建设政策

2023年年初,中共中央、国务院印发了《质量强国建设纲要》,并发出通知,要求各地区各部门结合实际认真贯彻落实。(节选)

《质量强国建设纲要》主要内容如下:

一、 形势背景

质量是人类生产生活的重要保障。党的十八大以来,在以习近平同志为核心的党中央坚强领导下,我国质量事业实现跨越式发展,质量强国建设取得历史性成效。当今世界正经历百年未有之大变局,新一轮科技革命和产业变革深入发展,引发质量理念、机制、实践的深刻变革。质量作为繁荣国际贸易、促进产业发展、增进民生福祉的关键要素,越来越成为经济、贸易、科技、文化等领域的焦点。当前,我国质量水平的提高仍然滞后于经济社会发展,质量发展基础还不够坚实。面对新形势新要求,必须把推动发展的立足点转到提高质量和效益上来,培育以技术、标准、品牌、质量、服务等为核心的经济发展新优势,推动中国制造向中国创造转变、中国速度向中国质量转变、中国产品向中国品牌转变,坚定不移推进质量强国建设。

二、 总体要求

(一)指导思想。

(二) 主要目标。

到2025年,质量整体水平进一步全面提高,中国品牌影响力稳步提升,人民群众质量获得感、满意度明显增强,质量推动经济社会发展的作用更加突出，质量强国建设取得阶段性成效。

　　——经济发展质量效益明显提升。

　　——产业质量竞争力持续增强。

　　——产品、工程、服务质量水平显著提升。

　　——品牌建设取得更大进展。

　　品牌培育、发展、壮大的促进机制和支持制度更加健全，品牌建设水平显著提高，企业争创品牌、大众信赖品牌的社会氛围更加浓厚，品质卓越、特色鲜明的品牌领军企业持续涌现，形成一大批质量过硬、优势明显的中国品牌。

　　——质量基础设施更加现代高效。

　　——质量治理体系更加完善。

三、推动经济质量效益型发展

（三）增强质量发展创新动能。

（四）树立质量发展绿色导向。

（五）强化质量发展利民惠民。

四、增强产业质量竞争力

（六）强化产业基础质量支撑。

（七）提高产业质量竞争水平。

（八）提升产业集群质量引领力。

（九）打造区域质量发展新优势。

五、加快产品质量提档升级

（十）提高农产品食品药品质量安全水平。

（十一）优化消费品供给品类。

（十二）推动工业品质量迈向中高端。

六、提升建设工程品质

（十三）强化工程质量保障。

（十四）提高建筑材料质量水平。

（十五）打造中国建造升级版。

七、增加优质服务供给

（十六）提高生产服务专业化水平。

（十七）促进生活服务品质升级。

（十八）提升公共服务质量效率。

八、增强企业质量和品牌发展能力

（十九）加快质量技术创新应用。

（二十）提升全面质量管理水平。

（二十一）争创国内国际知名品牌。

九、构建高水平质量基础设施

（二十二）优化质量基础设施管理。

（二十三）加强质量基础设施能力建设。

（二十四）提升质量基础设施服务效能。

十、推进质量治理现代化

（二十五）加强质量法治建设。

（二十六）健全质量政策制度。

（二十七）优化质量监管效能。

（二十八）推动质量社会共治。

（二十九）加强质量国际合作。

十一、组织保障

（三十）加强党的领导。

（三十一）狠抓工作落实。

（三十二）开展督察评估。

资料来源：新华社北京2月6日电，中共中央、国务院印发《质量强国建设纲要》通知。

第十八节 　讲改革

改革开放是一项长期的、艰巨的、繁重的事业，必须一代又一代人接力干下去。改革开放只有进行时，没有完成时。

——2012年12月31日，习近平在主持中共中央政治局第二次集体学习时强调

坚持深化改革开放。深入推进改革创新，坚定不移扩大开放，着力破解深层次体制机制障碍，不断彰显中国特色社会主义制度优势，不断增强社会主义现代化建设的动力和活力，把我国制度优势更好转化为国家治理效能。

——2022年10月16日，习近平在中国共产党第二十次全国代表大会上的讲话

"改革"一词，《辞海》释义为"改去；革除"，现在常指改变旧制度、旧事物。《现代汉语词典》中给出的释义为"把旧的事物中不合理的部分改成新的、能适应客观情况的"。另外，改革和创新词义的解释是不一样的，但内涵有相同之处，一般情况下改革常指社会和企业的管理层面的内容，创新一般理解更偏向于技术层面的内容。

"改革"一词，在中国文字历史上由来已久，并且改革作为一种社会

历史发展的重要现象，在中国发展历史中，历朝历代都在进行，涉及政治、经济、文化、吏治、法律等，内容众多繁杂。在21世纪，改革实际上已经深入社会发展的各个层面，深入社会发展的每一寸肌理，改革是社会发展的必然选择，已经成为社会发展的强大动力。

分析中外历史上各类改革事件的前因后果，不难得出这样一个结论，改革的本质是对旧有的内容作局部或根本性的调整，是指在现有的内容实行变革，是对现有的利益关系的再调整，因此改革的风险天然存在。改革不同于创新，更不同于革新、革命，但在某一个有限的时期内，三者可以共用。

企业的发展变化，一定是在社会发展的大环境下进行的，因为企业是社会的有机组成部分，从企业的本质来看，是权力的主体在为社会发展创造财富而鼓励许可成立的组织机构。从这个角度来讲，企业的发展不可能也不会脱离整个社会关系而独立存在，势必会受到社会改革的影响且要融入其中，因此要讲好企业的故事，必将要讲好改革，一方面要讲好社会的改革，一方面要讲好企业自身的改革。

社会宏观层面的改革，是企业发展的大环境。社会改革是一个大的概念，习近平总书记指出，"改革开放只有进行时，没有完成时"，深刻说明改革是一个系统工程，是贯穿社会发展历史的。党的十八届三中全会上，习近平总书记在《中共中央关于全面深化改革若干重大问题的决定》的说明中指出，我国当前国内外环境都发生着极为广泛而深刻的变化，我国发展面临一系列的突出矛盾和挑战，要解决这些问题，关键在于深化改革。这些问题表现为发展中不平衡、不协调、不可持续，科技创新能力不强，产业结构不合理，发展方式依然粗放，社会矛盾明显增多，教育、就业、社会保障、医疗、住房、生态环境、食品安全、社会治安、执法司法等关系群众切身利益的问题较多，部分群众生活困难等。党的十八届三中全会将全面深化改革的内容归结为政治方面3条，经济方面6条，社会方面2

条，生态方面1条，国防和军队1条。其中经济方面的核心内容是使市场在资源配置中起决定性作用，更好地发挥政府作用，"看不见的手"和"看得见的手"都要用好。习近平总书记在接受俄罗斯电视台专访时说"改革再难也要向前推进"，向世界表明中国改革的决心。这些内容对企业来说至关重要，讲好企业的故事，一定要准确分析判断外在环境，搞清楚哪些是政府主导的倡导的，哪些是市场需要的，哪些是和企业紧密相连的，哪些政策本身就是针对企业主体的。

企业自身的改革来自两个方面，一个方面是被动的改革，另一方面是主动的改革。目前，全球的企业从企业所有权属的角度来分，大致可以分为国有企业、私有企业和股份制企业三类。企业被动改革的因素很多，主要是外在政策和市场的变化迫使企业做出的应激反应；主动改革主要是企业为适应市场和外在环境的变化对企业内部做出的应激反应，具有前瞻性。企业改革的内容很多，有大的也有小的，涉及内容之广、范围之大，都是前所未有的，对这次企业改革的主体来说，多数是被动的，少有是主动要求的，因此，这里面的故事会更多。在企业管理的内容当中，所有内容都会涉及，企业运行机制、体制、文化、战略、理念等都不是一成不变的，都要与时俱进，都会根据企业的生存发展需要进行相应的改革变化。诺基亚从生产纸浆到生产手机，再到生产手机摄像头，变化如此之大，是一般人不敢想象的。

要讲好企业的故事，就要从企业发展的外在环境和内在需要着手，来分析企业改革的内在动因和外在压力，这样才能写好企业改革的故事，写好企业改革的精彩瞬间；有时候企业改革并不一定是连续的，也可能是断断续续的，这时候就要抓住脉络，细细地梳理，就会发现企业所作所为的新闻价值所在；另一方面要讲好企业的改革故事，还需要有纵向和横向的比较，这一手段是讲好企业故事的标配，因为没有比较就没有优劣，就找不出特点，事件就不具有一定的典型性，故事就不会很好看了。

　　国有企业改革成为我们国家全面深化改革的一个重要组成部分。关于国企改革，党的二十大报告是这样定的："深化国资国企改革，加快国有经济布局优化和结构调整，推动国有资本和国有企业做强做优做大，提升企业核心竞争力。完善中国特色现代企业制度，弘扬企业家精神，加快建设世界一流企业。"

　　2023年3月16日，国务院国资委党委在《人民论坛》发表署名文章《国企改革三年行动的经验总结与未来展望》中，对于新一轮国企改革深化提升行动提出了五个方面的任务："一是围绕增强产业引领力深化改革，更好推动现代化产业体系建设；二是围绕提升科技创新力深化改革，有效发挥在新型举国体制中的重要作用；三是围绕提高安全支撑力深化改革，着力提升安全发展能力水平；四是围绕打造现代新国企深化改革，加快完善中国特色国有企业现代公司治理；五是围绕营造公平竞争市场环境深化改革，更大力度促进各类所有制企业共同发展。"

　　讲好国企改革的故事角度很多，针对大型企业，在这里提出几个问题的采访提纲，便于大家破题撰写出高质量的文章。当然，这个要深入的采访，既要熟悉政策，又要熟悉企业管理，甚至企业发展演变的历史，只有做到深入了解，掌握大量素材，才能写好大文章，才能讲好国企改革故事，传播国企改革的好声音。

　　具体如下：

　　1、大型企业如何加强国有企业党的建设？

　　2、大型企业如何深化简政放权、放管结合、优化服务改革，具体措施是什么？

　　3、大型企业如何适应国家建设高标准市场体系？

　　4、大型企业如何适应国家关于完善产权保护、社会信用等市场经济基础制度，优化营商环境的政策要求。

　　5、大型企业在着力扩大内需，增强消费方面有什么作为举措？

6、大型企业如何健全现代预算制度？

讲好企业的改革故事，内容广泛，题材重大，关注度高。这些新闻稿件写作难度极大，一方面要对接各家改革主体，还要对接文件的下发机关单位，采访工作量极大。从文章的内容来讲，每一个文件涉及主体不同，大家意见未必一致，职工未必同意，实际情况更加复杂，外媒关注角度不同，这样的稿件一旦出来，影响极大，因此要高度认真负责，才能写出过硬的稿件。另一方面还要考虑被采访对象的感受，考虑我们国家尤其是国企领导干部职工对待媒体采访改革的不同态度。每一个文件的详细落实与执行都是对一个团体或者个体利益的调整，要慎重再慎重。

讲好企业改革的故事，无论是国企改革，还是私企改革，从新闻的角度来讲，都要把好宏观，写好微观。把好宏观就是采访改革单位的主管单位给改革定性，确认改革的真实性、可操作性、具体的内容等，以此保证文章的真实权威。写好微观就是要写清楚参与改革微观主体的真实感受，对改革给予一个客观的评价，直接证明改革是否成功，是否得民心，是否得到广大职工的认可和社会主流的认同。按照习近平总书记的要求就是四个有利于，"多推有利于增添经济发展动力的改革，多推有利于促进社会公平正义的改革，多推有利于增强人民群众获得感的改革，多推有利于调动广大干部群众积极性的改革"，就是我们讲好企业改革故事的最后落脚点。

讲
好
中
国
企
业
故
事

资料一：习近平深化改革"方法论"

全面深化改革，一靠"改什么"，二靠"怎么改"。改什么？怎么改？就是方法论。掌握方法，事半功倍。讲好企业的故事，尤其是要讲好企业的改革故事，就是要讲好改革的方法，讲好改革的经验，记者要学会方法，看懂方向，抓住重点。习近平总书记在中央深化改革领导组会议上的讲话，每次都有侧重点，本文将2014年—2016年间部分深改会议涉及改革方法的关键词句整理出来，便于新闻工作者引用，以此发现更好的新闻线索，寻找更好的新闻事例，深度报道改革的经验与成果。对于一名新闻记者来说，这些带有深邃思想和鲜明观点的关键句至关重要，它们完全可以变成你的通讯主题，变成评论的观点，变成新闻的标题，确立更好更准确的文章立意，讲出改革的精彩故事。

（1）把握大局，审时度势，统筹兼顾，科学实施。

（2）既敢于出招又善于应招，做到"蹄疾而步稳"。

（3）一要抓统筹，二要抓方案，三要抓落实，四要抓调研。

（第一次，2014年1月22日）

（4）努力破除体制机制障碍。

（5）各类任务，各有对策。

（6）凡属重大改革都要于法有据。

（7）要建立社会稳定评估机制。

（第二次，2014年2月28日）

（8）改革要坚持从具体问题抓起。

（9）成熟一个，审议一个，出台一个。

（第三次，2014年6月6日）

（10）要真枪真刀推进改革。

（第四次，2014年8月18日）

（11）强化主责部门和一把手责任。

（第五次，2014年9月29日）

（12）要鼓励地方、基层、群众解放思想、积极探索。

（16）进行改革试点，对全面深化改革具有重要意义。

（第七次，2014年12月2日）

（14）气可鼓而不可泄，坚决消除"中梗阻""肠梗阻"。

（15）要把提高改革质量放到重要位置。

（第八次，2014年12月30日）

（16）及早部署，精心组织。

（17）党委（党组）书记作为第一责任人。

（18）要取势，又要取实。

（第九次，2015年1月30日）

（19）处理好改革"最先一公里"和"最后一公里"的关系，突破"中梗阻"，防止不作为，把改革方案的含金量充分展示出来，让人民群众有更多获得感。

（第十次，2015年2月27日）

（20）切实做到人民有所呼、改革有所应。

（21）要发扬钉钉子精神。

（第十一次，2015年4月1日）

（22）从改革大局出发看待利益关系调整。

（23）改革推进到哪一步，思想政治工作就要跟进到哪一步。

（第十二次，2015年5月5日）

（24）试点是改革的重要任务，更是改革的重要方法。

（25）在总结经验的基础上全面推广。

（第十三次，2015年6月5日）

（26）既当改革的促进派，又当改革的实干家。

（27）改革越是向纵深发展，越是要重视思想认识问题。

（第十四次，2015年7月1日）

（28）提高改革精确发力和精准落地能力。

（29）要深入调查研究，广泛听取意见。

（30）要把有利于稳增长、调结构、惠民生、防风险的改革举措往前排。

（第十五次，2015年8月18日）

（31）改革和开放相辅相成、相互促进。

（第十六次，2015年9月15日）

（32）必须鼓励和允许不同地方进行差别化探索。

（33）允许试错、宽容失败，营造想改革、谋改革、善改革的浓郁氛围。

（第十七次，2015年10月13日）

（34）要强化督察职能，健全督察机制，更好发挥督察在打通关节、疏通堵点、提高质量中的作用。

（第十九次，2015年12月9日）

（35）把各领域具有四梁八柱性质的改革明确标注出来。

（36）要把不同改革责任主体的主体责任划分清楚。

（第二十次，2016年1月11日）

（37）扭住关键、精准发力，敢于啃硬骨头，盯着抓、反复抓，直到抓出成效。

（38）先集中力量把主要改革举措推出来，然后集中力量一项一项抓好落实。

（39）抓改革落实，要遵循改革规律和特点。

（40）拥护改革、支持改革、敢于担当的就是促进派，把改革抓在手上、落到实处、干出成效的就是实干家。

（第二十一次，2016年2月23日）

（41）要准确把握改革试点方向，把制度创新作为核心任务，发挥试点对全局改革的示范、突破、带动作用。

（42）推进改革要树立系统思想，推动有条件的地方和领域实现改革举措系统集成。

（第二十二次，2016年3月22日）

（43）改革既要往有利于增添发展新动力方向前进，也要往有利于维护社会公平正义方向前进。

（第二十三次2016年4月18日）

（44）供给侧结构性改革本质是一场改革，要用改革的办法推进结构调整。

（45）要认识到改革有阵痛、但不改革就是长痛的道理。

（第二十四次，2016年5月20日）

（46）地方是推进改革的重要力量。

（47）改革是一场革命，改的是体制机制，动的是既得利益，不真刀真枪干是不行的。

（第二十五次，2016年6月27日）

（48）改革是一场革命，必须有坚忍不拔的毅力，以真抓促落实、以实干求实效。

（49）排出督察优先顺序，聚焦重点难点，按照时间表路线图推进改革。

（第二十六次，2016年7月22日）

（50）改革关头勇者胜，气可鼓而不可泄。

（第二十七次，2016年8月30日）

（51）以自我革命精神推进改革。

（第二十八次，2016年10月11日）

（52）高举改革旗帜，站在更高起点谋划和推进改革，坚定改革定力，增强改革勇气，总结运用好党的十八大以来形成的改革新经验，再接再厉，久久为功，坚定不移将改革进行到底。

（第三十八次会议，2017年8月29日）

（53）弘扬改革创新精神，推动思想再解放、改革再深入、工作再抓实，凝聚起全面深化改革的强大力量，在新起点上实现新突破。

资料二：中央全面深化改革委员会历次会议

中央全面深化改革委员自2018年3月28日召开第一次会议，至2022年9月6日，共召开27次会议，内容众多，笔者根据公开的相关法律法规文件、新华社、《人民日报》的新闻报道等，做了一次全面细致的整理，将每次会议上习近平总书记讲话精神中关于改革方法和具体要求的内容做了节选，同时将会议上通过的关于经济和企业领域重点文件名称中的关键词语摘录出来，供大家检索学习参考，由于笔记水平所限，建议大家根据检索找寻原文深读。

第一次　会议时间：2018年3月28日

【改革方法和具体要求】深化党和国家机构改革全面启动，标志着全面深化改革进入了一个新阶段，改革将进一步触及深层次利益格局的调整和制度体系的变革，改革的复杂性、敏感性、艰巨性更加突出，要加强和改善党对全面深化改革统筹领导，紧密结合深化机构改革推动改革工作。

关键词语：

中央全面深化改革委员会工作规则；中央全面深化改革委员会专项小组工作规则；中央全面深化改革委员会办公室工作细则。

审批服务便民化；参与国际宏观经济政策协调的机制推动国际经济

治理结构完善；（广东、天津、福建）自由贸易试验区改革开放；规范金融机构资产管理业务；加强非金融企业投资金融机构监管；改革国有企业工资决定机制；深化项目评审、人才评价、机构评估改革。

第二次 会议时间：2018年5月11日

【改革方法和具体要求】 要注意边实践、边总结，把好经验运用好，周密组织地方机构改革，使中央和地方机构改革在工作部署、组织实施上有机衔接、有序推进，确保深化党和国家机构改革取得全面胜利。

关键词语：

加强国有企业资产负债约束；推进中央党政机关和事业单位经营性国有资产集中统一监管；高等学校所属企业体制改革；企业职工基本养老保险基金中央调剂制度；中央企业领导人员管理规定。

第三次 会议时间：2018年7月6日

【改革方法和具体要求】 继续推进改革，要把更多精力聚焦到重点难点问题上来，集中力量打攻坚战，激发制度活力，激活基层经验，激励干部作为，扎扎实实把全面深化改革推向深入。

关键词语：

全面实施预算绩效管理；完善促进消费体制机制，进一步激发居民消费潜力；推进政府购买服务第三方绩效评价工作；增设北京（广州）互联网法院。

第四次 会议时间：2018年9月20日

【改革方法和具体要求】 改革重在落实，也难在落实。改革进行到今天，抓改革、抓落实的有利条件越来越多，改革的思想基础、实践基础、制度基础、民心基础更加坚实，要投入更多精力、下更大气力抓落实，加强领导，科学统筹，狠抓落实，把改革重点放到解决实际问题上来。

关键词语：

推动高质量发展；自由贸易试验区深化改革创新；完善系统重要性金融机构监管；促进小农户和现代农业发展有机衔接。

第五次　会议时间：2018年11月14日

【改革方法和具体要求】继续高举改革开放伟大旗帜，把握完善和发展中国特色社会主义制度、推进国家治理体系和治理能力现代化的总目标，不断把新时代改革开放继续推向前进。

关键词语：

海南省创新驱动发展战略，国际旅游消费中心，有关财税政策，综合财力补助资金，离岛旅客免税购物政策；加快完善市场主体退出制度改革方案。

第六次　会议时间：2019年1月23日

【改革方法和具体要求】对标重要领域和关键环节改革，继续打硬仗、啃硬骨头、确保干一件成一件。

关键词语：

上海证券交易所设立科创板并试点注册制；鼓励引导人才向艰苦边远地区和基层一线流动；统筹推进自然资源资产产权制度；国土空间规划体系并监督实施；构建市场导向的绿色技术创新体系。

第七次　会议时间：2019年3月19日

【改革方法和具体要求】改革任务越是繁重，越要把稳方向、突出实效、全力攻坚，通过改革有效解决困扰基层的形式主义问题，继续把增强人民群众获得感、幸福感、安全感放到突出位置来抓，坚定不移推动落实重大改革举措。

关键词语：

推进西部大开发形成新格局；扩大高校和科研院所科研相关自主权；人工智能和实体经济深度融合；石油天然气管网运营机制改革。

第八次　会议时间：2019年5月29日

【改革方法和具体要求】 改革发展形势正处于深刻变化之中，外部不确定不稳定因素增多，改革发展面临许多新情况、新问题。我们要保持战略定力，坚持问题导向，因势利导、统筹谋划、精准施策，在防范化解重大矛盾和突出问题上出实招硬招，推动改革更好服务经济社会发展大局。

关键词语：

创新和完善宏观调控；在山西开展能源革命综合改革试点；深化影视业综合改革，促进我国影视业健康发展；加强创新能力开放合作。

第九次　会议时间：2019年7月24日

【改革方法和具体要求】 全面深化改革是我们党守初心、担使命的重要体现。改革越到深处，越要担当作为、蹄疾步稳、奋勇前进，不能有任何停一停、歇一歇的懈怠。要紧密结合"不忘初心、牢记使命"主题教育，提高改革的思想自觉、政治自觉、行动自觉，迎难而上、攻坚克难，着力补短板、强弱项、激活力、抓落实，坚定不移破除利益固化的藩篱、破除妨碍发展的体制机制弊端。

关键词语：

强化知识产权保护；中医药传承创新发展；国土空间规划中统筹划

定落实三条控制线；建立网络综合治理体系；国家产教融合建设试点。

第十次　会议时间：2019年9月9日

【改革方法和具体要求】落实党的十八届三中全会以来中央确定的各项改革任务，前期重点是夯基垒台、立柱架梁，中期重点在全面推进、积厚成势，现在要把着力点放到加强系统集成、协同高效上来，巩固和深化这些年来我们在解决体制性障碍、机制性梗阻、政策性创新方面取得的改革成果，推动各方面制度更加成熟更加定型。

关键词语：

推动先进制造业和现代服务业深度融合；营造更好发展环境，支持民营企业改革发展；贸易高质量发展；国有金融资本出资人职责。

第十一次　会议时间：2019年11月26日

【改革方法和具体要求】要以坚持和完善中国特色社会主义制度、推进国家治理体系和治理能力现代化为主轴，增强以改革推进国家制度和国家治理体系建设的自觉性，突出制度建设这条主线，继续全面深化改革，既要排查梳理已经部署各项改革任务的完成情况，又要把四中全会部署的重要举措及时纳入工作日程，抓紧就党中央明确的国家治理急需的制度、满足人民对美好生活新期待必备的制度进行研究和部署，实现改革举措的有机衔接、融会贯通，确保取得扎扎实实的成效。

关键词语：

构建更加完善的要素市场化配置体制机制；构建现代环境治理体系。

第十二次　会议时间：2020年2月14日

【改革方法和具体要求】抗击新冠肺炎疫情，是对国家治理体系和治理能力的一次大考，确保人民群众生命安全和身体健康，是我们党治国理政的一项重大任务。要健全国家公共卫生应急管理体系，提高应对突发重大公共卫生事件的能力水平。

关键词语：

新时代加快完善社会主义市场经济体制；企业职工基本养老保险全国统筹改革；赋予科研人员职务科技成果所有权或长期使用权；国家高端智库建设试点。

第十三次　会议时间：2020年4月27日

【改革方法和具体要求】 发展环境越是严峻复杂，越要坚定不移深化改革，健全各方面制度，完善治理体系，促进制度建设和治理效能更好转化融合，善于运用制度优势应对风险挑战冲击。

关键词语：

创业板改革并试点注册制；重要生态系统保护和修复重大工程总体规划（2021—2035年）。

第十四次　会议时间：2020年6月30日

【改革方法和具体要求】 发挥好改革的突破和先导作用，依靠改革应对变局、开拓新局，坚持目标引领和问题导向，既善于积势蓄势谋势，又善于识变求变应变，紧紧扭住关键，积极鼓励探索，突出改革实效，推动改革更好服务经济社会发展大局。

关键词语：

国企改革三年行动方案（2020—2022年）；深化新一代信息技术与制造业融合发展；农村宅基地制度改革试点；推进媒体深度融合发展；关于深化国有文艺院团改革。

第十五次　会议时间：2020年9月1日

　　【改革方法和具体要求】继续用足用好改革这个关键一招，保持勇往直前、风雨无阻的战略定力，推动更深层次改革实行更高水平开放 为构建新发展格局提供强大动力。

　　关键词语：

　　推进对外贸易创新发展。

第十六次　会议时间：2020年11月2日

　　【改革方法和具体要求】紧扣贯彻新发展理念，推进高质量发展、构建新发展格局，紧盯解决突出问题，提高改革的战略性、前瞻性、针对性，使改革更好对接发展所需、基层所盼、民心所向，推动改革和发展深度融合、高效联动。

　　关键词语：

　　新时代推进国有经济布局优化和结构调整；建设高标准市场体系；加强国有资产管理情况监督；文化企业坚持正确导向履行社会责任；上市公司退市机制；依法从严打击证券违法活动。

第十七次　会议时间：2020年12月30日

　　【改革方法和具体要求】冲破思想观念的束缚，突破利益固化的藩篱，坚决破除各方面体制机制弊端，积极应对外部环境变化带来的风险挑战，开启了气势如虹、波澜壮阔的改革进程。实现历史性变革、系统性重塑、整体性重构，为推动形成系统完备、科学规范、运行有效的制度体系，使各方面制度更加成熟更加定型奠定了坚实基础，全面深化改革取得历史性伟大成就。

　　关键词语：

　　中央企业党的领导融入公司治理的若干意见（试行）；加快建立健全绿色低碳循环发展经济体系；环境信息依法披露制度改革；深化预算管

理制度改革；加强和改进思想政治工作；优化税务执法方式。

第十八次　会议时间：2021年2月19日

【改革方法和具体要求】 完整准确全面贯彻新发展理念，发挥改革在构建新发展格局中关键作用。

关键词语：

建立健全生态产品价值实现机制；加强诉源治理，推动矛盾纠纷源头化解。

第十九次　会议时间：2021年5月21日

【改革方法和具体要求】 要围绕生态文明建设总体目标，加强同碳达峰、碳中和目标任务衔接，进一步推进生态保护补偿制度建设，发挥生态保护补偿的政策导向作用。

关键词语：

完善科技成果评价机制；深化生态保护补偿制度改革。

第二十次　会议时间：2021年7月9日

【改革方法和具体要求】 要围绕实行高水平对外开放，充分运用国际国内两个市场、两种资源，对标高标准国际经贸规则，积极推动制度创新，以更大力度谋划和推进自由贸易试验区高质量发展。

关键词语：

加快构建新发展格局；推进自由贸易试验区贸易投资便利化改革创新的若干措施。

第二十一次　会议时间：2021年8月30日

【改革方法和具体要求】 加强反垄断反不正当竞争监管力度，完善物资储备体制机制，深入打好污染防治攻坚战。

关键词语：

强化反垄断深入推进公平竞争政策；完善体制机制加强战略和应急物资储备安全管理；打好污染防治攻坚战；有效发挥统计监督职能作用。

第二十二次　会议时间：2021年11月24日

【改革方法和具体要求】加快科技体制改革攻坚，建设全国统一电力市场体系，建立中小学校党组织领导的校长负责制。

关键词语：

科技体制改革三年攻坚方案（2021—2023年）；加快建设全国统一电力市场体系。

第二十三次　会议时间：2021年12月17日

【改革方法和具体要求】加快建设全国统一大市场，提高政府监管效能，深入推进世界一流大学和一流学科建设。

关键词语：

加快建设全国统一大市场；提高政府监管效能推动高质量发展；科技伦理治理；个人养老金发展。

第二十四次　会议时间：2022年2月28日

【改革方法和具体要求】坚持党的全面领导，发展更高水平的社会主义市场经济，毫不动摇巩固和发展公有制经济，毫不动摇鼓励、支持和引导非公有制经济发展，加快建设一批产品卓越、品牌卓著、创新领先、治理现代的世界一流企业，在全面建设社会主义现代化国家、实现第二个百年奋斗目标进程中实现更大发展、发挥更大作用。

关键词语：

建设世界一流企业；普惠金融高质量发展；基础学科人才培养；国有

企业打造原创技术策源地。

第二十五次　会议时间：2022年4月19日

　　【改革方法和具体要求】 加强数字政府建设，推进省以下财政体制改革。

　　关键词语：

　　进一步推进省以下财政体制改革；建立健全领导干部自然资源资产离任审计评价指标体系；"十四五"时期完善金融支持创新体系；科技激励机制。

第二十六次　会议时间：2022年6月22日

　　【改革方法和具体要求】 加快构建数据基础制度，加强和改进行政区划工作。

　　关键词语：

　　构建数据基础制度，更好发挥数据要素；加强和改进行政区划工作；科技人才评价改革试点；强化大型支付平台企业监管，促进支付和金融科技规范健康发展。

第二十七次　会议时间：2022年9月6日

　　【改革方法和具体要求】 发挥我国社会主义制度能够集中力量办大事的显著优势，强化党和国家对重大科技创新的领导。

　　关键词语：

　　健全社会主义市场经济条件下关键核心技术攻关新型举国体制；深化院士制度改革；全面加强资源节约工作；深化农村集体经营性建设用地入市试点工作；深化改革促进乡村医疗卫生体系健康发展。

第十九节　讲创新

创新是一个民族进步的灵魂，是一个国家兴旺发达的不竭动力，也是中华民族最深沉的民族禀赋。在激烈的国际竞争中，惟创新者进，惟创新者强，惟创新者胜。

——2013年10月21日，习近平在欧美同学会成立100周年庆祝大会上的讲话

谁牵住了科技创新这个牛鼻子，谁走好了科技创新这步先手棋，谁就能占领先机、赢得优势。

——2014年5月24日，习近平在上海考察调研时的讲话

坚持创新在我国现代化建设全局中的核心地位。

——2022年10月16日，习近平在中国共产党第二十次全国代表大会上的报告

"创新"一词，《辞海》里面没有收录，只有"创"字的释义："创始；首创"。颜师古注："创，始造之也。"《辞海》对"新"字的释义为"初次出现的"。《现代汉语词典》有"创新"词条，释义为"抛开旧的，创造新的"。

　　创新一词在我国宋朝文献《南史·后妃传上·宋世祖殷淑仪》有载："据《春秋》，仲子非鲁惠公元嫡，尚得考别宫。今贵妃盖天秩之崇班，理应创新。"如果断章单独看"理应创新"这四个字，很有现代汉语的意境。1912年由美籍经济学家熊彼特在《经济学发展理论》一书中提出"创新"一词，将其解释为"新的生产函数的建立"，是"企业家对生产要素之新的组合"，把一种从来没有过的生产要素和生产条件的"新组合"引入生产体系。这其实是一个经济学领域的解释。在现代社会中尤其进入21世纪后，基于科学的发展，各种各样的创新概念纷纷出现，深入到政治、经济、文化、科技和社会生活的各个领域。例如，教育创新、文化创新、政策创新、政治创新等。

　　创新具有相对性，创新的定义就是相对于旧而言的，在不同的区域、不同的时间段之间，由于大家的信息是不完全对称的，一方对某一件事情做出一种处理模式，自认为很好，创新了，这个创新是基于他自己的认识，这个时候也许所谓的创新在其他的地方或者其他的行业里已经很普遍很普通了。因此，创新具有相对性，某种意义上是一个历史的概念，创新是否成立要放在历史的范畴中去对比分析。创新的意义更多地倾向于发明而不是发现。

　　创新具有驱动性，创新对组织的显著推动作用在理论界已经成为不争的事实。互联网产生到现在，全球社会发生天翻地覆的变化，足以证明创新的力量有多么强大。纵观现代社会，通过创新实现跨越式发展的案例更是不胜枚举。福特公司创始人亨利·福特更是强调"不创新，就灭亡"。

　　创新具有普遍性，它可以植根于任何领域并发挥积极甚至超乎想象的作用。企业往往由生产、采购、营销、服务、技术研发、财务、人力资源管理等职能部门组成，因而企业的创新包括产品创新、工艺创新、营销创新、文化创新、管理创新、流程机制创新等。创新理念在各个领域会以各种形式凸显其重要性、系统性、显著性和特殊性，可以从技术、制度、文化、管理等方面阐述。

创新具有风险性，通过对创新概念的分析，创新是对经验主义和本位主义的突破。要突破经验和本位就会有风险，这些风险很复杂，既有技术层面的，又有管理层面，有些创新还会触及多方利益。并不是所有的创新都会得到支持和肯定，尽管有时候创新的成果是可见的、显性的。因此，一方面，创新要在不断总结经验的基础上进行，但也不要过于囿于经验，否则会被扼杀；另一方面，创新也要考虑如何破除本位主义的阻力，否则创新就不会有保障。

可以说"创新"一词在现代用得太广泛了，出现在各类文献、文档中，并且多在标语、口号、校训、司训、战略、理念、文化等文字类中表述。2014年9月，在夏季达沃斯论坛上中国发出"大众创业、万众创新"的号召，"双创"一词由此开始走红。2015年，"双创"又写入了2015年政府工作报告予以再次推动，可见"创新"已经上升为国家层面。在2015年6月4日国务院常务会议上，对"双创"又给出了很多具体的建议，使"创新"在操作层面更加便于理解落实和实施，而不再是一个口号和概念。

党的十八大以来，我国改革开放进入一个全新的时期，"一带一路"加快融入世界，"创新"已经成为时代的需要。近年来，习近平总书记多次在重要场合谈到 "创新"，"创新"已经成为其治国理政战略思想的关键词。

2014年6月9日，在两院院士大会上，习近平总书记引用《礼记·大学》名句"苟日新，日日新，又日新"，直指"我国科技发展的方向就是创新、创新、再创新"。谈到创新的重要作用，习近平总书记说："科技创新，就像撬动地球的杠杆，总能创造令人意想不到的奇迹。"

"惟创新者进，惟创新者强，惟创新者胜"，2013年10月，习近平总书记在欧美同学会成立100周年庆祝大会上作如是论述。在2014年11月举行的APEC工商领导人峰会上，习近平总书记再次重申"三惟"论述。在2015年5月召开的华东七省市党委主要负责同志座谈会上，习近平总书记更直陈"综合国力竞争说到底是创新的竞争"。

习近平总书记在党的十八届五中全会第二次全体会议上明确指出，必须把创新作为引领发展的第一动力。党的十八届五中全会明确"创新、协调、绿色、开放、共享"五大发展理念，创新位居五大理念之首。加快创新驱动发展，是党中央综合分析国内外大势、立足我国发展全局做出的重大战略抉择。

习近平总书记关于创新的系列论述，为创新中国指明了方向，为推动中国创新发展提供了理论遵循。2013年9月30日，中共中央政治局以实施创新驱动发展战略为主题的集体学习，把"课堂"搬到了中关村。2014年5月23日至24日，习近平总书记深入上海自由贸易试验区考察调研，强调上海自由贸易试验区是块大试验田，希望试验区"大胆闯、大胆试、自主改"，切实把制度创新作为核心任务。习近平总书记不遗余力推动创新中国的建设，以创新思维武装头脑，践行五大发展理念，为改革创新撑腰，为人才发展护航，勇立潮头，锐意开拓，大胆创新，做创新中国的给力推进者。

在国家政策层面，2016年5月，中共中央、国务院印发了《国家创新驱动发展战略纲要》，明确了国家制定纲要的背景、要求、部署、任务、保障手段和组织实施的办法共六大部分，包含指导思想、基本原则和战略目标。其中对战略目标提出三步走计划：第一步，到2020年进入创新型国家行列，基本建成中国特色国家创新体系，有力支撑全面建成小康社会目标的实现；第二步，到2030年跻身创新型国家前列，发展驱动力实现根本转换，经济社会发展水平和国际竞争力大幅提升，为建成经济强国和共同富裕社会奠定坚实基础；第三步，到2050年建成世界科技创新强国，成为世界主要科学中心和创新高地，为我国建成富强民主文明和谐的社会主义现代化国家、实现中华民族伟大复兴的中国梦提供强大支撑。

国家实施创新驱动发展战略，企业的创新发展是其中的重要组成部分。在纲要的战略部署部分，指出建设国家创新体系就是要建设各类创新主体协同互动和创新要素顺畅流动、高效配置的生态系统，形成创新驱动发展的实践载体、制度安排和环境保障。明确企业、科研院所、高校、社会组织等各类创新主体功能定位，构建开放高效的创新网络，建设军民融合的国防科技协同创新平台；改进创新治理，进一步明确政府和市场分工，构建统筹配置创新资源的机制；完善激励创新的政策体系，保护创新的法律制度，构建鼓励创新的社会环境，激发全社会创新活力。企业在创新过程中，具有双重的身份，既是创新主体，又是创新成果试验应用的主体。因此在企业生产活动中，关于创新的内容是广泛的，讲好创新的故事素材是很多的，我们要重点做好这方面的报道。

在企业管理界有这样一句话，"创新虽然有风险，但不创新才是最大的风险"。但知易行难，创新意味着打破旧的，树立新的，很多企业走下坡路就是因为舍不得放弃既得利益，没有勇气革自己的命，所以才落后甚至灭亡的，创新的故事，是有看头的故事。

对于如何创新，创新需要哪些能力素质，2022年第10期《企业管理》杂志刊发作者为陈劲、魏巍、熊艾伦、伍晖的文章《关注员工创新 培育创新企业》，文中给出一张员工创新能力测量表，具有一定的借鉴价值。现将表格附上，供大家参考学习。

员工创新能力表

一级维度	二级维度	指标	指标解释	5	4	3	2	1
创新意愿	使命感	改变世界	改变世界、社会责任、促进社会文明的繁荣发展					
		追求卓越	追求领先、超越					
		用户中心	是否愿意超越用户的需求来创新					
	勇气	喜欢挑战	主动寻找挑战，乐于接受挑战					
		风险承受	愿意承担创新失败的风险					
		勇气可嘉	拥有不惧怕失败，勇于尝试的决心					
	好奇心	自我驱动	自发性的创新需求					
		好奇驱动	偏好使用创造性思维来提供解决方案					
		激活创意	不断发掘自身创造潜能					
创新能力	战略能力	发现问题	主动发现问题的能力					
		机会识别	发现机会的敏锐性					
		战略思考	为谋求长期生存和不断发展而进行的基于宏观层面的总体性谋略					
		前端思维	面向未来的思维能力					
	创新思维	批判性思维	通过一定的标准评价思维，进而改善思维					
		设计思维	为寻求未来改进结果的问题或事件提供实用和富有创造性的解决方案					
		横向思维	打破逻辑局限，将思维往更宽广领域拓展的前进式思考模式					
		跨学科思维	跨学科的知识背景和思维能力					
	平衡能力	融合能力	理性与感性、科学性和艺术性、专注与情绪的融合能力					
		统到力	合成、综合、整合能力					
		容措能力	对不确定性的容忍					
		想象力	大脑中描绘图像的能力					
	行动能力	动手能力	动手研发、实验的能力					
		实现能力	将想法转化为产品服务的能力					
		数层素养（数商）	有效获取、分析解释数据及利用数据的能力					
	研究能力	持续学习能力	终身学习能力					
		独立思考能力	独立理性思考的能力					
		自我反思能力	反思自己某个观点或行为是否正当和合理性					
		抗挫能力	能承受短期付出无回报的心理韧性能力					
	合作能力	沟通交流能力	让别人接受你的新思想，打破界限，寻求支持					
		共情能力	能设身处地体验他人处境，从而达到感受和理解他人心情的能力					
		网络关系能力	人际网络、组织支持、建立联盟，利用现有网络找寻合适的合作伙伴					
		团队协作能力	发挥团队精神、互补互助以达到团队最大工作效率的能力					

讲好企业创新的故事，一定要遵循企业发展的规律，寻找企业内部来自技术和管理的所有亮点。遵循创新的规律，找好企业创新的新闻点，对每一个可以界定为创新的新闻点进行细致的分析判断，从多个角度维度分析是否将所要报道的事情确定为创新。只有这样，才具有新闻性，才能使报道具有更强的真实性，不会引起读者的质疑，确立报道的权威性。

资料一：任正非的创新哲学

华为是如何看待持续进行有效创新的？

●有目标的创新

我们鼓励创新，反对盲目创新。我们公司以前也是盲目创新的公司，也是非常崇拜技术的公司，我们从来不管客户需求，研究出好东西就反复给客户介绍，客户说的话根本听不进去，所以在NGN交换机上犯了主观主义的严重错误，曾在中国电信市场上被赶出局。

●有客户需求的创新

以客户需求为中心做产品，以技术创新为中心做未来架构性的平台。现在我们是两个轮子在创新，一个是科学家的创新，他们关注技术，愿意怎么想就怎么想，但是他们不能左右应用。技术是否要投入使用，什么时候投入使用，我们要靠另一个轮子市场营销。市场不断地在听客户的声音，包括今天的需求，明天的需求，未来战略的需求，才能确定我们掌握的技术该怎么用。

（来源：任正非在变革战略预备队第三期誓师典礼上的讲话，2015年）

●有协作的创新

公司要从工程师创新走向科学家与工程师一同创新。我们不仅要以客户为中心，研究合适的产品与服务，而且要面对未来的技术方向加大投入，对平台核心加强投入，一定要占领战略的制高地。要不惜在芯片、平台软件等方面冒较大的风险。在最核心的方面，更要不惜代价，不怕牺牲。我们要从电子技术人才的引进，走向引进一部分基础理论的人才，要有耐心培育他们成熟。也要理解、珍惜一些我们常人难以理解的奇才。总之我们要从技术进步，逐步走向理论突破。

（来源：《成功不是未来前进的可靠向导》，2011年）

● 领先半步是先进，领先三步成"先烈"

超前太多的技术，当然也是人类的瑰宝，但必须牺牲自己来完成。泡沫破灭的浪潮使世界损失了20万亿美元的财富。从统计分析可以得出，几乎100%的公司并不是技术不先进而死掉的，而是技术先进到别人还没有对它完全认识与认可，以致没有人来买，产品卖不出去却消耗了大量的人力、物力、财力，丧失了竞争力。许多领导世界潮流的技术，虽然是万米赛跑的领跑者，却不一定是赢家，反而为"清洗盐碱地"和推广新技术而付出大量的成本。但是企业没有先进技术也不行。华为的观点是，在产品技术创新上，华为要保持技术领先，但只能是领先竞争对手半步，领先三步就会成为"先烈"，明确将技术导向战略转为客户需求导向战略……通过对客户需求的分析，提出解决方案，以这些解决方案引导开发出低成本、高增值的产品。盲目地在技术上引导创新世界新潮流，是要成为"先烈"的。

（来源：《华为公司的核心价值观》，2007年修改版）

● 有继承的创新

要站在巨人的肩膀上前进，不要过分狭隘地自主创新，不要狭隘地强调自主知识产权，不能狭隘地只用自主开发的套片，要让世界科学技术为我所用；一切要以市场成功来评价。

（来源：EMT纪要〔2006〕031号）

●有边界的创新

我们对研究与创新的约束是有边界的，只能聚焦在主航道上，或者略略宽一些。产品创新一定要围绕商业需要。对于产品的创新是有约束的，不准胡乱创新。贝尔实验室为什么最后垮了，电子显微镜是贝尔实验室发明的，但它的本职是做通信的，它为了满足科学家的个人愿望就发明了这个电子显微镜。发明后成果丢到外面划不来，于是就成立了电子显微镜的组织作为商业面的承载。所以无边界的技术创新有可能会误导公司战略。我们说做产品的创新不能无边界，研究与创新放得宽一点但也不能无边界。我们要成就的是华为的梦想，不是人类梦想。所以我们的创新应该是有边界的，不是无边界的。

（来源：《一杯咖啡吸收宇宙的能量》，2014年）

作为大企业，首先还是要延续性创新，继续发挥好自己的优势。不要动不动就使用社会时髦语言"颠覆"，小公司容易颠覆性创新，但作为大公司不要轻言颠覆性创新。公司现在也对颠覆性创新积极关注、响应，实际是让自己做好准备，一旦真正出现机会，我们要扑上去抓住机会。同时允许有一小部分新生力量去从事颠覆性创新，探索性地"胡说八道"，想怎么颠覆都可以，但是要有边界。这种颠覆性创新是开放的，延续性创新可以去不断吸收能量，直到将来颠覆性创新长成大树苗，也可以反向吸收延续性创新的能量。

（来源：任正非在2013年运营商网络战略务虚会上的讲话及主要讨论发言）

●有宽容空间的创新

创新要宽容失败，给创新以空间，允许有风险、允许创新。要使创新者勇于冒险，就要提倡功过相抵，科研不可能都是成功的，应有一定的冒险。科研追求的应是投资有效性，但如果有一天研发上报的科研项目

100%都成功了，100%的投资都发生作用了，那就是错误的。为什么？因为不冒险就是最大的资源浪费：浪费了人力、物力与时间。100%做成功就意味着一点险都没有冒，而没有冒险就意味着没有创新，所以创新就一定要勇于冒险，允许风险就是允许创新。

（来源：《分层授权，大胆创新，快速响应客户需求》，2001年）

● 有法律保护的创新

我们要依靠一个社会大环境来保护知识产权。依靠法律保护创新才会是低成本。随着我们越来越前沿，公司对外开放、对内开源的政策已经进入了一个新的环境体系。过去二三十年，人类社会走向了网络化；未来二三十年是信息化，这个时间段会诞生很多伟大的公司，诞生伟大公司的基础就是保护知识产权，否则就没有机会，机会就是别人的了。

来源：《与任正非的一次花园谈话》，2015年）

资料二：国家创新的战略方向和理念

党的十八大提出实施创新驱动发展战略，强调科技创新是提高社会生产力和综合国力的战略支撑，必须摆在国家发展全局的核心位置。这是中央在新的发展阶段确立的立足全局、面向全球、聚焦关键、带动整体的国家重大发展战略。

在创新战略背景方面，从中华民族发展的历史沉浮过程、现代社会的发展方向、世界发展大势以及科技对于国家发展的作用等几个方面论述。

创新驱动就是创新成为引领发展的第一动力。科技创新与制度创新、管理创新、商业模式创新、业态创新和文化创新相结合，推动发展方式向依靠持续的知识积累、技术进步和劳动力素质提升转变，促进经济向形态更高级、分工更精细、结构更合理的阶段演进。

创新驱动是国家命运所系。国家力量的核心支撑是科技创新能力。创新强则国运昌，创新弱则国运殆。我国近代落后挨打的重要原因是与历次科技革命失之交臂，导致科技弱、国力弱。实现中华民族伟大复兴的中国梦，必须真正用好科学技术这个最高意义上的革命力量和有力杠杆。

创新驱动是世界大势所趋。全球新一轮科技革命、产业变革和军事变革加速演进，科学探索从微观到宏观各个尺度上向纵深拓展，以智能、绿色为特征的群体性技术革命将引发国际产业分工重大调整，颠覆性技术不断涌现，正在重塑世界竞争格局、改变国家力量对比，创新驱动成为许多国家谋求竞争优势的核心战略。我国既面临赶超跨越的难得历史机遇，也面临差距拉大的严峻挑战。惟有勇立世界科技创新潮头，才能赢得发展主动权，为人类文明进步做出更大贡献。

创新驱动是发展形势所迫。我国经济发展进入新常态，传统发展动力不断减弱，粗放型增长方式难以为继。必须依靠创新驱动打造发展新引擎，培育新的经济增长点，持续提升我国经济发展的质量和效益，开辟我国发展的新空间，实现经济保持中高速增长和产业迈向中高端水平"双目标"。

在创新任务方面，纲要规划了八大方面30个重点行业任务。每个行业具体到每个项目，纲要细致准确，给企业、科研机构、高校等提出了明确清晰的目标和发展方向，并且在机制保障、人才培养、法人治理、成果转化等方面提出了更切合市场的思路。有利于科研资金的准确使用，有利于提高科研人员的积极性，有利于提高科研成果的转化率，有利于引导科研人员向更高端的科研项目冲刺。

尤其是第八条推动创新创业，激发全社会创造活力。从三个方面建设和完善创新创业载体，激励鼓励大家发展创客经济，形成大众创业、万众创新的生动局面。

一是发展众创空间。依托移动互联网、大数据、云计算等现代信息技术，发展新型创业服务模式，建立一批低成本、便利化、开放式众创空间和虚拟创新社区，建设多种形式的孵化机构，构建"孵化+创投"的创业模式，为创业者提供工作空间、网络空间、社交空间、共享空间，降低大众参与创新创业的成本和门槛。

二是孵化培育创新型小微企业。适应小型化、智能化、专业化的产业组织新特征，推动分布式、网络化的创新，鼓励企业开展商业模式创新，引导社会资本参与建设面向小微企业的社会化技术创新公共服务平台，推动小微企业向"专精特新"发展，让大批创新活力旺盛的小微企业不断涌现。

三是鼓励人人创新。推动创客文化进学校，设立创新创业课程，开展品牌性创客活动，鼓励学生动手、实践、创业。支持企业员工参与工艺改进和产品设计，鼓励一切有益的微创新、微创业和小发明、小改进，将奇思妙想、创新创意转化为实实在在的创业活动。

最后在战略保障上面，从体制改革、环境营造、资源投入、扩大开放等方面加大保障力度。提出顺应创新主体多元、活动多样、路径多变的新趋势，推动政府管理创新，形成多元参与、协同高效的创新治理格局。切实加大对基础性、战略性和公益性研究稳定支持力度，完善稳定支持和竞争性支持相协调的机制。完善突出创新导向的评价制度。实施知识产权、标准、质量和品牌战略，加快建设知识产权强国。

（资料来源：节选自2016年5月中共中央、国务院《国家创新驱动发展战略纲要》）

第二十节　讲生态

生态文明是人类社会进步的重大成果。人类经历了原始文明、农业文明、工业文明。生态文明是工业文明发展到一定阶段的产物，是实现人与自然和谐发展的新要求。生态兴则文明兴，生态衰则文明衰。生态红线的观念一定要牢固树立起来。

——2013年5月24日，习近平在十八届中央政治局第六次集体学习时的讲话

我们既要绿水青山，也要金山银山。宁要绿水青山，不要金山银山，而且绿水青山就是金山银山。

——2013年9月7日，习近平在哈萨克斯坦纳扎尔巴耶夫大学的演讲

大自然是人类赖以生存发展的基本条件。尊重自然、顺应自然、保护自然，是全面建设社会主义现代化国家的内在要求。必须牢固树立和践行绿水青山就是金山银山的理念，站在人与自然和谐共生的高度谋划发展。

——2022年10月16日，习近平在中国共产党第二十次全国代表大会上的报告

一、关于生态的名词解释。

"生态"一词，在《现代汉语词典》的解释是指生物在一定的自然环

境下生存和发展的状态，也指"生物的生理特性和生活习性"。在《辞海》中，没有将生态单独列为条目，但关于生态的词组共列了15个，逐个为生态工程、气候、平衡、对策、因素、危机、农业、农场、系列、系统、环境、效率、幅度、模拟、模型。从《辞海》对关于生态词组的组合来看，生态是一门重要的学科，涉及的内容广泛，社会发展的任何一项内容都离不开生态，都会对生态有影响。这些词语的产生是社会发展变化对生态影响的直接反映，更是中华民族"天人合一"思想的具体体现。自然是大天地，人则是一个小天地。人和自然在本质上是相通的，故一切人事均应顺乎自然规律，达到人与自然和谐。老子说："人法地，地法天，天法道，道法自然。" 这些思想明确地表明人与自然的关系是和谐相处的关系，不是征服与被征服的关系，是一种关系的平衡。《山海经》被认为是一本比较荒诞的书籍，但实际上《山海经》内好多故事还是写的人与自然的故事，记述的是好多地理，从思想上反映的是人对自然的依赖与敬畏。

在社会的发展历程中，人与自然的关系始终在保持着一种动态的平衡。现代社会是机器大工业时代，人类对自然界的影响越来越大，逐步打破了人类与自然界的平衡，某些局部区域的环境已经不适宜人类生存或者已经开始影响改变人类的活动。

企业作为推动社会发展的重要原动力之一，其本质是促进自然资源在生态系统中进行能量转化的过程，并以人类所需的各种产品的形式表现出来，同时也会带来一些不符合人类需要的且对人类有害或无害的副产品。这个由人工完成的自然资源能量转化过程是人为的而非自然的，对自然形态的能量保存形式的转换必然会造成大自然固有状态的破坏和改变。

企业发展与生态的关联影响，重点体现在生态平衡、生态因素、生态危机、生态系统和生态环境五个方面。

生态平衡是在一定的空间内生物群落中各种对立因素通过相互制约、转化、补偿、交换等作用达到一个相对稳定的平衡阶段。生态平衡是一个阶段性概念，随着时间的变化、季节的变化，生态会在一个相对稳定的周期内保持平衡。生态平衡是极度敏感的，如果有大的气候变化和人为因素的改变，平衡就会打破。例如，对风电企业来讲，大家认为风力发电对环境不会有什么影响，事实是，大家观察到风车下面一定的范围内草长得不如其他地方茂密，甚至不生长。为什么呢？原因是，当风车转动时，由于风车对风速的扰流，导致风速下降，雨雪会受到影响，落到风车下面的雨水减少，导致草长得不再茂盛。草的衰减就会导致承载在草上面的下一个生物链条上的生物受到影响。蝴蝶效应就会发生。

生态因素是指影响生物的状态、性质和分布的环境条件。由两个大的方面构成，一个是自然的，主要是指气候、土壤、生物、地理四个自然条件；一个是人为条件，即人类的生产劳动，主要是指开垦、栽培、采伐、引种、排放等对环境的改变。生态因素自然条件是极度脆弱的，一旦被破坏，根本无法修复。习近平总书记关于自然的论述中，指出要深入实施山、水、林、田、湖、草一体化生态保护和修复，开展大规模国土绿化行动，加快水土流失和荒漠化石漠化综合治理，高度概括了自然层面的生态因素的统一性、一致性。

人类生产劳动方面，在山西北部、内蒙古西部、陕西北部的煤炭主产区，由于煤炭的开采，使地表水源、地表土壤、地表植被、地形地貌全部改变，土壤被剥离、植被被消灭、水源被污染。直接的结果就是环境彻底变化，这些改变直接影响改变大气气候，局部区域生态需要再次平衡。例如，大规模桉树的种植，桉树虽然生长速度很快、木材用途广，但桉树生物学特性一直为广大林业圈内的专家学者所诟病。桉树快速生长的同时伴随着其周边生态环境的恶化，其生长过程中需要大量的水资源，大面积种植会导致当地地下水位下降、土壤保水能力降低，长此以往会导致土地板结甚至土壤沙化。桉树对于土壤中的肥料需求量巨大，凡是种植过桉树的地区，土地肥力都会有不同程度的下降乃至枯竭。因此，桉树被人们冠以

"霸王树"。

自然条件方面，主要是气候、地质灾害、自然灾害等因素导致的生态因素的变化，引发生态系统的改变，打破生态平衡。例如森林火灾、极度旱灾、水灾、冻灾等造成植被发生变化，从而影响生物链的平衡。人类社会的发展主要是通过劳动来影响生态因素，造成生态平衡的破坏，从而引起生态灾难，最终影响人类的生存发展。例如，我国的罗布泊，20世纪60年，还有咸水存在，现在基本是裸露的盐池。

生态系统是生物群落及其生态环境相互作用的自然系统，分为植物群落和动物群落。包括山、水、林、田、湖、草、沙、风、光等，以及动物中的各类门、纲、目、科、属。有四个基本组成部分，包括无机环境、生物生产者（绿色植物）、消费者（草食动物和肉食动物）、分解者（腐生微生物）。这是一个能量转换系统。工业企业作为为人类创造财富的一种手段，所从事的生产劳动本质上是参与自然界能量转换的。例如，采煤，人类通过人力或者机械，将煤炭从地下采掘出来，作为燃料，是将煤的能量转换，发电则转换为电能，做饭则转换为热能，做化工原料则转化为化工原料蕴涵的能量。最终这些能量都要通过分解者回归自然界。企业的生产活动是人类强行插入自然生态系统活动的一个链条，这个链条长短由企业生产活动的复杂程度来决定，链条越长对自然生态的影响就越大，反之越小。例如，从石油到化纤衣物直至化纤衣物腐烂分解的过程，就很复杂，对环境影响极大。

生态系统是一个环环相扣的闭环系统，每一个环节都有相关性、逻辑性、和谐性，不能断裂。人类劳动对自然的改造实质是在闭环系统中强行植入一个环节，如果这个环节影响这个闭环系统的顺利完成，必然造成各个环节的损坏，就是生态系统的破坏。自然状态下，生态系统可以自我修复，但这个修复是有限的，如果这个系统不能修复，闭环无法完成的，在一定阶段内造成生态灾害，直至发生生态危机。

生态危机发生后，生态系统的结构和功能被严重破坏，系统中的环节被彻底消灭或者阻断，从而威胁人类的生存和发展。生态危机的发生是一个缓慢发生的过程，很容易被人们忽视，例如，森林减少、水源减少、草原退化、沙漠扩大等。这些因素在逐步变化的过程中，生态平衡逐步被打破，生态系统逐步被人为割裂，直至最后发生生态危机。生态危机发生后生态修复就变得不可逆，或者修复过程变得超级漫长，成为人类不可承受之重。比如草原一旦沙漠化，恢复起来需要几十年，甚至不能恢复。

二、关于生态的特点

企业发展生产要关注生态环境，这是人类文明自身发展的需要，是企业社会发展责任的需要，是企业与自然和谐存在发展的需要。

1.生态的可持续性

生态是人类可持续发展的根本，生态文明一旦不具有可持续性，人类文明的发展也就随着生态文明的中断而中断。生态链中食物链一旦断裂，动物就会灭亡，植物就会疯长，就会导致在食物链顶端的人类文明出现问题。生态平衡被打破，无法修复时，人类文明就会被湮灭。习近平总书记的生态文明思想站在中华民族永续发展、人类文明发展的高度，明确地把生态文明作为继农业、工业文明之后的又一个新阶段，指出生态文明建设是政治，是人民主体地位的体现，是共产党执政基础。走向生态文明新时代，建设美丽中国，是实现中华民族伟大复兴的中国梦的重要内容。

2.生态的普惠性

在大自然面前，人人平等。人类的平等，无论身处何地，只要在地球上生存，大家就是同顶一片天、同踏一方土、同饮一泓水、同吸一口气。生态文明一旦遭到破坏，失去平衡，无论身处何方，迟早要受到大自然的惩罚。习近平总书记把以人为本的生态观进一步发展为政治意涵丰富的生态民生政治观。他强调，不能把加强生态文明建设仅仅作为经济问题，"这里面有很大的政治"；"建设生态文明，是民意，也是民生。""环境治理是一个系统工程，必须作为重大民生实事紧紧抓在手上。"他提出，"良好生态环境是最公平的公共产品，是最普惠的民生福祉"。他要求"为人民群众提供更多生态公共产品，提高生活质量和幸福指数，让老百姓在分享发展红利的同时，更充分地享受绿色福利，使生态文明建设成果更好地惠及全体人民，造福子孙后代"。

3.生态的循环性

生态平衡是一个循环往复的能量转换过程，生态文明的意义在于人类要尊重自然循环的规律，在自然的规律内发展经济，而不是要打破这个规律，彻底破坏这个平衡。中国古代就有"不涸泽而渔，不焚林而猎""劝君不吃四月鱼，万千鱼仔在腹中""劝人不打三春鸟，子在巢中待母归"。本质是尊重生物的繁衍生息，才能给人们提供食物。循环经济是形成"企业间生产代谢和共生关系的生态产业链"，物质能量多层次循环使用，使生产成为"资源—产品—再生资源"的零排放过程。绿色生活方式是习近平总书记鉴于西方现代化模式的缺陷而提出来的治理措施，他要求建立资源节约型和环境友好型社会，"善待地球上的所有生命"，这是人与自然和谐相处的"社会革命"。

4.生态的和谐性

生态与人类的关系是互相依存、良性互动是人与自然和谐的基础。十八大后习近平总书记提出了人与自然构成"生命共同体"的思想，生态文明建设思想丰富了天人合一理念。他指出："山水林田湖是一个生命共同体，人的命脉在田，田的命脉在水，水的命脉在山，山的命脉在土，土的命脉在树。"他提倡在城市规划建设时能够实现水循环的"海绵城市"。自然的循环是生态文明建设的科学依据，维持健康的自然循环是生态文明建设的责任。中国哲学主张"天地之性人为贵""人为天地之心"，人的贵就在于能够体会和服从天地生生之德，把天地生养万物的职能作为自己的职责,"延天佑人、参赞化育",这是天人合一作为生态理念的重要积极意义。

5.生态的自适性

生态文明如果不受人类的干扰,生态会自动恢复平衡。关于生态链的理论,植物生态链自身会调节平衡,动物生态链也会,大家比较熟悉的就是动物食物链。习近平总书记强调环境生产力理念,把"自然休养"发展为更为积极主动的"生态修复",强调"给自然留下更多修复空间"。他指出,"生态环境没有替代品,用之不觉,失之难存",要"像保护眼睛一样保护生态环境,像对待生命一样对待生态环境"。中国传统文化包含着深刻的生态文明思想内涵。儒家对于动物、植物、土地、山脉、河流都有系统的生态性认识,提出了"仁,爱人以及物""德至禽兽""泽及草木""恩至于土""恩至于水""德及深泉"、仁为"天地生物之心""与天地万物为一体"等命题;大同社会也包含生态维度。这些都是生态文化建设的有益滋养。

6.生态的唯一性

就在地球上而言,生态环境是我们唯一的生存的基础。就目前科学技术的水平,还没有找到一个适合人类生存发展的星球存在,一旦地球生态因为人为的破坏,导致生存环境恶化,不适宜人类生存,只好迁移到外太空去。《流浪地球》也不能解决问题,人类灭亡就有可能成为现实。

7.生态的脆弱性

生态的脆弱性和生态的自适性相对,是指生态平衡很容易被打破,对生态环境中微小的外界变化和干扰就会产生敏感的反应。在生态环境中,很多生物的生长发展具有唯一性,用一句简单的话说就是"离了它不能活"或者"活得不好"。比如,我们的国宝大熊猫食物比较单一,只吃竹子。如果在它生存的环境中竹子急剧减少,很有可能造成大熊猫绝种。生态脆弱性更多来自于自然灾害和人类活动的干扰,灾害和人类的破坏活动一旦超过自然的修复能力，生态脆弱性就会显现，导致环境改变，倒逼人类改变活动方式，否则带来生态灾难。

8.生态的经济性

生态文明是经济发展的源动力，因为人类所有的财富创造都来自于自然界的能量转化，可以说没有生态环境中的各种生态因素的存在，就不会有我们的各种经济形态，就没有金山银山，绿水青山。习近平总书记形成了以绿色为导向的生态发展观，他提出了"绿色GDP"概念以及"绿水青山就是金山银山""破坏生态环境就是破坏生产力，保护生态环境就是保护生产力，改善生态环境就是发展生产力"等论断。环境生产力论断确立了环境在生产力构成中的基础地位，突破了近代发展经济认为自然环境"用之不竭、毁之无害、弃无不容"的认识局限。

9.生态的政治性

习近平总书记指出，不能把加强生态文明建设仅仅作为经济问题，"这里面有很大的政治"。国际政治围绕生态问题进行政治斗争的例子不胜枚举，生态问题已经成为重要的国际政治问题。美国是把生态文明当作国际外交政治手段的典型，用生态文明的思想限制另外一个国家的生态文明思想，具有很强政治属性和政治目的，通过顶层设计限制别人发展，保持自身在各个方面的领先地位。

生态文明建设在党的十八大报告中被明确地纳入我国社会主义现代化建设"五位一体"的战略布局之中。党的十八届五中全会在总结和凝练科学发展观的基础上，将创新、绿色、协调、开放、共享五大新理念融入发展战略中。党的十八大报告中指出要"着力推进绿色发展、循环发展、低碳发展，形成节约资源和保护环境的空间格局、产业结构、生产方式、生活方式"，强调要"优化国土空间开发格局、全面促进节约资源、加大自然生态系统和环境保护力度，加强生态文明制度建设"等具体措施，生态文明建设在战略部署指导下的目标更加清晰，措施也更加具体。这些都是建设"美丽中国"的具体思路和要求。党的二十大报告中，第十部分专门论述"推动绿色发展，促进人与自然和谐共生"，并指出要"加快发展方式绿色转型，深入推进环境污染防治，提升生态系统多样性、稳定性、持续性，积极稳妥推进碳达峰碳中和"四项具体要求。

　　附：习近平总书记关于生态方面的重要论述。

　　关于生态文明方面的内容，习近平总书记在很多重要会议上有重要的论述，这些重要论述涉及内容很广，有生态文明在国家发展中的定位、人与自然的关系、发展方式生活方式、环境治理、环境保护、生态文明制度建设、人类命运共同体等。现分类节选摘录部分内容，供大家参考。

　　1.关于生态文明的定位，生态文明建设是关系中华民族永续发展的根本大计

　　生态文明建设是新时代中国特色社会主义的一个重要特征。生态环境是关系党的使命宗旨的重大政治问题，也是关系民生的重大社会问题。党的十八大把生态文明建设纳入中国特色社会主义事业总体布局，使生态文明建设的战略地位更加明确，有利于把生态文明建设融入经济建设、政治建设、文化建设、社会建设各方面和全过程，实现中华民族永续发展。

　　2017年10月18日，习近平总书记在党的十九大报告中指出："必须树立和践行绿水青山就是金山银山的理念，坚持节约资源和保护环境的基本国策，像对待生命一样对待生态环境，统筹山水林田湖草系统治理，实行最严格的生态环境保护制度，形成绿色发展方式和生活方式，坚定走生产发展、生活富裕、生态良好的文明发展道路，建设美丽中国，为人民创造良好生产生活环境，为全球生态安全作出贡献。"

　　2.关于人与自然的关系，"天地与我并生，而万物与我为一。"人与自然是生命共同体

　　人与自然是生命共同体，人类必须尊重自然、顺应自然、保护自然。关于人与自然的关系，习近平总书记在很多重要会议上有重要的论述。2013年5月24日，在十八届中共中央政治局第六次集体学习时指出："生态文明是人类社会进步的重大成果"；2016年1月18日，在省部级主要领导干部学习贯彻党的十八届五中全会精神专题研讨班开班式上指出："人因自然而生，人与自然是一种共生关系，对自然的伤害最终会伤及人类自身"；2017年10月18日，在党的十九大报告中提出新时代坚持和发展中国特色社会主义的基本方略，概括为"十四个坚持"，其中第九条是"坚持人与自然和谐共生"；2018年5月4日，在纪念马克思200周年诞辰大会上指出，学习马克思，就要学习和实践马克思主义关于人与自然关系的思想；2021年4月30日，在主持十九届中共中央政治局第二十九次集体学习时强调："要完整、准确、全面贯彻新发展理念，保持战略定力，站在人与自然和谐共生的高度来谋划经济社会发展，坚持节约资源和保护环境的基本国策，坚持节约优先、保护优先、自然恢复为主的方针，形成节约资源和保护环境的空间格局、产业结构、生产方式、生活方式，统筹污染治理、生态保护、应对气候变化，促进生态环境持续改善，努力建设人与自然和谐共生的现代化。"

3.关于绿色发展方式和生活方式，要牢固树立绿水青山就是金山银山的理念，形成绿色发展方式和生活方式；生态环境问题归根结底是发展方式和生活方式问题

2013年9月7日，习近平总书记在哈萨克斯坦纳扎尔巴耶夫大学发表重要演讲。中国明确把生态环境保护摆在更加突出的位置。我们既要绿水青山，也要金山银山。宁要绿水青山，不要金山银山，而且绿水青山就是金山银山；2015年10月，习近平总书记在党的十八届五中全会上提出创新、协调、绿色、开放、共享的发展理念；2018年5月18日，在全国生态环境保护大会上习近平总书记指出："要加快划定并严守生态保护红线、环境质量底线、资源利用上线三条红线"。

4.关于生态环境治理，要深入打好污染防治攻坚战，集中攻克老百姓身边的突出生态环境问题

2013年5月24日，习近平总书记在主持十八届中共中央政治局第六次集体学习时指出："生态保护和污染防治密不可分、相互作用。其中，污染防治好比是分子，生态保护好比是分母，要对分子做好减法降低污染物排放量，对分母做好加法扩大环境容量，协同发力。"2014年12月13日，在江苏镇江市丹徒区世业镇永茂圩自然村调研，习近平总书记指出："解决好厕所问题在新农村建设中具有标志性意义，要因地制宜做好厕所下水道管网建设和农村污水处理，不断提高农民生活质量。"2021年4月30日，在主持十九届中共中央政治局第二十九次集体学习时习近平总书记强调："要深入打好污染防治攻坚战，集中攻克老百姓身边的突出生态环境问题，让老百姓实实在在感受到生态环境质量改善。"

5.关于生态环境保护，要坚持系统观念，从生态系统整体性出发，推进山水林田湖草沙一体化保护和修复

关于生态环境，习近平总书记指出："生态是统一的自然系统，是相互依存、紧密联系的有机链条。人的命脉在田，田的命脉在水，水的命脉在山，山的命脉在土，土的命脉在林和草，这个生命共同体是人类生存发展的物质基础。"2018年5月18日，习近平总书记在全国生态环境保护大会上指出："要从系统工程和全局角度寻求新的治理之道，不能再是头痛医头、脚痛医脚，各管一摊、相互掣肘，而必须统筹兼顾、整体施策、多措并举，全方位、全地域、全过程开展生态文明建设。"2021年4月30日，在主持十九届中共中央政治局第二十九次集体学习时习近平总书记强调："要提升生态系统质量和稳定性，坚持系统观念，从生态系统整体性出发，推进山水林田湖草沙一体化保护和修复，更加注重综合治理、系统治理、源头治理。"

6.关于生态文明制度建设，要实行最严格的制度、最严密的法治，为生态文明建设提供可靠保障。党的十八大以来，我国加快推进生态文明顶层设计和制度体系建设，相继出台《关于加快推进生态文明建设的意见》《生态文明体制改革总体方案》，制定了众多涉及生态文明建设的改革方案。关于生态文明制度，习近平总书记指出，"政府要强化环保、安全等标准的硬约束，对不符合环境标准的企业，要严格执法，该关停的要坚决关停。""要深化生态文明体制改革，尽快把生态文明制度的'四梁八柱'建立起来，把生态文明建设纳入制度化、法治化轨道。""要彻底转变观念，就是再也不能以国内生产总值增长率来论英雄了，一定要把生态环境放在经济社会发展评价体系的突出位置。""要落实领导干部任期生态文明建设责任制，实行自然资源资产离任审计，认真贯彻依法依规、客观公正、科学认定、权责一致、终身追究的原则。""要建立科学合理的考核评价体系，考核结果作为各级领导班子和领导干部奖惩和提拔使用的重要依据。"2021年4月30日，习近平总书记在主持十九届中共中央政治局第二十九次集体学习时指出，"要提高生态环境治理体系和治理能力现代化水平，健全党委领导、政府主导、企业主体、社会组织和公众共同参与的环境治理体系，构建一体谋划、一体部署、一体推进、一体考核的制度机制。确保党中央关于生态文明建设各项决策部署落地见效。"

7.关于构建人类命运共同体，要共同建设美丽地球家园，共同构建人类命运共同体

在国际社会，建设人类命运共同体已经得到全球大多数国家的认同，中国作为提出者、实践者、领航者正在践行这一重要文明发展理念。

习近平总书记在众多国际场合阐明中国立场：

2013年7月18日，在致生态文明贵阳国际论坛2013年年会的贺信中指出："中国将继续承担应尽的国际义务，同世界各国深入开展生态文明领域的交流合作，推动成果分享，携手共建生态良好的地球美好家园。"

2015年9月28日，在出席第七十届联合国大会一般性辩论时指出，"中国责无旁贷，将继续作出自己的贡献。同时，我们敦促发达国家承担历史性责任，兑现减排承诺，并帮助发展中国家减缓和适应气候变化。"

2015年11月30日，在气候变化巴黎大会开幕式上指出："中国将于明年启动在发展中国家开展 10 个低碳示范区、100 个减缓和适应气候变化项目及 1000 个应对气候变化培训名额的合作项目，继续推进清洁能源、防灾减灾、生态保护、气候适应型农业、低碳智慧型城市建设等领域的国际合作，并帮助他们提高融资能力。"

2017 年 1 月 18 日，在出席"共商共筑人类命运共同体"高级别会议上指出："我们要倡导绿色、低碳、循环、可持续的生产生活方式，平衡推进 2030 年可持续发展议程，不断开拓生产发展、生活富裕、生态良好的文明发展道路。中国将继续采取行动应对气候变化，百分之百承担自己的义务。"

2020 年 9 月 22 日，在第七十五届联合国大会一般性辩论上宣布："中国将提高国家自主贡献力度，采取更加有力的政策和措施，二氧化碳排放力争于 2030 年前达到峰值，努力争取 2060 年前实现碳中和。"

2021 年 5 月 26 日，在向世界环境司法大会致贺信指出："地球是我们的共同家园。中国愿同世界各国、国际组织携手合作，共同推进全球生态环境治理。"

中华大地孕育了中华民族 5000 多年的灿烂文明，是中华民族赖以生存和发展的家园，一方水土造就了中华民族天人合一、崇尚自然、敬畏自然、依靠自然的崇高精神追求。新时代，建设美丽中国成为中国人民的奋斗目标，生态文明建设纳入国家发展总体布局，进入了快车道。蓝天、青山、碧水神州大地美丽画卷呈现在全球面前。江山代有人才出，建设生态文明的时代使命落在了我们这代人的肩上。让我们更加紧密地团结在以习近平总书记为核心的党中央周围，在习近平生态文明思想指引下，讲好生态文明故事，为全面建设美丽中国增色添彩！

要讲好企业的生态文明故事，这些关于生态文明的方针、政策、理念、思想是不可少的。每一次生态因素、生态系统、生态平衡的保护，每一次生态灾害的防护，每一次生态危机的应对，每一次技术的提升、改造，每一个人的生态思想理念的转变，都应该成为我们笔下的典型事例。

第二章　怎么讲

第一节 让消息飞起来

讲好企业的故事，莫过于每天都有好消息，用一句吉利的话讲就是好事连连。写消息是我们讲好企业故事的开始，每一个消息背后都可能隐藏着动人的、惊人的、吸引人的、大家想一探究竟的故事，这是由人的心理因素决定的。如何展开故事，要从通讯做起。消息是对每一个故事的高度概括和提炼，其语言精练简洁，有些内容是"过滤"过的，多数情况下消息仅仅是告诉人们发生了什么，至于为什么，过程是怎样，还要另换文体。

一、关于什么是消息

先讲点关于消息的理论，消息是新闻报道中最普遍使用的一种文体，也是最简单的写作文体，实际上却是最难写的。

最简单是因为其结构最简单，一般情况下只有六个部分，标题、讯头、导语、主体、背景、结尾。在实际的写作过程中往往还会出现只有标题、讯头、导语、主体四个部分的消息。最简单的时候甚至只有一个标题和讯头，成为标题新闻。

最难是因为要写好一篇消息是非常不易的，不易是因为其结构虽然简单，但写法变化太多，而且没有固定的模式。一个层面是标题的提炼，标题的提炼第一要求是准确，第二要求是精练，第三要求是形象，第四要求是立场和情感倾向；另外一个层面就是导语写作的千变万化，导语就是文章前面的第一段落，这个段落一定是精练精干的，决不能拖沓冗长，它直接体现作者对事件的价值判断，甚至是情感倾向和立场的选择；最后一个层面，对于消息的主体，可以根据版面、时间、空间的要求去处理，可长可短。关于消息的写法理论上说得最多的就是倒金字塔结构，至于一篇消息写出来之后是否符合倒金字塔结构，还会因为大家对事件本身新闻价值判断角度的不同而产生分歧，所以说消息是最难的。要把一篇消息写得完整，首先要搞清楚新闻六要素，新闻专业课是这样讲述的，谁（Who）、何时（When）、何地（Where）、何事（What）为何（Why）、过程如何（How），换一种说法就是：人物、时间、地点、原因、发生过程、结果。如果把这六要素串起来，概括成一句话，就是某人某时在某地做了某事出现了某种结果。新闻六要素本质上和我们的记叙文六要素是一致的，没有什么本质的不同。记叙文六要素是指时间、地点、人物和事情的起因、经过、结果。所以说新闻不难写，如果能把初中的记叙文写好，就一定会写新闻。

如何写好消息，如何讲好企业的故事，还有一个关键问题，就是什么是新闻。

关于什么是新闻，至今学术界没有一个确切的定义，现在认同度比较高的是陆定一先生关于新闻的定义："新闻就是对新近发生的事实的报道。"就本书来讲，凡是涉及第一章二十节的内容都可以作为新闻来处理。对于企业新闻，要区别企业所发生的事件是不是新闻，不同的媒体会给出不同的答案，在企业内部也会有不同的看法和选择。因此，关于什么是新闻，其实是一个选择标准问题，标准严格了，新闻就少，标准低了，新闻就多。

关于新闻价值的大小问题。所谓的新闻价值大小也是一个相对问题，两个层面，空间相对和时间相对。核心是事件本身的影响面，一般情况下，影响面大，价值就大，反之就小，但是如果发生在不同的时间段和空间，判断标准可能完全不一样，不要指望美国人和中国人或是非洲人会用同一标准看待同一个问题。

关于新闻价值大小，可以参照如下几条原则，符合的条件越多，价值就越大。

一是普遍性。如果事件具有普遍性，一件事涉及的人群或资源越多，波及面广，造成的影响越大，这样的事件就越重要，关注它的读者也就越多，新闻价值就高。例如在国家层面，关于离退休时间推迟的问题、养老金的问题都是大问题，新闻价值就高；出租车和网约车的问题、交通安全问题相对于前面两个问题大家的关注度要低一些，相应的新闻价值就低一些。

二是关联性。就是这个事件选题和读者的关联度是否高，简单说是否和读者切身利益有关。

三是显著性。主要和"知名度"有关。事件如果与著名的人物、机构、地点以及其他任何知名度高的事物关联在一起，那么它所受到的关注程度就可能越大。事件发生的要素，也就是新闻的六要素"时间、地点、人物、原因、过程、结果"其中一个或几个具有一定的特殊性、显著性，这种特殊性和显著性又因人而异，具有相对性。比如地点，天安门广场、白宫、莫斯科红场对有些人来说很普通，但对有些人来说就很神秘、庄重，就是一个政治符号。如果在其他地方发生的事情在这些地方同样发生，媒体解读很可能大相径庭。

四是特殊性。这主要和事件发生的差异性有关，和普遍性相对，一般会有各种各样的奇怪事情，或者是对现有的法律、道德、规则、伦理等有超常违背。

五是趣味性、奇异性。有些事情比较有趣，大家关注一下，主要是要放松和调节身心。奇异性是指不同于一般的，脱离开我们的传统思维另类的奇异的事情。

六是时效性和时宜性。选题本身具有很强的典型性的社会意义，符合时代的要求和需要，大家对当下发生的事件会有一个基本的价值判断。

七是冲突性。发生的事件本身有很强的对立，矛盾的多个方面博弈激烈，持续时间长，事件曲折复杂，结果难以预料。

以上是笔者在工作中总结归纳出来的，其实好多事情是互相关联的，有时候没有非常明确的区别。例如，关于普遍性和关联性在有些事件上的表现是一致的，延迟退休。所以工作中关于新闻价值的判断更多的是因时而变、因势而变，具体问题具体分析，不能一概而论。企业每天发生的事情很多，这些事情需要我们既要按照企业的要求对外、对内报道，又要按照媒体的要求选择，还要按照新闻的要求写好稿件，不是一件容易的事情。要讲好企业的故事，就要根据当下的实际情况，对事件做出快速反应，尽可能在保证不出问题的前提下第一时间把好消息报出去。

关于如何写好消息，这方面的教科书多了，大家不妨买上几本好好看看。

二、关于消息的标题

1.标题分类

新闻标题按照结构来分，主要有单一标题和复合标题两大类。

一般情况下，在报纸的编辑排版过程中，一条新闻一个标题，标题可以是单一结构，也可以是复合结构。特殊情况下，多条同类型新闻集纳归类刊发时用一个标题，表现某一方面的事实和观点。多数情况下新闻标题的制作指的是单条新闻的标题。

单条新闻的标题形式上有两种，单一型和复合型。单一型只有主标题，没有其他。复合型包括主题、引题、副题、提要题和小标题等。

主题——标题中最主要的部分，说明最重要的事实或观点，有感情有立场。

引题——又名肩题、眉题，位于主题之前的辅助性标题，句子结构和主题的关系是可以构成一个复杂完整的陈述句。主要作用是引出主题交代背景、烘托气氛、揭示意义、提出问题、说明原因（目的）等。

副题——又名子题，位于主题之后的辅助性标题，主要用事实对主题作补充和解释，交代事情结果，补充次要事实，印证主题中的观点，解释主题的概括标题。

提要题——位于稿件的标题（含引题、主题、副题）之后、正文之前，用以提示稿件主要内容的题。现在主要以核心阅读、内容提要等形式出现。

小标题——又名分题、插题，分嵌于新闻稿件之中，用以概括介绍稿件每一大部分的内容，具有分段或分类的作用。

2.新闻标题的结构

（1）单一型结构：只有主标题，没有辅助标题。单一型结构的标题多数是一行题，也可以是两行题、三行题。标题必须是叙述事实的实题，意义必须完整，句子成分结构完整。

（2）复合型结构：除主题外，还有辅题，即引题、副题或两者都有。复合型结构的标题都是多行题。标题各部分之间的内在逻辑关系要正确，标题的虚实结合要恰当，分行要合理。

3. 新闻标题的制作

（1）从新闻内容中选择最新鲜、最重要、最有特点的事实或观点入手，结合新闻要素来提炼标题。

（2）在对事实的表述中寓思想感情，把握读者心理，从贴近读者的角度传情达意，或者从作者想要表达的立场和感情角度处理。

（3）根据报道内容和报道意图确定标题的长短和结构，运用修辞手法，化虚为实，化静为动，使标题生动，注意时态与标点符号的正确使用。

（4）改变叙述方式使标题简洁，压缩与概括标题中可有可无的内容，适当用简称，删去标题中可有可无的词和字。

关于如何才能做好标题，本章第七节《把修辞用起来》，专门讲标题中的修辞使用，供大家参考。

三、关于消息的导语

对于什么是导语，导语定义是什么，至今学界没有一个严格的能够让大家一致认同的标准定义，仍旧是各有各的说法。在此，作者本人给消息的导语下一个定义：导语是在消息第一段中用于引导吸引读者继续向下阅读了解更多新闻事实的一段关于核心新闻事实的精短文字。这段文字的内容可以涵盖全部新闻六要素，也可以是部分要素。

1.导语的特点

（1）消息的第一段；

（2）精彩重要吸引读者；

（3）新闻核心事实；

（4）精练简短。

2.导语的作用

（1）反映新闻的要点；

（2）确立新闻的基调；

（3）唤起受众的注意。

3.标题与导语功能的一致性

标题的功能在于吸引读者阅读导语，而导语的作用则在于吸引读者阅读完消息全文，这就是标题与导语功能的一致性。

导语是标题的延伸，是对标题的具体补充、说明，或用有趣的人物语言、新闻"故事"（事件）引出标题中的新闻事实。

导语应交代标题中无法交代的具体新闻要素，让读者大致了解最重要的新闻事实；同时，导语还应激发读者继续往下阅读的欲望，起到"导读"的作用。导语要起到"导读"的作用，就要善于抓住读者的兴奋点，应"抓住一点，不及其余"，不要面面俱到写"大而全"的导语。

标题制作完成后，消息的导语也应作相应修改、调整，具体交代标题中揭示的主要新闻事实。

4.导语写作要求和构思的十大技巧

微信已经满天飞了，人人都是记者，但整个社会给我们提供的新闻没有变化，变化的是读者群，变化的是观念，变化的是视角。所以新闻面对未来变化的只有一点，即表达方式。最根本的一点是，想尽一切办法吸引人，例如标题党。写好新闻导语的目的也是如此，技巧很多，归纳如下：

（1）导语中一定是新鲜的重要的事实，事实或描述的观点有新意或新的味道。

（2）开门见山、直截了当、不拘形式的语言和短句子。

（3）导语内容越具体越好，但是，不要包括太细的细节内容。

（4）击中读者的兴奋点，导语要有一个兴奋点或卖点；导语要调动读者的情绪，导语选择新观点新言论的时候，编辑记者必须跟着当地读者走，按照他们的情绪写文章，否则会引起读者对报纸的反感。

（5）精练、精练、再精练，导语中不应该有一个多余的字，要简明扼要、生动具体。

（6）从具体的问题入手，然后再拓展话题，避免语法和逻辑错误。

（7）只使用最明晰的事例和数据；也可以用新近发现的历史档案做导语。

（8）导语要具有视觉感，让人读起来忘不掉。

（9）导语要有针对性，想清楚稿件给谁看，要通俗易懂。

（10）在导语中表达记者的立场和感情。

5. 导语的分类

（1）叙述式导语：把读者最想要了解的新闻事实中最重要的事情，

直接、简明、扼要地阐述作为新闻的导语。

例：4月15日上午，长江中游荆江河段航道整治工程正式通过竣工验收。荆江航道水深从3.2米提高到3.8米，超过3.5米的设计水深，3000吨级货船组成的万吨级船队可实现昼夜双向通航。整治工程基本打通了长江中游航道通航瓶颈，产生良好的经济效益和社会效益，有力推动长江经济带建设。

资料来源：2017年04月17日《人民日报》2版，原文《长江中游瓶颈初步打通》，作者：付文。

（2）描写型导语：抓住某一生动的形象或有特色的细节进行细致的描述，通过描写事物形象及事件场景等引出主要新闻事实。

例：老黄头名叫黄一明，是广东省新丰县马头镇秀田村的农民。虽然已经是奔七十的人了，可他忙起春耕来却浑身是劲儿。这不，10天前播下的玉米，苗已经抽到了铅笔那么高。老黄头不放心，又起了个大早，仔仔细细给这些小苗撒了一遍肥。"如今灌溉不愁，我种了5亩玉米，顺利的话能收4000多斤。"

资料来源：2017年04月17日《人民日报》16版，原文《浇地不用愁 种田有盼头》，作者：贺林平。

（3）评论式导语：对所报道新闻事实进行评价，揭示其价值、意义，在消息的客观叙述中，加入了作者的主观观点的导语。

例：为全面贯彻落实司法责任制，优化审判资源配置，充分发挥各级人民法院庭长对审判工作的示范、引领和指导作用，近日，最高人民法院发布《关于加强各级人民法院庭长办理案件工作的意见（试行）》，自5月1日起试行。

资料来源：2017年04月19日《人民日报》10版，原文《院长庭长就得办案》，作者：徐隽。

（4）提问式导语：先揭露矛盾，鲜明地、尖锐地提出问题，再作简要的回答，引起读者的关注和思考。

例：你可曾想象，没有水的日子怎么过？你可曾思量，36年做一件事情，你会做什么？

资料来源：2017年4月19日《人民日报》4版，原文《一个人，一辈子，一道渠——贵州遵义老支书黄大发的无悔人生》，作者：吴储岐 郝迎灿。

（5）引用式导语：引用古诗词、新闻人物精彩的语言，领导或重要人物说的话揭示新闻主题来做的导语。

例1："竞夸天下无双艳，独立人间第一香。"每逢四月，"中国牡丹之都"菏泽皆以盛世花会喜迎八方游客。

资料来源：2017年04月17日《人民日报》14版，原文《菏泽发展迎来"花样年华"》，作者：孙东辉 李蕊。

例2："一定要保护它的形态，政府和渔民把龙洞周围的珊瑚礁保护得很好，将来一定不能出现破坏。"海南三沙航迹珊瑚礁保护研究所所长傅亮说。

资料来源：2017年04月17日《人民日报》16版，原文《"南海之眼"保护最严》，作者：陈伟光 王蓓蓓。

例3：春风送暖，新绿绽放。平定县娘子关景区迎来踏春游客的同时，也迎来变革的春风。"这次的改革不是在原有基础上的修修补补，而是推倒重来。对于娘子关来说，景区体制改革是块必须啃下的硬骨头。"4月6日，平定县娘子关镇党委书记、管委会主任朱继明见到记者语气坚定。

资料来源：《山西日报》（2017年4月19日2版），原文《阳泉娘子关景区改革扎实推进》，作者：白雪峰。

（6）对比式导语：通过纵向或横向对比，揭示新闻主题。

"广州市公安局：2016年度共计行政处罚4579751宗，罚没金额达90481.97万元……"

"广州市工商局：行政处罚总数为314宗，罚没收入2142.08万元……"

"广州市环保局：行政处罚总数66宗，罚没金额359万元；行政征收总数2722次，征收总金额3276.08万元……"

近日，按照《广州市行政执法数据公开办法》，广州各级执法部门"晒"出了2016年的全部行政执法数据。广州成为既"晒"权力清单，又"晒"行政执法数据的阳光城市。

资料来源：2017年04月17日《人民日报》4版，原文《罚了多少一查明了》，作者：李刚。

消息例文：

晋能企业五指并拢抠成本

今年1—8月，吨煤生产成本同比降低17.1%，累计节约成本10.11亿元

本报讯（记者 崔新龙 通讯员 靳永春）需求疲软，价格走低，市场持续低迷，煤炭企业在这样的生存环境中能否有所作为？晋能企业用实践回答：在经营管理上，突出一个"精"字，推进精细化管理，降本增效。今年1—8月，晋能企业吨煤生产成本同比降低24.8元，下降17.1%，累计节约成本10.11亿元；可控费用同比降低20.1%。

晋能企业目前有57座生产矿井，9座联合试运转矿井，生产能力7100万吨。在推进煤炭供给侧结构性改革的进程中，晋能企业充分发挥企业的主观能动性，创新煤矿经营管理模式，挖掘潜力，降低成本。

一是做好人的文章，实现用人少、效率高。泰山隆安煤矿推行"变招工为招生"的用工模式，提高员工素质。在技术层面，推广综采综掘队伍自营化、机修后勤市场化、外委队伍安全准入模式。从业人员由2013年的637人减少到现在的585人，全员工效由14.5吨/工提高到20.99吨/工。三元煤业严格控制机构设置。上半年，原煤完全成本为177.18元/吨，同

比减少73.34元/吨；原煤生产成本为110.57元/吨，同比减少49.16元/吨。

二是做好"面"上的文章，向先进开采技术要效益。长治王庄煤业与太原理工大学合作，在3500工作面组建了380米长的一次采全高大采高综采工作面，增加煤炭资源回收量近5万吨，增加直接经济收入近1800万元，并为长治地区厚煤层大采高一次采全高综采工艺的推广提供了范本。今年年初，长治中能煤业提出工作面顺槽全部沿煤层顶板掘进，全面优化支护参数，与煤炭科学研究总院康红普院士合作，开展了地质力学参数测定和支护方案优化设计。

三是织好一张"网"，创新管理出效益。临汾公司制定出台了《煤矿管理大纲》，解决了公司"管什么、怎样管"的问题，形成了"五大管控、三大系统、一个考核"的精细化管理模式。中能煤业从今年1月开始，基本电费由原来的按容量缴纳改为按需量缴纳，每月节约30万元。

四是在财务管控上立规矩、出实招。晋能企业在财务管理上连续出台资金管控措施，要求各单位在拓宽融资、紧缩开支、保证企业最低资金需求的同时，通过"列明细、定比例、回现款、硬考核、真兑现"等措施的实施，确保企业大幅降低运营成本。

资料来源：2016年10月29日，《山西日报》头版头条

第二节　让通讯活起来

通讯是新闻报道重要的文体形式，本质是新闻，因此通讯最根本的特点是真实，是不能虚构的，甚至不能过多的渲染，否则就会违背新闻的事实，同时通讯还必须具有时效性，不能距离核心内容发生的时间太远。

通讯是新闻报道中讲故事最好的体裁。通讯大致分为三类，即人物通讯、事件通讯、工作通讯（也有叫作经验通讯）。人物通讯重点在于揭示一个人物个性鲜明的特征以及给读者带来的感同身受；事件通讯在于揭示一个新近发生事件的原因和过程以及其带给读者的思考和警示；工作通讯在于揭示工作过程中的经验和教训以及其带给读者的思考和探索。

在新闻写作中，通讯的写作可以说是自由度最大的，有立场、有观点、有情节、有感情、有评价，可以加工渲染，可以敞开运用各种修辞手法。可以说在尊重事实的前提下，我们所有的文学创作手段都能使用。通讯可以有很多的材料来使用，以证明文章的立场、观点和感情倾向。

写作通讯要定立意，关于通讯立意有两种选择，褒还是贬，在这个大框架下，再选择褒贬的具体内容和材料。此外，通讯都带感情色彩，甚至有明确的感情倾向，即便作者不会在文章中明确表示，但一定会通过字里行间表现出来，俗话说的"欲扬先抑""骂人不带脏字的"就是这个意思。

在通讯的写作过程中，无论是人物、事件，还是工作通讯，都有一个基本的步骤。

第一步，确定选题，就是说准备写什么

在新闻写作中选题选好了就成功了一半，选题本质上没有好坏之分，关键是选题有多大的新闻价值。关于新闻价值的判断不同的媒体标准是不一样的，核心标准是读者的关注度，如果关注度高，价值就大，反之就小。

关于新闻价值大小判断，可参考第一节《让消息飞起来》中的内容。

第二步，确定立意，就是准备说好还是说坏

很多发生的事件都存在正反两面性，更多的时候是不能说好或者说坏，符合社会主流价值观的就说好，不符合的就说坏。这和媒体的立场有关，这正是媒体引导舆论的秘密所在。媒体选择文章的立意，本身就是立场的体现。如果既不说好，也不说坏，那根本不可能，不亮明观点，一定会露出倾向。大家在读完一篇稿件后一定会有一个感受，这个感受是来自于文章的表述而导致的你阅读后亲自体验所得出的结论，所以倾向一定是文章作者或者媒体引导的。

第三步，确定主题，通讯的主题就是文章的中心思想

也就是说作者想通过这篇文章所叙述的新闻事实告诉读者一个什么样的价值观念，这个价值观念就是文章的中心思想。新闻通讯的主题决定写作的全部过程，是材料取舍、谋篇布局、表达方式以及语言运用的标准。

通讯主题的来源主要有两个方面，一个是事先拟定，一个是根据材料归纳提炼。事先拟定的主题，一定是对社会各种现象和价值观念有一个深刻全面的认识，并且能够在纷繁芜杂的信息中找出最契合时代的价值观念，在这个前提下，选择一个"合时宜"的角度确定主题，并组织材料撰写文章；根据材料归纳提炼主题是对社会现象的综合分析认识，寻找其社会价值观念和现象根源原因，通过对当下社会价值观念的总结与现象根源的提炼归纳，形成主题，反映社会价值的发展本质趋向。所谓透过现象看本质就是这个意思。

通讯的主题在思想意识方面带有很强的意识形态性、思想性、科学性、系统性、批判性；通讯主题在时间和空间概念上，具有很强的时代感、纵深感，我们讲新闻要"看天气、接地气"，就是要把新闻通讯的"时宜"放大，而不是和消息去拼"时效"。"看天气"就是时宜，时间和空间的特征决定了通讯主题的全局性，注定其是对全局做出的判断。一般情况下，这也是一篇通讯的价值要高于消息的原因。

第四步，确定材料，准备用什么样的论据

一篇好的通讯，一定会有扎实的符合立意的材料使用。这个过程是一个艰难的采访过程，只有扎实而又全面的采访才能有足够的材料支撑文章的观点。

写好一篇通讯是很难的，难点在于新闻的采访，就是材料的搜集。所谓"七分采、三分写"说的就是这个道理。通讯的素材一般来自三个方面：一是官方公开资料，一般作为骨干材料使用；二是第三方的转述，一般作为佐证材料使用；三是当事人的叙述，一般作为自证材料使用。在写作时最好采用直接引语。这些素材都需要作者对其做出是否真实的判断，找出其内在逻辑关系。

第五步，如何谋篇，就是怎样写

一篇好的通讯写作手法很多，叙述方式很多，重点是要做好结构，处理好小标题。这些段落和小标题都是为文章的立意服务的，为文章的主题服务的。

通讯写作结构主要有三种：纵式结构、横式结构和纵横结合的结构。纵式结构有两种：一是按照时间顺序编排素材和段落；二是按照事件发生的先后顺序和前后逻辑关系排列组合文章结构。

横式结构就是段落之间的层次结构是并列的，又叫并列式结构。一般情况下是空间并列和人物并列，但并列的材料和段落内容一定是一致的，材料必须为观点服务，否则就是多余的累赘材料。

第六步，用好表达方式

通讯的表达方式有描写、议论、抒情和叙述等，其中叙述又分为倒叙、插叙和顺叙等，这些都是基本的表达方式。如果文章要精彩，还要用好修辞，修辞手法的使用可以展现你对文章主题褒贬的深浅（关于修辞见本章第七节）。

一、关于人物通讯

在企业报的稿件中，有很大一块内容要写一些先进人物事迹，并且领导们都特别重视。那么在写这类稿件的时候应该注意什么事项呢?这和市场化运营的媒体采写稿件又有哪些区别呢?

一般情况下可以大致分为两种类型。

第一类材料总结型，这类稿件重点是一些总结材料，通常总结性、概括性的语言比较多，把先进人物的事迹归纳为几点，而不是展开写。

第二类就是我们经常碰到的人物通讯，也是报道中常使用的一种文体。这种稿件是建立在大量材料基础上的，只有占有大量的材料才能写出有血有肉的人物来，这样的稿件大家才爱看，看起来才真实，市场化运营的媒体这类稿件居多。

这类稿件要注意什么呢? 根据经验，笔者将其归纳为"六有""六不"。

"六有"如下：

有思想。先进人物都有自己的人生价值观，有时候可能就是一点具体的看似普通的表现。比如有人说，他这辈子最爱干的事就是帮助农村贫困的孩子上学；有的人就是想多植树，多造林；有的人办事按照原则来，不能通融等。长久坚持自己的准则、信仰和想法不改变，并且有区别于其他常人所做不到的事迹，就是先进人物。在写作的时候就是要把这种思想表现出来，通过实例事迹来表现，一定要从思想深处找出先进人物所作所为的根源，找准他们的思维方式和行为方式以及个性特征。在工作中，有些人有时看起来有点"一根筋、认死理"不聪明的做法，实质上是一种内心的信仰或者是思维方式。这些行为在特殊的时期和环境下就有其合理性、正确性，就是值得我们赞扬的。

有事例。无论事大事小，只要能够体现先进人物的个性特征就行，只要能为中心思想服务就行，所以人物通讯的撰写一言一行都是很重要的，都能体现它的个性特征，要深入挖掘事例。

有情节。先进人物一定要有情节，好多情节是在生活中发生的，需要我们还原再现，并且要进行加工。如果没有情节，那么写作就是失败的，人物的形象就不能凸显出来，先进人物的个性不突出，感染力也不强，所以要尽可能地将情节联系起来。

有背景。先进人物不会脱离社会而独立存在，先进一定是在社会大背景下才能凸显其先进性。所以对先进人物的描写要有背景，包括先进人物的社会大背景、家庭背景、工作背景、环境背景、单位背景，甚至要写到教育背景等。所以我们要选择能够烘托事实的背景材料进行加工，只有这样才能更加突出人物的鲜明个性，才能树立人物的先进形象。

有文采。有文采就是要借助各种写作手法对材料进行加工创作再造，这就要看我们的写作功底和驾驭材料的能力。一篇文章有没有文采，重点体现在语言驾驭能力、故事结构和叙事方式上。一般情况下，对一篇2000字左右的人物通讯来讲，结构不会太复杂，情节也不会太多，更多的是语言的恰当、精炼、准确、贴切。叙事方式采用并列式、平铺直叙、倒叙等都可以，根据掌握的材料而定，人物语言多以直接引语为好。

有评价。对一个先进人物要有公众的评价，或者有官方或相关组织的认可，最有说服力的就是公众认可和周边同事的认可。如果官方评价好，且官方的公信力较强也可以作为一个参考标准。这些评价在文中可以采取夹叙夹议的方式，也可以直接评论，或者配发编者按、短评、评论等形式来体现。

"六不"如下：

不要脱离群众。先进人物在工作生活中首先是一个普通人，一定是生活在群众中间的，只不过是好多的先进事迹我们没有注意到。先进人物和群众的关系一定是融洽的，不能把先进人物拔高的脱离群众，也不能把群众衬托的多么落后，否则就不真实。

不要脱离社会。先进人物一定是融入社会的，并且对社会的关注度要高于普通人，对事物的认知是比较有深度的。要突出其在社会认知中的积极一面，不能把社会的对立面过于放大，以此突出先进人物的先进。

不要脱离家庭。家庭是一个先进人物最重要的生活圈子，其实每一个先进人物都是责任心很强的人，对家庭也是如此，无非表达的方式不同而已。所以我们要从字里行间表达出先进人物对家人的爱，说明他也食人间烟火。

不要脱离组织机构。任何一个真正的先进人物都脱离不了组织的教育，在任何时候先进人物都有自己的做人准则、道德准则、理想信仰。这些往往都是很朴素的道理，有时没有什么豪言壮语，时间久了或者关键时候就会放出人性的光辉。

不要脱离单位的现实情况和职业特点。先进人物的事迹要符合他所在单位的实际情况，符合单位的职业特点。

不要脱离新闻事实。在选树先进人物时，重要的是要选择新闻事实。在真实的情况下，可以借助写作手法进行渲染，但一定不要脱离基本事实，否则就是新闻失实，是新闻事故。

以下例子是关于写人的，大家对比分析看看。

例文：

矿山唱响青春之歌

——走近长治公司大学生矿工

(一)谷三国：迈过心里那道坎　展望眼前这片天

眼前的谷三国文质彬彬，一副文艺青年的气质。说实话，这样的形象与井下矿工联系起来，多少让人觉得有些突兀。

但事实恰恰如此，这个1986年生于辽宁抚顺的时髦青年，毕业于辽宁工程技术大学控制理论与控制工程专业，2012年7月，他以应届毕业研究生的身份，应聘到三元煤业工作，开始了他人生新的一页。

然而，令他没想到的是，经过一段时间培训之后，他被分到了综掘队，要到一线下井。

兴奋

2012年10月1日，这一天是谷三国第一次下井，伴随着罐笼的快速下降，一种莫名的兴奋在他心头涌动，走在开始那一段灯火通明、宽敞整洁的巷道里，谷三国感觉井下环境还挺好，谁知再往里走，光线就暗了下来，走了大约三四千米之后，到了工作面。第一项任务就是扛H架，200米的距离，他扛了十几米就扛不动了……第二项工作是清理煤屑，简单重复的劳动令谷三国感到索然无味……从下井到升井，在煎熬中八九个小时过去了，谷三国疲惫至极。"从小到大在家里我连个螺丝钉都没拧过，一下子要下井干活，真吃不消。"

沮丧

第二天，谷三国感到有些沮丧，甚至后悔，不由得羡慕起那些同样是应聘到煤企工作，却坐在办公室里的同学们。应该说，当时谷三国的内心被硕士研究生的光环笼罩着，在他看来，自己毕业于主体专业，成绩优异，应当进科室、搞技术，而不是下井干体力活。

294

纠结

起初的一个月里，谷三国内心纠结于下井这件事，工作也提不起精神，这时工会主席张秀双多次找他谈话，安慰并开导他，给他列举了许多由一线矿工逐步成长为企业骨干和拔尖人才的例子；他的家人也在电话中告诉他：要有充分的基层工作经验才能得到真正的锻炼和成长。

尤其令谷三国感动的是队里的领导和工友们都对他特别照顾，安排工作会尽量给他派轻一些的活儿，搬运东西时，大家都抢着给他帮忙，即便是一个不相识的工友，也会过来搭把手，一句简单的"我来吧"，令他倍感温暖……

迈坎

经过这样一个过程，谷三国迈过了心里那道坎儿。他说："人人都想做将军，殊不知做将军的前提是做一个好士兵。就拿我来说，虽然有硕士学位，却仍然四体不勤、五谷不分，如果我连井下的采掘工艺流程都不熟悉，连最起码的电气设备都不认识，不了解他们各自的技术参数，又怎么发挥我的专业所学呢？书本知识必须与生产实践相结合才能发挥它的真正作用。"

充实

现在的谷三国每天过得都很充实，都能学到新的东西。他为自己准备了一本工作日志，上班之前要把今天干的工作逐条罗列，下班后再逐条对照完成情况。他还把井下电气设备的详细技术参数都记在本子上，反复记忆。

谷三国说，电气工程是他的专业所学，他现在熟悉这些电气设备就是为以后走专家型、技术型矿工的道路打基础。从他自信满满的眼神里，记者意识到，谷三国正在憧憬并努力描绘着崭新的明天。

(二)蒋万里：沉下心踏实干工作　俯下身认真学技能

毕业于辽宁工程技术大学采矿工程专业的蒋万里，1989年出生于河南省商丘市的一户农家，家里兄弟三人，他排行老二。

下井：坦然

下井当矿工这件事，蒋万里早有心理准备，对他而言，上大学、选专业，最重要的目的就是将来能找一份收入可观稳定的工作，尽早挣钱养家。因此当他被分到中能煤业综采队生产一班时，心里一片坦然。尽管如此，井下生产一线繁重的体力劳动还是令他始料未及。刚下井，蒋万里就赶上工作面搬家，他连着上了一个月的零点班，接风水管、拉皮带尾、清煤以及大量的设备搬运，让身高不足一米七、身材略显消瘦的蒋万里感到吃不消，手也磨出了血泡，肩部淤青，但他还是咬着牙坚持了下来。

修设备：茫然

最令蒋万里郁闷的是他的日常工作——清煤。在他看来，清理支架和刮板输送机之间的煤屑和矸石，这样简单的工作，小学毕业就能干的了，何必让他这个堂堂的大学本科生来做呢？他的专业所学价值何在？一段时间内，蒋万里对此十分不解，感觉自己的大学白上了。促使他在观念上发生转变的是一次井下作业，副队长让他拆卸溜槽，蒋万里摆弄了半天，没拆下一节，副队长只好亲自上手，接着又让他把哑铃销安装在溜槽上，蒋万里依旧摸不着头脑，没安上去，情急之下，副队长一边亲自动手一边说："小蒋！你这大学怎么读的，这也不会干，那也不会干，可不行啊！"

这件事让蒋万里觉得心里挺委屈，本来这些设备的拆卸和安装，他根本没接触过，第一次上手自然生疏，不过蒋万里又反过来想，为什么自己堂堂的大学生竟然不会摆弄这些简单的设备？

实践出真知：释然

纸上得来终觉浅，唯有实践出真知——这是蒋万里思索得出的结论。他说："我刚开始有些心高，不屑于这些简单劳动，殊不知实际工作的许多宝贵经验都是从书本中学不来的，而是必须从基层、从小事做起，才能使专业知识有真正的实践载体……"

从这件事后，蒋万里在井下开始格外留意别人是怎么干活的，不懂就问，积极尝试，经过几个月的锻炼，现在他已经能比较熟练地处理工作中的许多问题。

蒋万里告诉记者，打铁还需自身硬，现在他感觉自己干工作比过去踏实多了。对于被分到生产一线，他一点都不后悔，现在就想着努力工作，真正成为一名技术过硬的合格矿工。

（三）张悦："独生子"当矿工 "90后"吃得苦

张悦，这个生于1993年的大男孩，是家里的独生子，其父母是长治市城区某银行的职员。家境殷实的他，打小被父母宠爱，两年前张悦从长治职业技术学院毕业后，应聘到了三元王庄煤业，而且一来就被分到机电机运队，下了井。

"90后"井下矿工

当"独生子""90后"，这两个具有特定内涵的"标签"同时附着在"井下矿工"张悦身上时，令记者感到有些意外。一方面，作为家里的独子，张悦的父母却能认同儿子下井当矿工；另一方面，作为"90后"的张悦，尽管其脸上还带着些许稚气，但给人感觉更多的是一种沉稳和诚恳，这种难得的成熟令人印象深刻。

张悦告诉记者，当初选择上煤校读书，他和父母就做好了将来下井工作的心理准备，这样的选择主要基于就业现实和现代化矿井安全性大幅提高两方面的考虑。但无论如何，矿工都是一个体力劳动比较繁重的职业，张悦能行吗？

"独生子"搬水泥

到王庄煤业报到的第一天，张悦就和另外三个同事接到一项临时任务——搬运3吨水泥。对于张悦这个刚走上工作岗位、缺乏劳动锻炼的年轻人而言，这不是个轻松的活儿。张悦至今还记得搬完之后，手指那种火辣辣的疼!

刚开始下井,张悦的工作是看管皮带输送机,这是一个貌似轻松的活儿,但张悦不敢有丝毫怠慢。他说:"自己睁眼看着,有时候皮带不转了自己还不知道,但师傅们仅用耳朵就能听出来,这就是个经验问题。"

最累的时候要数搬运皮带了,一天干下来浑身酸痛,每天下班出井时,一上轨道车张悦就疲乏地睡着了,这样连着干了好几日,待搬完皮带一周后,肩膀还浮肿淤青着。

有一次,张悦和工友在井下搬运管道,搬运过程中就感觉肩膀疼得厉害,他咬牙坚持到下班,换衣服时一看,双肩都出了淤血。

"责任"伴着"成长"

张悦是个谦恭的年轻人,他说:"我这样一毕业就下井,没有任何工作经验,工作中就必须能吃苦,只有勤奋才能得到认可,才能真正学到东西。"

一席话让我对眼前这位刚满20岁的小伙子刮目相看,看来一个人的成长与成熟并不一定都要深刻地经历那个砥砺、阵痛的过程,也许就是天生的个性使然。

在井下工作一年多之后,2012年11月,张悦被抽调到污水处理站工作,主要负责对井下污水做沉淀、添加药剂和过滤等工作。

张悦说,无论在哪个岗位,他都会努力工作,这不仅仅是对工作本身负责,更是对自己负责。

你瞧,一个多么有责任心的年轻人。

(作者:师旭岩 李明钊,编辑:王迪)

二、关于事件通讯

关于事件通讯,重要的是事件选择,企业里每天发生的事件层出不穷,是不是所有的事件都可以写呢?

一般情况下,在企业里,只要事件是真实的,事件本身又有意义,就可以作为题材来选择，至于是不是有意义，对照一下上文中"新闻价值大小判断的几个原则"，可以按照这个标准去选择题材。

事件通讯最重要的就是完整。所谓完整就是要把事件的前因后果都交代清楚。不管采取什么样的写作手法，都要满足读者对事件的好奇和探究心理，让读者有一个清晰准确的判断。

要讲好企业的故事，树立企业的良好形象，一定要借势，借助一些关键的人物，来扩大影响面，全方位调动媒体的关注度。例如，2016年1月4日，中央领导来山西考察，在太钢的座谈会上提起中国钢铁产能过剩，但生产不了一个圆珠笔芯钢珠的问题。这个问题在国内已经成为热点，某种意义上说成为中国人的一个心病，在网络上关注度极高。作为中国大型钢铁企业的太钢没有错过这个机会，组织技术骨干，通过一年的科技攻关，终于成功突破，实现圆珠笔芯钢珠的国产化。2017年1月9日，央视新闻播出后，全国一片叫好，大家对太钢刮目相看，除了太钢的形象提高之外，太钢不锈的股票也连续上涨。这个事件本身引起全国所有媒体关注，各类微博、微信圈铺天盖地的转发，充分调动起读者的热情，激发了大家的爱国热情。

下面这篇稿件是写事件的。

例文：

办公室小了，心却更近了

——省外公司切实解决"四风"问题、整治"六种行为"侧记（节选）

"清理办公用房"仅是省外公司按照企业公司解决"四风"问题、整治"六种行为"要求开展的整治工作之一。在开展群众路线教育实践活动中，省外公司结合收集的意见、建议和公司实际情况，在"提高办事效率，整治公款吃喝、铺张浪费，规范公务用车，整治吃空饷，清理公房私住、私用、私租问题"等方面均做了扎实有效的工作，赢得了领导的肯定，获得了职工群众的称赞。

15天腾出2400平方米办公用房

省外公司是企业公司直属煤炭贸易物流企业，年储装运能力2000万吨以上，而承担调度、指挥职能的省外公司机关作为煤炭贸易物流业务的管理机构，曾一度靠租房办公。

2012年，省外公司在兼并重组某高科技企业时，获得了实物资产——一座办公楼。

从10月10日开始至10月25日结束共15天时间，省外公司共腾退12层—14层共三层办公用房，每层面积大约800平方米，共2400平方米办公区域。按照省外公司的设想，这些区域经过清扫保洁后，将用于出租，按照现在的租价，这些办公用房可收入525万多元。而原先这些房间每年的使用维修折旧费用高达近500万元，租金加上不再投入的使用维护费用，这些房间每年可为省外公司"创收"1000多万元。

将"阳面家"让给普通职员

在"清理办公用房"工作中，省外公司出台了一系列惠及普通员工的措施。2012年5月，省外公司搬到新办公楼时，为方便领导工作，曾将布局好、采光充足的"阳面家"分给中层以上干部。而在这次"清理"行动中，省外公司一改以往作风，不仅让领导搬进了小房间，而且还将"阳面家"全部腾了出来。在省外公司，记者看到，公司班子成员全部搬到了小间办公室，中层干部则是每三个人共用一间办公室，并且领导干部的办公室都在"阴面"房间，原先在"阳面"的领导大办公室全部让给了女职工和其他普通员工。冯晓蕾在省外公司已工作多年，2012年5月份搬进新楼后，由于办公室地处常年不能采光的"阴面家"，加上平时办公时间较长，几个月下来，落下了病根，不得不住院手术治疗。三个月后，冯晓蕾出院上班，很期望能拥有一个阳光充足的办公室。正在这时，公司党的群众路线教育实践活动开始征求大家的意见，冯晓蕾便把这一条写了进去，让她没想到的是，没过多久，公司领导便将自己的"阳面"房间腾出让给了她和同事们，这让冯晓蕾在惊讶的同时感受到了更多来自公司的温暖关怀。

其他"清理"工作也在扎实推进

在整治规范公务用车方面，省外公司敢于动真碰硬、真抓真管，规定所有机动公务用车下班前全部交公司指定停车场所；节假日领导公务用车一律封存，并由专人监督执行情况，发现违规使用将严肃处理。从9月13日起开展公务用车清退活动到现在，省外公司对涉及违规的19台车已清退17台，其余2台正在积极清退中。（赵鹏程）

三、关于工作通讯

什么是工作通讯，顾名思义，就是报道工作的通讯，核心内容是报道工作经验、探讨工作问题、研究工作规律、表扬工作成绩。

工作通讯是一个很宽泛的概念，在企业新闻宣传活动中占有很重要的比重。一般情况下，企业组建自己的新闻传播平台，更多的目的是经验交流，记录工作过程，促进部门之间的了解。工作通讯成为大家互相了解的一个手段，也可以互相协作和激励。

报道工作经验，一定要将经验写清、写透，可以将经验给出完整准确的归纳总结，读者读完之后一定知道如何借鉴。经验本身一定要具有现实意义，要结合当前的工作实际和现实需要。

报道工作问题，一定要将问题分析透彻，理清问题的脉络，找清楚问题的症结，给出解决问题的可行办法。这类通讯实际上比较难写，原因在于工作内容不同，带有很强的专业性，这就需要记者不但要能搞懂，还要写出来，如果记者本身对问题就是一头雾水，丈二和尚摸不着头脑，那么稿件就没有办法写了。记者必须是专家型记者。

工作通讯在写作手法上类似于新闻综述，多数情况下是对同类别新闻内容的归纳，对一些材料的并列处理，是同一主题下的总结。每项或单项工作的时间和空间跨度较大，文章结构层次布局往往会用数字标题来并列处理。理论性的概念和语言要多一些，读起来相对比较硬。但标题也可以做得比较活，也可以处理得轻松活泼，因此在写作手法上也没有太多的规矩和约束。

例文：

燃料"管家" 保供"大家" 温暖"万家" 加压"自家"
——晋能控股电力集团燃料保供纪实

随着2021—2022年度山西各区域供热季的结束，晋能控股电力集团（以下简称电力集团）累计完成发电量480亿千瓦时，累计完成供电量100亿千瓦时，累计完成供热量9672万吉焦，圆满完成保供电保供热任务，电厂进入停产检修期。电力集团燃料分公司这个燃料大"管家"，终于可以放下心、喘口气了。然后总结得失，厉兵秣马，准备下一场"战役"。

燃料"管家"

管得"宽"的"大管家"。2021年10月，电力集团燃料分公司成立，主要负责集团内部25座燃煤电厂的内、外长协煤合同签订、集中采购、物流调运、资金结算以及外部市场煤统一竞价采购工作，是集团燃料供应的"大管家"。管得"宽"，不仅仅是内部电厂燃煤，难的是协调外部煤源，加强公铁联动，加大与外部煤企的战略长协煤合作力度，确保年度286万吨长协煤按月足量兑现。碰到过境物流、运输环保等"硬骨头头痛事"，还得跑政府协调。一手牵三家，前头是煤的"源头"，中间运输难的"怵头"，后面电厂缺煤"挠头"，老百姓供暖、供电紧在"关头"，各家绩效考核都在"里头"……这些都离不开这个处于核心中轴的"大管家"。

管得"精"的"大管家"。燃煤管理在外行人看起来是个粗活，但其实是个精细活儿。电厂锅炉的炉膛就好像是人体的"胃"，非常金贵，不是什么煤都能"吃"的，但凡入料都要有严格的配比和参数标准，而且还都要磨成粉末，否则会"消化不良"燃烧不充分，浪费"粮食"不说，还会造成环境污染。燃料"管家"从采购到运输一开始就要考虑这些问题，从"吃煤"到"吐灰"，如果某个环节出现一点纰漏，就要返工，严重的会出现事故。

保供"大家"

电力集团25座火电厂，分布在山西全境，南端运城永济，北端大同阳高，纵跨700余公里。从电厂到政府，大家都睁大眼盯着这个"大管家"要煤。针对库存告急的电厂，燃料分公司站在讲政治的高度，按照集团党委的总体要求，内部发挥晋能控股大集团优势，通过调整计划、紧急调拨、加强物流、与煤业集团进行深度协商等举措，外部与政府、企业协调沟通，通过提高合同兑现率、拓展当地煤源、开设物流车辆"绿色通道"等多项措施提升外送能力和外运煤量，想方设法为"大家"落实煤源供应与储备。同时，还要有效保证量价平衡，量质双优，数量由2022年年初计划量3500万吨提高至3808万吨，努力提高"续航"动力。

截至一季度，累计完成内部长协煤755.68万吨，完成计划量的125.95%，超额完成集团内部直供煤的协调发运任务，营业收入完成计划值的112.18%，利润实现1451万元，完成计划值的112.09%，集团内部长协煤统采量比去年全年增加了52.32%。从而确保了集团电厂发电充足，确保省内外电力供应，尤其是借助外送通道，集团电力到达华北、华南，为我们这个"大家"保供。

温暖"万家"

电力集团作为山西最大的供热企业，勇担国有企业保供责任。2021

供热季，供热区域覆盖山西11个市，30多个县供热量则达到9672万吉焦，供热面积达2.37亿平方米，按照每户150平方米来计算，简单折算一下，供热户达到158万余户，温暖"万家"名副其实。正如太原、长治等地居民所说："今年煤价这么高，电厂顶着巨大成本压力为大家供暖，保障大家在温暖的家里度过寒冬，还是国企有担当，我们应该为他们点赞。"

电力集团党委不折不扣、全力以赴为省外送电，整个供热季，累计发电量480亿千瓦时，累计完成供电量100亿千瓦时，在既有春节又有两会，还有疫情防控的关键时刻，为企业生产和居民居家生活提供清洁的电力能源，为祖国这个"大家"的能源供应做出自己的贡献。

加压"自家"

在保供的关键阶段，燃料分公司积极抓机遇、跑市场、找渠道。面对资金周转率不足0.42，应收账款回款率仅有39%的情况下，燃料分公司因势而动，全力克服燃煤电厂购煤资金短缺、煤款兑付困难的实际情况，公司全员出动。2022年为"管理提升年"，通过开展专题研究，完善体制机制，有序开展合同签订、集中采购、资金结算等业务，提高工作效率，解决了权责交叉、边界不清、执行不力等情况，形成部门间沟通顺畅、员工间有效合力的良好发展氛围，假日无休、连续奋战，给"自家"加压。燃料分公司秉承"起跑就是冲刺、开局即是决战"的信心，精打细算，通过燃料管理平台，实现市场煤采购的审批和竞价的全流程、电子化的统一管理，缩减了市场煤采购量，降低流通成本，去年四季度保供期间，降低燃煤成本1.3亿元。

（原载《中国能源报》2022年4月25日第23版，作者：靳永春 董婕）

第三节　让评论立起来

要讲好企业的故事，新闻评论是不可少的。报道企业新闻，一定要反映企业的立场、观点、情感。新闻报道主要是传播信息、提供新闻事实，重在真实客观，以叙述事实为主，通过报道具有价值的新闻事实，来反映现实生活。新闻评论则以发表议论为主，从事实出发，通过对客观形势、实际工作或者社会生活中迫切要求解决的问题进行分析论证，深刻说明事物的本质，直接、鲜明地阐明立场观点，引导舆论，把企业的权威立起来。

企业经营管理千头万绪，极其复杂，各种各样的思想不统一很普遍，有时又很难协调平衡。这就需要通过新闻评论来亮明态度，告诉大家企业倡导什么、崇尚什么，在潜移默化中统一员工思想，引导企业文化价值观在员工中传播。同时也为大家提供一个思想交流的平台，在交流中对比分析，纾解思想症结。

什么是新闻评论呢？定义比较多，笔者认为，新闻评论是针对新闻事实表达立场的一种写作文体。

对于作者而言，新闻评论是作者的见解和主张，是作者对一件新闻事实的态度、立场。对于媒体而言，媒体刊发新闻评论，不一定代表媒体立场，但一定反映媒体的倾向。有些媒体为了割裂和新闻评论所持立场的关系，会在文章末尾标注"不代表本报或本台立场"的声明，从侧面证明新闻评论的重要性。

新闻评论作为新闻写作文体的一种，具有新闻性、导向性、时宜性、针对性、论理性、可读性等特点。新闻评论是针对新闻事实发表评论的，具有新闻性、论理性是其自身的本质内涵；时宜性和针对性就要求作者充分掌握时代背景和新闻发生的环境以及新闻事实本身来发表观点和立场，不能想什么时候说就什么时候说，想说什么就说什么；导向性就是作者的立场、观点和意见，通俗一点说就是支持、赞同、反对、同情或是有更好的建议和见解，否则大家看了文章不知所云，就会失去意义；可读性就是评论的内容必须有趣有意义，大家爱看爱读。

新闻评论大致分为社论、评论员文章、短评、编者按、编后、专栏评论等具体的文体。这几种文体中，社论、评论员文章、短评、编者按、编后一定是代表媒体立场的，至于媒体的立场是否所有的读者都赞同，则是另外一个层面的问题。专栏评论里面的文章观点立场相对比较自由，有时候专栏里面的文章观点可能是完全相左的、对立的。对媒体而言，专栏评论只是给大家提供一个各抒己见的平台，只要不涉及违犯法律的问题，文章观点越新颖、立场越鲜明、争论越激烈反而会吸引更多的读者，媒体从扩大影响力的角度来讲，还是乐意的。

讲好企业的故事，写好企业的新闻评论，一定要结合企业的实际，结合企业的具体管理内容，有的放矢，要找到评论的对象，找选题、树靶子，亮出观点立场。一般情况下，企业的言论有一些常规动作，比如社论、评论员文章等，这些新闻评论可以说是命题作文、规定动作，是必修课。针对企业内部媒体，范围基本上是以下几个内容。

第一类是以传达体现上级指示为主要内容的评论。这是党报及机关报比较常见的一种评论。这种评论主要是针对上级各类指示的报告精神要求，表明态度立场，要支持、赞同，重点是吃透精神，找准方向。对企业来讲，主要是指每年的"两会"以及五年一次的党代会。除了这些宏观的国家大政方针之外，更多的是面对国家的各种行业政策。

第二类是配合企业中心任务和重大决策写的指导性评论。这是服从和服务于企业中心工作的一种体现，也是政治上同党中央保持一致的重要方面。这样的评论主要是针对企业所在的行政区域的主管部门的管理要求，以及企业自身的工作安排来写作的，重点是明确任务、讲清道理。

第三类是服务于企业管理、总结推广先进经验的评论。这种类型的新闻评论主要是针对企业管理经验、先进人物的，属于概括经验型评论，要求概括准确、条理清楚。对某项政策、某项制度、某种观点、某个问题进行理论阐述的评论，对一个问题，从不同角度、不同层面分别进行论述的系列评论等都归入此类。

第四类是结合企业管理的工作实际，针对一种错误倾向、错误思想或模糊观点来写的评论，核心要旨在于澄清思想、统一认识，重点是抓准问题、说理透彻。在企业管理过程中，针对不同的问题，大家提出的解决思路往往不一致，有时还会出现完全对立的观点。如果是出发点有问题的，就应该澄清、批判，引导大家统一思想。此类新闻评论的内容要比前三类宽泛，没有条条框框的限制。

第五类是在企业倡导的文化理念和社会价值观范围内评论。可以针对企业的方方面面来发表自己的观点，也可以紧扣企业文化所倡导的思想、观点、品格、精神等来发表评论。

如果是企业外部媒体，新闻评论的选题更加自由，新闻评论只要符合媒体自身的定位则可，可以无拘无束，自由发挥。唐代诗人白居易说"文章合为时而作"。对于新闻工作者而言，它意味着自己对时代的一种关注，对现实社会的一种关切，对影响社会、促进社会进步的一种责任和使命。写好新闻评论文章的关键就在于紧密关注时事，体现时代精神。"应时而作"，可以说是时事评论受读者欢迎的根本原因。因此，新闻评论写作的选题一定要贴近我们的时代和生活，一定要有可读性，否则文章没人读，也就失去了存在的意义。面对众多的新闻事件，要善于从一些非舆论热点和一些我们习以为常的事件中挖掘有价值的东西，找出事物的本质和核心，并提升到一定思想高度，进行分析评判，引导读者全面认识新闻的价值。对舆论热点，则要提出一些视角独到、见地深刻的观点。企业外部媒体刊发的有些高质量的新闻评论，如果企业内部媒体愿意，也可以选择使用。

讲好企业的故事，新闻评论的功能所要发挥的作用就是服务于企业的管理意志，根本目的是树立企业的权威，保证思想的统一，发出"自己的声音"，促使企业的制度、理念、文化、战略等方面在一个合理的稳定的思想框架内运行。

企业新闻评论要在选择一定的新闻事实的基础上，陈述观点、发表意见，围绕主题寻找角度、组织材料证据，引入作者立场、观点，为企业提供更加合理化的建议。通过新闻评论表达合理化的建议，一定要对企业的管理工作熟悉，甚至全面掌握，观点要有创新性、建设性。你得说出别人没听过的道理才管用，要言之有物，能给读者以思想之裨益，否则就是剃头挑子一头热，孤芳自赏，没人理你。

新闻评论就是立意和论证的过程，即提出一个命题，接着加以分析，指明问题的性质，然后加以综合，给出解决的办法。总体结构就是大家常说的三段论，即提出问题、分析问题、解决问题，对应的要素分别是论点、论据和论证。

新闻评论的论点是从新闻中提炼引发出的观点，是评论者的主观认识与客观实际的统一。论点表述要清晰准确，不能模糊。

新闻评论的论据是指证明论点的材料依据。论据要求客观、真实、准确、充分。一般情况下，论据根据性质，分为理论性论据和事实性论据。理论性论据指各种各样的经过实践证明了的，大家能够普遍接受的经典著作、定理、公理以及大家必须遵从执行的政策方针等；事实性论据是指证明论点的各种材料和数据事实。这些材料和事实一定是真实的，最好是有第三方认可的。例如各种新闻事实、历史事实以及各种机构公布的数据等，都可以作为论据材料。

新闻评论的论证是用论据说明论点的过程。一般按照逻辑关系分为立论、驳论、直接论证和间接论证四种类型。

论证的方式本质是一种逻辑关系的推理，是一种说理的方法，从逻辑学角度来分析，就是演绎推理和归纳推理。论证的方法：举例证明，用事实证明；引证，引述经典的理论、公理、定理、论断、结论等证明；对比就是选取正反两面的例子做比较，在比较中明理；归谬就是沿着对方的观点逻辑推理，最后得出一个荒谬的大家不认同的结论，从而证明自己论点的正确。

好新闻评论的几个特点：

1.有观点

观点是观察事物时所处的立场或出发点。一篇好的新闻评论，一定有一个叫得响、立得住的观点，一定是一个客观、公正的观点。

2.有依据

新闻评论的依据一定是经得起考验和质疑的，一定是能够证明观点是正确的。要理由充分，观点和材料统一；要言之有据，言之凿凿。

3.有意义

新闻评论有没有意义是相对的，对不同的读者群来说，意义是不一致的。有没有意义本质还是要看出发点，还要看评论的立场，事情本身值不值得去说。新闻评论一定要表明立场，表明所要代表群体的立场。

4.有实感

接近身边的人和事，接地气，忌远离生活。

5.有趣味

新闻评论要有趣。有些时候杂文可以作为新闻评论出现，事情不大，妙趣横生，读来捧腹，同时喻理其中。

6.有激情

激扬文字，煽情鼓动。卷首语、扉页赠言、新年献词等。

7.有气势

大开大合，气势磅礴。多以排比、反复修辞出现。

8.有高度

在新闻评论中将事件的意义提升至社会公众层面或者企业的战略理念层面，这样的评论才有高度。

9.有文采

引经据典，谈古论今，语言精炼，逻辑缜密。

10.有深度

发掘问题的根源，情理与法理。

11.有角度

角度要独特新颖。角度要巧，角度要刁。小开口，大道理。

12.有胆量

敢为人先，敢于担当，说别人不敢说的话，但不能胡言乱语。

例文：

"工匠精神"与"差不多先生"

晋阳平

掐指算来，胡适先生发表《差不多先生传》到现在差不多100年了，原以为"差不多"老先生当年已经作古，老先生凡事差不多的处事家风也就随风逝去，子孙后代定是吸取教训，要认真做事的！

当下放眼一瞧，着实吓了一跳，疑似老先生不但没有作古，而且活得健康着呢，子孙满堂——马桶盖做得差不多、汽车造得差不多、建房建得差不多、马路修得差不多、城市排水规划差不多……做事还是没有认真起来，搞的子孙们买马桶盖要到日本去，买车要买德国的，修路渴望有条拉链，下雨出门"有幸"坐船……活脱脱"差不多"先生升级2.0时代。

不仅无语，看来"差不多"先生的"差不多家风"传世绵长！

日子久了，事情多了。子孙们看到什么事情都是差不多，实在是过不下去了，因为这个事情闹大了，因为老是差不多，不能认真做事，精益求精，导致我们好多事情落后了，虽然顶着个第二经济大国的帽子，但不是强国，产品不能在世界上吃得开，过剩了。

如此事情闹到了"两会"上，李克强总理在《政府工作报告》中提出要培育精益求精的工匠精神，具有划时代的意义。这真正的要为中华民族复兴转型升级告别"差不多"先生了，这提倡的是一种普遍的价值取向，是一种处事的精神，是一种认真做事的态度，这是要和"差不多"先生决裂的、划清界限了。

"工匠精神"是什么，从哪里来？

《庄子》云："技近乎道。""技"就是"工匠精神"，是对所做事情有完美主义的追求，是"滴水穿石"的专注、耐心和坚持。"两会"上，问及大咖们什么是"工匠精神"，造"小米"的雷军说，"'工匠精神'就是看不到的地方也做精致"；演"皇帝专业户"的张国立说，"踏踏实实做好一件事、做精一件事"；汽车疯子李书福则说，"把自己岗位工作做得最细、打磨得更好"；工艺美术大师吴元认为"工匠精神"就是"认真、敬业的精神"……说法不同，道理相同，本质在于"认真做事"。 格力企业铁娘子董明珠想得明白，"工匠精神可以促使中国制造升级"。说来说去，"差不多"先生的子孙们还是知道要认真做事的，明白了就好。

"认真做事"的态度，表现为对产品品质、对管理规则、对人文需求、对价值取向的精神执着。对产品品质的执着，在于对质量的严格与苛刻，无论什么产品都必须一丝不苟，做到极致；对管理规则的执着，在于对规则的严格执行，不能无原则的变通，不能随意地践踏，因为规则的制定，本质在于游戏的安全与可持续，否则要付出高昂的代价；对于人文需求的执着，是对人性化需求的满足，人类之所以成为高级动物，所作所为都是为人类自身服务的，所以"工匠精神"的每一个细节都是关注人文的或是与人性有关联的；对于价值取向的执着，是对价值观念的重构，是对中华传统中庸观念的扬弃，是对法制、制度、规则的膜拜！

毛主席说："世界上怕就怕'认真'二字，共产党就最讲'认真'。"这正是我们要的"工匠精神"，让"工匠精神"留下，让"差不多"先生回家去，更不能让其家风有一点点的遗留，彻底吹干净。

呵呵，本文也不能差不多，胡适先生《差不多先生传》发表于1919年，至今（2016年）97年，很准确，本文开头也不能写成"差不多100年"，现在纠正过来，我是认真的！

第四节　让图片美起来

　　现代科技手段的变化，使新闻信息传播的速度越来越快，读者对新闻的消费时间也变得碎片化、随机化。阅读时间碎片化主要有三个特征：一是阅读时间变短，短到甚至几秒钟；二是阅读频率加快，终端获取信息的便利导致读者利用一切可以利用的时间"瞄一眼"可看的东西；三是阅读的无目的性、随意性加大，尽管读者对新闻信息会有所取舍，但信息量的增加也增强了读者对阅读信息选择的干扰度。以前，大家看报纸、看电视都有一个相对固定的时间，要看新闻联播一定是在播出时间，看报纸要在办公室或者家里相对宽裕的时间段内。现在不需要受这些时间和空间的限制了，智能终端手机的普遍使用和网络的无孔不入，已经把新闻信息与读者的时空距离瞬间抹去，只要你愿意，可以随时随地消费新闻信息。

　　这样的结果给新闻信息编辑处理带来的最大变化是，信息要简短、精炼、概括，要图片化，以适应读者阅读时间日益碎片化这一现实。人们通过视觉对图片信息处理的快速便捷，决定了阅读进入读图时代，大家对图片的选择近乎全盘接受。有调查表明，图片在报纸、杂志、网络、手机等终端阅读率100%，没有遗漏，一个最大的原因在于图片的直观、美观、快捷。读者通过一张图片就能对一个事件做出基本的判断，能够从图片中读出一篇简短消息的所有信息，如果图片新闻再配上一个简短的说明，这样的图片新闻就能够报道我们社会现实中所发生的大多数的新闻，取代一些相对烦琐的消息和长篇的新闻报道。在这个基础上，如果读者愿意去了解更多的新闻事实，可以有针对性地选择其他的报道。企业的新闻报道也不例外，画面越漂亮，事件越有趣味性、观赏性，视觉效果就越好。如果图片再变成连环画形式，形成系列图片的报道，用图片来讲故事，效果会更好。

图片新闻的报道重点有以下几类。

一、会议照片

（1）构图要完整，讲究黄金分割点。

（2）画面要完整，有会议标识。

（3）会议标识要完整。

（4）参会人员的桌签要完整，不能有半个。

（5）参会人员要完整，不能有缺席的镜头出现。

（6）两侧的人物不能只有半个身子或者脸面。

（7）参会人员不能有小动作，如抠鼻涕、挖耳朵、打瞌睡、玩手机等。

（8）拍摄会议图片的最佳时间点是会议开始后的前十分钟。只有会议开始后的前十分钟，会场上的人物表情、会场秩序、会场环境是最佳的，十分钟后就会出现有人离场、走动、服务员倒水等情况。

（9）拍摄主席台时注意避开服务员，拍摄会场下面听众时要注意走动人员和同行的影响。

（10）注意光线的明暗，注意电子屏光线闪烁。

二、参观考察的照片

（1）有实际的内容，照片说明要清楚。

（2）人物要尽可能的完整，保证所有到场领导在画面里面。

（3）注意画面的构图，主要领导居中或者在黄金分割点。

（4）画面干净，人物表情正常，注意画面里面人物的情绪。

（5）人物表情符合场景、环境和新闻事实。

（6）人物姿态正常，不要有弯腰、低头、身体倾斜、大叉腿等现象。

（7）不要有半个人物在画面里面，尽可能修改裁去。

（8）不要有背影类的照片，正面为主，限于拍摄环境时可以用侧面的照片。

（9）注意人物之间的疏密关系，不能太分散，也不能太拥挤。

（10）尽可能有建筑物来交代地点，例如参观点的大门或其他能代表地点的建筑物或标识等。

三、会议系列照片

1.会议系列图片编辑处理

一般情况下是按照会议议程来处理，编排遵循的基本规律是职务原则、礼仪原则、议程原则。

（1）职务原则是依据领导的职务顺序编排。

（2）礼仪原则是在会议中有非本单位领导职务的人员参加时，职务相当的要将其排列在本单位领导前面，职务高时排列在前。

（3）议程原则就是依据会议的议程进行编排，而不考虑其他的因素，议程中如何安排就如何报道排列。

2.会议报道图片系列内容的设置

（1）主会场照片要有全面的场景，会标完整清晰。

（2）演讲者讲话照片。

（3）会议议程中的照片，如颁奖、发言、签约、握手、碰杯等。

（4）观众的特写照片和会场宏观大照片。

四、突发事件的图片

突发事件的图片新闻报道一般有两种方式：一种方式是单幅或多幅新闻的图片新闻报道，一般不超过四幅图片，说白了就是一个简短的消息配一幅图片；另一种方式是设定主题的多幅新闻系列图片报道，设定主题的系列报道要对事件本身做出尽可能全面的全景式的报道（详细内容参考专题系列图片报道）。

突发事件的报道就是要通过图片展现突发事件的现场，现场的图片一定要提供足够多的信息来体现事件本身。新闻六要素最好在图片上体现出来。也可以只突出一个局部，说明事件大，突出一点来报道。

五、人物特写

人物特写的核心要拍出人的表情、神态、情绪、肢体动作、肢体语言，拍出人物的喜、怒、哀、乐，通过这些来展现人物的内心思想状态，使读者能够通过这些照片中具体的细节读出更多的人物的信息。

关于人物表情的词语很多，可以尝试着根据成语内容拍一些生活照片。

谈笑风生	神采飞扬	喜上眉梢	笑容可掬	含情脉脉
嫣然一笑	笑逐颜开	忍俊不禁	兴高采烈	眉飞色舞
金刚怒目	怒不可遏	怒气冲冲	怒发冲冠	恼羞成怒
咄咄逼人	不屑一顾	唉声叹气	噤若寒蝉	诚惶诚恐
呆若木鸡	六神无主	垂头丧气	楚楚可怜	开怀大笑

在特定的历史背景下，一张好的特写图片能够折射一个时代。例如习近平总书记与奥巴马两次重要的会见图片，一次是《瀛台夜话》，一次是在2016年9月5日G20峰会上西湖饮茶的图片。同样在峰会上，关于普京和奥巴马的会面，两人的眼神的交流，体现当下两国的关系境况。具体图片大家可以到网上搜一搜。

六、综合形象展示

综合形象展示的图片一般情况下是分类组合，多数情况下是根据文字内容来处理的，以文字描述为主线，对图片加以选择配图，多用于广告展板。

七、新闻图片综合报道

2014年正月十五前后，企业各下属单位发来好多关于职工群众看花灯的图片，恰好本期报纸出版日期是正月十五。当期报纸又没有更好的头条，于是编辑们拟出一个综合标题，将各下属单位发来的图片加以挑选，进行拼图处理，配以简短文字。一篇新闻图片的综合报道出来，成为头条，受到大家一致好评，及时、好看、喜庆。像这样的类似报道，央视每年的春节联欢晚会都会使用，主要是来自全国各地的边防官兵以及驻外机构等的拜年系列组合视频或者图片。

这样的编排方式核心是图片的选择。选择标准一个大的原则是尽可能兼顾方方面面。如果内容雷同，兼顾单位；内容差异较大，兼顾内容；二者均不可以的前提下，可以选择一个方向或者区域概念作为选择图片的标准。例如央视经常选择东西南北中五个方向各一个，代表祖国的四面八方。

八、专题系列图片报道

这类图片报道分为两大类：一类是新闻的时效性，就是用最快的速度将新闻事件展示给读者；另一类是不必刻意追求新闻的时效性，而是通过多幅图片将事件的每一个关键节点进行还原，但一定要符合时宜。这两类照片共有特征就是根据新闻事件设定主题。

这类新闻特别吸引人，目前各大网站都专门开设有图片报道的栏目和频道。现实情况下，由于摄影器材的高智能化、高自动化，一般专业选手和基本素质过关的摄影爱好者的拍摄技术水准和质量层次都不会有太多的差距（特殊专业要求的除外）。他们最大的区别在于专题的选择和策划，谁的选题好，照片组合的好、信息量大，点击率就高。专题内容的选择严格来讲不是摄影的范畴，单纯就新闻摄影来说是对新闻的理解，是一种对事件的价值判断，是一种思想的展现，本质是新闻思想的范畴。所以专题系列新闻图片报道是很难的，每一幅图片都要精心拍摄、精心选择、精心编排，还要做好每一幅图片的说明或者是整体的综合说明。

在拍摄专题新闻报道系列图片时，还要做充分的准备。一定要对拍摄的题目、主题、内容、对象、动机、方法、效果、时间安排等有一个完整的预案，反复思考，在头脑中闪现预案场景，并对可能出现的情况有应急处理。

另外大家需要了解一些摄影机器设备的使用知识。

第五节　让视频动起来

随着互联网移动终端的普及和网速的加快，阅读文章已经不是再大家的唯一选择，视频因为其声光电的高度融合，给人带来的体验更加直接强烈，视觉和听觉的刺激更加真实，越来越受到广大受众的喜爱。

企业新闻宣传工作也要与时俱进，跟上时代的发展，适应受众的变化，改变新闻宣传工作的思路和方法，加大视频新闻的频次和力度，以期获得更好的新闻宣传效果。企业的新闻宣传视频主要有企业电视新闻、形象宣传片、形势任务教育片、重点工程介绍片、先进人物微电影、企业电视剧等形式。

企业电视新闻遵循新闻报道的规律，一般情况下以各种会议和工程开工、竣工的仪式为主，还有部分反映企业职工文体活动的内容，视频时间一般不超过10分钟；企业形象宣传片主要是介绍企业产业发展状况、战略规划、企业发展成就等，考虑使用场合，一般不超过15分钟；形势任务教育片，多为纪实类的电视片，内容广泛，有安全、反腐、党性、市场等内容；重点工程介绍片，一般情况下一事一报，针对性强，基本内容是要把工程的所有内容等都要说清楚，要求全面，还必须突出重点特点，比如工程领域有什么在国内外领先突破等，时长根据情况而定；先进人物微电影主要是用电影的表现手法，来展现先进职工的精神风貌，增强职工的自豪感和凝聚力，树立职工典型榜样，时长较短，节奏紧凑，故事简单感人，不宜超过15分钟；企业电视剧是一种叙述企业发展历程的电视剧，已经脱离了企业一般形象推广的范畴，需要专业化的电视剧制作团队拍摄，由于投资大、周期长，多数企业不涉及。目前，大家看到的一些电视剧和企业有关，例如《落地请开手机》《首席执行官》等。

视频的拍摄制作有很强的专业性，首先要写出过硬的文字介绍材料，微电影还需要写出剧本，要有演员，还需要后期制作，整个流程非常复杂。很多企业限于自身的条件，并不能独立完成这些视频的拍摄工作。这项工作要完成得好，两条路径，一条路径是与社会专业机构合作。由于这些视频内容要求最终要服务于企业，审核把关至关重要，所以这种合作一般情况下是长期的，制作团队要对企业了解，熟悉企业文化理念、战略要求等，要贴身服务才行，搞一锤子买卖弊多利少。企业重视视频工作，在经济条件许可的前提下，通过人才引进、人员培训、购置设备等手段建立自己的小型专业团队是另一种可行的路径。现在很多大中型企业设有企业文化部、宣传部、新闻中心等机构，承担了这些工作。

重点做好以下几项工作：

一是视频选题。企业管理是一项复杂的工作，题材众多，各种宣传素材蕴含在企业日常工作的方方面面，好人好事、典型案例、突出事迹等等。针对当前企业工作形势和时政热点，认真观察工作中的每项事务和细节，对于有宣传价值的要及时进行记录、整理、编辑，为视频创作提供素材。

二是提升拍摄制作能力。视频制作是一项技术工作，必须具备一定的专业技术能力才能做好。要避免粗制滥造，保障制作质量，要掌握场景布设、剧本编写、台词设计、摄影摄像、视频剪辑、图像编辑等专业技能。开展相关专业技能的培训学习，熟练掌握制作视频的必备技能。制定量化指标，将视频的制作和发表列入企业整体宣传工作进行考评，定期开展相应展播及评选工作，对优秀视频制作者表彰和奖励，激发对视频创作的积极性。

三是拓宽播放渠道。视频需要相应的渠道进行宣传与展播，除了在企业自身宣传平台上播放外，还要考虑与社会知名媒体、视频网站、微信公众号等媒介进行深度合作，充分利用各种社会媒介开展宣传、展示、播放等，在企业员工队伍中建立微信团队实施链式传播，提升传播范围和社会影响力。

四是内容的审核。为确保视频在宣传工作中发挥应有的作用，保证其严肃性，杜绝不符合宣传报道要求的内容出现，企业应坚持先审查后发布的原则，对视频的内容进行严格审核。对公开发布的视频进行编号，便于存档和备案。同时固定发布渠道，杜绝企业员工私自发布未经审查通过的视频。企业视频的发布和输出渠道必须唯一，同时与新闻出版部门联系，接受新闻出版和网络视频监管部门监督，遵守国家的相关法律法规条例。包括利用社会媒介进行展播的视频都必须统一由企业负责部门审核通过后方可公布。探索出台企业视频制作相应规章或管理办法，对视频的选材范围、制作方式、岗位职责、展播渠道等做出相应规范。对禁止列入视频的内容进行明示，对注意事项进行细化，逐步规范视频的选材、制作、审查、发布、奖惩等环节，确保有章可循，确保企业宣传工作的权威性。

2017年5月，母亲节来临前后，网络上流行一个大约7分钟左右的视频文件，该文件没有标题、没有名称，不同的人在传播。

视频开头是一个小女孩拉小提琴，音乐《世上只有妈妈好》起，随后有独唱演员出现，演员陆续加入，一个由5人组成的女生小合唱，中间穿插画面是银行柜台营业场景以及一些办理业务的人员和保安在寻找声音来源的镜头画面；第二段音乐是一位教师模样的女士，独唱《妈妈的吻》，镜头中有办理业务的人员随音乐伴唱的镜头；第三段音乐是男生独唱《拉住妈妈的手》，独唱演员拉住白发的老母亲，母亲手里拿着一张存折，镜头中画面有人抹泪，随后逐渐有演员加入进来，最后出现的是平安保险的营业厅前厅外景；第四段是男生独唱《听妈妈的话》，6位男生伴舞；第五段是粤语版《听妈妈的话》，画面中银行职员出场伴舞，小合唱；最后是男生独唱《母亲》，气氛达到高潮，场地变得清晰清洁，演职人员祝福母亲节快乐，俯拍相聚，最后平安大厦，字幕"祝天下母亲平安快乐"。

这种活动模式俗称"快闪"，百度百科的解释是"许多人用网络或其他方式，在一个指定的地点，在明确指定的时间，出人意料地同时做一系列指定的歌舞或其他行为，然后迅速离开"，界定为一种嬉皮士的行为，是无组织的。显然这个母亲节期间的快闪活动不是无组织的，也不是嬉皮士行为。这个快闪视频看似松散，实际上有着严格的组织，是一场有指挥、有导演的借助快闪形式进行的一场广告营销。视频拍摄的质量手法、音乐的配置、人物的出场都有准确的把握，拍摄制作能力很强。事先一定是有彩排演练，一定有出场顺序和时间节点的设置。视频看起来流畅、自然、感人，人物形象简单但情感表达充沛，是一个不错的快闪影片。

这个影片的传播是对平安银行最佳的一次免费营销，关键是卡住了母亲节这个点，选题切入点很高。母亲节本身存在极强的关注度，这种关注度在于人们最自然的情感，没有官方的指导，没有官方和各种组织的倡议，完全是人们对母亲的天然敬仰。在这样的心态下，突然出现一个为纪念母亲节的节目，这种轰动效应和情感共鸣，一下就会被激起，引起人们关注。平安银行，就是抓住这个时间点，抓住人们情感的最深处，推出这样一个快闪影片，无疑是一次成功的品牌营销，而且没有干扰，人们理解认同。毕竟在这个时候，在离家远行的车站、机场想起母亲，更有着不同寻常的复杂感情。

播放渠道，选择微信，通过员工各种各样的朋友圈形成链式传播，加上是母亲节的内容，基本没有什么障碍，传播顺畅。没花一分钱，赚足了广告效应。

把视频当成企业宣传的重要手段，最大的难度是如何保持新鲜的内容不断更新。拍摄一部企业的宣传片、形象片，半个月就能完稿，一个形象片可以用半年。但在微信链式传播的时代，估计三天热度就会下降，被大家抛弃。这就要求企业宣传部门对视频的拍摄有一个长远的规划，结合企业的发展和宣传需要、广告需要，进行分类，哪些讲人物、哪些讲事件、哪些推产品，制定详细的内容规划、拍摄计划、传播计划。只有如此才能保证大家对企业较高的关注度，保证视频较高的热度，才能借助视频的力量讲好企业的故事。

附：拍摄视频新闻的基本要求

（1）会议报道画面要完整记录会议议程，不得遗漏，拍摄好每个议程的特写镜头画面。

（2）画面要契合节目的主题和性质。

（3）画面构图要完整，要有主席台正面全景。

（4）画面清晰度、色彩、曝光度符合技术规范。

（5）拍摄时要找"平"，录像器中看到的画面需横平竖直。

（6）运动镜头要"匀"，在"推、拉、摇、移"等运动镜头拍摄过程中，速度要均匀，不可忽快忽慢。

（7）落幅要"准"，在使用"推、拉、摇、移"结束时，要把握好摇镜头和起落幅的节奏，起落幅要左右对称，并且要有足够的长度。镜头落幅应落在事先预设的画面上。

（8）拍摄前调整白平衡。

（9）拍摄时要"稳"，画面不要抖动。

（10）视频新闻配音要符合普通话标准，避免读错音，避免因停连、重音、语气、节奏使用不当造成歧义。

（11）要有主席台其他人员两人以上分切镜头或者摇镜头。

（12）要有主要参会人员的单人近景，要求有正面、左右侧面、讲话和不讲话时的近景。

（13）近景画面中要避开并排坐的其他人，更不能切半个人。

（14）要左右拍摄听众镜头，一般两人以上分切。有在认真记录的听众，可以出特写（从笔记本拉出）。

（15）要有会场正面全景、左右侧全景和中景。

（16）要拍摄由主席台到听众席的镜头和听众席的全景。

（17）要尽可能多拍些各类镜头画面，最终选择使用镜头画面时长与素材时长不少于1:3。

（18）应尽量避免会场工作人员及服务人员等进入画面。

（19）应注意画面中不要出现打哈欠、睡觉、揉眼睛、喝水等杂乱的动作。

（20）字幕中不能有错别字。

（21）同期声和播音员声音大小要一致，声音不能忽高忽低。

（22）画面色彩要保持在同一个色调，不能忽明忽暗，不能色彩跳跃变化差别太大。

（23）视频编辑制作应避免少帧、黑屏等现象。

（24）尽量避免使用重复画面。

（25）其他新闻方面的审核要求等。

第六节　让书畅销起来

　　当一个企业发展成为行业翘楚的时候，企业领导人成为大家膜拜的人物，这个时候就会有人来找你取经。这个取经交流的过程是很繁琐的，尤其是领导干部，每天迎来送往疲惫不堪。此时出一本介绍企业发展的书，是一种很好的选择，这本书能否畅销决定于你的企业是否真的是大家的偶像。此外，因为企业的影响比较大，社会知名度、美誉度比较高，出版商为了自身有好的业绩，也乐意做类似的选题，出版人物传记或者企业纪实类传记作品。

　　目前这些书分为以下两大类。

　　第一类是人物传记类

　　这类书籍的叙述方式一般情况下以人物的成长历程为主线，有的始于创业的初期，有的是自家庭背景出身开始。

　　这类书的重点内容在于励志兼具传播人物的思想和成功经验，指导教育大家从明星企业家的成长历程中得到启示。核心内容是说明企业经营管理的思想，以及企业家关于企业管理发展的思考和经验。在我国改革开放的初期，众多的中国企业家或者是企业的经营管理者，无不崇尚模仿学习西方企业家的管理经验和管理方法。当时流行的关于企业明星人物的传记很多，2000年前中国企业家看到的是日本、美国、德国的企业领导的传记作品，其中日本的居多。日本的有丰田、松下、索尼、京瓷等。2000年后期，随着中国企业的崛起，以海尔张瑞敏、华为任正非、比亚迪李书福、吉利王传福、百度李彦宏、格力董明珠等为代表的中国企业界领袖人物的出现，关于他们的人物传记和企业经营经验交流总结类的书籍多起来，成为大家学习的榜样。被日本人称为"经营四圣"的四位企业家也影响了我国第一批企业家。

日本松下公司的松下幸之助被商界誉为"经营之神"，《松下幸之助》成为一本经久不衰的人物传记畅销书。

松下幸之助认为，经营的第一理想应该是贡献社会。以社会大众为企业发展考虑的前提，才是最基本的经营秘诀。企业如同宗教，是一种"除贫造富度众生"的事业。松下幸之助曾经直言不讳地说："赚钱是企业的使命，商人的目的就是赢利。"但他同时又声言，"担负起贡献社会的责任是经营事业的第一要件"。他甚至把企业当作宗教事业来经营。这种从文字表面上看来是矛盾的经营理想，在松下幸之助的人生、经营实践中，却是高度统一的。如果作一简单的解释就是，正因为把自己的企业、事业纳入整个社会的发展中，才要不折不扣地强调赚钱、赢利，只有这样才是对社会的贡献；相反，不赚钱，亏损，社会也必将"亏损"。反过来说，如果组成社会的团体、个人都亏损，何来社会的"赢利"？社会何以发展？赚钱赢利与贡献社会的矛盾，是不难解决的，困难的是树立服务、贡献社会的信念，并把它付诸行动。

盛田昭夫是日本索尼公司的创始人，被誉为"经营之圣"，与被誉为"经营之神"的松下幸之助齐名，是中国企业界学习的榜样。盛田昭夫认为，经营之道在于永远领导新潮流。索尼的成功在于永远创造市场，敢于创造需求，使需求随着索尼的新品而出现，随着它发展而增加。索尼公司创造市场的秘诀就是不断开发新产品，以新制胜。盛田昭夫说："我们的计划是用产品领导潮流，而不是问需要哪一种产品。"索尼公司就是要生产某些市场上从未销售过的产品，实际上是未制造出的产品。

《盛田昭夫》一书是由日本知名作家江波户哲夫所写，记述了盛田昭夫是如何一步一步带领自己的团队创建了全球消费电子帝国——索尼。其中所折射出的日本的制造精神，值得每个中国人认真思考。正如封面的广告语所言：中国人超越日本人需要的不是钱和技术，而是一种深入骨髓的民族精神。

丰田喜一郎，丰田汽车公司的创始人，日本汽车工业的先驱者，日本国产车之父。丰田喜一郎对汽车工业的重大贡献在于对生产过程的科学管理。他创造的"丰田生产方式"，将传统的整批生产方式改为弹性生产方式，经后来的公司副总裁大野耐一进一步发展之后，成为完善的"精益生产"。在丰田喜一郎老家的大厅中挂着一个条幅，从来没有摘下来过，上书"百忍丰田喜一郎千锻事遂全"几个大字。这句汉语的意思是：你坚韧不拔，千锤百炼，就一定会成就一番事业。

1951年5月，丰田公司正式制定了"提合理化建议制度"。这一制度的意义并不仅限于收集与业务相关的发明方案，由于每一个员工都可以自由地就任意问题提出各种建议，因此在加强员工的参与意识、提高员工的劳动热情方面也取得了良好的效果。这个制度坚持不懈地实施了六十多年，得到了员工们的大力支持，提案建议始终保持着庞大数字，其最重要的直接效果是最了解生产第一线情况的员工更加致力于改进各自的工作，丰田公司也得以快速向前发展。

稻盛和夫是企业家兼哲学家第一人，被称为企业家的人生导师。他先后创建了三家世界500强企业：日本京瓷、第二电信（KDDI）和日航。《阿米巴经营》一书阐述了他的企业管理理念。中国的很多企业家当中，创造一个世界500强企业的有很多，但是创造两个世界500强企业的，几乎是屈指可数，能够创造三个世界500强企业的一定是奇迹，其中也必定有他企业管理的独特之处。稻盛和夫的阿米巴经营模式，一度在中国掀起企业管理思想风暴。阿米巴经营模式是稻盛和夫所独创的管理模式，"阿米巴"又称变形虫，是一种单细胞动物，具有细胞分裂繁殖、灵活易变等特性。在企业经营过程中，将"阿米巴"作为一个核算单位，引申为企业中最小的基层组织，即最小的经营单元，它可以是一个部门、一条生产线、一个班组甚至可以是一名员工；阿米巴经营是指通过小集体的独立核算，实现全员参与经营，凝聚全体员工力量的经营管理模式。

第二类是经验总结介绍类的书籍

这类书籍的撰写一般情况下设定三条主线：一条是以企业的发展历程为主线来撰写；一条是以企业经验的归纳为主线来撰写；再一条就是以企业领导人的人生历程来撰写，文字的侧重点是其经验的叙述。

海尔是世界最大的家电制造企业，关于海尔管理经验的书籍很多。《海尔中国造》是由颜建军、胡泳编著，重点介绍海尔成功的经验。全书近40万字，对海尔的管理模式、管理文化进行了全方位的分析。书中的叙述是从企业发展的角度开始的，而不是以张瑞敏个人的人生历程来阐述的。该书的主旨在于介绍海尔的经验，但不会泯灭张瑞敏在企业管理中的思想光辉。全书介绍了海尔"人人有事干，事事有人管""日清日结""企业内部市场链，上下游之间互为客户"等具体的管理手段和办法，通过这些具体手段和办法的管理执行来体现一种管理思想，并上升为企业文化的层面，形成文化体系。比较这些理念，海尔和华为是高度一致的。

《华为的28条军规》一书则是从华为的发展管理模式的成熟与变迁中总结出来28条经验。其叙述模式是每条军规是平行叙述，是并列关系，每一条军规对应一项企业管理方面的具体内容，之所以能够成为军规，在于每一条军规看似平常的管理叙述在华为都被做到了极致。有些军规内容在其他的企业里面都有，甚至很普遍，有些还喊得很响，但都没有做出像华为一样的业绩，且发挥出最大的价值作用，真正的原因是什么呢？这恐怕才是大家读完书之后的思考。《华为的28条军规》从企业文化、实干精神、入职教育、师徒传带、任人唯贤、自律宣言、成果导向、流程再造、拿来主义、领先半步、压强原则等28个方面详细叙述了华为的管理哲学。华为管理经验的总结实质是我们诸多管理经验的集大成。其诸多管理经验能够在华为成功，最大的优势在于任正非以无与伦比的包容心和明察秋毫的决断，支持每一条军规所包含的内容能够在华为彻底贯彻实现。

日本神户大学教授三矢裕的《创造高收益的阿米巴模式》一书中主要介绍了以下五点：

实现阿米巴模式的第一个条件是企业内部的信任关系。作为经营者，要相信员工的能力，要有企业发展需要依靠员工智慧的姿态。同样作为员工，必须抱有自己的努力和智慧关系到企业、客户甚至自己的长期利益的信念，只有这样才能实现全员参与式的经营。无论是经营者还是员工，必须把经营建立在互相信任的基础之上，这也是实现阿米巴经营的最基本的条件。如果缺乏这一条件，就无法把一些重要的经营信息公布给员工。在一种总担心企业信息遭到泄露的疑神疑鬼的状态下，是无法实现全员参与式经营的。员工不是单纯用来利用的工具，而是经营共同体中的一员，领导人必须要有这样的姿态。

实现阿米巴模式的第二个条件是数据的严谨。如果做不到这一点，阿米巴经营就无法真正发挥作用。保证数据严谨的关键是经营者严肃认真的态度。经营者只有踏踏实实认认真真进行经营，对待数字必须要有严谨、追究到底的精神，才能实现阿米巴经营。有了这种严谨和追究，才能发挥员工智慧。当然如果只对员工提这样的要求，那阿米巴经营是长久不了的。全员参与式经营，并不是把经营扔给现场不管。阿米巴经营对经营者来说是一种非常"辛苦"的制度，不适合想借此偷懒的经营者。

实现阿米巴模式的第三个条件是及时把数字反馈给现场。阿米巴经营是一种让现场员工根据数字做出判断、采取措施的制度，因此，必须及时把数字反馈给现场。如果等到一切无法挽回的时候，再把数字反馈给现场并追究现场的责任，会严重打击现场的积极性。因此，必须建立一种能够及时把数字反馈给现场的体制。

实现阿米巴模式的第四个条件是时常检查阿米巴的编程是否符合工作流程。现代企业经营越来越重视灵活性和速度。如果阿米巴的分割和工作特性不符，就有可能在某些环节出现差错或无法灵活处理发生的问题。因此如果发现有比现在更利于发挥潜力的编程办法，要毫不迟疑地进行分裂或合并。而且这项工作要由熟知现场的领导人来做。为了保证阿米巴经营的正常运行，必须如此反复检测阿米巴状态，根据需要灵活改变阿米巴的编程。

实现阿米巴模式的第五个条件是员工教育。现场员工如果缺乏一定的知识，就无法根据经营数字发现问题并找到合理的解决方式。这就需要基于实际案例加强现场教育，高层管理人员或经营者要有和阿米巴成员一起解决问题的姿态。尤其在引进的初级阶段，这种教育必不可缺。把经营扔给现场撒手不管，是无法实现真正的全员参与式经营的。

第七节　把修辞用起来

修辞是语言文字表达的一种境界。中国著名学者、教育家陈望道先生从语词使用的实际情形，对修辞给出了三种境界：其一是记述的境界——记述事物的条理为目的，在书面如一切法令的文字，科学的记载，在口头如一切实务的说明商谈；其二是表现的境界——以表现生活的体验为目的，在书面如诗歌，在口头如歌谣；其三是糅合的境界，将以上二者糅合在一起，既记述事物条理又表现生活体验，在书面如一切的杂文，在口头如一切的杂谈。（陈望道.修辞学发凡.上海：复旦大学出版社，2016：3.）中国的修辞手法众多，陈望道先生将其分为两大类，一类是消极的修辞，一类是积极的修辞，其中以积极修辞为多，可见修辞更多的也是要体现正能量的。修辞一共有近七十种，有的还较为生僻，因此本文罗列我们常用的一些修辞，并给出定义和标题使用举例。大家常说新闻是时代的记录者，所以新闻是和修辞分不开的，如果再加上情感和体验，那就更是如此。为了讲好企业的故事，写好新闻，修辞是我们必备的工具。

现代网络流行，海量信息洋洋洒洒，只怕读者自顾不暇，看不过来。如果有一个好的标题，一定会率先吸引大家的眼球，引起关注。"标题党"经常这样干，修辞和"标题党"是两回事，但目的一致。标题作为报纸新闻的"面孔"，是吸引、指导读者阅读的"招牌"。新闻标题的佳妙妥帖与否，直接影响着内容的表达和阅读的效果，甚至可以决定一则新闻的价值能否得到实现。因此，本节只是将修辞在标题中的使用进行举例，其他内文修辞使用大家可以自行查找资料，归纳学习。

1.借代

用某个事物本身具有的鲜明的特点、特征、局部来代替事物本身，或者是用与本事物有密切关系的其他事物来代替本事物，不直说事物的名称，称为借代。

借代是标题语言中常见的一种修辞手法。利用事物的相关性，不直接把人或事物的名称说出来，而用一个跟它有密切关系的名称或事物来代替，使语言的表达效果更加形象突出、特点鲜明、具体生动。这就是借代在新闻标题中出现的基础。

例1："三桶油"运筹资源保供应

（原载2016年12月26日《中国能源报》14版）

"三桶油"是中石油、中石化、中海油的简称，这里用其代替企业名称，虽有调侃的味道，但用于标题通俗易懂，简单明了。

例2："金牌班组"的时代风采——记金刚煤矿机电队检修班

（原载2016年12月23日《中国煤炭报》5版）

"金牌班组"是煤矿机电检修班的荣誉称号，这个荣誉称号具有鲜明的特征，作者在标题中不直接写单位机构名称，而是用荣誉称号代替，吸引读者，新闻点清晰、明确，标题感情色彩和立场一目了然。

2.设问

简言之，就是自问自答。在行文中，为了对某观点进行强化或者为了揭示下文，而有意提问，并给出具体的答案。

新闻标题中的设问，借以引起读者的好奇和求知欲，吸引读者对文章感兴趣，阅读下去。

例1：主题：少掘12条巷道，多采煤16.6万吨，咋做到的？

副题：永煤公司2012年创造性使用110工法，技术成熟，成功应用

（原载2016年12月23日《中国煤炭报》4版）

例2：主题：人车路，如何保障你我的出行安全？

副题：从人大执法检查报告看我国道路交通安全形势

（原载2016年12月23日《中国安全生产报》2版）

例3：肩题：山东文登渔民离海不离乡，转产不转舵

主题：渔民如何变成了貂农？

（原载2017年1月8日《人民日报》）

"渔民"和"貂农"是两个不同的行当，一个要在水里养，一个要在岸上养。二者反差巨大，角色如何转换的呢？山东文登渔民离海不离乡，转产不转舵。答案。标题吸引人，欲罢不能，定要认真看个究竟。

3.反问

明知故问，反话正说，并用疑问语句表达出来，不给观点，即是观点。在行文中用疑问的形式表达确定的内容，肯定的形式表示的意思是否定的，否定的形式表示的意思是肯定的。反问在于突出强调所要表达的意思，增强现场感，目的在于形成一种不可辩驳的气势。新闻标题中用到反问，它所提问的内容一般是新闻的核心，可以造成悬念，肩负着吸引读者的重任，是把读者头脑中装着的问号引到标题中来的重要手段。

例1：静电猛于虎，化工企业如何防范？

（原载2016年12月27日《中国安全生产报》6版）

静电对有些企业来说无所谓，不会构成大的安全隐患，但对于化工企业来说，可是致命的，被列为头号安全隐患。化工因为环保的特殊要求，一般生产车间密闭，在这样的密闭环境里，静电最为难防。反问作为标题，引起读者关注，给出答案。

例2：储气库建设难在哪儿？

（原载2016年12月26日《中国能源报》14版）

储气库事关安全和民生，大家必然关注。反问开题，告知原委，让大家了解储气库建设规划的相关规则和各方利益的博弈结果，释疑解惑。

例3：雾霾来袭，飞机还能安全起降吗？

雾霾会不会影响飞机起降，事关每个乘客的切身利益。大家的关注度非常高，但飞机如何起降，起降受哪些因素影响，大家未必知道。事实是雾霾来袭，安全起降是必然的，答案也很明确。通过这样的标题，吸引大家了解下文，打消顾虑。

（原载2016年12月26日《中国能源报》14版）

4.比喻

俗称打比方，是找出两个事物之间的相似点，用某一具体、浅显、熟悉的事物或情境来说明另一种抽象、深奥、生疏的事物，有相似点才能构成比喻。比喻有本体、喻体和喻词。比喻可以使被描写的事物形象具体、生动鲜明，把深奥的道理说得浅显易懂，很好地揭示事物的本质，鲜明地表达作者的感情和立场，加深人们的印象，便于人们理解。

比喻主要分明喻、暗喻、借喻三种形式。

做报纸新闻标题时我们可以用具体、浅显、熟知的事物去说明和描写抽象、深奥、生疏的事物，使新闻标题形象化，字少意丰地传递信息，引起人们的联想，扩展信息的含量，增强标题的感染力、说服力。

例1：肩题：江苏沭阳用牛粪加工有机肥

主题：牛粪变成"香饽饽"

（原载2017年1月7日《人民日报》）

将牛粪比喻成"香饽饽"，此为明喻。

例2：给金属支架"正骨"节省百万

（原载2016年12月23日《中国煤炭报》5版）

"正骨"一词原来是医学术语，是医生给病人治疗的一种手段，在这里比喻成给金属支架维修，此为借喻，正骨借指维修。同时从金属支架的角度来分析，又有拟人的手法，正骨是给人来治疗，给"金属支架"正骨，就把"金属支架"拟人化。标题读来贴切形象。

例3：煤制气环评"开闸"

（原载2016年12月26日《中国能源报》15版）

"开闸"一词原意是指开闸放水，暗含开放放开的意思。原来国家的煤制气是限制的，该类项目审批处于关闭状态。这次放开许可，用"开闸"一词比喻，此为暗喻，开闸暗指放开，贴切形象。

5.对偶

语句结构对称，词语中的词语相对或相反，区别于对联。对偶不一定是对联，但对联一定是对偶。从美学的角度来看就是对称工整而不孤单突兀，后来在四六句表现居多。

例1：肩题：面对人手不够、监管乏力等难题，贵州遵义市凤冈县进化镇创新安全生产工作手段，引入"征信制"——

主题：农民接受考核　村民相互监督

（原载2016年12月28日《中国安全生产报》3版）

例2：主题：信息化筑牢基础　差异化抓实监管
副题：福建省泉州市推动隐患治理排查体系建设工作综述

（原载2016年12月28日《中国安全生产报》5版）

6.反语

就是平常说的"说反话"，用褒义词表达贬义，实际要表达的意思和字面意思相反。一般情况下，褒词加引号,必须在特定的环境下才有效果，否则可能导致读者听不懂，不明就里。

例：中国大闸蟹"横行"曼谷酒楼

（原载1983年11月18日《经济参考》）

"横行"本是贬义词，标题使用"横行"既符合螃蟹走路的事实，又能表现螃蟹的霸道，风趣形象地说明螃蟹畅销的事实情况，另从更深层表现商户的喜悦之情。

7.双关

在一定的语言环境中,让词句具有双重意义的修辞方式叫作双关,言在此而意在彼,字面是次要的,言外之意是主要的。

例:办公室小了,心却更近了

(原载2014年9月《晋能》报)

2014年全国开展办公室超标清退工作,晋能企业下属省外公司领导主动腾退大办公室,原来一个办公室一个人,现在变成三个人。一语双关,既做到办公室符合标准,又能改善干群关系,大家心离得近,工作就好干。

8.排比

围绕一个核心观点,把结构相同或相似、意思相近相关、语气一致、情感倾向一致的词语或句子成串地排列在一起,反复突出强化核心观点,以表达强烈感情倾向的修辞手法。一般情况三个以上词语或语句构成排比句,而且每句之间有并列或者递进关系。

在新闻标题中使用排比,能增强标题的感染力和说服力,鲜明地表现有关事物,以多侧面的思想内容紧紧地吸引读者,能给人以整齐均衡的美感,也能形成一种气势。

例:肩题:安监局局长为260名新聘大学生岗前培训

主题:

授课者:以亲身经历现身说法 做动员 提士气 暖人心

听课者:就关心话题积极提问 谈理想 抒感悟 语成长

(原载2014年9月29日《晋能》报)

这是一次培训课的消息标题,运用排比,说明授课者和听课者的思想感受。同时运用对比,一边是授课者的表现,一边是听课者的表现,一堂培训课现场跃然纸上。看标题如亲临现场,内容交代清晰准确,情感饱满,立场鲜明。

9.夸张

运用丰富的想象,在客观现实的基础上有目的地对事物的形象、特征、作用等作扩大或缩小，以增强对事物的形象、特征、作用进一步突出强化。但夸张必须适度，不能故弄玄虚、惊悚虚幻，更不能文不对题，甚至移花接木、张冠李戴，如果这样的就不是夸张而是造假了。

例：恐怖袭击时如何自救？英国媒体推"葵花宝典"

这个标题用了三个修辞手法，设问，比喻，夸张。英国人如何对付恐怖袭击，大家想出了几个方案，并且方案也是仁者见仁智者见智的，比喻成中国人熟知的武侠小说"葵花宝典"秘籍的说法，夸张有趣。

（原载2017年1月9日，新华网）

10.比拟

把甲事物借助丰富的想象比拟成乙事物的一种修辞手法。把人当物称为拟物，把物当人称之为拟人。

（1）拟人：借助丰富的想象，把事物人格化，白话就是"把物当人"，赋予物以人的言行或思想感情。

例1："全光网"时代健步走来

（原载2017年1月9日《山西日报》）

"全光网"时代指的是一个时间段，标题采用拟人手法，"健步"走来，健步指的是人的动作，时间不会走的。把物当作人，赋予人的动作。

例2："电子眼"都在抓拍　不会睁几只闭几只

这个标题用了两种修辞手法，"电子眼"借代交通摄像头，把摄像头当人，不会"睁几只闭几只"。

（原载2017年1月9日《山西晚报》）

（2）拟物：把人当作物来写，也就是使人具有物的状态或动作，或者把甲事物当乙事物来写。

例：菲尔普斯动作协调、舒展，游起来像"飞鱼"一般，因此，粉丝们送给他一个"飞鱼"的绰号。现在"飞鱼"成了他的专有，在游泳行当，一提"飞鱼"，大家便知道就是指菲尔普斯了。

（原载2017年1月　新浪体育）

11.对比

对比的主要修辞作用是通过对一个事物的两个方面或两个对立的事物进行比较，深刻地揭示事物的矛盾对立，使好的显得更好、坏的显得更坏，给人们以鲜明深刻的印象。标题采用对比手法可以凸显新闻价值，并造成一种艺术美的境界。

例1：肩题：山西去年关停煤矿25座，分流安置职工近1.8万

主题：去能减产，狠　职工安置，稳

（原载2017年1月4日《人民日报》2版）

两件事都重要，而且相互矛盾。两相对比，一狠一稳。态度、立场、感情、手段，一目了然。

例2：冷资源　热效应

（原载2017年1月4日《人民日报》2版）

锦州国际冰雪温泉节，游客在体验冰雪游玩的同时，还能泡温泉、赏民俗，这些项目让冬季旅游的"冷资源"发挥了"热效应"。一冷一热，对比清晰明白。

例3："经济寒冬"中感受"中国热度"

（原载2009年4月18日《人民日报·海外版》）

一边是经济寒冬，一边散发热度，形成鲜明的对比。经济寒冬中一片萧条，中国积极应对散发热度。随着中国在世界舞台上的地位越来越重要，对世界的影响力愈发凸显，世界各国越来越想听到中国的声音。标题采用鲜明的对比，一"冷"一"热"，两相对比，主旨鲜明。

第三章 在哪讲

第一节　用报纸树起权威

　　讲好企业的故事，一定要讲真正的企业故事，不能讲模棱两可的故事，更不能讲胡编乱造的故事。无疑，要提高企业的品牌形象，提高企业自身的公信力、权威性，报纸必定是你的最佳选择。为什么说报纸在树立权威性方面具有其他媒体不具备的优势呢？在于以下几个方面。

　　新闻信息来源的权威性。对于报纸上所有刊登的信息，出版单位有着无比的慎重，职业道德伦理要求他们对所有的信息来源有着习惯性的质疑，非独立的官方所发布的信息是不予采信的，不是说随便找一个什么人来说两句，报纸就会刊登。在信息来源处理时，信息来源方本身一定具备从法律或者法理上站得住脚的责任前提。如果按照政府机关的角度来分析，所发布的信息本身一定在其职能范围之内，或者在其辖下之内，否则就不具备发言权，其发言就不具备任何的权威性；如果是政府机关批准成立的或者是公众认可度极高的相应的组织机构，所发布的信息由于政府的批准授权和公众的高度信任而变得具有了"官方"意识，可以承担信息发布后所带来的一切后果。报纸媒体对信息发布主体的理性甄别确定了其信息权威性成立的第一步。

　　新闻信息发布的谨慎性。报纸的记者编辑由于职业的专业化训练，使他们内心天然形成一种对外界的质疑与求证，对于任何信息都是要怀疑的，只有证据证明其是正确的、全面的、符合一定严谨逻辑关系的文字，才具备可信度。对事情的判断基于法理和情理，才可能进一步的深究，探寻事件的内在关系是否符合现实语境的法理和情理。经过这样的分析判断与去伪存真的信息过滤，逐步靠近真相，真实的信息才可以对外负责任地披露，才能在信息披露市场上占据自己的一席之地，才能有更多的话语权。报纸的一篇报道内容中，新闻披露的信息只是其信息中极少的一部分，大量的事件信息和过程需要更复杂的更艰难的还原求证过程，一篇好的报道就像一部侦探小说一样严谨。

新闻信息印刷品的确定性。"白纸黑字才能算数"的传统认识，使报纸媒体相对于电视、广播等信息载体在读者心中更有权威性。在现有的传播方式中，报纸的印刷，白纸黑字的文字叙述，无论对错，你都无法狡辩，并且没有辩白的机会。无论现在还是将来，这种印刷的天然优势在未来会成为报纸"说一不二"的天然权威性。报纸因其在社会中所起的历史作用，一直会具有充当最值得信任媒体的资格。伦敦市长鲍里斯·约翰逊在得知《卫报》将缩减印刷版业务的消息后专门撰文，捍卫传统媒体的存在价值："如果你们停掉这个以油墨与纸浆为载体、承载着历史的印刷版报纸，那将是一场国家灾难。你不可能用'在线'的方式还原新闻纸上的内容，互联网上充斥着色情与废话，我们需要在书报亭里看到智慧，我们需要在地铁里拿着报纸沉思。"（摘编自《读书》2013年12月号，胡泳《报纸的未来》）

信息的原创与话题设置的严肃性。现在互联网变得越来越强大，信息容量也越来越多，每个人都陷入海量的信息中无法取舍，从而失去对信息本身给予准确的判断。传媒大亨默多克说："与报业'悲观论'看法不同，我相信报纸发展还将再创新的高峰。在未来的21世纪，民众比任何时候都更渴望获取信息，一旦读者陷入信息渠道竞争的'沼泽'，他们就会回归传统：只获取值得信任的信息，这正是过去以来报纸的伟大使命，权威性必将使报纸在未来更强大。"目前，由于国家对媒体的管理，越来越多的组织机构发布重要的信息还是选择报纸，报纸成为大多数权威信息发布的最佳平台。公众所阅读的严肃新闻信息，大多来自报纸，报纸挖掘新闻信息，是一种为其他媒体设定议程的媒体。

新闻信息专业人才的制度约束性。目前在全球范围内，大多数国家对新闻从业人员都有着很强的职业规范要求。这种要求来自两个方面：一方面是国家制度与媒介机构的制度要求和职业素养，国家制度是刚性的，是对行业的规范；媒介的制度要求和对从业人员的职业素养的要求来自媒体机构自身对公信力、权威性的追求而必需的选择。另一方面是外在公众对媒介评价，促使媒介必须遵从的职业道德规范。报纸的灵魂是记者，记者在职业道德和媒体体制的约束之下，实践着对新闻准确性与真实性的要求。在多媒体时代，记者的作用变得比以往更加重要。正如美国著名学者菲利普·迈耶所说，报纸"应当找到事实并将其刊印出来，但这还远远不够。我们还必须按照能够使读者愿意花力气去接受的方式，对事实进行加工处理"。

还有更多的理由来证明报纸上发布企业新闻信息要比其他媒介上发布信息更具有公信力和可信度。但并不意味着所有的媒体都适合你的信息发布。这些和企业所在地以及企业的规模大小有关，和企业发布信息的内容有关。如果你是一家央企或是世界500强企业，客户又遍布全世界，选择报纸媒体时就可以选《人民日报》，如果是一家地方企业，就可以选择当地的政府机关报。信息发布时媒体的选择遵循这样一个标准：第一，地域的接近性，是指尽可能选择企业所在地的媒体；第二，行业的关联性，是指发布的内容与报纸定位的匹配；第三，信息发布的时效性，是指能否以最快的速度发布给公众；第四，阅读对象的设定，是指有些信息的发布主要针对某个特殊的人群，并不是期望所有的人看到。

一般情况下，企业运用新闻媒体时，在报纸上更多发布的是重要的消息和新闻通讯。对于上市公司来说，是发布公告、人事变动等重大披露事项。对于其他企业则是发布重大科研进步创新成果、成就等。新闻通讯一般是经验介绍、成果展示、先进人物介绍等。

在新闻宣传工作中，大家经常讲"权威"，那么权威到底是什么呢?这里就要给权威一个定义，这个定义也是要针对不同的事件来说的，不同的事件，不同的叙述，对权威的解释，是不一样的。笔者认为，所谓权威，应该包含以下几个意思：一是真实性，任何一件事情都有其本源，本源即真实，本源即权威；二是认可，任何一件事情一旦发生，不同的立场就会有不同的结果判断，能够代表或者获得大多数人的认可，就是权威；三是引导，当事件本身模棱两可，大家不能做出一个客观公正的判断时，能够做出方向的指引，就是权威；四是要说明的是，权威只是一个相对的概念，权威未必是正确的。

在新闻道德规范和职业法律约束方面，以美国、欧洲为代表的西方媒体走在了传媒发展的前列。一方面，由于制度的缺陷，西方媒体陷入利益竞争的泥沼不能自拔，加上政客们为了竞选对媒体的利用，导致媒体的公允性、公正性、客观性、严谨性大打折扣，媒体从业人员在政客的操纵下为达到竞选的目的而编发谎言，民调显示，西方民众对媒体的公信力相信程度在逐步下降；另外一方面，西方为了地缘政治的竞争，在台海问题、贸易战、俄乌战争等问题上借助媒体颠倒黑白、断章取义、抹黑也使西方的媒体公信力大幅下降。这些新闻报道的出现，用事实证明了西方媒体"新闻自由"理论虚假的本质，揭露了西方媒体从属于利益集团而非真正与广大民众站在一起的阶级本质。

第二节　用电视塑造形象

讲好企业的故事，电视是必不可少的。企业使用电视平台主要有两个方面，一个是不定期的企业新闻播报，另一个是企业广告宣传。在我们国家的电视序列中，分为三个层面，国家级、省级和地、市（县）级电视台，国家级只有中央电视台，共40余个频道，省级电视台有各省和直辖市的电视台的各个频道，余下的就是地市级电视台，正常情况下三级电视台和企业都有新闻宣传业务往来，频次密度根据新闻事件的价值意义来定。一般情况下企业所在地电视台对属地企业的新闻报道多些。如果是广告业务合作则根据市场情况来定。

企业要树立良好的靓丽的形象，只通过报纸等平面媒体是不行的，电视在新闻宣传方面除了和报纸媒体具有同等的权威性之外，电视在企业形象宣传方面有着独特的优势。

一是电视媒体直观性强的优势使受众产生真实、信服的体验。观众对企业形象通过画面一目了然。电视节目的播发是视听合一的过程，观众能够亲眼见到并亲耳听到新闻主题的所有信息，有现场感。常言道："眼见为实，耳听为虚。"所有信息的获取，基本靠自己的感官判断，而非别人的转述，对新闻事件的真实性判断理论上强于报纸等文字描述，这就是电视视听合一的传播效果。单凭视觉或听觉，或视觉与听觉简单地相加而不是有机地合一，都不会使受众产生真实、信服的体验。电视新闻节目的视听合一直观性特征，是其他任何媒介所不能比拟的，它超越了读写障碍，成为一种最大众化的宣传媒介。它无须对观众的文化知识水准有严格的要求，即便不识字，不懂语言，也基本上可以看懂或理解新闻节目所传播的内容。企业在电视媒体上播发企业新闻除了新闻本身的严肃性之外，更增加了直观和画面美感。

二是电视媒体有较强的视觉冲击力和感染力。电视是唯一能够进行动态演示的感性型媒体，因此电视新闻画面的动态效果的冲击力、感染力是平面媒体所不具备的。电视媒介的工作原理是客观忠实地记录当事人现场表现，通过编辑处理后对信息再次还原，用声波和光波信号直接刺激人们的感官和心理，以取得受众自身感知经验上的认同。

三是传播面广不受时空的限制。电视节目的传播是一种电子传播，传播速度很快，在接收设备完善的情况下，可以瞬间直达，尤其是现在手机成为接收终端的前提下，电视视频节目已经成为一种一对一、点对点、无障碍的球形覆盖。其他的媒介则是受制于时空限制，不具备优势了。

四是电视广告画面唯美、简洁，诉求清晰，适合受众接受。现在广告片拍摄水准越来越高，故事性越来越强，品质高雅，广告语便于记忆识别，格式适应各种媒介播放。

企业电视广告长度差不多，都是以5秒、10秒、15秒、20秒、30秒、45秒、60秒、90秒、120秒为基本单位，超过三四分钟的比较少，而最常见的电视广告则是15秒和30秒。这就是说，一则电视广告只能在短短的瞬间之内完成信息传达的任务，这是极苛刻的先决条件。因此要求广告诉求点一定要清晰准确，切记诉求不清，观众看后不知所云。企业借助电视媒体树立形象，广告一般按周期计算，反复播放，直至在受众心中形成记忆，才能达到效果。

五是企业形象片的拍摄与制作精良准确。现代企业越来越注意自身形象的塑造，在各种场合对企业的简介都以形象片代替。漂亮、大气、生动、形象的画面加上浑厚的配音，简单准确的文字和图表说明，企业情况一目了然，形象片成为企业对外交往的一种标配。为了应对现在新生代人群，很多企业的形象片卡通化，借助动画片的设计制作手段，使形象片更加具有亲和力。一般情况下，企业形象片先出文字脚本，后拍摄画面或者设计画面，文字脚本在形象片中至关重要。

六是短视频的拍摄制作顺应时代需求。媒体发展到今天，从快手、抖音、西瓜等短视频平台的崛起，短视频已经占据了好多人的手机屏幕，有人批评，有人表扬，毁誉参半，但这是不争的事实。必须面对，从企业营销的角度来讲，短视频会成为你的营销手段，也可以成为管理企业传播文化的手段。辩证地看待这个问题。尤其是大型企业人员众多，宣传工作量、管理工作量庞大到无以复加的时候，短视频说不准是一个很好的工具。比如关于安全管理知识的宣传培训，可以将其具体化、话题化、可视化，顺应年轻人的阅读习惯。

2022 年 8 月 31 日，中国互联网络信息中心（CNNIC）在京发布了第 50 次《中国互联网络发展状况统计报告》显示，截至 2022 年 6 月，我国短视频的用户规模增长最为明显，达 9.62 亿，较 2021 年 12 月增长 2805 万，占网民整体的 91.5%。即时通信用户规模达 10.27 亿，较 2021 年 12 月增长 2042 万，占网民整体的 97.7%。网络新闻用户规模达 7.88 亿，较 2021 年 12 月增长 1698 万，占网民整体的 75.0%。网络直播用户规模达 7.16 亿，较 2021 年 12 月增长 1290 万，占网民整体的 68.1%。在线医疗用户规模达 3.00 亿，较 2021 年 12 月增长 196 万，占网民整体的 28.5%。

七是电视台的选择，观众定位清晰。用电视讲企业的故事时，一定要将企业所要表达的意图和电视台的读者定位结合起来，做到企业诉求对象和电视节目、频道和栏目观众定位一致，才能收到良好的传播效果。新闻报道倾向于综合类的权威栏目，例如中央电视台的《新闻联播》和省市级电视台的《新闻联播》，其他可以是专题类的栏目。商业营销类的广告按照企业的产品对象结合电视受众和收视率来投放即可。一般情况下，无论新闻宣传还是广告宣传，中央电视台和省级电视台都具有更强的权威性和影响力。

第三节　用网站保持持久

　　关于信息的存储与持久的问题，非互联网 PC 端平台莫属。对于信息的采集存储与使用，纸质媒体的归宿就是博物馆、图书馆、档案室，手机媒体会随着手机的更换或者寿命终结而终结，其他媒介更是即时贴，随时更换淹没，只有互联网是与企业共存的，长期存在的，应了一句话——互联网是有记忆的。

　　现在已经没有人怀疑互联网是最大的传播平台了，企业要讲好自己的故事，互联网是必须使用的手段。作为传播的主体，企业要传播什么样的内容，想在什么时间传播，想要达到什么样的目的，一定要有一个详细的方案和评价体系，这是讲好企业故事使用互联网传播的前提。

　　互联网传播具有以下四个特点。

　　第一个特点"快"。当下只要你愿意，互联网平台已经能够做到同步直播，电视信号直播有时还会有一个时间差，但互联网没有，因为互联网的视频直播、文字直播都是视频对话式的，就像我们召开的电视电话会议，你想说什么，一览无余，不管你愿不愿意，发出去了，内容的审核把关是不存在的，只有看当事人的水平了。在这样的技术条件下，企业要根据自己所需有选择地使用互联网。

　　第二个特点"广"。对企业来讲，希望更多的人看到所发布的内容。与传统媒体专门设定读者定位不同，互联网适用于所有的人群，可谓老少皆宜，男女通吃。可以随时随地，不受时空的限制。不管你愿不愿意，只要在互联网上发布，就没有任何秘密可言，任何人都可以看到，这就是互联网的"广"。一般情况下，企业自身在门户网站发布一些新闻，希望自己的员工能够看到，提升企业主人翁精神也好，鼓励企业士气也罢，目标读者主要是针对企业内部员工的。不幸的是，只要你敢放上去，就有人给你转发出去。如果企业需要更多的人看到，在互联网这个平台上没有一个媒介能够超越它。电视、报纸、广播，包括我们火爆的微信圈，在一个相对固定的时间段都不能和互联网比。

第三个特点"持久"。正常情况下，只要不是主动的就某一项内容去删除屏蔽，所发布的信息就会在上面长久的存在，互联网信息中关于时政类的新闻信息和一些商业活动的信息都能找到。单纯的广告信息和商业网站售货类的信息随着商家的更换而变化。信息的持久保存，为企业形象宣传保持持久的热度提供了保障。

互联网PC端平台信息的保存要优于短视频和微信。当下手机移动端的阅读成为主流，但是保存内容互联网还是具有一定优势，目前二者在互相融合，各家互联网大厂都推出了手机端，把手机端和PC端打通。因为手机存储要受到内存、存储时间、检索、阅读等条件的限制，PC端存储条件、容量、时间长久、检索、安全等级等则要比手机端优越得多。

第四个特点"便捷"。互联网就像一个超级无敌的图书馆，基本上能够找见你所需要的信息，需要什么样的信息，上网一搜索，马上就能解决问题，至于对错，自己做好甄别。以往查询一些信息、资料、文献，都需要去图书馆，现在无疑互联网提供的便捷超过任何模式。更重要的是移动互联的开通，使互联网更加便捷，打破了时空的限制，以往你看个什么电视剧需要等到几点几分，去图书馆还要等他们上班，现在不用了，只要你有精力，随时随地均可。

2016年1月，中国互联网信息中心发布第37次《中国互联网络发展状

况统计报告》，其中基础数据显示：截至 2015 年 12 月，中国网民规模达
6.88 亿人，全年共计新增网民 3951 万人；互联网普及率为 50.3%；中国手
机网民规模达 6.20 亿；网民中使用手机上网人群占比由 2014 年的 85.8% 提
升至 90.1%；中国网民中农村网民占比 28.4%，规模达 1.95 亿人；中国网
民通过台式电脑和笔记本电脑接入互联网的比例分别为 67.6% 和 38.7%；
手机上网使用率为 90.1%，平板电脑上网使用率为 31.5%，电视上网使用
率为 17.9%。中国域名总数为 3102 万个，其中 ".CN" 域名总数为 1636 万
个，占中国域名总数比例为 52.8%，".中国" 域名总数为 35 万个。中国网
站总数为 423 万个，其中 ".CN" 名下网站数为 213 万个。中国企业开展在
线销售、在线采购的比例分别为 32.6% 和 31.5%，利用互联网开展营销推
广活动的比例为 33.8%。

　　2022 年 8 月 31 日，中国互联网络信息中心（CNNIC）在京发布了第
50 次《中国互联网络发展状况统计报告》显示，截至 2022 年 6 月，我国
网民规模为 10.51 亿，互联网普及率达 74.4%。互联网基础建设全面覆
盖，用户规模稳步增加。截至 2022 年 6 月，我国域名总数为 3380 万个，
"·CN" 域名数为 1786 万个，IPv6 地址数量为 63079 块 / 32，较 2021 年
12 月增长 0.04%。2022 年上半年，我国 5G 网络规模持续扩大，已经累计
建成开通 5G 基站 185.4 万个，实现 "县县通 5G、村村通宽带"。网民人
均每周上网时长为 29.5 个小时，较 2021 年 12 月提升 1.0 个小时。网民使
用手机上网的比例达 99.6%；使用台式电脑、笔记本电脑、电视和平板电
脑上网的比例分别为 33.3%、32.6%、26.7% 和 27.6%。

　　值得关注的是，互联网大厂进入云时代，阿里云、华为云、百度云纷
纷推出云端服务，众多用户开始使用云端资源，大家已经习惯将自己的资
料存储到云端，为我们更方便地使用这些资料提供了无时空的限制。云端
技术的开发与运用将为我们更长久的保存资料提供超强的便利。

　　在互联网庞大的媒体中，由于我国网站总数达到 423 万个，要想对其

做一个详细的分类其实是很难的，可以说是基本覆盖了中国所有的产业、行业和各类机构组织。按照不同的标准，会得出不同的结果，从商业运营的角度来分，可以分为商业类和非商业类，比如政府机关网站和企业官方的门户网站，不以营利为目的，相关政策规定其不允许商业化运作，像百度、网易、淘宝等则是商业网站，其所有行为在国家法律框内都是以营利为目的的。从涵盖内容角度，可以分为综合类门户网站和专业类网站，比如网易、搜狐、百度等网站涵盖内容广泛，在其旗下分门别类，各种内容都有，包括提供时政新闻资讯等；像高德地图、淘宝、爱卡汽车、太平洋汽车等提供某一类专业信息内容为主，成为专业类的网站。按照行业的标准来区分，各类行业都有，有些行业甚至又有多个网站在运营，这和报纸电视竞争相同，只不过是竞争的平台不一样，主要有综合类门户网站、专业类网站、行业类网站、政府机关类网站、企业官方网站。这些网站互为客户，已经成为一个共生的平台，经营模式很复杂，综合类的新闻网站仍然是以广告来营利，部分网站靠售卖商品和出租网络空间赢利收费，很多企业已将自己的网站变成新的销售平台，从线下销售变成线上销售，例如金融类网站、家电类网站、电讯运营商、PC产品和手机产品的网站，它们不单单是给别人投放广告，还通过自己的网站销售产品。视频类网站和娱乐类网站基本是贴片广告来支撑发展。

在互联网平台上还派生出移动互联网，移动互联以中国联通和移动为主要竞争者，两家运营公司提供信息通道，现在发展最快的微信已经深入到每一个角落，基本上占领了手机终端用户，微信已经从社交软件，变成营销软件、办公软件，功能越来越强大。目前在开展过互联网营销的企业中，35.5%通过移动互联网进行了营销推广，其中有21.9%的企业使用过付费推广，移动营销将成为企业推广的重要渠道。移动营销企业中，微信营销推广使用率达75.3%，是最受企业欢迎的移动营销推广方式。此外，企业中建设移动官网的比例为52.7%，将电脑端网页进行优化、适配到移动端，是成本较低、实施快捷的移动互联网营销方式之一。

互联网广告经营管理模式有以下几种：一是竞价推广（竞价排名），就是企业通过竞价的方式，获得把企业的产品、服务等通过注册一定数量的关键词的形式在搜索引擎平台上被搜索者搜索时率先显示出来。二是论坛营销，就是企业利用论坛这种网络交流的平台，通过文字、图片、视频等方式发布企业产品和服务的信息宣传企业的品牌、加深市场认知度的网络营销活动。三是网络硬广告，网络广告的主要形式，一般使用GIF格式的图像文件，可以使用静态图形，也可用多帧图像拼接为动画图像，包括横幅、图标链接公司的主页或站点的公司标志；文本链接广告是以一排文字作为一个链接，点开后显示，网络广告、EDM直投电子邮件广告等。

要讲好企业的故事，在互联网这个平台上，要做好四件事：第一件事是建立自己的互联网网站，直接接入，解决让别人找得到你的问题；第二件事是做好内容的设计制作，解决好说什么的问题；第三件事是做好后台的维护与管理，不管是移动终端平台上面的微信互动，还是网站上面的留言，站在企业商业属性的角度，一定要做好与庞大读者的互动，才能保证企业形象传播的长久不衰，基业长青；第四件事是做好技术维护与安全保障，否则你会被不良分子黑，轻则篡改网页、盗取信息，严重时瘫痪你的服务器。

第四节　用微信抢占先机

在当前，最快的传播方式莫过于通过手机传播的微信。如果发布者愿意，可以在第一时间将微信发布到朋友圈。

微信仅仅是一种传播手段和方式。在互联网时代，媒体已经不是传统意义上的报纸、电视、杂志等，但媒体的本质没有发生变化，简单一句话说就是报纸、杂志没有印刷到纸上，而是"印刷"到电脑上，"印刷"到手机上，原来编辑记者所从事的工作没有发生更多的变化，而是通过新型的智能电子终端展现出来。这种新型的智能电子终端依靠有线和无线两个互联网络，发展的趋势是手机等智能终端移动设备会成为信息的最终接收者和消费者。

但是必须注意的一点就是，传播方式的改变正在影响和改变传统媒体从业人员的写作方式，我们以往的各种写作文体当然会长期存在，也不会消失灭亡，但注意短视频的语言模式，话语模式，有些新闻内容不是有板有眼了，越来越倾向于电视剧本式的文稿，这对写作者和编辑都是一种新的挑战。现在短视频成为热门传播方式，随着阅读的快餐式转化，深度深刻的东西越来越难于表达，这催生了一些结论式的新闻出现，但是本质上也没有脱离新闻原有的定义和概念。

微信是腾讯公司于2011年1月21日推出的一个为智能终端提供即时通信服务的免费应用程序，微信支持跨通信运营商、跨操作系统平台通过网络快速发送免费（需消耗少量网络流量）语音短信、视频、图片和文字，同时，也可以使用通过共享流媒体内容的资料和基于位置的社交插件，如"摇一摇""漂流瓶""朋友圈""公众平台""语音记事本"等服务插件。

如果站在传统媒介管理的角度来说，腾讯公司干了一件开天辟地的大事，每一个在腾讯申请开通经过许可的微信公众号，就是一个拥有刊号的小型的媒介平台。如果编辑成杂志的样子就是有了刊号的杂志，如果编辑成报纸的样子就是有了刊号的报纸，将报纸和杂志的版面转换成PDF或者JPG文件通过微信发出来，就是一本杂志或者一期报纸的电子版，现代技术处理这种事是毛毛雨；如果每天上传音效合成的视频就是一个电视台；什么都有就是一个互联网平台。通过微信支付的"打赏"就是你的广告收入。现实情况下，腾讯对微信的内容容量还有一个限制，但目前事实上是所有开通的经过许可的微信政务公众号、企业号、自媒体号、传媒媒体号都具备了我们传统媒体的一切功能。未来的发展如果没有政策层面的规范与限制，随着微信容量的扩大，所包含的内容会逐渐扩大到更广阔的范围，腾讯会成为由各类微信号构成的超级传媒平台。如果微信号再能到工商局注册成立法人，那腾讯就是世界上最大的传媒集团，因为微信支付是他的，资金要统一管理啊！

回到内容提供上来，微信所发布的所有内容都不外乎传统媒体所使用的写作文体，消息、通讯、评论、综述以及一些诗歌、散文等。所有微信发布内容都不能脱离这些文体。所以，微信号是否能够引起足够多人群的关注，更重要的还是要回到本源，内容为王，就看你写的文章好不好、拍的视频好不好，否则和没落的传统媒体毫无二致。死路一条，传统媒体叫关门，微信叫关号。

目前好多企业建立了自己的微信企业号和服务号，有的将二者合二为一。微信号建立后最重要的问题是微信内容的提供和微信号的渠道推广。

内容方面，对于服务号来讲应该是面对企业客户的，主要是业务介绍；企业号基本是面对内部职工和对企业感兴趣的人群，主要内容是企业内部各种动态。这些事情搞定之后，就是增加微信的关注度，叫作渠道推广，这个工作就是以前传统媒体的发行工作，微信关注度的高低等同于收视率或者发行量的大小。

微信公众号的内容容量越来越大，缺点是不能像官网和App一样即时更改。无论是政府用户、企业用户，都有很大的需求，但是最大的问题是，这些公众号的运营管理人员素质参差不齐，而且大都不是专业媒体出身，存在问题难免。但是公众号发出后，瞬间传遍网络，尤其是一些重要信息，会带来不良影响。这种情况下，只能屏蔽全文，糟糕的是标题还不能删除。因此，一些重要的信息，逐步回到官网刊发，或者到App上推送，尤其是企业内部，App更加有可信度、完全性，而且App可以和官网联动。

要讲好企业的故事，微信本质上还是一种传播手段。故事好坏的根子还在于微信内容是什么，微信的内容如何处理，内容的取舍标准是什么，明白了这些，微信的公众号便可开张了。企业微信公众号内容是很广泛的，这里重点谈微信使用最普遍的文体——消息，让微信飞起来最重要的事情就是充分发挥微信的快速传播能力，以最快的速度、最广泛的接触面，让微信飞起来，用微信抢占传播先机。

2017年4月24日，腾讯旗下的企鹅智库公布了最新的《2017微信用户&生态研究报告》。这份报告数据显示，截止到2016年12月，微信全球共计8.89亿月活跃用户，而新兴的公众号平台拥有1000万个。微信用户男性为主，超过40%的用户为企业员工；超过九成的微信用户每天都会使用微信，半数用户每天使用微信超过1小时；拥有200位以上好友的微信用户占比最高，61.4%用户每次打开微信必刷"朋友圈"；微信红包是微信支付中渗透率最高的功能，近七成用户每月支付/转账额度超过100元；促成用户微信分享新闻三要素：价值，趣味，感动；泛媒体类公众号比例最高，超过1/4；服务行业公众号占比约1/5。

腾讯发布的这个数据，完全印证了企业微信公众号的活动现实情况。企业员工用户占比40%，在用户中占比最大。因此，企业要做好宣传工作，做好企业品牌文化传播工作，做好企业形象塑造，微信公众号的建立与信息的发布是必然的选择，之后就是新闻类内容的审核与发布，产品设计推广规划，包括品牌形象的规划与推介。40%的用户，就意味着40%的关注度。这个数字在媒体传播效果方面来讲，已经是非常高了，几个数字计算下来，每天活跃微信用户达到2亿是企业用户。

还有一个值得注意的变化是，企业微信用户年龄结构的变化和阅读内容的变化。重点集中在文字和图片，视频和音频排在第三位。因此企业在微信宣传方面首先是要关注文字内容的，其次是图片展示。至于视频为什么没能像大家想象的大幅占比，主要是干扰度来决定的，比如办公室播放带音频的视频可能会影响到别人，故而文字和图片反而受欢迎。

由于微信人群年龄结构的变化，文字标题也在发生变化，看看下面列举的几个标题，是一种什么样的风格，和我们传统的教科书是否一致。

现在微信的标题除了保留了我们传统媒体标题的特点之外，出现了一些新的变化，有些已经完全和我们的报纸、电视、网站标题不一样了，是颠覆性的。传统媒介的标题因为受到版面、画面、首页导读的限制，字数一般情况下是越少越好，越精炼传神越好，越实越好，这是传统媒介包括网站对标题的要求。对于微信来说，标题具备这些特点的同时，呈现出新的特点，表现为四个方面：一是字数越来越多，标题如果写实，基本上可以当作一句话新闻；二是标题倾向导语化，直接将导语简化为标题，将更多的新闻信息放到标题中来；三是标题越来越虚拟化，越来越夸张，表现为过度修辞，口语化、悬念化；四是标点符号使用频繁，尤其是问号和感叹号使用频繁；五是另外一个极端，字数越来越少，例如，参考消息的微信号，有时只有几个字，但是这几个字却突出的是"新闻事实"。这也算是新闻本质的回归。

例一：微信公众号国资小新2017年5月的几个标题

1.1500亿国创基金面世，中央企业创新发展基金系正快速形成

2.以创新的名义，中央企业熠星创新创意大赛邀请你来对接

3.比小说更离奇的是生活，比大片更精彩的是⋯⋯答案是——工地

4.《国资报告》推出"一带一路中国名片"，扬名海外的网红央企在这里

5.国资委给中国企业送上一套"一带一路"法律风险防控指南

例二：中国航天科技集团的微信公众号2017年5月的几个标题

1.航天工作者向来都是不怕挫折的，不管遇到多少困难都会像饿狼一样扑上去

2.首次太空加油成功！10年前，却有人说中国人搞不出来补加技术

3.快来参加！航天科技集团安全保密答题活动开始啦

4.C919成功背后的航天科技你知道吗

5.大师离去，我国人造卫星工程开拓者之一屠善澄院士去世，享年93岁

例三：《中国煤炭报》2017年5月微信公众号的几个标题

1.是什么让山西人很自豪？告别单纯挖煤，山西有这些

2.刚刚熬过隆冬季节就海外买煤矿，兖矿集团这170亿花的值吗

3.国企注意了！国务院深化国企改革，这43项监管有精简

4.未来？煤炭还有未来吗

5.天津港禁止汽运后，它准备和阳煤、北京铁路局、百度公司这么干

第五节　用广告表达诉求

广告的本质是传达信息，通过受众对信息的识别认知，来提升发布主体在受众中的形象，影响和改变受众对广告发布主体的态度和行为。正因为广告能够改变受众的态度和行为，那么就一定不能单纯地将广告归结为大家日常认知的商业行为，从更深层面上分析，广告主发布广告的根本目的就是要改变受众的主观意识，而且这种主观意识带有很强的方向诱导性，这就是一种思想政治工作行为。

一般情况下，企业广告诉求大致有产品信息的发布、品牌个性的塑造、社会价值观的传播三种形态，并且受到时间、环境的影响。

第一种形态，沟通产销信息，促进商品销售——商业诉求

今天的市场经济体系是建立在全球范围内的社会化大生产的基础上的，信息是企业生存与发展的必要条件，企业必须使消费者了解有关商品信息，让更多的消费者知道你是谁，你是干什么的，你有什么特点，只有这样才能获得被选择的机会。通过信息传播，沟通生产与流通、生产与消费、流通与消费之间的联系，成为企业必不可少的信息通道。在城市，各行各业通过门面的招牌与消费者沟通，大型商业通过优越的地理位置和各种DM广告传播商品信息，吸引消费者前来。这类别的广告信息艺术性不是很强，基本要求就是把信息传到消费者就可以了，消费者对信息不会有更强的抵触情绪，根据需求来判断取舍。

第二种形态，塑造品牌个性，增加产品附加值——品牌诉求

广告本身不能改变产品的品质，但广告能够通过精准的诉求点，对产品进行定位区隔，塑造独一无二的个性品牌，提升产品的价值。例如格力电器的广告语，"让世界爱上中国造""格力掌握核心科技"等。互联网时代，信息传播瞬间完成，市场竞争日趋激烈，产品高度同质化，如果产品不能在营销上寻找到让消费者满意的品牌诉求，不能形成良好的品牌优势，就会被市场淘汰。广告成为商家塑造品牌个性最有力的手段。这类广告内容具有很强的诱导与说服能力，带有很强的艺术性，包含了更多的创意。

广告创意一定要注意广告的政治属性。在广告创意中，包含了强烈的文化色彩，有了文化的印记，放到国家战略层面去归纳分析，广告就有了民族化与国际化的区别，带有了政治色彩，意识形态的影子就会显现。如果多数企业的带有创意性质的广告都通过另外一种不同于本民族文化的方式来表达，就有了文化替代的意识。例如，房地产开发企业的广告给小区取名字，什么"德国小镇""巴黎春天""意大利"等，瓷砖洁具等建材取名"蒙娜丽莎""诺贝尔"等，都带有典型的西洋色彩。因此在广告创意方面，企业必须考虑广告的政治影响，不能单纯考虑商业艺术，更不能通过脱离政治语境去塑造产品的品牌个性。

"中华老字号"是国家商务部认定、在全国推广的一项企业品牌塑造工程，也是一项文化保护工程，凡是能够列入"中华老字号"的企业，名头足够响，影响足够大，信誉足够好，市场占有率足够大。"中华老字号"之所以能在市场中占有优势，根本的原因是"中华老字号"几千年来在消费者心目中形成的"诚信信用"，是大家对老字号的相信与认同。山西太原"宁化府"老陈醋、老北京"内联升"的布鞋、北京"全聚德"烤鸭、北京"同仁堂"药店等。老字号不仅是一种商贸景观，更重要的是一种历史传统文化现象。"不到长城非好汉，不吃烤鸭真遗憾"，使全聚德成

为北京的象征，而京城民间歇后语，如东来顺的涮羊肉——真叫嫩，六必居的筷子——酸甜苦辣都尝过，同仁堂的药——货真价实，砂锅居的买卖——过午不候等，生动地表述了这些老字号的品牌特色。这些品牌个性通过现代广告的包装与口口相传，为企业的产品增加了附加值，创造了更多的经济效益。

第三种形态，传播社会价值观，树立企业形象——社会价值诉求

企业的所有营销行为都是一种公共行为。企业在经营管理过程中有好多工作要做，我们在第一章里面讲了二十项企业的具体内容，如果企业要对外宣传企业文化、企业战略，采取的手段和办法是很多的。做广告和参与赞助公益活动是企业塑造社会责任形象最常用的手段之一，公益活动对社会的作用是巨大和长远的，它可以弘扬历史传统，改变人们的道德观念、思想方法以及人生观、价值观，可以提高精神文明建设的水平，是我们所需要并大力倡导的。企业的发展目标和价值观诉求和社会是一致的，企业为了彰显自己的社会责任，融入社会，就会通过这些活动来表达企业诉求，提高企业的形象，为企业的长远发展服务。

在企业的广告宣传过程中，有些诉求可以通过商业广告一并完成，有些则不可。例如，"让世界爱上中国造"突出了格力集团的民族情怀，突出格力在倡导中国制造、倡导中国品牌、树立民族品牌的自信心，这和国家倡导的树立文化自信相吻合。另外一则广告"为每位安装工增加100元"则是做到了信息传播，而且体现了格力关注基层员工的人文情怀，体现了格力企业"关爱"的文化理念。这两则广告做到了传播商业品牌和社会价值高度一致。有的广告则不能做到这一点，例如，"掌握核心科技"只是表达了拥有核心技术这一产品诉求，不能说明其他。"我们只是大自然的搬运工"，广告诉求只是告诉大家"水来自大自然"，企业的其他诉求则无法包含在内。"中国联通，联通世界"的广告语，只是表达了联通的企业战略目标，而不能说明产品的个性特征的信息。

赞助公益广告是企业实现社会价值传播的有效途径。企业赞助公益广告的做法是找寻企业的社会价值诉求与公益诉求高度一致的点，二者充分融合在一起，达到双赢的目的。公益广告是回应时代呼唤的产物，企业赞助公益广告，显示了企业对社会发展的高度关注。例如，随着社会进步，人们对森林之于生态文明建设的重要性的认识越来越深刻，并通过一系列公益广告加以表达，改变百姓观念，越来越多的普通人支持绿化、参与绿化，于是出现了为保护一棵百年老树而使路改道的感人故事。

公益广告以潜移默化的方式影响着人们的行为、思维，促进人们价值观念的形成。企业通过广告植入的方式，将广告与公益结合在一起，从侧面展示企业的社会责任，树立社会形象，从而服务于企业品牌文化建设。

第六节　用论坛传播思想

论坛的本质是开会，根本的目的是传播思想。

思想传播的手段很多，除了我们常用的在报纸、杂志、网站等媒介上发表文章外，还有一种形式就是开会，大家经常讲要开会统一思想，其实就是一个传播思想的过程。在企业日常管理工作中,大家面对最多的事情莫过于开会了，会期长的半个月，短的几分钟，目的各异，方式各异。会议内容的不同，传播的思想观点也不同。

企业开会的目的不外乎以下五个层面的事情。一是关于企业经营思想理念的传播，保证大家统一思想，步调目标协调一致。二是检验讨论企业的缺失，以便修正思路、方法等，让企业能够更好。三是集思广益，征求大家的意见，制定出好的思路和方法，是一种头脑风暴。四是传播决策者信念。企业的每一项决策都是集思广益的结果，是智慧的结晶，但其中也包含着不同的意见，在决策执行上就会出现偏差，因此决策者既要通过会议来表示决心，又要传达决策信念，否则执行力就会打折扣。五是安排布置工作，是一种简单的告知。

如何用论坛传播思想呢？有两个方面的问题，第一个问题是论坛是干什么的，论坛实际上就是开会，是多人对一群人开会，基本的形式是围绕一个中心议题，几个人在台上你争我抢地说话，大家在台下洗耳恭听。或者几个关键人物轮番上台演讲，表达观点，阐述思想，大家在台下听。第二个问题是传播谁的思想，传播的思想大致是两个方面，一个方面是某个人在工作和生活过程中就某一个方面的感悟；一个方面是一个组织机构主体对一件事情的思路和方法的阐述。

我们日常生活中接触的论坛很多，这些论坛的产生都有其很深的社会背景，根据参与者的范围不同，有大有小，有专业的，有区域的，总之，形式多样，种类繁多。任何一个论坛的发起方都有着很强的目的性、针对性、策略性，甚至还有一定的导向性。

央视论坛类的节目开播很久了，大家比较熟悉的有老牌栏目《对话》，新栏目《开讲啦》等，其他省级电视台关于论坛类的栏目更多，各种各样，有财经类的，也有娱乐类的，这些栏目构成传播思想的第一种类的论坛。最近的有《中国考古大会》这是一档水平档次都比较高的节目，其一是专业性强，具有很强独特性、知识性；其二是节目办的通俗易懂，很接地气，把复杂、深奥的历史原貌通过考古科学的点点滴滴用实证展现出来；其三是强烈的时代感，通过考古实证来证明中华民族拥有悠久灿烂的文化和先进发达的古代科技，树立文化自信、民族自信。

央视 2000 年开播的《对话》节目每次时长 60 分钟，每次节目由突发事件、热门人物、热门话题或某一经济现象导入，捕捉鲜活经济事件，探讨新潮理念，演绎故事冲突，着重突出思想的交锋与智慧的碰撞。《对话》通过主持人和嘉宾以及现场观众的充分对话与交流，直逼热点新闻人物的真实思想和经历，展现他们的矛盾痛苦和成功喜悦，折射经济社会的最新动向和潮流，同时充分展示对话者的个人魅力及其鲜为人知的另一面。《对话》开播至今，很多优秀的中国企业家登上了《对话》的讲台，与观众面对面，就观众提出的各类话题展开讨论交流，有些话题和企业有关，有的无关，但从企业的角度来讲，这个地方无疑是一个展现企业良好形象的免费宣传平台，因为企业家本身就是企业形象的代言人，代表着企业的形象和精神，同时传播着民族的精神和国家的意志。2017 年，《对话》栏目将《对话》放到企业的车间、广场、大门口，更加贴近了基层，走出演播间，思想观念的碰撞零距离，更加真实，为更多的人带来心灵的震撼。

央视《开讲啦》栏目，创办于 2012 年，节目有一句宣传语，就是

"聆听思想的声音",是中国青年电视公开课,主要面对青年的一档电视节目。每期节目由一位知名人士讲述自己的故事,分享他们对于生活和生命的感悟,给予中国青年现实的讨论和心灵的滋养。讨论青年们的人生问题,同时也在讨论青春中国的社会问题。

节目每期有8—10位来自全国各大高校的青年代表,向演讲嘉宾提问互动,300位大学生作为观众现场分享这场有思考、有疑问、有价值观、有锋芒的思想碰撞。他们对人生有思考,对未来有疑问,他们思想新锐、观点先锋,是中国未来的中坚力量。每期演讲嘉宾选择的主题,均为当下年轻人心中的问号,讲述青年最关心、最困惑的话题。

随着我国经济社会的快速发展,道路自信、理论自信、制度自信、文化自信的提高,在我们国家的企业中,有影响、有思想的企业家不断在青年中涌现,尤其是近几年涌现出的青年科学家、创业者,更是青年们的偶像。2016年开始,该节目对青年人心中的"偶像"进行重新定义,节目组更侧重于邀请科学家、艺术家等"高冷"行业的知识精英,用自己的真实经历和心路历程为年轻人提供方向的指引和前行的动力,给予观众心灵的滋养和精神的鼓舞。作为企业的领导人,尽可能创造机会在这样的平台上传播企业的声音,传播企业的思想,一方面树立企业形象,一方面吸引更多的精英人才加入企业。

还有一些论坛活动就是各类专业性的会议论坛,有全球性的、区域性的、行业性的,会议时间相对固定,参会对象相对固定。一般情况下由某几个区域性的国家发起,或者某个行业协会发起。大的如"一带一路高峰论坛",这个论坛由中国发起,重点阐述中国"一带一路"发展方案的目的意义,以及和沿线国家的关系,争取更多的国家加入"一带一路"中来,达到合作共赢的目的。

世界经济论坛(达沃斯论坛)是一个非官方的国际组织,由瑞士发起,每年在达沃斯召开论坛年会,会议持续约一周时间,每年都要确定一个主题。夏季达沃斯论坛又称世界经济论坛新领军者年会,是针对世界

501强到1000强的企业，也就是世界500强企业同最有发展潜力的增长型企业的对话、同各国和地区政府间的对话。由中国发起，在中国大连、天津举办。

附：历届夏季达沃斯论坛新领军者年会主题一览

●第一届年会的主题是"变化中的力量平衡"。这是世界经济论坛首次针对成长型企业的论坛。（2007年大连）

●第二届年会的主题是"下一轮增长的浪潮"。讨论走向全球、驾驭风险、未来成长的动力、科技与创新、中国全球化的积极参与者等问题。（2008年天津）

●第三届年会的主题是"重振增长"。会议议程基于五大支柱："去杠杆化"世界中的新型商业模式，绿色经济中蕴藏的机遇，重新思考亚洲发展模式，以科技进步推动经济增长，以创新满足社会需求。（2009年大连）

●第四届年会的主题是"可持续增长"。（2010年天津）

●第五届年会的主题是"关注增长质量，掌控经济格局"。强调从根本上反思现有增长模式，并分享领先的个人及企业保证高质量增长的重要经验。(2011年大连)

●第六届年会主题是"塑造未来经济"。（2012年天津）

●第七届年会的主题是"创新势在必行"。（2013年大连）

●第八届年会的主题是"推动创新创造价值"。（2014年天津）

●第九届年会的主题是"描绘增长新蓝图"。探讨在科技创新背景下，影响中国和世界经济增长的新生问题和紧要议题。（2015年大连）

●第十届年会的主题是"第四次工业革命——转型的力量"。（2016年天津）

●第十一届年会的主题是"在第四次工业革命中实现包容性增长"。（2017年大连）

●第十二届年会主题是"在第四次工业革命中打造创新型社会"。（2018年天津）

●第十三届年会主题是"领导力4.0：全球化新时代的成功之道"。围绕"实现技术领导力""保持经济领导力""提升负责任领导力""培育灵活行业领导力"四大议题展开。（2019年大连）

●第十四届年会主题是"引领崭新的可持续创新议程""港口经济转型与港口城市发展"。（2021年天津）

●2022年年会的主题有6个，分别是：促进全球和区域合作，保障经济复苏并塑造新的增长时代，建设健康和公平的社会，保护气候、粮食和自然，推动行业转型，以及利用第四次工业革命的力量。

博鳌亚洲论坛

博鳌亚洲论坛由25个亚洲国家和澳大利亚发起，于2001年2月27日在海南省琼海市万泉河入海口的博鳌镇召开大会，正式宣布成立。论坛为非官方、非营利性、定期、定址的国际组织，为政府、企业及专家学者等提供一个共商经济、社会、环境及其他相关问题的高层对话平台，海南博鳌为论坛总部的永久所在地。

附：2012-2022论坛主题：

2012年第十一届主题："变革世界中的亚洲：迈向健康与可持续发展"。

2013年第十二届主题："革新、责任、合作：亚洲寻求共同发展"。

2014年第十三届主题："亚洲的新未来：寻找和释放新的发展动力"。

2015年第十四届主题："亚洲新未来：迈向命运共同体"。

2016年第十五届主题："亚洲新未来：新活力与新愿景"。

2017年第十六届主题："直面全球化与自由贸易的未来"。

2018年第十七届主题："开放创新的亚洲，繁荣发展的世界"。

2019年第十八届主题："共同命运、共同行动、共同发展"。

2020年第十九届主题："应对世界变局，携手共创未来"。

2021年第二十届主题："世界大变局：共襄全球治理盛举 合奏一带一路强音"。

2022年第二十一届主题："疫情与世界：共促全球发展，构建共同未来"。

2017 年 5 月 14 日至 15 日，在北京举办的"一带一路"国际合作高峰论坛，向世界传播了中国的声音。这次论坛主题是"加强国际合作，共建一带一路，实现共赢发展"，在论坛联合公报中，全部使用了"我们"这个词语，体现了习近平总书记提出的"构建繁荣、和平的人类命运共同体"发展理念，论坛强调平等协商、互利共赢、和谐包容、市场运作、平衡和可持续的原则。

另外，还有各种各样由民间组织或者各类协会发起主办的论坛，这些论坛主要是以交流思想经验为主。这类论坛对企业树立良好的外在形象很有作用，有些行业的精英在论坛上的发言影响力很大、话语权很强，对巩固企业地位、提升话语权、抢占市场份额有很大的帮助。能够登上这类论坛讲台的企业一般是行业领头羊，实力雄厚。

近几年，我们国家主办举办的论坛活动越来越多，从世界政党大会到中非经济合作论坛等。

这些论坛无疑是传播企业文化理念、思想观点的绝好平台，同时也是企业了解未来发展趋势、寻找商机、交流经验、了解各行各业的有利机会。要讲好企业的故事，论坛为新闻工作者提供了一个广阔的信息平台，来到论坛的每一个企业，都会有一个成长的故事、一个发展的故事，如果再细致入微到企业管理的点点滴滴，新闻素材更是取之不尽、用之不竭。反之，站在这个平台上传播企业的理念文化思想，所产生的影响、带来的品牌效应也是无法估量的。

中国太原煤炭交易中心主办的"晋道"大讲堂，作为企业商业化运作的一个论坛项目，在山西很有影响力，主办方所选择的演讲嘉宾和主题内容可以说是精挑细选，千锤百炼，而且结合山西形势和国内国际形势，内容讲到了大家的心坎上。如果细化操作，不仅有形势的分析，更要有知识的传播，进一步提升影响力和创新力，可以全力打造成为一个传播企业管理思想的重要平台。太原低碳发展论坛也是类似的项目，作为经济发展过程中的思想交锋、沟通、交流、合作平台，作用巨大。

第四章　谁来讲

第一节　请领导往前冲

一、领导的责任——讲好企业的故事

讲好企业的故事，企业领导是第一责任人。讲企业的故事属于宣传工作的范畴，宣传工作的本质就是要说，就是要传播思想、观点、价值观、人生观、文化理念以及各种各样的诉求，获得受众的认同、支持和遵守。在企业里，宣传工作是最难做的工作之一，核心在于尺度难以把握。有的企业领导自身要求低调，不抛头露面，要求少说多做；有的行事高调，要求大力宣传，甚至好大喜功，喜欢到处吹嘘。在宣传工作中，这两种态度都是不正常的，正常的情况是要实事求是地做和说。

在企业类别中，大多数国有企业或者带有很强的隐性垄断型的私营企业一般都不愿意做宣传工作，信奉保持低调；而在市场化程度比较高的竞争比较激烈的行业中的企业领导人往往又急于宣传自己，更愿意对外抛头露面，愿意在媒体面前增加曝光率，以此来提高企业的知名度，为企业在市场竞争中形成有利的舆论氛围。

无论国企、私企，作为企业领导多数情况下是没有私人空间的，被动的躲避远不如主动地去面对反而对企业发展更有利。

对外宣传讲好企业故事是领导的一项重要工作，是领导必须具备的能力，很多时候企业领导不是在发号施令，而是通过各种方式与企业相关的对象沟通。对内要与内部的中高层干部沟通，还要通过报告等形式与全体员工沟通，要讲述企业的方方面面；对外要与国家政策的制定者、执行者沟通，要与合作伙伴沟通，要与消费者沟通，企业的责任有多大，对外沟通的范围就有多大，沟通的内容除了企业自身之外，还会有更广泛的东西。

作为企业主管宣传工作的领导者，在工作整体安排中，有针对性地请领导对外讲一些企业的故事是很有意义的一项工作。但不能随便讲，一定要注意两个事情，第一是说什么，对于需要说的事情一定有一个前期的沟通和协商，甚至要预演彩排，这些内容归类不外乎本书第一章所讲的范围，但事情一定要具体。第二是时间节点，有媒体在场的时候一定要注意，因为只要有媒体在场，无论你愿不愿意，本质就是一场新闻发布会，领导所讲的每一句话都会被媒体抓住来使用。

领导本身的职务性质决定了你所讲的内容更具有权威性、公信力、可信度，可谓金口玉言，所以一般情况下领导不能乱讲话，否则会引起内部思想混乱，或者引起外部的猜疑。

企业领导水平有高有低，有的企业领导善于讲故事，会成为企业明星。对于市场参与度比较高的企业来说，它们的领导人或许更愿意成为公众人物，成为企业明星人物。在现代企业管理理念中，企业领导人本质上就是企业的形象代言人，区别在于企业领导人愿不愿意通过媒体成为公众人物，走向前台。

企业领导讲故事一般有两个阶段，第一个阶段基本上是因为自己企业成功了，有经验和故事与大家分享，归结为"王婆卖瓜"式的自我吹嘘，为企业形象贴金的阶段；第二个阶段是成为明星人物后的指点江山，成为无所不能的"企业教父"，做精神领袖的阶段，这个时候所讲的故事多数是抄袭来的，用以评价别人用的，目的在于扩张自己企业的品牌。企业领导讲好故事重要的在于自己要做好积累，培养会讲故事的能力。不同的阶段需要不同的故事内容，这对领导是一个强有力的考验。

企业领导讲好企业的故事，还有最重要的一点就是撰写文章，文章的内容广泛，什么都可以写。写什么不写什么，一方面是领导自身和企业的情况来决定；另一方面是媒体的需求，不同的媒体对文章要求不同，作者要根据媒体的要求撰写，否则不会刊发。企业领导还可以开设自己的微博、微信等，可以在上面表达自己的观点，好多企业的领导都有自己的微信公众号。

二、下属的责任——把领导包装成明星

在企业文化的形成与传播过程中，领导的社会形象和在企业内的形象的好坏，决定因素的内因是领导本身的个人魅力，外因是企业宣传部门对企业领导的推崇与包装。综合来讲，企业领导形象的好坏，是其员工对其所作所为的认同度的高低来决定的。一般情况下，能当领导，成为企业的掌舵者，个人的综合素质一定是过关的，但能否成为明星，成为企业好的形象代言人，还需要更多的下属的支持与包装，俗话说，"一个好汉三个帮"，在企业文化传播、形象塑造方面这一点显得尤为重要。下属的作用就是根据企业发展的要求，把企业领导当成明星来包装，讲好企业的故事，才能为企业的品牌服务，为企业赢得更好的外在舆论空间。

如何把领导包装成明星呢？包装成什么样的明星呢？采取什么样的手段呢？不同的企业，性质是不一样的，领导的潜质和特质也是不一样的，而且人的性格特征也是不一样的，所以很难说有一个固定的包装方法，但有一些共性的东西，大致有以下这样几个原则。

1.外在形象的包装

外在形象指相貌、着装、肢体动作等。外在形象涉及以下几个重要方面。

一是标准照片。这个很重要，好多场合都需要一个标准照片，标准照片重点是发型、眼神、面色、口型、照片色调，神情自然放松，这些一定要看起来舒适、协调。

二是着装。领导着装很重要，一般的商务活动，要准备几套西装，上

下装颜色一致，不同场合穿着不同的衣服，关键是领带的搭配，衬衫可以穿白色万能色衬衣，鞋子和衣服搭配就可以，可以是万能色黑色。一般的社交活动，可以根据季节和活动人群做一些区分和选择。例如，一般的调研、访问、座谈等穿夹克装就可以。

另外的注意事项就是随重要领导出访或参加重要活动，要提前做好准备，不要与领导撞衫、撞色或者过于抢眼，注意宾客主次关系。

三是肢体语言。领导的肢体语言能够传递出强大的信号，有研究证明，肢体语言是人的最大的泄密场所，有时候你不想用语言表达，肢体一定会表现出来。肢体语言关键是以下几点：坐、立、行、举手投足、讲话、倾听、迎、送等，俗话说，"坐有坐相、站有站相"，就是这个道理，人的肢体语言很能反映出一个人的心态和性格，根据肢体语言得出的判断还是有一定的科学道理的。作为企业形象代言人一定要注意这些细节，否则会带来好多不必要的麻烦。在企业的商务、外事活动中，肢体语言感染力特别强，一定要注意肢体语言表达。演艺圈里的明星们更是喜欢用夸张的肢体语言来表现自己，如成龙、周华健、凤凰传奇等在演出时肢体语言特别丰富。

四是镜头感。在各种各样的商务活动中，领导是否有镜头感，特别重要。镜头感是指被拍摄对象在面对镜头时的表现，以及和拍摄者的默契沟通程度。重点注意以下几个方面，会议中，如果坐在主席台上，看到记者拍照一定要端正坐姿，一般情况下双手放到会议桌上，面部注视台下听众，切忌有各种小动作，也不要靠到椅背上，更不能面部朝天。一般情况下，记者在拍照前都会用闪光灯忽闪几下，提醒与会者注意要拍照了，大家坐好。如果在台下，更要注意和台下听众保持一致，保持聆听的姿态就可以，或者记录也可。在调研活动中，要注意主要领导或者主宾之间的位置关系，有时候主要领导不注意，跑到了一个比较偏的位置，这时候，摄影和摄像记者特别难工作，拍出来的照片和视频无法剪辑使用，所以需要领导提前站好位置，必要时可以故意挤一挤领导，保证主要领导在中间位置或者在中间稍偏左或右一个人的位置，保证不要互相遮挡。行进中的调研活动时注意步伐和节奏，有时候记者们跟不上也会导致拍不出好片子和视频，注意配合记者。在陪同别人时，注意不要故意远离被陪同对象，一方面不礼貌，另一方面照片中不能显示，也会给下面的工作人员造成工作难度；别人陪同时，一定要注意走在相应的主宾位置，别客气的靠边站，貌似礼貌，其实是对主家的不尊重，既搞不好调研工作，也会造成主家的其他陪同人员不好站位，造成主家的工作人员不好处理照片。

大家可以回忆一些经典照片，毛主席挥手之间的那张照片，周恩来总理穿风衣、戴礼帽健步走路的照片，习近平总书记手挽彭丽媛下飞机的照片，都展示了大国领袖的气质。

2.内在形象的包装

内在形象指的是领导的学识表达和价值观表达。重点有以下几个方面。

一是语言表达。领导会不会讲故事，很大一部分是通过语言展现出来的，中国的语言丰富多彩、千变万化，领导会讲故事的一个原则是"听得懂、很好听"，说白了，就是要吸引人。故事能否吸引人，除却故事题材本身之外，语言要"生动形象比喻好，幽默风趣讲的妙，引经据典恰到好，立场清晰驳不倒"，能够自圆其说。

董明珠、李彦宏等一批企业家登上央视《开讲了》节目的讲坛，给大家讲故事，讲自己的思想、信念、价值观、人生观，从内在树立企业形象。

二是社会公众价值观形象表达。企业领导人的公众形象，就是企业的形象，所以不论公有企业还是私有企业，如果领导人的形象出现问题，那么企业形象也会大打折扣，企业品牌就会受到消费者质疑，尤其是大众消费品企业，企业领导人的公众形象一旦出现问题，对企业很可能是致命的伤害，甚至破产歇业。领导人的公众形象主要体现在爱国、清廉、公正、慈善、亲民、友爱、勤勉、坚强等特征。企业要想把领导包装成明星，就要围绕这些特征去发掘，通过各种活动，彰显企业的良好方面，点点滴滴积累，企业公众形象就会深入人心。

领导的内在形象的包装，对工作人员来说是一个难度极高的工作，甚至是无所作为。事实上，只要沟通得当，领导们还是愿意听取一些意见的，关键是领导们的工作时间和重视程度，这也和本人的知识积累和结构有关，不是一蹴而就的，要有一个长期的积累过程。

企业的形象关乎企业发展的成败，作为企业的掌门人领导者，讲好企业的故事义不容辞。

中国倡导"一带一路"、倡导建立人类命运共同体，中国要发挥应有的作用，担当大国责任，就要对外讲好中国故事，中国故事的主角之一就是中国的企业。习近平总书记多次讲要讲好中国故事，并带头，身体力行。

资料：习近平讲故事

习近平总书记很善于讲故事，在不同的场合，面对不同的听众，习近平总书记都能找见与活动内容有关联的故事，以此来拉近距离，增进感情，说明问题，易于大家接受、理解。尤其是在演讲、发言、调研谈话中讲了很多故事，现将部分故事摘录如下，供大家学习借鉴。

（一）出访时演讲

2013年9月7日中午，习近平在哈萨克斯坦纳扎尔巴耶夫大学发表重要演讲。有三个故事，出自这场演讲。三个故事都是中国与到访国之间的故事，拉近了两国之间的友谊，有了亲近感。

1.冼星海大道的故事

古丝绸之路上的古城阿拉木图，有一条冼星海大道，人们传诵着这样一个故事。1941年，伟大的卫国战争爆发，中国著名音乐家冼星海辗转来到阿拉木图，在举目无亲、贫病交加之际，哈萨克斯坦音乐家拜卡达莫夫接待了他，为他提供了一个温暖的家。在阿拉木图，冼星海创作了《民族解放》《神圣之战》《满江红》等著名的音乐作品，并根据哈萨克民族英雄阿曼盖尔德的事迹，创作出交响诗《阿曼盖尔德》，激励人们为抗击法西斯而战，受到当地人民的广泛欢迎。

2.瓦莲金娜的故事

青年是人民友谊的生力军。青年人情趣相近、意气相投，最谈得来，最容易结下纯真的友谊。这里啊，我想起了中哈两国人民交往的两个感人的故事。

第一个故事，20世纪的50年代初，一位在中国新疆工作的中国小伙儿认识了在当地医院工作的美丽的姑娘瓦莲金娜，两个人真心的相爱并结婚生子。后来，由于政治时局等方面的原因，瓦莲金娜回国了，当时他们的儿子才6岁。这个孩子长大之后，不断地寻找自己的母亲，想尽了各种办法，但是始终没有音讯。2009年，儿子终于找到了自己的母亲瓦莲金娜，他的母亲就住在阿拉木图。这一年，儿子61岁，瓦莲金娜80岁。后来，儿子来到阿拉木图看望母亲，还把母亲接到中国去旅游。这迟到了半个世纪的幸福，是中哈人民友好的有力见证。

3. "熊猫血"的故事

第二个故事，RH阴性血型这个在中国属于十分稀有的血型，被称为"熊猫"。这种血型的病人很难找到血源，哈萨克斯坦留学生鲁斯兰正是这种血型，在中国海南大学读书期间，鲁斯兰自2009年起参加无偿献血，每年两次，为一些中国病人解除病痛做出了贡献。当中国朋友称赞鲁斯兰的时，鲁斯兰说："我觉得应该帮助别人，献血是我完全应该做的事情。"

（二）到高校的调研

2014年5月4日，习近平在北大考察与青年人接触，讲有关求知上进的故事，用自身经历激励大家。

"30里借书，30里讨书"

据在场学生回忆称，习近平说现在学生的学习和读书环境已经好了很多，自己的大学是在上山下乡的时候上的，那时候周围的小气候就是"到处找书看"，《浮士德》就是在那个时候找别人借来看的。虽然看不太懂，但一看就"爱不释手"。不过，借书的人也着急看，每到赶集的时候就催促他还书。习近平总书记这个"30里借书，30里讨书"的故事让现场响起了掌声，氛围也更加轻松。

（三）临别时的赠言

1990年5月，《同心同德兴民兴邦——给宁德地直机关领导干部的临别赠言》时讲有情怀的故事。

泰戈尔访华的故事

讲到这里，我想起了一则故事：印度著名诗人泰戈尔访华回国之际，友人问他，你到中国丢失了什么？他回答：什么也没丢，就是留下了一颗

378

心。我也有同样的心情，人虽然即将离开闽东，但我留下了一颗热爱闽东的赤诚之心。离开以后，我会时常牵挂、关注着闽东的工作，积极为闽东的发展进言献计。闽东的点滴变化，都会给我带来无比的喜悦和欣慰。

（四）与基层干部座谈

2004年12月26日，习近平在瑞安市基层干部座谈会上的谈话，与基层干部谈治理，讲古人的治理故事。

西门豹的故事

《史记》中的西门豹治邺是大家熟悉的故事。这个故事里面讲道："子产治郑，民不能欺；子贱治单父，民不忍欺；西门豹治邺，民不敢欺。"子产是春秋时人，他治理郑国，明察秋毫，百姓不可能欺骗他。子贱是孔子的学生，他做官重在教化，身不下堂，鸣琴而治，百姓受到感化，不忍心欺骗他。西门豹是战国时魏人，他以大智若愚、大巧若拙的面貌出现，不站在百姓的对立面，顺利革除"为河伯娶妇"的陋习，带领百姓兴修水利，用重典治乱世，百姓不敢欺骗他。这些道理对于我们加深理解干群关系、不断改进工作方法不无裨益，应该好好体味。总之，工作方法要不断总结、不断创新、与时俱进。

（五）在地方的调研

2005年6月17日在金华市调研时的讲话。讲民主问题时用"驴马理论"来说明问题，体现了"讲好故事、事半功倍"。

驴和马的故事

现代民主政治的成果主要是对权力的制衡机制。在这个问题上，有一个著名的"驴马理论"，说的是：马比驴跑得快，一比较，发现马蹄比驴蹄长得好，于是把驴身上的蹄换作马的蹄，结果驴跑得反而更慢；接着再比较，又发现马腿比驴腿长得好，于是把驴身上的腿也换作马的腿，结果驴反而不能跑了；接下来，依此类推，换了身体、换了内脏，最后整个的驴换成了整个的马，才达到了跑得快的目的。这个"驴马理论"说明，

"民主选举"仅仅是一个"马蹄",推进民主政治建设光是换个"马蹄",倒还不如不换。"民主管理、民主决策、民主监督"同"民主选举"一样重要,一样关键。"半拉子"的民主,造成"选时有民主、选完没民主",反而把原有的秩序都搞乱了。

(六)给党校学员讲话

2012年9月1日,在中央党校2012年秋季学期开学典礼上的讲话要点,勉励学员学习,讲如何学习的故事。

1.勤学苦读的动人故事

我们的先人有许多勤学苦读的动人故事,如悬梁刺股、凿壁偷光、囊萤映雪等,一直传为美谈,这种刻苦学习的精神值得记取。大家要安下心来,心无旁骛、专心致志地看书学习,深入进行研讨。"学而不思则罔,思而不学则殆。"孔子这句话讲得好。学习与思考、勤学与善思是相互联系和相辅相成的,不可把二者割裂开来。在学习过程中,要结合自己的工作实际,脑子里经常装几个问题,反复思考。这对于培养和提高自己的理论思维和战略思维能力很有好处。中央党校在每学期教学安排中,都有学员论坛和从政经验交流活动,这有助于大家深入研究和切磋执政经验。大家还可以利用课间休息、茶余饭后交流学习体会,在相互交流、相互启发中分享经验。

2.初唐名臣裴矩的故事

2012年5月16日在中央党校春季学期第二批入学学员开学典礼上的讲话,讲古代名医的故事。

《古文辑要》上记载了这样一个故事:初唐名臣裴矩在隋朝做官时,曾经阿谀逢迎,溜须拍马,想方设法满足隋炀帝的要求;可到了唐朝,他却一反故态,敢于当面跟唐太宗争论,成了忠直敢谏的诤臣。司马光就此评论说:"裴矩佞于隋而诤于唐,非其性之有变也。君恶闻其过,则诤化为佞;君乐闻其过,则佞化为诤。"这个故事告诉我们,人们只有在那些愿意听真话、能够听真话的人面前，才敢于讲真话、愿意讲真话、乐于讲真话。我们的领导干部一定要本着"言者无罪、闻者足戒"的原则，欢迎和鼓励别人讲真话。

（七）刊发的文章讲典故故事

2007年2月12日，在《之江新语》"生活情趣非小事"中用了两个小典故，一正一反，对比讲。文章生辉，生动形象。

风成于上，俗形于下。领导干部的生活作风和生活情趣，不仅关系着本人的品行和形象，更关系到党在群众中的威信和形象，对社会风气的形成、对大众生活情趣的培养，具有"上行下效"的示范功能。这方面的逸事较多，有两则小典故至今读来仍有强烈的警示意义。

一则是《宋人轶事汇编》记载：钱俶进宝犀带，太祖曰："朕有三条带，与此不同。"俶请宣示，上笑曰："汴河一条，惠民河一条，五丈河一条。"俶大惭服。

另一则是《南村辍耕录·缠足》记载：李后主嫔妃窅娘纤丽善舞，后主令窅娘以帛绕脚，素袜舞云中，回旋有凌云之态。"由是人皆效之，以纤弓为妙，以不为者为耻也"。

这两则典故一正一反，说明了领导人在生活细节上体现出来的态度，绝不是小事。

第二节　会说的新闻官

一、新闻发言人的素质

讲好企业的故事，一定要有一个好的新闻发言人。大型企业要组建一个新闻发言人队伍。多数情况下，只有主动发声才能获得更大范围的美誉度，无论好事坏事，如果老是做鸵鸟，一味被动躲避，只会招来更多的猜疑与非议，所以，企业要建立一个新闻发言人队伍是必要的。新闻发言人是一个比较特殊的队伍，对人员的综合素质要求比较高，主要体现在以下几个方面：

一是要政治素质过硬。政治素质主要包括政治立场、政治品德和政治理论水平等方面。政治立场是指要忠诚于党、忠诚于人民、忠诚于国家，在工作中凡事要站在党、国家和人民的立场上考虑、观察、分析、处理问题；政治品德是指要忠于法律，清正廉洁，道德品质好，有高度的政治责任感，处事客观公正；政治理论水平是指要深刻理解党的理论政策和国家大政方针及其运行规律，善于执行党和国家的方针政策，而且具有很强的坚定性和自觉性，对党的理论政策表达准确清晰。

二是专业素质过硬。专业素质过硬是指无论作为哪个行业的新闻发言人，都必须对本专业业务精通，一定是业务方面的行家里手，否则一旦涉及专业方面的问题，自己都搞不清楚，更不用说给别人讲清楚了。在以前举办过的新闻发布会上，经常有这样的情况，有些新闻发言人对自己的主要业务不熟悉，在回答问题中经常卡壳，如果应对再不当，就会引起记者们起哄。有些大型企业，产业板块众多，甚至产业板块之间没有任何关联度，跨界幅度比较大，比如煤炭企业搞房地产，航空产业做汽车，等等，这种情况下，如果对新闻发言人身份没有进行行业区分，就容易出问题，因此，对新闻发言人的知识结构和视野要求更宽更高。

三是新闻素质过硬。新闻发言人的工作就是发布新闻，工作性质要求新闻发言人必须熟悉新闻业务专业知识，熟悉新闻业务的运行规律，熟悉新闻写作，熟悉新闻单位的组织架构等。最重要的是要善于和新闻媒体打交道，和记者交朋友，善于提供媒体关注的话题，清楚媒体关注的热点、难点。

四是心理素质过硬。心理素质过硬是指在新闻发布会现场一定要沉着冷静、不慌不忙、从容应对。要做到这一点其实是很难的，说起来容易做起来难，尤其是委托指定的新闻发言人。要做到这样，一定从两方面做起，一方面是做好充足的准备，就是要"肚里有货"，不怕问，经得起问；另一方面就是自己平时的积累和演练，心理素质有先天的成分，但更多是后天的锻炼，增强自信心。

以上关于新闻发言人的要求很宽泛，是根本的素质要求，要做一个好的新闻发言人，还有好多知识和能力需要提升。在全国各类新闻发言人培训班上，众多与会官员、专家、学者不约而同地指出，新闻发言人的基本要求，就是要敢于担当、善于担当，在潮头起舞，不怕打湿羽毛。作为新闻发言人，要增强责任感、使命感，真英雄见本色，真名士自风流。新闻发言人站在前台、没有退路，有时难免被挑刺、被责难，甚至要挨骂，要有定力，秉持一颗平常心，既能接受鲜花和掌声，也要受得了批评和委屈。只要是为党和人民做事，讲的是真实和真理，就问心无愧、坦坦荡荡。

看下面的一则新闻：

2016年8月6日，中国广核集团在深圳召开了"2016年中广核公众开放体验日新闻发布会"。作为中广核"消除邻避效应、服务公众需求"的最新探索，中国广核集团及下属的核电上市公司中广核电力、在运在建六大核电基地的八大新闻发言人集体亮相，并向社会公布了八大新闻发言人的联系方式。集体推出新闻发言人的举动在国内企业中非常罕见，在核电行业内更是首例。

中广核电集团为什么要这样做，关键是中广核在发展中遇到大家不理解的问题，遇到外界对核电发展安全的普遍质疑的问题，在这个背景下，中广核也算迫不得已才走上此路，提出"公开透明，让公众放心"的口号，以坦诚开放的姿态面对公众，消除公众的误解，获得公众的支持。中广核这次新闻发布会的两个重要信息，一个是新闻发言人集体亮相，一次八位，重磅；一个是中广核企业发展过程中安全运营的业绩情况介绍。

从这篇新闻的角度来看，足以证明新闻发言人多么重要。近年来，我国各级政府机关，大中型国有企业，以及一些有眼光的私营企业都设置了新闻发言人的岗位，对这项工作给予高度重视。一个重要的原因是，新媒体的发展彻底改变了信息传播的环境，以往常说好事不出门，坏事传千里，现在无论好事坏事只要发生，基本上是"秒播"，一秒传遍全国，半天就极有可能是"地球人都知道"。

更关键的是中广核集团新闻发言人队伍的组成结构，消息显示，中广核集团的新闻发言人涵盖集团重要的业务板块，每位发言人都是板块的专家型人物，对专业熟悉。同时发言人中的核心人物，也就是新闻宣传部门的专家领导干部，熟悉国家各方面的宣传政策，熟悉媒体沟通技巧，有着良好的媒体关系，是一场新闻发布会的核心人物，新闻专业人才能够保证与媒体的沟通不卡壳，做好技术专业与新闻记者的协调润滑沟通，保证会议顺畅。

二、新闻发言人的职责

新闻发言人的职责归结为三点：第一是设置议题；第二是传播议题；第三是总结评价议题传播的效果。

设置议题的过程就是一个对其企业分析判断的过程，议题设置内容有两大类，一类是被动突发事件的处置与应对，一类是主动发布与传播。在议题设置中哪些内容需要传播出去，为什么要传播发布这个议题，这个工作看似简单，其实很复杂，你不但要考虑议题能不能传播，如何传播，还要考虑传播出去以后会出现什么情况，要做好应对的预案，内容选择还会受制于企业内外各种因素的制约，对新闻发言人来说是非常痛苦的。对于突发事件，议题设置更加困难，因为好多突发事件中议题随时会发生变化，面对突发事件，如何设置一个让媒体信服的话题，需要极高的水平。这项工作是新闻发言人的基本功，要扎实，不但要熟悉媒体，还要熟悉环境和背景，熟悉企业自身。

传播议题有两个过程，一个是新闻发布会现场，一个是新闻发布后，事件进入衰退期，关注度迅速下降，直至平息。新闻发布会现场是一个议题设置好之后的发布过程，保证这个过程的平稳、高效、协调、纾解、顺畅、圆满是新闻发布组织者的重要工作。就是要有本领开好一个新闻发布会，新闻发布后注意发布内容的传播情况。新闻发布会新闻发言人具有一定的主动性，还具有一定的控制力。但会后的内容传播就会无法控制，大家会如何解读，根本无法想象，但一定要跟踪监控，及时采取必要手段控制导向。

评价议题传播的效果，重点是看传播后的知名度和品牌影响力的提升，大致有多少人知道了，大家对其有什么评价，是褒还是贬。评价的重点有两个方面，一个方面是发布会本身开的效果如何，一个方面是会后来自社会的综合评价如何。发布会自己总结则可，社会综合评价则要借助专业机构来处理，也可以借助广告监测手段监测传播数据，来分析基本情况。尤其是议题传播后美誉度、知名度和品牌影响力的提升不可能一下子就感知到，但这个会逐步地转移到股票、市场占有率、销售额等这些具体的数据上来表现。这项工作的积累，需要长期的经验判断，并不能完全依靠数据分析。

三、新闻发布会的内容

新闻发布会的内容很宽泛，只要有价值的东西都可以以开会的形式对外发布。对企业而言，如果有新产品上市，可以召开新产品发布会，这是好多企业宣传部门工作的常态。比如，华为、海尔等电子家电产品更新换代快，一有新产品推出，就会邀请众多媒体的专业记者召开发布会，介绍产品的性能、特征、消费者定位等。新的生产线投产也可以召开新闻发布会，邀请政府官员或者相关方面的专家站台等，例如各类新车上市。总之，企业的新闻发布会内容繁多，每次会议邀请的人员对象也会有区别，除了专业记者之外，还会有其他人员出席，针对不同的会议会有不同的要求。有些新闻发布会还专门办成茶话会、冷餐会、论坛会等。

附：如何召开新闻发布会

如何成功地召开一场新闻发布会呢？事情的关键在于会议的准备。首先，确定会议的性质和主要内容，是新产品发布，生产线投产、竣工、落成典礼，某些重大荣誉的获得，或是某类突发事件的说明释疑等；其次，根据内容确定新闻发布会形式、节奏、规模、议程、出席对象、邀请嘉宾和媒体对象等；再次，根据会议内容准备充分翔实的材料和相关问题的答案；最后，准备会议上可能发生的应急预案和后勤服务等。这些都准备好之后，会议就可以按照事先设计好的流程召开了，一般情况下是四个重要环节，即准备环节、发布环节、问答环节、结束环节，每个环节各有侧重点，解决各自的问题。

1.准备环节

（1）主要是会场的布置。会场的整体氛围、格调要和会议内容匹配，这一点特别重要，会场营造的色彩、格调、氛围等，包括温度、舒适度等直接影响参会者的情绪。再有一点就是空间大小、音响效果、与会者视野、座椅摆放、对话交流的通畅与否等，对后面的会议进程会有极大的影响。

（2）背景版面。背景版面设计很重要，要根据会议内容设置画面，有时候可以用最简单直接的方式，显示会议的主题会标、徽标和落款。也可以根据内容设置一些生动形象直观的画面，比如新产品发布会。要注意的问题是画面要协调、柔和，光线不要过于强烈。

（3）仪态着装。主持人的着装根据情况可以与发言人一致，也可以稍有区别，但都要注意着装一定要与会议内容匹配。如果是类似年轻人使用的电子产品发布会，可以活泼生动，甚至新潮超前都可以。如果是某类特殊突发事故类的事件，就要考虑着装的严肃与庄重。

（4）书面资料。书面资料的准备是会议的关键，在尽可能的情况下，准备详细，一定要有会议的通稿，设置好各类"口径"。另外围绕通稿准备若干问题，准备回答记者和其他与会者的提问。这个材料的准备要有一个文字班底，不但有新闻宣传部门，还要有专业技术部门和职能管理部门参与，将材料做到疏而不漏。准备电子版和书面文字版版本，便于查询对照，避免某些记者在使用材料时断章取义。有经验的发言人团队还会专门提炼和归纳一些朗朗上口、易于诵记、形象生动、让记者和大众印象深刻的"主题句"来备用。例如，2014年全国政协大会发言人吕新华的"你懂的""任性""铁帽子王"等诸多金句走红，被各大媒体广泛采用。

2.发布环节

发布环节主席台就座人员要根据发布会内容来确定，一般情况下对某件事情的表态，一个人说清楚就可以，不需要主持人等。另外一些情况是多人在场，一位主持人，两位发言人，或者多位发言人，根据所要发布解释的内容多寡来确定。多数情况下这样搭配，一位主持人，新闻宣传部门来担当，其他的可以是带有行业背景的指定的新闻发言人。可以确定一位首席发言人，其他来补充解释。这里面关键的人物是主持人，主持人既要掌握节奏，安排发言人回答问题，又要舒缓记者的问题，要有超强的控场能力。

发布环节由首席新闻发言人对本新闻发布会做详细的说明，同时对新闻发布会所要发布的内容进行发布，可以按照事先拟定好的稿件照本宣科，也可以自己组织语言来说明。发布环节首席发言人发布的内容根据情况事先拟定，一般情况下不允许突破原定范围。新闻发言人的团队要提前熟悉准备材料的各种"口径"，保证表述一致。发言时用好关键词，在保证恰当、贴切、准确的前提下使用比喻等各类修辞手法，可以增强新闻发布会的效果，舒缓记者的情绪，减轻记者质疑提问的冲动。

3.问答环节

问答环节是新闻发布会最难的环节，有些提问可以提前沟通安排，有些就不能，只能做好准备。问答环节一定要有熟悉媒体的新闻发言人来主持，这个最大的好处是，大家彼此熟悉，不会紧张，有时候还会给留面子，会按照你设定的议题思路走，有时一见到他们举手，问什么问题都能猜个八九不离十了。如果所提问题在事先准备的范围之内，从容应对就是。根据问题的内容，主持人指定专人回答。

如果不在范围之内怎么办？要注意以下几个问题，一是不能回避问题，新闻发言人干的是传播的事，不但对媒体要有开放的态度，而且要对自己所说的话负责，这是职责所在；二是不能一问三不知，设置新闻发言人就是为了回答公众心中的问题，是为了给公众科学的结论，所以，一定有话要说、有话可说；三是不能推卸责任，新闻发言人必须要有为人处事的基本素养，必须要诚信，不能说谎，如果遇到确实不知道答案的问题，就应该简明地如实告知"不知道"，端正态度，并表达在会后协助找到答案的意愿。

问答环节是一个面对面沟通的环节，对发言人的应急处理能力是一个严峻考验。一般情况把握好"三个度"就可以做到稳而不乱。一是态度端正、掌握好语气、表情、表达方式等；二是找好角度，这里指的是说话表达的立场，在一些模糊事件上面，一定不能完全站在自己的立场上说话；三是尺度，就是有些语言不能说满，要留有余地，对一些当下就能解决或是答案具有唯一性的也可给予明确回答。

4.结束环节

结束环节，从礼仪方面处理，表达感谢和希望，以及会后的一些宴请安排、接送等。最后的结语态度很重要，并且一定要和新闻发布会内容匹配，表述要贴切。比如新产品发布会，结语一定要大家用心体验，将感受告诉我们等，多提宝贵意见建议等；事件解释说明的会议，一定恳请大家谅解、理解，做好安抚工作等。

第三节　组建宣传队伍

一般情况下，大型企业都有自己的新闻宣传机构，有的是宣传部，有的是新闻中心，这两个部门的组成人员就是自己的队伍，如果有下属机构，下属企业机构中还要配备专职或是兼职的通讯员，以此形成企业的新闻宣传体系。

新闻宣传队伍是否齐备，要根据企业的基本情况而定，根据企业新闻宣传工作的需要来配备。有些企业有自己的电视台、报社、网站，机构非常齐全，那么人员要求就非常高，专业性很强。例如，国家能源集团、国家电网、中铁集团公司等大型国企，都有专业的新闻宣传机构，而且都有国家正规的刊号，有些企业还成立了专业的传媒集团。例如，黑龙江农垦集团的北大荒日报社，中铁传媒等。在有些城市，比如平煤神马集团，大庆油田等，他们的企业媒体基本上等同于所在城市的媒体，而且都具备国家颁发的各种资质，实质上就是专业媒体，人员庞大复杂，素质要求与专业媒体一致。

一般的大中型企业，有文字记者、摄影记者、网站维护设计人员、视频拍摄、编辑、配音等就可以完成现在的宣传任务。当下网络时代的传播平台逐渐统一到手机智能终端和PC终端，纸质媒体逐步减少，新闻从业人员的素质也要求更高，除了基本文字功底过硬外，还要会摄影和编辑排版，基本是"一专多能"的复合型人才。

新闻宣传队伍的根本是文字功底必须过关，这是新闻队伍培训成长的难点，因为会写不一定能写好，文字性的东西不是上几天新闻专业就能学会的，所以要牢牢打好写作这个根基，有了这个根基，微信、网站等平台的稿件就有了保障。新闻类视频内容同样如此。再延伸一步到微电影，就需要有很好的文学修养，电视和微电影的脚本撰写完全不同于新闻稿件，必要时可邀请"外援"来完成。大型企业有条件的话，可以自己培养。

不同类型的企业还需要不同类型的懂专业技术的新闻宣传人才，一方面，需要新闻专业毕业的人才必须完成从新闻专业到企业相关专业技术的转变，变成专家型记者，尤其是涉及专业技术和企业管理方面，否则可能会写出"外行看不懂，内行不明白"的文章；再一方面，从技术岗位转到新闻宣传岗位上的人才也要完成从非新闻专业技术到新闻专业的转变，摸清新闻的规律，成为行家里手；最后就是所有新闻宣传工作者必须完成从微观看问题到宏观分析问题的转变，这个和个人的知识结构和政治素养有关，有的人因为多方原因，可能在新闻领域不会有突破，不会在微观和宏观两个方面跳跃转换，因而不能成为一个优秀的新闻宣传工作者。

新闻宣传工作是一项工作强度大高智力的劳动，对员工的工作时间、工作能力、身体状况要求很高，基本上是吃青春饭，但是不到一定年龄，不经过一定的历练又不能胜任工作，所以企业在选拔新闻宣传工作人员时更是要严格把关。

由于通讯员大多数是兼职，对其要求不要过于严格，基本是文字能够过关、敬业勤奋就可以，或者能够及时报告最新信息就可。

关于新闻宣传人才的素质要求，针对不同的企业、不同的部门会有一些差异，主要区别在于服务对象的不同，在讲好中国故事这个大前提下，中央对从业人员的要求是一致的。2016年2月19日，习近平总书记在党的新闻舆论工作座谈会上指出，党的新闻舆论工作者的职责和使命是：高举旗帜、引领导向，围绕中心、服务大局，团结人民、鼓舞士气，成风化人、凝心聚力，澄清谬误、明辨是非，连接中外、沟通世界。2018年8月，习近平总书记在全国宣传工作会上强调，宣传思想干部要不断增强"脚力、眼力、脑子、笔力"，要努力打造一支政治过硬、本领高强、求实创新、能打胜仗的宣传思想工作队伍。

这个表述明确了我们新闻宣传队伍除了有过硬的专业素质外，还必须有过硬的政治素养。

第四节　搭建传播平台

　　企业根据自身新闻宣传工作的需要，可以搭建自身的新闻传播平台。互联网时代，企业基本上依靠网站和手机终端就可以完成内部的新闻宣传任务。现在好多企业建立了自己的微信公众号和网站，部分企业保留了传统的报纸、杂志、电视等机构。随着互联网功能的进一步强大和移动终端的崛起，可以预见，企业新闻宣传工作将主要通过移动终端来完成。移动终端和PC终端结合将会以最快的速度将企业信息传播出去。企业只需将审核合格的图片、文字、视频、动画提交给平台则可。

　　目前情况下，新闻传播平台很容易建立。报纸方面，如果有正规的国家刊号，有对外采访的权力，可以外派记者出去采访，但多数情况下，企业报即便有刊号，所报道的内容也是基于企业管辖范围内的，一般情况下，除国家大政方针和各类行业政策、动态等，不会涉及企业之外的内容。如果没有刊号，可以向企业所在地新闻出版管理部门申请内部连续出版物许可证，可以是报纸型的，也可以是杂志型的，根据企业自身需要，申请成功后，接受新闻出版部门管理。新批准成立电视机构已经很难了，原来一部分大型央企和省属国企，都有自己的电视台和播出网络，现在基本上已经归口属地的广电网络集团，有的暂时存在，预计在新一轮国企改革中，会有变化。当下没有电视台的企业可以拍摄、编辑视频内容，在微信和网站播出。

互联网时代，企业完全可以依靠互联网建立自己的企业内宣平台，通过编辑设计，将要发布的内容编辑成图片、文字、视频，处理成各种形式传播。

需要注意的是，现阶段纸质平面媒介受制于物流发送（报纸、杂志投递）的影响，成本居高不下，到达率下降，不方便等因素，最终导致阅读量下降，但是它们又是新闻产出量最大的一个行业，也是培养新闻专业人才的最有力的基础平台，是理论功底培养和文字功底培养的不二路径，所以还要强化其基础作用，为新媒体发展奠定雄厚的人才基础。目前，手机移动端的社交媒体成为主流，PC端的网站因手机移动媒体发展，阅读关注度也在下降。建议企业单位顺应时代潮流，加大新媒体和微信公众号、短视频、网站等融媒体中心建设，构建立体传播平台。

第五节　结交媒体朋友

外宣工作就是要把企业的亮点宣传出去，目的是为企业创造一个良好的外在舆论环境，增强受众对企业的了解和认知，提高企业的知名度、美誉度，提升企业品牌影响力，促进企业产品销售。外宣的主要内容分为两部分：一部分是企业新闻宣传部门授权发布的各类免费新闻稿件；另一部分是企业市场营销部门付费刊发的各类软文和广告。

要做好这方面的工作一定要建立业务联系，尤其是企业授权免费刊发的各类新闻稿件，这类稿件不但节省经费，而且可信度、公信力都要高于付费软文和广告，这类文章的内容往往是媒介本身所需要的新闻素材，对一些专业化媒体来说，这些新闻还是最重要的，因此满足媒介的新闻素材需求，借助媒介的公信力提升企业的形象是一个捷径。这也是外宣工作必须找一帮铁杆朋友的原因。建立媒介联系数据库的根本目的是对号入座，为企业的新闻稿件找准适合刊发的媒体。

媒介种类繁多，媒介的新闻需要是多方面的，有报纸、电视、杂志、门户网站、微信公众号、广播等。

我国报纸、杂志分类的另外一个标准就是按照报纸读者定位、内容定位来分类，分为综合类和专业类，一般情况下，中央级和省级机关报以综合类为主，但也是相对而言。综合类报纸和专业类报纸因为读者定位不同在新闻内容选择标准上有着很大的区别，一般情况下，综合类报纸理论上涵盖的读者群体（发行量）大、读者结构均衡，专业类报纸涵盖读者群相对较小，但目标群体清晰准确，对某一类内容或行业区分指向明确。例如，《人民日报》面向全国，版面、栏目齐全，什么都可以刊发；《中国能源报》是行业报纸，刊发内容主要是能源以及和能源有关的内容；《中国煤炭报》只刊发煤炭行业方面的文章，以及煤炭行业的人和事；《经济日报》以政经内容为主；《工人日报》以企业工人定位，刊发有关工人的内容。各省级的机关报，如《大众日报》《山西日报》《南方日报》等是综合类日报，向这类报纸投稿建立联系时，除时政类新闻部门外，更要对应企业相关栏目。

我国电视台层级结构情况为四级办台的体制，国家级电视台即中央电视台，由国家主办，省级电视台由各省主管主办，地市级电视台由各地市主管主办，县级电视台由各县主管主办。各级电视台下辖各类内容的播出频道，频道的运营管理由电视台管理。关于频道的设置，各家电视台大体一致，基本是按照内容受众人群和节目内容两个标准来区分的。要通过电视讲好企业故事，树立企业形象，一定要针对电视栏目和频道内容提供新闻素材。

在互联网庞大的媒体中，2016年我国注册网站总数达到423万个。按照不同的标准，从商业运营的角度来分，可以分为商业类和非商业类，比如政府机关网站和企业官方的门户网站，不以营利为目的，相关政策规定其不允许商业化运作。像百度、网易、淘宝等则是商业网站，其所有行为在国家法律框内都是以营利为目的的；从涵盖内容角度来分，可以分为综合类门户网站和专业类网站。

正常情况下，企业新闻宣传干部要和这些主流媒体人非常熟悉，熟悉各家媒体的受众定位，熟悉各家媒体的工作流程，还要及时掌握各家媒体的动态要求，熟悉一个阶段的报道热点，熟悉各家媒体的栏目设置，熟悉栏目背后的运作机制和人员情况。只有掌握好这些基本情况，才可以为媒介提供适合刊发的新闻素材，借助广播、电视、报纸、网站、微信形成一个立体的有利于企业的舆论传播平台。

建立这样的数据库平台后与各个记者建立联系，一定要熟悉记者的个性，提供准确的新闻信息和过硬的新闻稿件。切记不要发生利益关系，如果需要新闻宣传费用，要通过平台单位双方协议形式来合作处理，而不宜私下操作，尤其是各类网站平台，以免违反新闻纪律和企业规章制度，造成不良影响，损坏企业形象。

目前，由于企业开设的网站、微信公众号、抖音、快手等媒体的出现，本质上已经形成了外宣态势，这些媒体成为企业外部媒体了解企业的窗口，也会从这些媒体选择一些稿件转发。所以企业的内外宣的内容边界已经很模糊了。

第五章　讲给谁

　　讲故事是一个没有止境的语言艺术，尤其是你面对数以亿计的芸芸众生，真正能坐下来面对面听你说话的人在你的一生中屈指可数。如果你有足够好的平台，可以隔空喊话，如果没有，你连隔空喊话的机会都没有！

　　企业的故事讲给谁？听起来好像是一个比较滑稽的问题，其实不然，企业故事内容是广泛的、丰富的、庞杂的，而且是一一对应的，或者说有些故事就是专门针对一些特殊的群体讲的，中国有句老话，"见人说人话，见鬼说鬼话"，在这里，这句话并不是贬义，而是在精准定位目标人群。企业的故事首先是讲给企业所有者的，用一句大白话说，就是自己讲给自己听，如果你连自己讲的故事都不相信，其他的人会相信吗？其次是讲给企业利益相关者听的，根本目的在于让利益相关者相信你的故事会成功，会给他带来各种利益，所以他才会为你的企业付出投资和精神。

　　就本书而言，把企业的故事从企业使命的维度讲好党建、意识形态、使命、立场、精神的故事；从企业战略的维度讲好战略、理念、文化、产品、品牌故事；从企业管理的维度讲好模式、机制、典型、员工、市场的故事；从企业发展的维度讲好责任、政策、改革、创新、生态的故事等分为20个方面。这当然不是全面的，企业中的内容众多，而且还要在这个大类别的下面进一步细分，根据管理类别分出科目条目，解剖各个过程环节，按照发展阶段的需要，根据事件具体问题具体分析，形成一套故事体系，直至能够和现实中的企业的利益相关者一一对应起来。

　　在企业社会发展过程中，企业的利益相关者众多，不同阶段中企业与利益相关者表现出来的关系紧密不同，所讲的故事内容也不同。对企业而言，在讲故事的过程中可以将利益相关者统称为倾听者，简单分为四个类别。第一类别：股东（投资者）、消费者（客户）、供应商、员工；第二类别：政府、社会政治团体协会、工会、专业贸易协会；第三类别：媒体、竞争对手、金融机构；第四类别：指的是企业外部社会责任关联群体中的社会公众行动群体。（如下图）

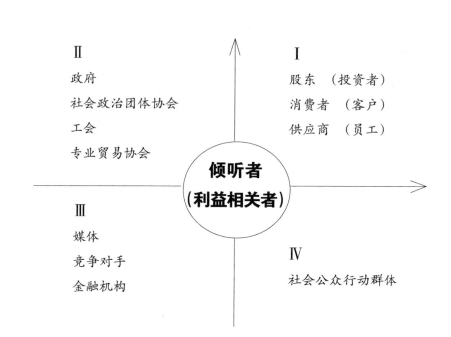

Ⅱ

政府

社会政治团体协会

工会

专业贸易协会

Ⅰ

股东 （投资者）

消费者 （客户）

供应商 （员工）

倾听者
（利益相关者）

Ⅲ

媒体

竞争对手

金融机构

Ⅳ

社会公众行动群体

　　我们把企业的管理者和所有者称为讲述者，以上四类人员称为倾听者，以此来论述本章故事。在讲述者中，之所以还要分为企业的管理者和所有者，是因为职业经理人的存在，理论上讲二者管理企业的初衷应该是一致的，但角度、立场、立意并不是完全相同的，所以讲出来的故事可能也不会那么和谐动听，因为有时候管理者和所有者的利益诉求和管理观点并不一定相同。

　　本书所讲的故事内容和要求，理论上都是讲述者希望倾听者认真倾听的、了解的、认同的、崇拜的，甚至是乐意模仿的、执行的，问题是当群体分解变化为个体时，大家的关注点就不一样，这些关注点就必然会被倾听者按照自己关注点的重要程度排列出先后顺序，一定会有一个最重要的核心关注点排在前面，这个关注点就是讲述者为倾听者展开故事的核心。这里就存在一个关键的问题，倾听者存在的范围和个性特点，要保证你讲的故事不会出现"对牛弹琴"或者"鸡同鸭讲"，表面看起来是故事内容的问题，实质上是受众分析，也就是要把倾听者尽可能完全细分，充分了解倾听者的需要，并加以归类，才能做到讲述者和倾听者完美对应。在心理学中，大家还需注意一个重要的问题，就是"信息茧房"的客观存在，也就是说，每一个人在一个工作阶段、职业环境、生活环境所接触的信息源和内容是有限的，会形成一个相对固定的圈子或者范围，学界命名为"信息茧房"或者是认知局限。给倾听者讲故事，某种意义上就是在他的信息蚕房里增加新的内容，提高认知，然而倾听者会有天然的抵触，因为你讲的故事不一定和他的认知相符。

要认真细致地了解你的倾听者，否则你会废掉所有的口舌、金钱，甚至企业！

第一节　倾听者的性格分类

在心理学范畴中，人群被划分为若干个类别，心理学发展到今天，已经很复杂了。中国有句古话，叫作"一母生九子，九子各不同"，本质上是在说每个人性格迥异，至于性格差异到什么程度，不好评判。如果说地球上没有两个性格完全相同的人，不知道有多少人认同这句话的合理性？人类的性格分类，第一个区分标准应该是先分男女。第二个标准就是管理学界的分类，这些分类也只是在心理学发展历史上的延续，直至今天大数据分析盛行，也没有足够的证据证明这些结论就是符合现代人类性格实际的。目前，比较流行的风靡世界的是四种性格和九型人格之说。这也是非心理学专业的人接触比较多的内容，尤其是九型人格在企业管理学界流行更为广泛。第三个标准就是进入教材的学术研究方面的学科内部的专业分类，这些学术的专业术语比较难懂，我们听起来有点像天书，应用起来就更加不容易。这里也就是泛泛地做些分析，告诉大家给什么人讲故事，要关注这些听众的性格特点，大家能够注意到这一点就足够了。如果想做到心理学应用起来驾轻就熟，那还要深入研究，再下功夫。

1.四种性格的分类（如图所示）

胆汁质型：外向型性格。

　　特点：坦率热情、精力旺盛、容易冲动、脾气暴躁、思维敏捷但准确性差、情感外露，但持续时间不长。

II

I

多血质型：外向型性格。

　　特点：活泼好动、善于交际、思维敏捷、容易接受新鲜事物、情绪情感容易产生也容易变化和消失、容易外露、体验不深刻。

黏液质型：内向。

　　特点：稳重、考虑问题全面、安静、沉默、善于克制自己、善于忍耐、情绪不易外露、注意力稳定而不容易转移、外部动作少而缓慢。

III

IV

抑郁质型：严重内向。

　　特点：沉静、对问题感受和体验深刻、持久、情绪不容易表露、反应迟缓但是深刻、准确性高。

2.九种类型的性格

　　九型性格分类是有顺序的，一至九依次为：一号完美主义者型，二号助人为乐型（给予者付出），三号实干者成就型，四号悲情浪漫者自我型，五号观察者哲学主义者理智型，六号怀疑论者疑惑型，七号享乐主义者活跃型，八号保护主义者领袖型，九号调停主义者和平型。下面对各类型号的人群做一个简单分类，每一个个体都不一样，甚至每一个都会有共性、多重性，下面内容供大家讲故事时参考。（如图所示）

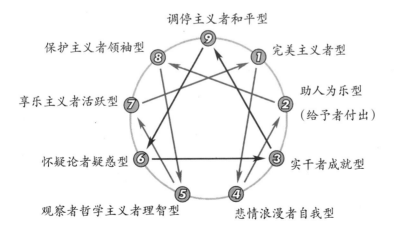

一是完美主义型：在工作生活过程中不断追求进步，生命不息奋斗不止。具有比较强的原则性、持久性，坚持己见，固执，用中国俗语讲就是有点"轴"；对人对己事事要求标准高，事事追求全面，具有系统思维；反省意识强，善于检点、纠正；心中有事，眼里有活；喜欢控制、主导；追求完美，常常失望、不满，给自身加压。

二是给予者、付出者，助人为乐型：在工作和生活中把助人为乐作为人生观中重要的内容。主动追求并乐于帮助别人，并在意别人的评价；常常忽略自身的需要，不愿意或者不好意思关注自己的需求；有时候缺乏自信，需要通过别人的肯定赞许来肯定自己，以此获得内心满足和存在价值感觉；过多的付出会增强内心的不平，占有、控制欲望，情绪常常不稳定，有挫败感。

三是实干者、成就型：在工作和生活中追求成果的获得。好胜心比较强，喜欢权威、对比、攀比；注重自身形象，有目标、有心劲、有野心；身体健康，有活力，精神抖擞充沛；语言丰富，善于表达，分寸严谨，处事灵活圆滑；有时候会有点吹嘘，夸张，炫耀，自恋；有领导者的潜质；喜欢独处，不愿展示真实自己，害怕亲密，既喜欢社交又恐惧社交。

四是悲情浪漫者、自我型：在工作和生活中追求自我个性、特立独行。易于情绪化表达，具有浪漫情怀，情感体验敏感且丰富，自我沉醉；有创造力，易于异想天开，爱幻想；认死理；可能容易发生抑郁和嫉妒；成为艺术家的概率大；搞不好会与大众脱节，有危险倾向。

五是观察者、哲学主义者、思想型：在工作和生活中追求知识、思想、智慧，善于学习分析思考。性格倾向为内向、内秀型；表达准确直接，思路条理清晰，知识面宽、结构完善；喜欢探究，用中国俗语来讲就是喜欢刨根问底，相应的也喜欢谋事；由于清醒导致高傲，有时显得冷漠疏离，不是很合群，不愿表达，但是一旦遇到心仪的、理想的、折服的对手对象，会滔滔不绝倾诉表达，或者洗耳恭听，或激辩；遇事冷静、控制情绪。

六是怀疑论者、忠诚型：在工作和生活中追求忠诚、忠心、顺从。做事情谨小慎微，工作细致，犹豫、思虑过多；反应机敏、机智，警惕性高；维护权威，规矩、大局意识强，服从、低调、务实；缺乏安全感，老革命碰到新问题容易产生畏惧心理，直面问题、困难的能力需要激发。

七是活跃者、享乐者、开朗型：在工作学习过程中追求快乐。心态乐观、情绪高昂；不会被不良情绪影响，心态平静，物欲不强，不攀比，俗称看得开；好玩、开心，喜欢及时行乐；工作中忍耐性欠缺，常常表现为不耐烦；个人爱好容易上瘾，容易冲动。

八是独裁者、保护主义者、领袖能力型：在工作中追求实力、权威、权力、独立、果断。领袖型性格的人解决问题的能力特别强，思维开阔；具有很强的开拓性，自我意识坚强；支配欲比较强；崇尚关心公平、公正、正义，有时候偏执；性格中具有攻击性、侵略性、占有欲，喜欢挑战冒险，好胜；具有反叛、创新精神；容易形成对立面，把控不好容易走向反面。

九是和平者、调停者、和谐型：在工作和生活中追求平安，与世无争、和平共处、和善处人。和平和谐型的人性格温和、平和、友善，不愿意与人冲突发生矛盾；不喜欢张扬，不喜欢自夸，不爱出风头；具有较强的忍耐力，有时候懦弱；追寻自我、自由，不喜欢别人支配自己，也无意支配别人；自身主见不是很强，原则性较弱，容易被说服，随波逐流；怕羞、怕事，勤快动力不足，不爱突出自己，不出风头。

3.消费心理分类举例

在以消费者为核心的营销活动中，最重要的是抓住消费者的心理讲好产品的故事，故事的核心一定要和消费者的心理预期或者心理需求高度契合，用一句老百姓的话说就是"说到心坎里了"。这里要讲的几种消费心理，并不是单独只表现为一种心理，大多数是几种心理综合出现，只是其中一种在消费心理中表现得更激进而已。那么从消费心理学的角度分析，老百姓有哪些心理需求呢？这些心理需求能和你的产品故事对应上吗？

图示如下：

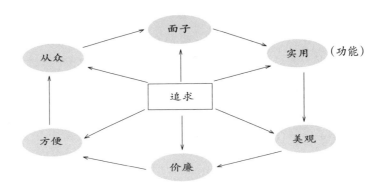

追求实用消费心理的根本目的是"有用"而非其他。比如买一部手机，只要能打电话就行，不考虑色彩、外观、附加功能等其他因素。消费的核心因素以追求商品或劳务的使用价值为主要目的的消费心理。面对这个群体讲好产品的故事，就要将要点放在产品的本身功能，突出产品的实用功能。

追求美观消费心理根本目的在于满足"好看"而非其他。面对这样的群体，侧重点要讲好产品的设计外观，做到产品的外观与消费者的审美高度一致，比如色彩、形状等。高大上的说法叫做追求商品的艺术价值和欣赏价值，至于有没有艺术价值无法评论。2022年雪糕冰激凌市场火爆，火爆的原因不是雪糕冰激凌有了什么新的技术、新的材料、新的口味，而是因为三星堆，三星堆铜人形状的雪糕火爆四川，随之走红全国，结果各家博物馆都推出了各具特色的"国宝级"的雪糕，各种形状层出不穷，而且售价不菲，但并不影响销售。这就是追求了一种新奇的心理，雪糕突然不是方方正正的冰块了，而是充满了故事的文物动漫人物，美观漂亮了，迎合了消费者的心理需求。

追求方便消费心理根本目的在于使用、携带、购买等方便不复杂繁琐。面对这样的消费群体，重点突出讲好方便的特点，比如各种小型化的电器等。

追求价廉的消费心理根本目的在于"省钱"。讲好这类产品的故事就是打价格战。

追求从众的消费心理因素在于"面子""贪小便宜""盲从"等，大家都买了，我不买就吃亏了；大家都买了，我不买不好意思。这是典型的从众心理和面子心理，网红网络带货销售就是典型的群体性诱导购买，在集贸市场、电视购物等销售模式中，常常使用这种手段，这种购买行为具有无目的性、偶然性、冲动性的特点。

心理学概念表述中，满足也是一个比较重要的词汇，消费心理中满足心理是一个十分普遍的现象。在给客户讲产品的故事，产品的功能、外观、特点、优点等对厂家来说，应该是比较清晰的，在营销过程中剩下的就是如何说了。下面就用"满足"这个词来解释区分消费者的心理状态，从这个角度给消费者讲故事。

满足心理需求：如图

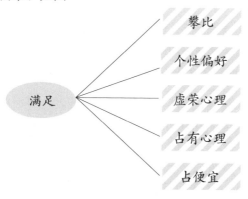

满足攀比消费心理的根本目的在于"炫耀"，心理因素在于"虚荣"，如果在消费主义的鼓噪下，很多消费者，特别是女性消费者很难抵

抗的。在这方面很多高端高附加值的产品故事是带有强烈的诱导性的，这些产品的故事更多侧重点是讲产品的品牌、文化、时尚、潮流、新技术等概念性的东西，基本功能已经不是故事的重点。

满足个性偏好的心理根本目的在于"喜欢"。这个时候就要考虑产品超出一般设计情况的特殊性，比如特殊的颜色、特殊的外形、特殊的功能等，这些都应该是标新立异的。喜欢标新立异是一些特殊人群，尤其是年轻人的心理。比如一个理发师，可以对外宣传我可以提供特殊发型的服务，比如红色染发，比如剃头发型为中国地图、某某吉祥物等。

虚荣是一个普遍的心理，本质是"拜物"，在于"显摆"，这种心理在于缺乏内在的一种精神自信，而是通过物质的显示来获取他人的认可、赞许，从而获得精神的愉悦。在这种心理诱导下的购买动机具有很强的随意性、执着性，而且会出现深度的依赖。讲给这部分消费者听的故事更多的是品牌故事，讲品牌如何高大上，而不是突出产品的使用功能。

占有欲是人类的一个重要心理，这个心理其实质是和动物占有食物心理是一样的。人类作为高级动物，在占有心理支配下的购买物品的动机是一种本能，只有理性战胜非理性的本能时才会调整心理动机。随着社会的发展，这种满足占有心理的购买欲望会因为一种满足占有之后转移。例如满足食物的占有之后，开始满足更高级别的物品，比如收藏品。

满足占便宜心理，过了这个村没这个店了。比如产品价格标识问题，先前的价格标识为100元，后来的价格标识为80元，对消费者来讲，这个就是便宜的。因为使用或者占便宜的心理，就会产生购买动机，在心理学上叫做沉锚效应。

要讲给消费者听产品的故事，要讲企业产品品牌的故事，一定要熟悉或者找准消费者的心理，你的故事要永远围着消费者的心理转。

第二节　倾听者的职业分类

一、讲给股东和投资者

企业股东和投资者构成非常复杂，他们喜欢听什么故事呢？当然喜欢听如何赚钱的故事。小微企业中，也有简单的企业组织架构，大概有二三个股东，或者叫作合伙人，他们之间的关系比较简单，就是在一起合伙做生意，大家也比较好沟通，大体上是三观一致。一般会有一个领头的人，这个领头的负责管理企业的方方面面，在企业经营管理的运营过程中，负责统一大家的思想，协调各方面的关系，有重要的话语权。对大多数小微企业来讲，首先要讲好如何生存的故事。至于如何发展，则要从更深层次讲好企业的管理、战略、产品等故事。在大中型企业中，要对股东和投资者讲好故事，可讲的内容有很多了，在实际企业的运营过程中，真正关心企业发展的人群，莫过于企业的股东和投资者，尤其是上市公司，这类企业的股东和投资者要关注到企业的战略、文化、盈利模式、收益情况、负债率等方方面面，核心原因在于他要维护自身的投资收益。给这部分人讲故事既要讲得精彩，又要讲得合理合规，因为投资者和股东对企业的全面认知显然要比一般人高得多。

二、讲给消费者

消费者是一个非常复杂的群体，对有些快销品来说，消费者的基数数以亿计，要分清他们的喜好，简直比登天还难。最关键的是了解他们关注产品的什么，要研究他们的心理，最直接的最主要的是给消费者讲产品的故事，要讲产品的功能介绍和品牌故事，关于产品本身之外的其他诸如战略文化等故事，消费者基本不太关注。因为行业复杂、产品种类复杂、消费者需求复杂，所以无法归类，大家自学吧。

如果需要找寻一个规律，建议大家按照这个思路去给消费者讲故事，即衣、食、住、行、学、工，这几个字所包含的内容基本上涵盖了大家的一生，其他方面也可以归到这里面来，如果不能归入此类，单独分析就行。每一个人从一生下来就和衣食住行开始打交道，是每个人一生都绕不开的问题，至于学和工，只要是一个健康的人，学习和工作是必然的选择，因为学习和工作才能保证衣食住行，除此之外没有更好的办法。所以对一个企业来说，要给消费者讲故事，那么看看你的行业可以归入这六类别中的哪一类。

如果归入"衣"类，那么给消费者讲好故事，重点讲好衣服的本质功能，然后讲好质地、款式、品牌。

如果归入"食"类，那么给消费者讲好食品的本质功能，然后讲好口味、风格、文化、品牌。

如果归入"住"类，那么给消费者讲好住的本质功能，讲好住的方便、住的舒适，然后讲好住的环境、品味、风格、文化、氛围。

如果归入"行"类，那么给消费者讲好出行的本质，无论步行还是工具代步，都要讲好便捷和功能，然后讲好价格、款式、文化、品牌。

以上四类人生必经路上的消费，在现代人眼里，还需要加上一个"安全"二字，所有涉及衣食住行的东西，都是要安全的，否则的话人生就要打折扣，或者是意外终止。因此，当下的企业一定要讲好安全的故事，履行好社会责任，否则的话，就没有了给消费者讲故事的机会。

如果归入"学"类，那么给消费者讲好学的目的、学的方法、学的功用是本质。人生中要学的东西很多，所以就有很多从事教育的，"教"是一个大的行业，所有的产业都需要有人教、有人学，然后才能发展。如何把你的"教"推出去，需要讲好消费者的"学"的故事。

如果归入"工"类，那么就给消费者讲好"工"的故事。每一位消费者，大概率的生存过程就是为了生存谋求工作而使用工具的过程。在这个过程如果你的企业提供了某种工具，那么就要给这个消费者讲好工具的故事，讲好使用工具的故事。

这两个字的内容，实际上能够涵盖的行业人群很多，重要的内容在于"诚"，要讲好诚实守信的故事，当前的行业中诚信经营已经成为消费者高度关注的内容了。

给消费者讲故事是一门专业课程，核心是市场营销学和广告学，大多数的消费者是无法和生产厂家直接见面的，更多的是通过商业广告来获取信息，对于商家来讲，广告发布就是对消费者隔空喊话，给消费者讲故事，这个难度是很大的，如何做到厂家的产品故事和消费者的诉求高度吻合，只有把消费者人群清晰准确分类，才会有效果。

三、讲给供应商

在企业的发展过程中，供应商的角色无比重要，只要是生产型产业就存在供应链条的关系。供应商是一个比较特殊的群体，与企业是一种伴生、共生关系，尤其是一些特殊的产业，可以说是一荣俱荣一损俱损。

以大家比较熟悉的房地产行业来分析，房地产开发商要讲的故事太多了，就针对房地产开发涉及的建材供应商这个类别来讲，多达几百种。在房地产业态中，供应商和地产开发商是共生关系，只有建设工程结束后将完整的商品房出售给消费者变现后，才可能论功行赏，按照事先约定的合同支付各类款项。

比如在房地产行业，整个房地产对应建材行业供应商链条很长，涉及

411

直接接触发生业务的就有上百种。房屋具备入住条件后可以交房给业主，至此，房地产开发商从拿地到交房给业主的全过程中所发生的一切业务活动都是由供货商来负责完成的，开发商与供货商之间就是一个供货关系或者劳务服务关系。在这个过程中，开发商一定要给供货商讲好企业的故事，全方位保证自己的房子卖得好，不存在滞销的问题，能够在合同约定的时间付款给供货商，说服供货商给其供货。还有另外一种情形就是强势的地产商，在和供货商讲故事的时候什么都不讲，爱来不来、爱供不供。国内某知名地产商资金链出现问题，既有其和各大金融机构作为货币供应商关系的问题，也有其和各类建材家电供应商的问题，还有国家宏观政策问题，购房者的问题。问题的关键在于这些故事都讲不下去了，或者本意就是不想讲了。

在卖场类企业中，比如超市，大多数消费者去超市购物，会选择就近的商超或者知名的商超。在商超中各类货物琳琅满目，这些都不是商超自己生产的，而是供货商的，但是供货商和商超不是简单的商铺租赁模式，而是共赢合作模式。简单描述就是，先卖货后结款。供货商供货给商超，供货商自己或者超市的售货员帮助售货，在某个约定的时间点盘货清点结算，商超按照营业额大小按比例分成，余款归还给供货商。在招商的过程中，商超运营管理人员就要给供货商讲故事，争取更多的供货商入住商超。但这并不意味着所有的供货商都能入住商超，因为供货商也存在竞争，存在品牌知名度、美誉度、资金实力、产品质量好坏等差异。商超运营历史上典型的莫过于格力电器和国美之争，国美希望格力入住，格力也希望入住国美，关键是格力入住国美要按照国美的运营管理规则来执行，这对于强势品牌格力电器集团来说是不能接受的，因此几次三番交锋，最后还是格力单独开门店连锁自己干，而不是借助国美的商超规模优势取胜。目前随着互联网时代的崛起，国美的商超模式不再强势，包括整个商业业态都在发生变化，核心原因在于供应商和商超的故事讲不好、谈不拢。目前，这种关系在互联网平台上也开始出现，主要是平台过于强势，供货商入住后被盘剥的几近无法生存。

在餐饮业，同样是这个道理，目前有些大型的酒店为了降低成本，出现了"包厨房"的经营模式，也就是说投资商只管租用场地、装修、提供桌椅板凳、餐具等，所有菜品生产由一个大厨承包管理，至于你买什么食品原材料生产成品饭菜，投资方是不太干涉的。但是由于经营模式的共赢，包厨房的和投资方利益基本一致，饭菜卖不了，吸引不来食客，二者是典型的一条绳上的蚂蚱，一荣俱荣一损俱损的共生关系。对餐饮投资商来说，盘下一处店面，找一个什么样的菜系的包厨伙伴，至关重要；同样道理，包厨伙伴空有一身手艺，也要找一个有场地投资能力、运营能力的伙伴。站在不同的立场，二者就互为供应商了，所以二者都要互相讲好故事，投资方讲管理营销战略，包厨伙伴讲好菜系特色水平和口味。另外还有一种更细的包厨方式，就是包厨伙伴拉来生猛海鲜销售商一起参与包厨，因为包厨方有时候不能保证海鲜都活着，或者制作水平不行。其他的单纯采购关系的就是松散型的谈不上紧密合作的供应商关系，交易双方讲好商业诚信故事，随行就市而已。

无论哪一种企业，讲给供应商听的故事，其实都是供应链管理构建的故事。在供应链上的企业和主体企业是一对矛盾，二者之间的故事就是一种良好的沟通，否则大家配合协同不畅，就会出现问题。对主体企业和核心企业来说，要让所有供应链条上的商户了解企业发展战略、产品、文化等，增加供应链条上的企业对核心企业的信任度、忠诚度。例如在汽车行业，整车生产厂家作为核心企业，供应商有发动机、轮胎、玻璃、各种集成等，大家注意，有些东西供应商一旦上了船，是不好下船的，因为你的投资整车厂家是不管的，只对他需要的产品负责，他修改款式，你也得修改，否则不配套，新款产品就生产不出来。这之间的沟通交流过程是非常复杂的，对整车生产厂家来说，推个新款，那要讲的故事不知道有多难，要讲为什么，要讲消费者新需求，要讲新技术应用，要讲降低成本，要讲增加利润，要讲发展战略，等等。对配套厂家来说，你的修改，就是他的投资。

对大型企业来讲，供应链管理是一个技术活，是一门专业性很强的学问，不是一句两句能说清楚的。对企业管理者来讲，给供应商讲好故事，可以把供应链管理达到最优化，以最少的成本满足企业生产的全过程。

整个供应链管理沟通过程就是协调企业内外资源管理来共同满足企业生产成品完成销售的过程，最终满足消费者需求。我们可以把供应链上各环节的企业看作一个虚拟企业同盟，把其中的企业看作这个虚拟企业同盟中的一个部门，同盟的内部管理就是供应链管理。但是由于市场的变化，供应链条中的供应商是会发生变化的，有些行业变动很大，有些行业相对稳定，所以这个虚拟企业同盟是动态的，作为主体企业可能会不停地寻找供应商讲故事。当然供应链管理不限于这些故事，更多的还要做好供应链管理的具体内容，这里不做更多的论述和举例，大家可以翻看一些专业书籍，来了解更多的供应链知识，为给供应商讲好故事奠定基础。

四、讲给员工

企业需要员工听什么？员工喜欢听什么？作为一个有理想的企业，给员工讲故事是留住员工、激励员工、成就员工的最重要的手段。给员工讲故事更多的是讲企业文化故事，增强员工的文化认同感、归属感、主人翁感。讲故事的方式一方面是大水漫灌式的普教，一方面是因材施教式的个别对待。现实过程中是遵循问题导向，针对问题开展思想政治工作，给员工讲故事，解决思想问题。

首先，要拉近距离。要用"我""我们"，忌讳用"你""你们"，这种语言表述会将员工与管理者预设成对立面，一开口就拉大了与员工的心理距离。在企业管理中更多的口头语应该是"大家""一起""共同""咱们"，这样一开口就拉近了与员工的心理距离，让大家有了真正的一家人、企业主人翁的感觉。

其次，站在员工和企业共赢的角度选择故事内容。在企业管理过程中，有些战略、文化、理念、改革、生态等目标是宏大的、遥远的，对企业和员工来说都重要，但站在员工的角度这些显然不如工资、利润、福利、晋升、成长机会、经验阅历积累、技能提升等在内的个体收益来的具体、实惠，所以故事的内容选择和角度分析就显得更重要了，在员工利益和企业利益短期内不一致的时候，讲故事时要通过技巧处理帮助员工辩证地分析利弊得失，尽可能使员工遵从企业大局利益。

最后，根据企业文化理念发展需要，在每一个战略管理阶段都要选树好先进典型。每一个企业在战略规划中，根据管理需要，都需要树立相应的典型。初创时期讲创业精神，讲勤劳、讲辛苦、讲奉献；平稳运行期，讲精细管理、服务意识、协同意识、团结意识等；困难时期讲开拓、谅解、共识、形势、政策等。这只是简单的划分，至于在什么时间讲什么故事、树立什么样的典型，还要具体问题具体分析。在本书中专门有一节"讲员工"的内容，核心是发掘企业中优秀的员工和典型的员工。大家常常讲榜样的力量是无穷的，发现员工的优点，把员工的故事讲给员工听，是激励员工构建弘扬传播遵从践行企业文化理念的有效手段。

五、讲给政府

讲给政府。政府喜欢听什么样子的企业故事？政府不是一个虚拟的概念，也是由一个个具体的人组成，其所遵从的规则就是政府的职能管理和各类目标诉求，以及政府对其雇员的职业法律要求和道德约束。

企业在运营管理过程中，不可能不和政府打交道，政府对企业的监管是必然的选择，企业遵从政府的职能要求要于法有据，这个沟通的过程就是讲故事的过程。这就需要我们研究政府的职能到底是什么，需要设立专有的部门或者安排专人与政府职能部门就相关问题进行沟通交流，事先了解政府的执政行事风格与方法方式，准备自己需要表达的话题诉求的内容。

习近平总书记多次指出，要建设服务型政府，构建亲清政商关系。政府和企业的关系，企业是社会财富的创造者，政府则是整个社会的管理者。二者分工不同又联系紧密，企业和政府间应该是志同道合的关系，企业和政府间应互相监督和互进。这就需要企业摆正位置，自己不是低人一等的，要平等相处、不卑不亢；也要求真务实、实事求是，敢言善言，识大体、顾大局，积极寻求更多的支持。同时也需要政府放下监管的身段，在合法合规的情况下做好服务，共同努力营建一个良好的政企沟通氛围。

2020年10月29日，第十九届中央委员会第五次全体会议通过的《中共中央关于制定国民经济和社会发展第十四个五年规划和二〇三五年远景目标的建议》中，对加快转变政府职能提出了具体要求。就是要建设职责明确、依法行政的政府治理体系。深化简政放权、放管结合、优化服务改革，全面实行政府权责清单制度。持续优化市场化、法治化、国际化营商环境。实施涉企经营许可事项清单管理，加强事中事后监管，对新产业新业态实行包容审慎监管。健全重大政策事前评估和事后评价制度，畅通参与政策制定的渠道，提高决策科学化、民主化、法治化水平。推进政务服务标准化、规范化、便利化，深化政务公开。深化行业协会、商会和中介机构改革。

政府对企业的核心诉求在于通过企业实现其在经济、政治、文化、社会、生态发展领域的战略规划，重点是经济领域的发展战略实现，所以企业的战略规划与政府战略规划要匹配一致。具体的如要企业遵纪守法、增加税收和创造就业、引领科技创新等。

讲给政府。要了解政策动向，及时沟通争取表达自身的意见和建议，便于政策有利于行业和社会的发展进步，但不是只对自身有利的偏颇的意见。在自身行业或专业领域，企业要积极主动为政府职能部门献计献策，当好政府规划需求的参谋辅助角色，也可以积极承接政府部门关于经济发展规划的项目，比如参与制定某些行业标准等。企业要想办法增强在政府印象中的透明度、信任度，要提高综合实力，便于更好地发挥在国民经济发展中的作用。

讲给政府。要把企业的战略、理念、文化、产品等讲清楚，保证这些与政府主导、倡导的一致，利益趋同。要讲清楚与政府在思想、理念、政策层面保持同步，做政府目标实现的推动者，以此借助政府需求实现企业诉求，并推动经济发展的目的。

六、讲给其他机构群体

媒体作为社会重要的舆论力量，企业要和媒体保持良好的合作关系，及时与媒体就一些问题沟通交流，一方面帮助媒体完成其自身发展对社会观察的需要；一方面把自身的一些诉求和营销活动通过媒体发布出去。习近平总书记指出，要善待媒体，要学会和媒体打交道，要善用媒体。尤其是在互联网时代，媒体更是无孔不入，渗透到社会的各个层面，具有强大的舆论动员能力，因此要和媒体讲故事，而且还要配合媒体讲好故事。

在企业管理过程中和企业有关联关系的群体还有很多，都需要做好沟通和交流，不同的关联对象对企业有不同的诉求，目的性不一样。有些社会团体和企业沟通的目的是实现自身的利益，有时甚至会限制、破坏企业的发展，比如西方的工会，理论上是在维护工人权益，实质有些做法已经异化，变成了谋财敛财、政治斗争的工具。在中国，各种协会层出不穷，有些不法协会打着各种旗号、名义向企业乱伸手、乱摊派，只能添乱、不能帮忙。对此类协会要认真识别，既要用好，又要规避风险。另外就是金融机构、竞争对手和社会公众，都会对企业有影响。有些社会公众看似和企业没有什么关系，既不是员工又不是目标消费人群，但也要和他们有一些沟通，这些沟通的内容大部分是社会责任概念范畴里面的，比如捐助慈善事业、参与公益活动等。近几年好多企业参与精准扶贫，获得了良好的社会信誉，所以通过讲好企业参与公益活动的故事，体现企业的同情心，达到与社会公众沟通的目的，获取社会公众对企业良好的道德评判，有助于企业的发展。

为了营造良好的外部环境，企业也要因时而变、与时俱进，做好多方面、全方位的准备，梳理自身的优势，找到自己的亮点，讲好自己的故事，树立自身的形象。

附　录

感恩山西

这一年，带着对五千年文明的敬仰与尊崇，带着对人说山西好风光的自豪，带着为政者发展经济造福一方的信任与迫切渴望，带着三晋父老对小康生活的期盼，带着父母妻儿的嘱托——我们在资源整合、煤矿安全生产、物流贸易和多元聚集落地的路上,带着感恩的情怀脚踏实地走过！

这一年，我们感恩山西！

这一年，资源整合慢慢拉上了帷幕，尘埃落定，上苍赐予我们遍布山西的物华天宝。在这徐徐拉上的帷幕中，安全生产、生命至上的理念在对生命的渴望与尊重中得以升华；尊重科学、尊重知识、尊重人才、崇尚专业的光芒在资源整合的大幕中得以大放异彩；保护环境、绿色矿山，再造一个山川秀美、蓝天白云、空气清新宜人的新山西在这里再次起步！在这徐徐拉上的帷幕中，我们得以整合448座煤矿，因而在三晋父老的重托下承担起山西转型跨越的重任！

这一年，三晋父老给予我们传承文明与发展的重托。我们怀揣建功立业的梦想，在三晋大地上以一个拓荒者的姿态奋勇向前。几亿年形成的矿产宝藏，几千年的文明积淀，几世纪的文化遗存，这是上天给予我们的恩赐。几多风雨，几多磨难。今天，文明的传承与发展责无旁贷地传递到我们的肩上。建矿井如火如荼，做物流快马加鞭，搞多元蒸蒸日上。我们非圣哲先贤，有欢笑，有泪水，但我们责无旁贷，我们义无反顾，我们不舍昼夜。

这一年，合着时代的节拍，我们迎来了综改试验区的历史机遇，迎来了转型跨越的嘹亮号角。我们紧锣密鼓，上吕梁、赴平阳、下河东、奔上党，在寒风中伫立研讨；说平城、评朔州、叙阳泉、点焦炭，在晋商故里纵论发展。我们运筹帷幄，把好"一个切入点"，在山西布局落子，步步为营，为再造一个新山西履行我们的责任。

这一年，我们高朋满座，迎来了八方客商。有物流巨无霸的宏伟规划，有大力支持、优先支持、加快支持的承诺，有合作共赢的互信。这一切，源于三晋大地无私的给予，源于"一个切入点"的企业战略发展理念，源于三晋父老对我们的期待与信任，源于我们分布在三晋大地的基层单位和十万职工追求实现人生价值的精神风貌和干劲动力，源于我们凝心聚力、真抓实干、敢于担当建功立业的梦想。

感恩这给予我们重托、信任与梦想的三晋大地！只有感恩，才能久远！

2012，我们带着感恩的情怀踏上转型跨越之路。

元旦献辞

一元复始，万象更新。

在过去的一年里，我们按照"12345"发展思路和"三步走"战略步骤，稳步前进，成为山西首家首次入选世界500强的企业，迈出了转型跨越的有力步伐。这是企业十万员工努力拼搏、艰苦创业、真抓实干的结果。在此，向全企业辛勤工作在各个岗位上的同志致以新年最美好的祝福！

2013年是新的一年，是孕育新希望的一年，更是我们转型跨越发展的关键之年，是我们全心打造企业核心竞争力、塑造企业核心价值观、全面开启加快进军亿吨级国际化能源企业的拼搏之年。

十八大是我们的精神动力，世界500强是我们新的起点。

在新的一年，我们要坚持安全第一，以"敬畏之心"筑牢安全发展的基础。牢牢抓住"安全"这个主题，端正我们的态度，对待安全要"如履薄冰、如临深渊、持之以恒、坚持不懈"。在矿井安全生产建设标准、安全生产责任制贯彻落实和风险预控体系的长效机制建设，从安全文化培育和管理创新等方面认真细致、一丝不苟、扎扎实实地抓落实。只有如此，才能夯实筑牢煤炭产业这个基础，才能奠定企业转型发展的坚实基础，才能促进我们在世界500强的基础上进一步腾飞，才能平稳安全地向着我们既定的目标前进。

在新的一年，我们要以"进取之心"全力促进企业公司规模效益持续稳定增长。2011年企业销售收入1586亿元，2012年接近1900亿元，2013年我们主要经济指标在2012年的基础上还要大幅提升，煤炭产量和煤炭贸易量要上新台阶，多元产业要有序发展，销售收入要达到一个新的目标。规模效益持续稳定增长离不开三大支柱产业的稳步发展，三大支柱产业发展要以"煤炭生产为基础，煤炭物流为支撑，适度发展相关多元产业，延长产业链"。以煤炭生产为基础，煤炭生产的关键在于安全生产，我们要秉承"办大矿、办现代化矿井、办安全高效矿井"的理念，按照"六大阶段性目标"，苦练"五项基本功"，狠抓"五个关键点"，突出"五个先进性"，坚持安全第一，做好煤炭的安全生产，只有如此，才能做到根深叶茂；以煤炭物流为支撑，要做强煤炭物流贸易业，积极发挥遍布全省的铁路、公路、发运站点、储配煤场，以及在站点、网络、储配、加工和运输等方面具有的独特优势，做好物流节点，建好煤炭超市，构建现代物流体系，全力打造煤炭物流巨无霸，只有如此，才能抗风抵雨；适度发展相关多元产业，延长产业链，八个板块的总体发展要高端高起点，围绕煤炭产业，实施煤电一体化，煤焦一体化，煤运一体化、煤化一体化的多元延长产业链式发展，做好装备、房地产、旅游、贵金属等板块，只有如此，才会枝繁叶茂、花团锦簇。

在新的一年，我们要以"责任之心"全力做好管理协同，促进企业"内生驱动力"的逐步形成。企业公司"点多、面广、线长"的特点决定了其管理模式不同于别的企业，企业公司总部的定位就是做好决策、做好资本运营、做好风险管控，具体概括为"规划、指导、服务、监督"。企业公司内部实施公司化、专业化、市场化管理模式，按照价值规律办事，按照市场规则办事，构建目标、项目、预算、风险防控四大核心管理体系和纪检惩防体系，做到全面计划管理、全面预算管理、全面质量管理。这些工作的核心在于我们要树立起强烈的责任心和包容心。老子曰："有无相生，难易相成，长短相形，高下相倾，音声相和，前后相随。"企业情况莫不如此。因此，舍小我，顾大我，责任为先，大局为重，同心协力，以包容之心，前后相随，每个人都是一节动车，都有驱动力，只有如此，才能促进企业平稳健康有序发展。

在新的一年，我们要以"人本之心"全力做好"以人为本科技兴企"

的工作，促进企业在人才、技术方面核心竞争力的形成以及良好社会责任形象的塑造。俗话说，"事业成败，关键在人"，我们企业发展也是如此，大家在不同的层面表示缺少人才，尤其是各行业、专业的领军人才。因此我们改变以往的办法，变"招工为招生"，通过培养、引进、培训等办法做好管理、工程技术、操作等人才素质的提升。有了人才的储备，自身研发新技术形成规模气候，新科技成果、新技术、新材料的转化应用也就迎刃而解。牢牢树立科技兴企、人才兴企的观念，只有如此，企业才有竞争力，才有发展的动力源泉。"人本之心"，不光是用人，还要善待人，我们办企业的根本目的是为人民创造财富，履行企业的社会责任，赡养、反哺为我们做出贡献的职工群众，关注他们的生活，关注他们的喜怒哀乐。

在新的一年，我们要以"传承之心"全力培育具有国际化大公司和煤销特点的优秀企业文化。煤炭产业是我们在使用大自然留给我们的财富，是不可再生的，因此我们要有"敬畏之心"。我们发展企业，不是开小卖店，想开就开，想关就关，我们要开"百年老店"，我们不是采了煤就没事了，要为后代着想，要为子孙后代留下我们特有的企业文化，为后代留下一个具有核心竞争力、保证企业可持续发展、打造一个别人无法复制的百年企业。因此，构建企业"服务"这一核心价值观念，逐步提升企业发展的软硬实力，发布社会责任报告，以"传承之心"培育具有煤销特点、具备国际化竞争力的企业文化就是我们每一个人不可推卸的责任。

在新的一年，我们把企业当作安身立命之所，以"结缘感恩之心"把本职工作做好。以更加昂扬的斗志，更加务实的作风，取长补短，尽心竭力，一起协同，奋力开创企业转型跨越发展的崭新局面。

衷心地祝愿大家在新的一年吉祥如意、幸福安康！

向上看：吃透政策

——提升企业核心竞争力系列评论之一

晋阳平

政策是什么？政策是国家意志和实现国家意志的保障。国计民生是国家意志的体现，企业发展是实现国计民生的重要手段。向上看，吃透政策，不是唯上，而是明确方向、思路、目的、责任。

向上看，看国家的宏观部署和微观要求。

当下，十八大明确我们要建设具有中国特色的社会主义，总依据是社会主义初级阶段，总布局是"五位一体"，总任务是实现社会主义现代化和中华民族伟大复兴。这是我们的政策，它不是虚幻的理论，有着实实在在的具体内涵：初级阶段的事实是我们和西方发达国家在好多方面还存在看得见摸得着的差距，所以我们共产党人要尊重这个事实，以实事求是的态度对待我们的现状；"五位一体"的布局是执政兴国的方针策略，是缩短与发达国家差距的手段和办法；实现中国梦，中华民族的伟大复兴就是要人民富裕，国家强盛，建成小康社会，这是顺应人民意愿的新要求，是人民给我们的任务！十八届三中全会更是在国企完善现代企业制度、混合所有制经济、宏观调控体系、公平开放透明的市场规则、市场决定价格、非公有制经济、金融市场体系、事权和支出责任相适应等方面给出了具体详细的可操作性的思路和办法。

向上看，看省里的具体措施和办法。

山西作为中部省份，率先在全国获得综改试验区发展政策，迎来了前所未有的发展机遇。在山西，我们就是要从资源型经济实际出发，以煤为基，以转型综改试验区为切入点，深入推进重点领域改革。2013年1月18

日，在山西省"两会"太原团讨论时，有代表指出："未来山西应以综改试验区为统领和切入点，全面深化改革，做好开放文章。"对于怎么改革，怎样开放，大家认为，首要抓的就是深化国有企业改革，引进社会资本和战略投资者，推进股权多元化；探索煤炭、文化、社会等资源配置市场化的有效途径，通过变资源为资本，实现要素配置最优化。

作为山西首家入选世界500强的省属综合性现代化能源企业，贯彻执行中央和省的政策，清醒认识国内外市场形势以及自身在管理科技等方面的差距，按照市场的规律，做好自身产业布局，明确企业发展的目的任务与责任，是企业未来发展的不二选择！确立以煤、电、气为核心，以贸易物流为支撑，适度多元、链式发展，突出能源主业优势，实施差异化、"蓝海战略"，积极推进传统产业新型化，新兴产业高端化，实现黑色煤炭绿色发展，高碳资源低碳发展，资源型产业循环发展，全力打造具有实力、效益、创新、活力的现代综合能源企业的战略思路是时代赋予我们的使命。

向上看，就是要根据国家的方针政策，为企业发展选择合理的发展路径和手段，选择符合国家意志和国家利益、符合人民利益、符合市场规范、符合市场需求、符合企业实际、符合企业战略的路。用好政策，吃透政策，落实政策，彰显的是企业实力。

只有如此，才不会走弯路！

向内看：练好内功

——提升企业核心竞争力系列评论之二

晋阳平

内功是什么？内功是企业追求卓越，能够迎接来自市场挑战的实力，能够开拓创新的动力，是企业来自人才、技术、经验、管理、资本的积累，是各个系统完美和谐运转的良性机制。

向内看，就是要练好企业的内功，奠定追求卓越、基业长青的基础。不管是大企业还是小企业，只要想在激烈残酷竞争的市场中生存下来，就必须从内部抓起，先管理好自己，不管是人才的集聚、资本的积累，还是技术的储备和系统与科学的管理，都要扎扎实实地做好，来不得半点含糊。如果要开百年老店，练好内功更是无比重要的事。

向内看，看企业的内功雄厚与否，关键是看问题的存在。看企业有没有这样那样的"病症"，看经济效益是否滑坡、骨干人才是否外流、决策是否失误、产品竞争力是否降低、资金是否短缺、分配是否合理、职责是否清晰、服务是否到位，等等。出现问题就是企业内功的缺失，就是企业丧失内功因素，如果不能解决好，企业效益就会下滑，甚至很可能倒闭。怎么办？苦练内功，要对症下药治病，根据不同的问题施以不同的解决办法。直至减少问题或是少有问题而不影响企业发展，企业内功才能雄厚。

向内看，看企业是否是"透明企业"。透明企业不是说企业没有秘密可言，而是说企业内部各个系统责权分明，非常透明，看企业岗位边界界定是否清晰。大家彼此互相知道自己应该干什么，不应该干什么，也知道其他系统的人员应该干什么，不应该干什么，只有这样才能协同一致运转起来，才能避免互相扯皮推诿，才能很好地赏罚分明，才能更好地使每一个员工充分发挥最大的作用。

没有企业想着干三天就歇业不干了，更多的是想要做百年老店。企业的内功不可能像武侠小说里写的那样，找个高手输入一下，就不得了啦，内功就很高了。企业内功要练好，没有什么捷径，要一点一点地积累。俗话说，"不积跬步无以至千里"，说的就是这个道理。企业的"三全管理""三条线""三个五"工作要求、"四风"和"六个专项治理"等是内功的各个层面，是未雨绸缪，一刻也不能松懈！如果内功雄厚，面对问题，可以见招拆招，积极应对，化险为夷，如果内功不济，恐怕连还手的机会都没有，可真的就是内外交困了。

现代化综合性能源企业行业跨界大、体量大、管理难，要想步调一致起来很不易，因此建立一种运转和谐科学的良性机制尤其重要。和谐科学的良性运转机制就是有着强大能量的内功，是综合性企业的一种强大的内生驱动力。练好这项内功，才可能面对复杂的问题，应对自如，游刃有余，否则就会产生类似"不是驴不走就是磨不转"这样的两难问题，企业就会停滞不前，甚至垮掉。

向内看，练好内功，每一个环节都追求卓越，形成企业强大的内生驱动力，企业才能生命不止、运转不息，才能彰显实力、效益，才能彰显创新、活力。

只有如此，才会稳步前进！

向外看：面向市场

——提升企业核心竞争力系列时评之三

晋阳平

市场是什么？市场是企业赖以生存的基础。企业的生产经营活动直接取决于市场的调节和导向。企业是为了市场的需要而存在的，企业是服务于市场的,市场决定企业生产什么，市场欢迎先进、排斥落后。市场没有了需求，企业也就不会存在。面向市场，是企业的必然选择。

向外看，看什么？寻找企业生存、发展、壮大、做强的机会,寻找企业的"蓝海"。

十八届三中全会没有给企业留下任何依赖政府生存的幻想，核心理念是政府该做的，政府做好，企业该做的还给企业。全会提出，建设统一开放、竞争有序的市场体系，是使市场在资源配置中起决定性作用的基础。必须加快形成企业自主经营、公平竞争，消费者自由选择、自主消费，商品和要素自由流动、平等交换的现代市场体系，着力清除市场壁垒，提高资源配置效率和公平性。要建立公平开放透明的市场规则，完善主要由市场决定价格的机制。这对于喜欢躺在政府的怀里要饭吃的企业来说，无异于一场噩梦；对于喜欢在市场的风浪中搏击求得生存壮大的企业来说，这是一次历史的机遇。不管你愿不愿意，这一天终于来了。是在"红海"里血拼，还是在"蓝海"里畅游，看的是企业的选择！

向外看，看什么？看国内外市场发展的前景，看国内外市场的容量，寻找自身的壮大机会；看国内外市场发展的格局，看同行业产业的布局，寻找自身的定位；看同行业的发展水平，寻找自己的差距；看国内外市场发展的前沿方向，寻找"蓝海"市场……市场不但能够提供给我们生存发展的衣食，还能教会生存的技能。

对于企业来说，政策既定，只有面对。原来没有真正的市场化运营，而是靠收费政策生存，现在不行了，煤炭资源的市场化程度越来越高，市场的竞争者越来越多，不走向市场已经没有了退路。

向外看，面向市场转型成为生存发展的必然！

企业工作报告要求我们牢固树立市场意识和竞争意识，破除因循守旧、靠政府吃饭、靠政策吃饭的思维模式和路径依赖，真正闯入市场，在市场的大风大浪中实现健康和可持续发展。企业"四化"管理提出，企业内部各公司、各种经营活动全部按市场法则办事，按价值规律办事，直接面对市场竞争，最终实现企业内部资源全部由市场优化配置，全面增强企业抵御市场风险的能力。

向外看，面向市场，睁眼看世界，要学习的很多。煤炭有神华可以做榜样，电力有五大电力企业做榜样，供应链物流管理近的有浙江物产做榜样，远的有沃尔玛做榜样。农夫山泉一瓶水，恒大地产一套房都可以做成销售额过千亿元的企业，它们更是市场里的佼佼者，外面的世界很精彩！只有如此，才能持续发展，才能引领时代！

向下看：关注民生

——提升企业核心竞争力系列评论之四

晋阳平

民生是什么？民生就是老百姓的生活，好的民生就是老百姓物质富足、精神饱满，百姓精神饱满是社会的活力，职工精神饱满是企业的活力。

向下看，看什么？外看民生需求，内看职工诉求。这不是作秀，而是心有所属。物质文化的生产为的什么？为的是百姓需求。

向下看，建成小康社会是人民的期盼。

十八大明确提出，提高人民物质文化生活水平，是改革开放和社会主义现代化建设的根本目的，要多谋民生之利，多解民生之忧，解决好人民最关心、最直接、最现实的利益问题，在学有所教、劳有所得、病有所医、老有所养、住有所居上持续取得发展，要达到这样的目的，企业创造财富是唯一的手段。

向下看，企业"为民而生"是终极目的。

对于大多数的企业来说，不管是像"两桶油"、神华企业这样的大型能源企业，还是中国银行、国美电器等这样的服务型企业以及恒大等这样的地产企业，以及各类教育、医疗机构，它们所提供的产品和服务无不是围绕老百姓的生活展开的，更不用说名扬天下的庆丰包子铺了。"两桶油"和神华为我们提供能源供应，恒大为我们提供拎包可以入住的栖身之所，中国银行为我们提供方便快捷的金融服务，庆丰包子为我们果腹，这些最终都是我们生活的依赖不能离开它们，尽管有时候它们也受诟病。乔布斯之所以受到全世界人民的关注，是因为他用苹果手机这个小小的电子产品，在这个时代为人们提供了一个全新的应用体验。这是他给这个世界创造的财富，为全人类创造的财富。这看上去似乎和民生没有什么关系，其实这带给我们安全、方便、快捷、愉悦的服务，恰恰就是我们所要的民生之本。不论是大型的能源、交通、制造企业，还是金融、零售、餐饮等服务型企业，其生产的终极目的都是要围绕民生而展开，全球莫不如此。作为山西首家世界500强企业，在企业"为民而生"这个范畴下，我们也不例外，所从事的煤、电、气的生产就在民生领域，电力销售直接供应每一个家庭用户，煤炭生产和运输提供给电力生产企业和少数家庭用户，燃气要间接进入家庭，地产和高效农业直接为民生服——民生本身就是我们的市场。企业以煤、电、气为核心，以贸易物流为支撑，适度多元、链式发展，黑色煤炭绿色发展，高碳资源低碳发展，资源型产业循环发展的战略思路深深地体现着民生的意境与责任。

向下看，民生是永恒的，根据民生需求，把住煤、电、气这个核心，做好链式发展，从服务民生做起，企业就会有好的前景。把住民生，企业发展有着永恒的动力！大处着眼，是为社会创造财富，小处着眼，是为职工谋福利。

只有如此，才会基业长青。

知行合一与上班打卡

晋阳平

党中央在全体党员干部中开展"两学一做"学习教育活动，关键在于认识和实践，归根结底是要"做"，做合格党员，没有给大家要求过高，最起码要合格。要求大家要知行合一，为什么这样要求，就是怕知行不一。知行不一是什么问题，根子是思想问题，表现是作风问题。

开展"两学一做"学习教育，基础在学，关键在做。

"学"是解决大家"知"的问题，通过学习党章党规和系列重要讲话，知道什么是党员的规矩，什么是合格党员的要求。就是要解决在党不言党、不爱党、不护党、不为党，组织纪律散漫问题；解决不按规定参加党的组织生活，不按时交纳党费，不完成党组织分配的任务，不按党的组织原则办事的问题；解决精神不振，工作消极懈怠，不作为、不会为、不善为，逃避责任，不起先锋模范作用的问题；要解决不知道的问题。

"做"就是解决"行"的问题，通过"做"，表现一个合格党员的行为应该是什么样子的，以此树立在群众中的形象，巩固拓展党的群众路线教育实践活动和"三严三实"专题教育成果，进一步解决党员队伍在思想、组织、作风、纪律等方面存在的问题。做合格党员，要着眼党和国家事业的新发展对党员的新要求，做讲政治、有信念，讲规矩、有纪律，讲道德、有品行，讲奉献、有作为的合格党员；要践行党的宗旨，保持公仆情怀，牢记共产党员永远是劳动人民的普通一员，密切联系群众；要加强党性锻炼和道德修养，心存敬畏、手握戒尺，廉洁从政、从严治家，筑牢拒腐防变的防线；要始终保持干事创业、开拓进取的精气神，平常时候看得出来，关键时刻冲得上去；要坚持领导带头，以上率下。

认识论和实践论的关系相信共产党人还是能分清的。中国古代哲学认为，"知"，主要指人的道德意识和思想意念；"行"，主要指人的道德践履和实际行动，用现代话说就是认识论和实践论必须高度统一。不仅要认识，而且要实践，只有把"知"和"行"统一起来，才能称得上完美。

我们大张旗鼓地搞"两学一做"学习教育实践活动，不是给别人看，教育别人，而是要给自己看，自己实践。解决"知"的问题后，"行"的问题还需要我们的党员干部带头树立起标杆。最怕的莫过于"知行不一、知而不行"，就是自己说话不算，要求别人去干。

习近平总书记强调，作为一名党员领导干部，在"三严三实"的教育实践活动中，要着力增强思想自觉和行动自觉，做到以"知"促"行"、以"行"促"知"、知行合一。知行合一，是领导干部作风和能力的重要体现，也是干事创业的基本要求。党员领导干部只有深入学习习近平总书记系列重要讲话，学习党章党规，树立大局意识，觉醒党员意识，领悟学习内容的深刻内涵，才能"知其所为，知其所不为"，带头遵守各项规定，严于律己，争做"口的巨人、行的高标"，以知促行，知行合一。

改变作风是对知行是否合一最好的检验，我们有些同志明知道有些行为不对，偏偏还去做。比如上班打卡问题，有些人总认为自己忙，这样的小事会影响大事，事实是这样吗？肯定不是。上班不迟到早退是一个最正常不过的要求，可有些人就是做不到，还找这样和那样的理由。每一个党员干部或许都能碰到办事找人不见急死人的事，如果换位思考一下，或许就理解上班不能迟到早退的重要性了。为了解决有些人"知"而不"行"的小问题，实行上班打卡的制度，实非万不得已。如果连这样的小制度都有意见，都不能遵守，实在不能说"合格"了。知行合一和上班打卡，好像一个"高大上"，一个微不足道的小事，二者毫无干系，如果用"两学一做"把二者联系起来，就不是小问题，也不是懂不懂、看不看王阳明先生哲学的问题，而是一个共产党员合不合格的问题。不想打卡是一个客观存在，是一些人客观世界的反映，是工作作风不实的具体体现。毛主席在《实践论》中说，"所谓被改造的客观世界，其中包括了一切反对改造的人们，他们的被改造，须要通过强迫的阶段，然后才能进入自觉的阶段"。回到企业管理层面来，要树立企业发展的规矩，促进企业改革发展，这是不能绕过的阶段。企业的工作作风直接影响的是企业的效率和效益，作风不扎实，企业的规矩树不起来，企业发展就无从谈起，海尔发展初期，规范职工行为还不是从"不得在厂区围墙边小便"做起。不要把上班打卡看作小事，这就是企业快步发展、加速改革的开始。

"两学一做"不是学学就算了，是要做出表率来的！是要带来思想深刻认识的改变，更要带来工作作风的改变。把"两学一做"与改变作风统一起来，会给我们的工作带来意想不到的好效果。

要"蛮拼"不要"任性"

晋阳平

2014年，网络流行语，大行其道，"蛮拼"和"任性"出现频率之高，惹得大家津津乐道，尤其是习近平总书记在2015年新年贺词中说"我们的干部蛮拼的"，更是使"蛮拼"蜚声海外。

当然，我们的工作也不例外。

做好工作是我们的责任，做任何工作，都来不得半点懈怠，否则，工作就做不好，做不深，做不到位。安全工作更是如此，要的就是一种"抓铁有痕、踏石留印"的态度，用习近平总书记的话说就是要"蛮拼"。

安全生产只有起点没有终点，我们以什么样的工作态度抓安全工作，决定了安全工作的效果好坏。安全工作是一项严肃的工作，要以严肃的态度去做；安全工作是一项务实的工作，要以务实的作风去做；当下，安全工作更是一项强硬的工作，不仅是生产的安全也是廉洁的安全，没有安全，等于自己把自己否决，不用别人再来判断，所以安全工作更要以强硬的手段来做；要拿出蛮拼的精神，要不遗余力，使之成为常态，蛮拼才会有成效。

安全工作是一项严肃、务实的工作，所以安全工作不能"任性"，要按照规矩来。开车要遵守交通规则，煤矿生产要遵守安全操作规程，燃气输送要遵守危险品运输的规章制度，总之凡事都要有个规矩意识，不要由着性子来，不能"打擦边球"搞"越位"，更不能"任性"。

十八届四中全会精神要求我们，从大处着眼就是要依宪治国、依法治国，给我们指明了方向；从小处着眼就是要有规矩意识，凡事按规矩来，给我们提出了要求。

蛮拼也好，任性也罢，终归是一种态度。不论廉洁安全还是生产安全，我们都要的是"蛮拼"而不要"任性"。

不能"还可以"

晋阳平

当大家坐在一起聊天的时候，面对各种各样的问答，我听到过不知道多少次的"还可以"，我从来不会向回答者追究到底什么是"还可以"，但我内心仍旧充满着疑惑，充满着似是而非的种种判断。我知道这是一个模棱两可的词——不同的人在不同的时间、不同的地点碰到不同的问题会产生千差万别的感受。这到底是一种什么样的态度？

你经历过吗？后来我想，当有人问我，你过得怎样时，我会如何回答呢，想来想去，突然发现我也会选择"还可以"。

我为什么会选择"还可以"？

我在想，这是内心一种自我不能肯定的表现，本质是自信心不足。我知道，自己在工作中还没有尽力，或者还没有尽全力，而且还会为自己找一些冠冕堂皇的理由来辩解，用"还可以"三个字来掩饰自己的恐惧，掩饰自己的困惑，掩饰自己的技不如人，掩饰自己的消极，掩饰自己浑浑噩噩。这是一种消极的态度！

我在想，我什么时候开始使用"还可以"这个词语的，我以前是否不用这个词语。记得小时候，最得意的事情就是爬树，小朋友们没有一个人能爬过我，我爬得最快、最高，高得让母亲知道后要狠狠打屁股。但是，但凡有大人问我们，你爬树如何，能捉住知了吗？我都会说"我爬得最高，最快"，从来没有迟疑过。也没有用过"还可以"三个字来向别人介绍自己爬树的技能。我想起来，最早用"还可以"三个字好像是读初中，当大人问起学习时，就用"还可以"来回答的，再后来就非常讨厌大人老问这个问题。事实是那个时候我学习很不用功，老是贪玩，爬树捉知了，下水捉鱼，学习不好，因而讨厌问学习的问题，还学会用"还可以"来搪塞大人了。

如果不用"还可以"，我有没有其他的选择？我会不会光明正大地说"很可以"或"不可以"，会不会明确地表达肯定或者否定。这恰恰是两种不同的态度。"很可以"给人一种鼓励，一种积极的暗示，一种非常积极的认同，"不可以"给人一种自有的反思与判断，让人清楚你的认识与处境，"还可以"则无法让大家看懂你。

后来，参加工作了，每每要参加各种各样的安全检查，每每听到汇报这"还可以"的话语，内心的不安与恐惧总在隐隐作痛，内心充满着满腹的疑问。真的不能明白"还可以"是一种什么样状态，是安全的，还是不安全的？总觉得这不能是似是而非的问题，可是，还有人这样回答。怀疑他们这是对生命的一种漠视与不负责任。

相信多数人认为生命只有两种状态，活着或者死亡，有"还可以"的吗？所以我想，生命安全也应该是这样的，生命是严肃的，对待生命安全的态度也是严肃的，不能"还可以"！

参考文献

［1］ 夏征农.辞海.上海：上海辞书出版社，1999.

［2］ 中共中央宣传部.习近平总书记系列重要讲话读本（2016年版）.北京：学习出版社、人民出版社，2016.

［3］ 中央文献研究室.习近平关于全面建成小康社会论述摘编.北京：中央文献出版社，2016.

［4］ 习近平谈治国理政.北京：外文出版社，2014.

［5］ 中共中央文献研究室.习近平总书记重要讲话文章选编.北京：中央文献出版社、党建读物出版社，2016.

［6］ 人民日报评论部.习近平用典.北京：人民日报出版社，2015.

［7］ 吴维亚，吴海云.创新学.南京：东南大学出版社，2012.

［8］ 盛希贵，周邓燕.新闻摄影与实务.北京：北京大学出版社，2010.

［9］ 黎万强.参与感.北京：中信出版社，2014.

［10］ 陈兵.媒介品牌论.北京：中国传媒大学出版社，2008.

［11］ 曾志华.影响历史进程的新闻发布会.哈尔滨：北方文学出版社，2010.

［12］ 彭朝丞.标题的制作理念与艺术技巧.北京：人民日报出版社，2012.

［13］ 李鹏.公共管理学.北京：中共中央党校出版社，2006.

［14］ 张从明.全媒体新闻采写教程.北京：北京大学出版社，2010.

［15］ 苗杰.现代广告学.北京：中国人民大学出版社，1999.

［16］ 陈望道.修辞学发凡.上海：复旦大学出版社，2016.

［17］ 潘知常,彭铁林.怎样与媒体打交道.北京:中国广播电视出版社,2008.

［18］ 闻闸,王煜.应对新闻媒体.北京:中国广播电视出版社,2010.

［19］ 叶皓.政府新闻学案例.南京:江苏人民出版社,2007.

［20］ 万小广.媒体融合新论.北京:新华出版社,2015.

［21］ 周胜林,尹德刚,梅懿.当代新闻写作(第二版).上海:复旦大学出版社,2012.

［22］ 维克托·迈尔,舍恩伯格肯尼斯·库克耶.大数据时代.杭州:浙江出版联合集团,2013.

［23］ 蔡雯.新闻编辑学.北京:中国人民大学出版社,2010.

［24］ 秦珪,胡文龙.新闻评论学.北京:中国人民大学出版社,1987.

［25］ 张浩.新编新闻写作必备全书.北京:中国纺织出版社,2012.

［26］ 宫贺.政府新闻发言人教程.北京:中国传媒大学,2010.

［27］ 吴晓波.激荡三十年 中国企业1978 — 2008.北京:中信出版社.

［28］ 周留征.华为哲学.北京:机械工业出版社,2016.

［29］ 李开复.做最好的自己.北京:人民出版社,2005.

［30］ 沈方楠.华为的28条军规.北京:中国法制出版社.

［31］ 尹隆.媒体市场广告价格问题研究.北京:机械工业出版社,2013.

［32］ 李东.商业模式构建.北京:北京联合出版公司,2016.

［33］ 胡钧.红旗文稿.期号:2012/21.

［34］ 王汝平.C管理模式.成都:四川人民出版社,2001.

［35］ 约翰R.威尔斯.战略的智慧.北京:机械工业出版社,2015.

［36］ 吴爱英.企业经营管理人员学法用法读本.北京:法律出版社,2011.

［37］ 中共中央宣传部、国家发展和改革委员会.习近平经济思想学习纲要.北京:人民出版社、学习出版社,2022.

［38］ 中共中央宣传部,中华人民共和国生态环境部.习近平生态文明思想学习纲要.北京:人民出版社、学习出版社,2022.

［39］ 中共中央宣传部,中央全面依法治国委员会办公室.习近平法治思想学习纲要.北京:人民出版社、学习出版社,2022.

［40］ 习近平.习近平谈治国理政(第二卷).北京:外文出版社,2017.

［41］ 习近平.习近平谈治国理政(第三卷).北京:外文出版社,2020.

［42］ 习近平.习近平谈治国理政(第四卷).北京:外文出版社,2022.

［43］ 习近平.论把握新发展阶段、贯彻新发展理念、构建新发展格局.北京:中央文献出版社,2021.

［44］ 新华通讯社课题组.习近平新闻舆论思想要论.北京:新华出版社,2017.

［45］ 中共中央宣传部.习近平新时代中国特色社会主义思想三十讲.北京:学习出版社,2018.

［46］ 习近平.论党的宣传思想工作.北京:中央文献出版社,2020.

［47］ 中共中央党史和文献研究院.习近平关于总体国家安全观论述摘编.北京:中央文献出版社,2018.

［48］ 中共中央文献研究室.习近平关于全面建成小康社会论述摘编.北京:中央文献出版社,2016.

［49］ 黄群慧,钟宏武,张蒽.中国企业社会责任研究报告(2019).北京:社会科学文献出版社,2019.

［50］ 彭华岗,钟宏武,张蒽.企业社会责任基础教材(第二版).北京:中国华侨出版社,2019.

［51］ 汪行福,俞吾金,张秀琴.意识形态星丛.北京:人民出版社,2017.

［52］ 童世骏.意识形态新论.上海:上海人民出版社,2006.

［53］ 帕尔默,著.徐扬,译.九型人格.北京:华夏出版社,2009.

后　记

原本没有想到这本书还会出第二版。

很偶然的一次机会，一位朋友告诉我，按照书名《讲好中国企业故事》搜索，你的书成为百度百科的头条，出于自豪和疑问，忍不住登录百度搜索一试，果不其然，头条便是。后来，又有好多读者通过作者简介所留的通讯方式加我好友，沟通交流体会，更加增强了我的自信。再后来，出版社主动与我联系要第二次加印，至此越发觉得自己的辛苦还是有些价值，得到了大家的认可，欣慰没有浪费纸张和大家的时间，于是自豪感爆棚。

再之后，好多新闻界和企业界的朋友对这本书赞赏有加，认为非常有价值，给出好多建议。本书出版后至今五年，企业管理内容等发生好多变化，有些企业已不存在了。经历这些风雨，重新思考和验证，又有了新的体会，为适应时代的变化，便有了出一个修订版的想法。恰好出版社也咨询我，愿不愿意在二十大之后，将此书再版，与我不谋而合，于是全力以赴修订，决定再版。

2018 年出版的首发时，本书只有四个章节，而且第一章只有十五个小节内容。当时，计划的是五个章节，由于时间紧张，第五个章节"讲给谁"没有成稿，呈现给大家的只是四个章节。严格按照讲故事的逻辑关系来说，这个结构是有缺陷的。

本次修订，增加第五章，使《讲好中国企业故事》这本书从"讲什么、怎么讲、在哪讲、谁来讲、讲给谁"逻辑上形成一个闭环链条，从营销管理内涵上也是一个闭环管理链条，这也是修订再版的一个重要动因。第一章从十五个小节，增加到二十个，增加了党建、使命、责任、意识形态、法治等，同时将各个小节的类别顺序也做了调整，内容做了修订。

需要给大家说明的是，这不是一本企业管理的专业书籍，也不是一本新闻写作的专业书籍，而是一本介于二者之间做桥梁的书籍，在企业管理者和新闻从业者之间两边讨好，若是大家对有些观点不认同，或者认为有些内容就是谬误，我也乐于和大家从专业的角度沟通交流，便于进步。

另外一点需要说明的是，这不是一本新闻报道稿件的汇编。目前市场上关于讲好某某故事的书太多了，迄今为止，我见到的都是新闻稿件的汇编或者是案例汇编。我这本书实际上是讲讲故事方法的书，是以思想政治工作过程为逻辑内涵的书，是以营销关系过程为逻辑内涵的书，是以品牌文化塑造过程为逻辑内涵的书。重理论，兼顾实例实践。实际上本书中每一个小节都是一个课题，现实中我也是把每个小节作为一个课题在讲故事这个大逻辑过程中实践的。这本书从某种意义上来说就是一个讲好企业故事的大目录，所以才有了我所主讲的"讲好中国企业故事"解读企业品牌文化宣传之道系列讲座。

在本书修订过程中，山西著名书法家赵望进老师费心劳神，为本书题写书名，在此向尊敬的赵老师致以崇高的敬意！许多好友不惜牺牲业余时间与我交流新闻写作和企业管理的体会，指出其中的一些问题，提出宝贵意见；山西经济出版社的同志们，认真细致的帮我校对修订，积极协调；太报传媒印务公司的梁赟女士为本书排版、内文设计不厌其烦的修改付出了辛勤的劳动；大家为本书成功再版费心费力，在此一并致谢！

图书在版编目（C I P）数据

讲好中国企业故事 / 靳永春著. -- 修订版. -- 太

原 : 山西经济出版社, 2023.2

ISBN 978-7-5577-1114-6

Ⅰ.①讲... Ⅱ.①靳... Ⅲ.①企业 – 新闻报道 – 研究

– 中国 Ⅳ.①F279.23②G212

中国国家版本馆CIP数据核字(2023)第023186号

讲好中国企业故事(修订版)

著　　者:靳永春
责任编辑:任　冰
封面题字:赵望进
封面设计:李智浩
出 版 者:山西出版传媒集团·山西经济出版社
地　　址:太原市建设南路21号
邮　　编:030012
电　　话:0351 – 4922133(市场部)
　　　　　0351 – 4922085(总编室)
E —mail:　scb@sxjjcb.com(市场部)
　　　　　zbs@sxjjcb.com(总编室)
经 销 者:山西出版传媒集团·山西经济出版社
承 印 者:山西太报传媒有限公司印务公司
开　　本:787mm×1092mm　　1/16
印　　张:27.5
字　　数:370千字
版　　次:2023年2月第1版
印　　次:2023年2月第1次印刷
书　　号:ISBN 978-7-5577-1114-6
定　　价:89.80元